Graveurs

et

Gravures

Essai de Bibliographie

JUSTIFICATION DU TIRAGE

50 Exemplaires............................		I à L
350 —		51 à 400

GUSTAVE BOURCARD

Membre d'Honneur de la Société des Peintres-Graveurs Français
Membre d'Honneur de la Société des Peintres-Lithographes
Honorary Foreign Fellow of the Royal Society of Painter-Etchers and Engravers

✦ ✦ ✦ ✦ ✦

Graveurs
et Gravures

FRANCE ET ÉTRANGER

Essai de Bibliographie
1540-1910

✦ ✦ ✦ ✦ ✦

PARIS

H. FLOURY, ÉDITEUR

1, Boulevard des Capucines, 1

1910

Tous droits réservés

AVANT-PROPOS

La bibliographie de la gravure étant en quelque sorte l'indispensable corollaire de l'iconographie, nous avons cru faire œuvre utile en présentant aux amateurs ce modeste travail qui, tout imparfait et incomplét qu'il puisse être, rendra encore quelques services, nous osons du moins l'espérer.

Il est évident — il serait superflu de le vouloir discuter — que l'amateur, curieux de collectionner les estampes, a besoin pour les connaître de s'entourer de renseignements précis sur les procédés, les écoles, les artistes, les classements par époques, etc., etc. Il ne lui suffit donc pas d'être bien doué, d'avoir des dispositions naturelles, un œil fin et subtil, le " flair " en un mot, mais il doit aussi apprendre et voir, deux choses qui ne s'obtiennent que par le temps et les outils, et ce sont ces outils que précisément nous venons aujourd'hui mettre entre ses mains.

Certes, nous n'émettons point la prétention de vous présenter un travail inédit, mais nous nous flattons d'avoir essayé de condenser ici, en les rassemblant, nombre de documents épars, fragmentés et noyés dans des publications multiples, qu'il est souvent difficile et de découvrir et de se procurer.

Le lecteur s'étonnera sans doute que l'on puisse

encore écrire sur la gravure, de laquelle, semble-t-il, tout a déjà été dit ; qu'il se détrompe, le thème est éternel, c'est comme l'amour, on ne peut plus le faire, qu'on aime encore à en parler !

Voulant éviter les trop nombreuses divisions et subdivisions qui, sous prétexte de guider le chercheur ne font souvent que l'égarer, nous avons établi les deux simples classifications suivantes : Généralités — Monographies.

Sous la première rubrique, nous avons classé les matières par ordre alphabétique de noms d'auteurs et pour les anonymes, de titres d'ouvrages.

Bien que la chose paraisse très simple en elle-même, les délimitations de nos frontières sont au contraire de nature particulièrement délicate, et si elles ne vont pas jusqu'à créer un incident diplomatique, elles ne manqueront certes pas de provoquer de nombreuses critiques auxquelles nous nous résignons d'avance avec la meilleure grâce.

Ce que nous avons voulu avant tout, c'est essayer d'établir la liste, le répertoire de ce qui a été publié au point de vue documentaire sur les graveurs et les gravures. On ne trouvera donc pas dans notre ouvrage les recueils tels que : Le Cabinet Poullain ; — le Cabinet Choiseul ; — le Monument du Costume de Freudeberg et de Moreau le jeune ; — Galeries des Modes et Costumes français ; — Modes et Manière du jour ; — le Bon Genre, etc., etc., que nous qualifierions volontiers de recueils purs ; mais par contre nous y mentionnerons : Liber Veritatis ; — Liber Studiorum — voire même — La Chronologie Collée, parce qu'il s'en dégage, des deux premiers comme une leçon de technique, et de celle-ci comme une documentation iconographique. Vous voyez déjà que nous ne sommes peut-être plus d'accord, et qu'il vous arrivera certainement de trouver dans notre ouvrage ce que vous ne lui demandiez pas, comme d'y chercher en vain ce qui, d'après vous, devait y figurer. Les catalogues de ventes, malgré l'intérêt qu'ils peuvent présenter, ne sont pas davantage inscrits à notre programme ; mais nous avons cru devoir mentionner les catalogues des planches gravées, parce qu'ils sont là comme un anneau de la chaîne qui relie l'artiste à son œuvre. Les expositions, les différentes sociétés de graveurs, lithographes, les cabinets d'estampes ainsi que certains grands cercles étrangers qui ont édité des ouvrages sur la partie qui nous occupe, toutes choses pleines d'enseignements, y sont mentionnés.

Ne voulant pas astreindre à la lecture entière de cet ouvrage, les amateurs exclusifs de mezzotintes, nielles, lithographies, etc..., nous avons eu soin de mettre en regard de ces rubriques les auteurs qui en ont traité et auxquels ils pourront se reporter.

Sous la seconde rubrique " Monographies " nous n'avons pas d'explications à fournir, la classification rationnelle et normale qui s'impose étant l'ordre alphabétique des noms d'artistes. Quand un graveur a été l'objet de nombreuses monographies ou de nombreux articles, nous avons autant que possible suivi l'ordre chronologique de ces publications, rejetant à la fin toutes celles dont la date nous était inconnue. Une table alphabétique donne les noms des auteurs qui figurent dans cette monographie.

Nous avons dépouillé de nombreux périodiques français et étrangers, et pris soin d'y relever les articles *souvent très sommaires consacrés à de jeunes artistes, qui, encore sans passé et souvent inconnus, se trouvent ainsi mis en vedette et susceptibles d'attirer l'attention des curieux.*

Bien que tous nos efforts aient tendu à faciliter les recherches en jetant le plus possible d'ordre et de clarté dans ce travail, notre plan ne manquera pas d'être discuté, nous essaierons de nous en consoler : n'est-ce pas après tout l'un des charmes du voyage, cette absence de boussole qui, nous forçant à errer par des chemins inconnus et arides, nous fait tout-à-coup découvrir des horizons merveilleux et insoupçonnés.

Nous avons à nous excuser des coquilles nombreuses qui émailleront notre texte ; il était difficile en effet dans un livre au frontispice duquel on eût pu écrire, à l'instar des fournisseurs des ports maritimes sur l'enseigne de leurs magasins :

Hier woordt Hollandsch gesproken
Aqui se habla Español
Man spricht Deutsch
English spoken here
Si parla Italiano
Her tales Dansk

Il était difficile, disons-nous, que des fautes grossières ne vinssent pas se glisser ; on ne saurait s'improviser polyglotte, les étrangers aux ouvrages desquels nous avons été si heureux de donner l'hospitalité, seront, nous en sommes convaincu, pleins d'indulgence pour nous, et les premiers à redresser ces erreurs.

On sera étonné, en parcourant notre volume, de

constater combien tardivement on s'est occupé d'une découverte — nous parlons de la gravure — qui a révolutionné le monde et l'on demeurera rêveur en songeant que ce n'est qu'environ deux cent cinquante ans après cette invention, et pour la première fois, qu'Abraham Bosse l'aura décrite avec toute l'ampleur qu'elle comporte dans son célèbre "Traicté des manières de graver en taille-douce sur l'airin"[1]...

Dans le copieux inventaire que nous donnons, on verra que ce sont les français qui, croyons-nous, détiennent le record du nombre d'ouvrages écrits sur la matière, et qu'après eux viennent immédiatement les anglais, les allemands et enfin les italiens, les américains, les hollandais et les belges. Il est curieux de noter en passant, qu'il n'existe aucune histoire générale de la gravure aux Pays-Bas, écrite par un hollandais, quand on songe surtout à la place prépondérante que tenait cette école dans la question qui nous occupe.

Nous ne voulons pas terminer ces lignes sans exprimer à nos précieux collaborateurs l'assurance de notre profonde gratitude et tout particulièrement à MM. François Courboin du Département des Estampes de la Bibliothèque Nationale ; Giraud-Mangin, conservateur de la Bibliothèque municipale et Catroux, conservateur du Musée des Beaux-Arts, de notre ville ; Sidney Colvin et A.-M. Hind du British Museum ; Cecil Smith du Victoria and Albert Museum ; C. F. Bell de l'Ashmolean Museum d'Oxford ; Jos. Meder

---

(1) Car nous ne pouvons noter que pour mémoire les deux ouvrages datés de 1540 et 1541 : "Livres artificieux et prouffitables pour peintres et tailleurs des images"... (voir page 97), et "Bergalleno : De chacolgraphiœ inventione" (voir page 13); pas plus que le "Vasari" de 1550 qui s'adresse surtout aux peintres.

et H. Röttinger de l'Albertine, ainsi que *Dörnhöffer de la K. K. Hofbibliotheck de Vienne ; Max Rooses du Musée Plantin d'Anvers ; H. Hymans de la Bibliothèque Royale de Belgique ; Max Lehrs et Hans W. Singer du Königliches Kupferstichkabinet de Dresde ; Müller du Kunsthall de Hambourg ; Dr. H. Pallmann du Kgl. Bayer Graphischen Sammlung ; V. F. Steffensen du Prindsens Palais de Copenhague ; E.-W. Moes du Rijksprentenkabinet d'Amsterdam ; Adolfo Venturi du Gabinetto delle Stampe della Galleria Nazionale de Rome ; Morpurgo della Biblioteca Nazionale Centrale de Florence ; Nerino Ferri della R. Galliera degli Uffizi de la même ville ; Frank Weitenkampf de la Public Library de New-York ; The Grolier Club de New-York ; The Caxton Club de Chicago ainsi que MM. Artaria ; Edward G. Kennedy* the lion of the day *avec son magistral catalogue de Whistler ; Amsler et Ruthardt dans la personne de L. Gerhard Meder ; H.-G. Gutekunst et W. Gaiser Frederick Keppel notre vieil et excellent ami ; Gus. Mayer ; K. W. Hiersemann ; J. Halle ; Frederik Muller ; Gilhofer et Ranschburg ; Deman ; Z.-P. Maruya de Tokio ; A. Lotz-Brissonneau et J.-B. Ollive, nos concitoyens ; Rahir, Danlos, Paulme, Strölin, Pellet, Edmond Sagot, Rapilly, Rouquette, Loys Delteil, Hessèle, Blaizot et Alvin-Beaumont, le propriétaire et possesseur actuel des cuivres de Rembrandt.*

Nous devons deux mentions bien spéciales : la première à M. Howard C. Levis, qui a été une providence pour nous dans la section américaine ; c'est un homme charmant et un correspondant comme on n'en rencontre plus ; magistrat américain résidant à Londres depuis déjà de longues années, il collectionne avec amour et intelligence tout ce qui se publie dans le monde sur l'histoire de l'imprimerie et de la gravure et il s'est mis à notre disposition avec une bonne grâce dont nous ne saurions trop le remercier ici ; la seconde à M. Jacques Doucet dont l'admirable bibliothèque rue Spontini — plus de 40.000 volumes traitant exclusivement des Beaux-Arts et de l'Archéologie — est inappréciable pour les travailleurs. Nous avons vécu là des heures de paradis, trouvant une inépuisable complaisance dans ses conservateurs et archiviste MM. Etienne Deville, René Jean et Capon, et même dans le gardien Jean Sineux — pour sa mémoire prodigieuse mise au service d'une connaissance parfaite de la bibliothèque — un collaborateur aussi modeste que précieux.

Inutile d'ajouter qu'au point de vue confort et agencement, aucune bibliothèque particulière ne saurait rivaliser avec celle-ci, qui, nous ne saurions trop le répéter et très haut, réalise le rêve du travailleur en lui fournissant, dans ce coin silencieux et charmant de Paris, des facilités que nulle bibliothèque publique ne serait à même de lui procurer.

Nous sommes donc ici l'interprète de tous ceux qui écrivent, en adressant au célèbre collectionneur et très galant homme qu'est M. Jacques Doucet, l'expression de notre bien vive gratitude ; il est impossible d'être mieux inspiré, et de faire un plus bel usage de son intelligence et de sa fortune.

Et maintenant, public d'élection, toi notre ami inconnu que nous ne saurions oublier, toi que nous avons toujours trouvé si indulgent pour nos œuvres, sois-le encore aujourd'hui pour celle-ci et pour le vieil écrivain parvenu au soir de la vie qui tient à te donner

— XIV —

ce dernier conseil : *aime comme lui passionnément les gravures et les livres, tu y vivras comme dans un rayonnement perpétuel, et sur ton domaine où ne se couchera jamais le soleil, tu jouiras d'un éternel renouveau.*

G. B.

ERRATA & ADDENDA

Page 10 — ligne 22, lisez : 21 vol. au lieu de 20 vol.

Page 12 — ligne 30, lisez : In-8, 12 vol.

Page 13 — ligne 29 ; Ce n'est pas le *premier écrit* comme nous l'indiquons. Voir page 97, ligne 15.

Page 41 — ligne 17, lisez con 18 fig. au lieu de : con 18 tav.

Page 87 — omis : **Kerviler** (R). — Répertoire général de bio-bibliographie Bretonne, avec le concours de... Rennes, Plihon et Hervé, 1886-1908. In-8.
<small>La mort de l'auteur avait momentanément suspendu cette publication que continue l'abbé Chauffier. Le dernier fascicule paru en 1908 est le quarante-huitième. (Grel-Gué.)</small>

Page 126 — omis : **Stower** (C.). — The Printer's grammar ; or introduction to the art of printing : containing a concise history of the art with the improvement... for the last 50 years. London, 1908. In-8 with woodcuts.

Page 126 — omis : **Strange.** — Japanese illustrations, a history of the arts of wood cutting and colour printing in Japan. London 1897. In-8 with 8 coloured plates and over 70 other illustrations. — 10 francs.

Page 126 — omis : **Strutt** (J.). — A biographical dictionary : containing an historical account of all the engravers, from the earliest period of the art of engraving to the present time, and a short list of their most esteemed works. With the cyphers, monograms... With several curious specimens of the performances of the most ancient artists. London, 1785-86, 2 vol. In-4. — 30 à 35 francs.

omis : **Summer** (Ch.). — The best portraits in engraving. New-York, n. d. Fifth edition. In-8 with 13 illustrations.

omis : **Sutaine** (Max). — Un mot sur la gravure et cet art en Champagne. Reims, 1860. In-8.
<small>C'est une sorte de réponse à la petite brochure du baron Chaubry de Troncenord. — Voir ce nom.</small>

Page 132 — omis : **Vivarez** (H.). — Pro domo mea. Un artiste graveur au XVIIIe siècle. Lille 1904. In-8 avec portrait.

Page 157 — omis : **Corot.** — Par Loys Delteil "Le Peintre-graveur illustré", Tome V^e. Paris, chez l'auteur, 1910. In-4 ill.
<small>Ce catalogue est divisé en quatre parties : 1re section, les eaux-fortes, 14 pièces. — 2e section, les lithographies, 4 pièces, nous avouons les trouver bien faiblardes à côté des eaux-fortes si puissantes et si colorées. — 3e section, les autographies, 16 pièces. — 4e section, les clichés verres, 66 pièces. La technique de ce dernier procédé est expliquée d'une façon très précise par Hédiard, dans le numéro de novembre 1903 de la Gazette des Beaux-Arts. L'œuvre complet de ce superbe artiste, dont les eaux-fortes varient de un louis à trois cents francs, est de 100 pièces. — Il a été tiré à 500 exemplaires : 50 avec l'eau-forte avant la lettre 70 francs ; 350 l'eau-forte avec la lettre 25 francs ; 100 sans l'eau-forte 20 francs.</small>

GÉNÉRALITÉS

Achaintre (Alb.). — Études sur les impressions en couleurs. Paris, Lahure, 1883. In-12 — 5 francs.

A Chronological serie of engravers from the invention of the art to the beginning of the present century. Cambridge, 1770. In-8.

Adeline (J.). — Les arts de reproductions vulgarisés. Paris, Quantin [1893.] In-8. — 5 francs.

> Très intéressant ouvrage orné de 12 pl. hors texte et de 140 vignettes donnant des specimens de tous les genres de procédés de reproductions, avec explications. C'est de la photogravure, en somme que tous semblent dériver. A titre de curiosité en voici quelques-uns : Tissiérographie , Zincographie , Paniconographie , Photogravure, Photozincographie, Héliogravure, Héliographie, Héliotypie, Héliocromie, Héliophonographie, Phototypie, Photoglyptie, Photochromie, Phototypographie, Pantotypie, Woodburytypie, Albertypie, Chrysoglyptie, Typochromie, Collotypie, Gélatinographie, Glyptographie, Autotypie, Diaphanographie, Linkographie, Selenotypie, Leimptypie , Gelanotypie , Hiboutypie, Marbrotypie, Chaostypie, Teographie, Cryptographie, mais nous craindrions vraiment d'abuser, arrêtons-nous ; il n'y en a là que 33 !

Albertina (Collection). — Voir : *Vienne*.

Affiche Internationale (L'). — Numéro spécial de « La Plume ». Paris, 1895. In-8, avec 100 reprod. — 5 francs.

Affiches. — Voir[1] : *Bourcard* ; *Demeure de Beaumont* ; *Hédiard* ; *Henriot* ; *Hiat* ; *Maindron* ; *Sagot* ; *Sponsel*.

---

(1) Ce sont les noms des auteurs qui sont cités dans le présent ouvrage comme s'étant occupés du sujet.

Alkan. — Des graveurs de portraits en France. Catalogue raisonné de portraits de la collection de l'École Française de A. Firmin-Didot. Essai de classifications spéciales... Paris, Martinet, 1879. In-8 avec portraits photographiés de A.-F.-Didot. — ·3 francs.

Alken (H.). — The art and pratice of etchings ; with directions for other methods of light and entertaining engraving. London, 1849. In-4, with 9 plates. — 25 fr. — Rare.

Allen (C. D.). — American Book-Plates, London, 1895.

Almanach historique et raisonné des architectes..... graveurs et ciseleurs; contenant des notions sur les Cabinets des curieux du royaume, sur les marchands d'estampes... Paris, Delalain et veuve Duchesne, vers 1776. 2 vol. — 12 francs.

Alvin (L.). — Les graveurs anciens ; Lucas de Leyde, Aldegrever, les Beham, G. Pencz. " Revue Universelle des Arts ", tome III, 1856.

— Les commencements de la gravure aux Pays-Bas. Rapport fait à Bruxelles en 1857. In-8, 6 fac-simile.

— Vingt-neuf nielles italiens retrouvés par l'auteur.
Notice d'une haute valeur documentaire parue dans la "Revue Universelle des Arts", tome V, 1857.

— Documents iconographiques et typographiques de la Bibliothèque Royale de Belgique. Bruxelles, Arnold, 1864 ? In-folio.

Précieux ouvrage *assez rare* que malheureusement nous n'avons pu rencontrer complet de ses 18 livraisons qui se décomposent ainsi: 1re série : les bois, 6 livraisons ; 2e série : gravures en creux, 6 livraisons ; 3e série : documents typographiques.

— Voir : *Bruxelles*.

Amand-Durand. — Eaux-fortes et gravures des Maîtres anciens reproduites par... avec notices par Georges Duplessis.

Ce très important ouvrage, universellement connu, est divisé en 40 séries de 10 planches, soit 400[1] estampes ; elles ont été choisies parmi les plus rares et les plus précieuses des collections publiques et privées et reproduites par l'héliogravure sur papier imitant l'ancien et dans leur format original.

L'ouvrage complet se compose de 10 volumes contenant 4 séries de 10 estampes. Le volume de 40 estampes se vend séparément 70 francs et l'ouvrage complet 600 francs.

Georges Rapilly, 9, quai Malaquais, à Paris, en est le dépositaire.

En raison de la haute valeur documentaire de ce recueil, nous donnons ci-dessous le détail complet des planches qui y sont contenues.

(1) Il y en a même 401, en y comprenant la planche de Goya : *Le Supplice du Garrot*.

Ecole Allemande

Maître E. S. de 1466	7	pièces
Martin Schongauer	25	—
Wenceslas d'Olmutz	1	—
Mair	3	—
Mathieu Zatzinger	2	—
Zwoll dit *Le Maître à la Navette*	1	—
Frantz von Bocholt	2	—
Israël van Mecken	2	—
Albert Durer	35	—
Henri Aldegrever	1	—

Ecole Flamande et Hollandaise

Le Maître du Cabinet d'Amsterdam	4	pièces
Le Maître des sujets tirés de Boccace	2	—
Alart du Hamel, d'après G. Bosche	1	—
Lucas de Leyde	167	—
Dirk van Star, dit *Le Maître à l'Etoile*	2	—
P.P., Rubens	1	—
David Teniers	1	—
Antoine Van Dyck	6	—
Rembrandt	81	—
Herman Saftleven	1	—
Jean Both	5	—
Adrien van Ostade	2	—
Philippe Wouwerman	1	—
Herman Swanevelt	1	—
Nicolas Berghem	12	—
Paul Potter	3	—
Jacques Ruysdaël	7	—
Jean-Henri Roos	1	—
Karel Dujardin	3	—
Guillaume de Heusch	4	—
Adrien van de Velde	4	—

Ecole Italienne

Baccio Baldini	3	pièces
Maître anonyme du XVe siècle	1	—
Robetta	1	—
Maître anonyme du XVe siècle	1	—
Andrea Mantegna	9	—
Girolamo Mocetto	3	—
Giulo Campagnola	4	—
Domenico Campagnola	1	—
Benedetto Montagna	2	—
Jacopo de Barbari, dit *Le Maître au Caducée*	4	—
Gio. Ant. da Brescia	2	—
Nicoletto da Modena	3	—
Jacopo Francia	3	—
Leonard de Vinci	2	—
Cesare da Sesto	1	—
Un anonyme	1	—
Marc-Antoine Raimondi	73	—
Marc-Antoine Raimondi (Ecole de)	1	—
Agostino Musi	1	—
Marc de Ravenne	4	—
F. Primaticio	1	—
Augustin Carrache	2	—
Annibal Carrache	1	—

École Française

Jean Duvet...	1	pièce
Jean Cousin...	1	—
Jacques Callot..	2	—
Claude Gellée, dit *Le Lorrain*	11	—
Jean Pesne	1	—
Jean Morin..	1	—

École Espagnole

Joseph Ribera..	1	pièce
Don Diego Velasquez..............................	1	—
Francesco Goya......................................	1	—

Le prix de chacune des planches mentionnées ci-dessus et qui peuvent s'acquérir séparément, varie de 2 à 6 francs. Trois seulement font exception : *La pièce aux cents Florins*, de Rembrandt, qui vaut 10 francs et *Jésus-Christ présenté au peuple* ainsi que *La Conversion de saint Paul*, de Lucas de Leyde, qui en valent 8.

Indépendamment de ce recueil, il existe — vendu à part — l'œuvre complet des artistes suivants :

Martin Schongauer,	117 pl.	....	150 francs
Albert Durer[1],	108 —	....	200 —
Lucas de Leyde,	174 —	....	200 —
Mantegna,	27 —	....	60 —
Ruysdaël,	12 —	....	25 —
Rembrandt,	350 —	....	300 —
Van Dyck,	21 —	....	30 —
Potter,	21 —	....	30 —
Van Ostade,	51 —	....	50 —
Claude Le Lorrain,	42 —	....	50 —

Citons encore, pour en terminer, du même héliograveur :

Th. Rousseau (études et croquis),	24 pl.	....	40 francs
Raffet (notes et croquis)[2],	257 —	....	20 —

American art Review (The). — A journal devoted to the practice, theory, history and archeology of art. Boston Dana Estes and Charles E. Lauwat. Edited by, S. R. Koehler, 1880, and 1881. In-fol.

Cette revue qui ne parut que pendant deux ans, peut être assimilée comme importance au *Portfolio* de P.G. Hammerton, publié à Londres.

Ames (J.). **Herbert** (W.). and **Dibdin**. — Typographical antiquities ; or, the history of printing in England, Scotland and Ireland... and a view of the progress of the art of engraving in Great Britain, by the Rev. Thomas Frognall. London, 1810-1819. Vol. I-IV. In-4.

Il n'y a eu que ces 4 vol. de publiés.

Amsden (Dora). — Impressions of Ukiyo-Ye. The school of the Japanese colour-print artists. London, Gay et Bird, 1906. In-4.

Très intéressant ouvrage, précieux pour les collectionneurs d'es-

(1) Les bois n'y figurent pas.
(2) Mis en ordre par A. Raffet fils de la Bibliothèque Nationale.

tampes japonaises ; il est illustré et donne un fac-simile de la signature des artistes. Imprimé sur japon en double feuille. Il vaut 5 à 6 francs.

Amsterdam. — Rijks Prentenkabinet : Werk van Fransche portretgraveurs in de 17de en 18de eeuw tentoongesteld in 's Prentenkabinet te Amsterdam. December, 1903.

— Duitsche, Italiaansche en Fransche ornamentprenten.... Juni, 1904.

— Fransche Steendrukken.... December, 1904. Januari en Februari 1905.

— Werk van Jan en Casper Luyken... Maart, April, Mei 1905.

— Engelsche zwartekunstprenten ... Juni, Juli, Augustus 1905.

— Geteekende Nederlausche portreten.... September, October, November 1905.

— Italiaansche gravure der vijftiende en zestiende eeuw.... December 1905 ; Januari en Februari 1906.

— Werk van Pieter Brueghel den Oude.... Maart, April en Mei 1906.

— Fransche, Duitsche, Engelsche en Russische prenten naar werken van Rembrandt.... Juni, Juli en Augustus 1906.

— Etsen en Gravures van Jacques Callot.... December 1906, Januari en Februari 1907.

— Michiel Adriaeusz de Ruyter.... Maart, April en Mei 1907.

— Wenzel Hollar... Juni, Juli en Augustus 1907.

— Jan Lievens.... September, October en November 1907.

— Italiaansche etsen der zestiende, zeventiende en achttiende eeuw.... December 1907, Januari en Februari 1908.

— De Duitsche Kleinmester.... Juni, Juli en Augustus 1908.

— De Dam te Amsterdam.... September, October en November 1908.

— Werk van Antoine Watteau.... December 1908 en Januari, Februari 1909.

— Hollandsche Steendrukken.... Maart April en Mei 1909.

— Italiaansche Kleurhoutsneden.... Juni, Juli en Augustus 1909.

— Herman Saftleven.... September, October, en November 1909.

C'est à l'obligeante courtoisie du Directeur-Adjoint du Rijks Prentenkabinet, M. H. Teding van Berkhout, que nous devons la communication des catalogues de ces très intéressantes expositions qui ont lieu périodiquement dans la salle du Rijks Museum, qu'il veuille bien recevoir ici nos plus vifs remerciements.

Voici également les titres de quelques périodiques importants qui, de temps à autre, s'occupent des gravures ou des graveurs : « Nederlausche Kunstbode [1] » — « Oud-Holland » — « Onze Kunst » — « De Vlaamsche School ». Ces revues traitent presque *exclusivement* les questions se rattachant à l'art hollandais et flamand.

Anderson (Alex.). — The American pioneer wood engraver. In-4 with 11 illustr.

Anderson (W.). — Japanese wood engraving, their history technique and characteristics. New edition. London, Seeley et C°, 1908. In-32. — 3 francs.

Extrêmement intéressante petite brochure ornée de 48 illustrations et donnant des spécimens des principaux graveurs, leurs signatures, leurs outils, etc... Suivant le savant auteur, six périodes caractérisent l'histoire de la gravure sur bois japonaise : la première, du IXe siècle à 1608 ; la seconde, 1608 à 1680 ; la troisième, 1680 à 1710 ; la quatrième, 1710 à 1828 ; la cinquième, 1829 à 1849, et enfin la sixième de 1849 à nos jours. L'écrivain entre dans de curieux détails pour chacune de ces périodes.

Il est extraordinaire de constater que jusqu'à présent, *pas un écrivain d'art Japonais* n'ait écrit dans *sa langue* une histoire de la gravure sur bois ; aucun ouvrage n'existe donc en Japonais et, nous le répétons, il est vraiment étrange que cet art admirable dans lequel ils sont les maîtres *insurpassés* n'ait point été chanté et décrit par un des leurs. Ils possèdent cependant quelques périodiques tels que : « Bjitsu-Gaho » — « Nippon-Bijitsu » — « Kensei-Gaho et Kofu », etc., dans lesquels ils ont de temps à autre effleuré ce sujet.

Anderson (Dr. W.). — The pictorial arts of Japon. London, Seeley et C°, 1886. 4 vol. In-fol. illustr. — 125 à 135 fr.

C'est un des meilleurs ouvrages ayant trait à la peinture et la gravure japonaises, écrit en langue européenne ; il est orné de 150 planches, dont 18 en couleurs et rehaussées d'or.

Andresen. — Handbuch für Kupfertischsammler oder Lexicon der Kupferstecher, Maler-Radierer und Formschneider aller Länder und Schulen. Leipzig, 1870-85, 3 Bde In-8. — 40 fr.

— Die deutschen Maler-Radierer des xix Jahrhunderts nach ihren Leben und Werken. Fortgesetzt von J.-E. Wessely. Leipzig 1866-1877. 5 Bde. In-8. — 30 à 40 francs.

Andresen und **Weigel**. — Der deutsche Peintre-Graveur oder die deutschen Maler und Kupferstecher nach ihren Leben und ihren Werken. Leipzig, 1864. 5 Bde. In-8°. — 30 à 35 fr.

(1) A cessé de paraître en décembre 1881.

— Der deutsche Peintre-Graveur, oder die deustchen Maler als Kupferstecher nach ihrem Leben und ihren Werken vomletzten Drittel des Jahrh. bis zum Schluss des 18 Jahrh. Leipzig, 1872-1878. 5 Bde. In-8. — 35 à 40 francs.

Andrews (Villiam Loring). — An essay on the portraiture of the American war by... To which is added an appendix containing lists of portraits of Revolutionary characters to be found in various english and american publications of the 18th and early 19th century. New-York, 1896. In-8 illustrated.

— A trio of eighteenth century ; French engravers of portraits in miniature. Ficquet, Savart, Grateloup (1898).

Anvers. — Le musée Plantin-Moretus, par Marx Rooses. Bruxelles, 1894. In-fol.

— Le musée Plantin-Moretus et ses publications. La librairie néerlandaise L.-H. Smeding, s. d. In-12 front.

<small>Ce musée possède encore les cuivres *originaux* de L. Vosterman et en tire « L'Adoration des Rois », « L'Adoration des Bergers » d'après Rubens et « Le Christ en croix », d'après Van Dyck, par Schelte à Bolswert, ainsi que le portrait de Christophe Plantin gravé par Jean Wiericx.</small>

Appel (A.). — Handbuch für Kupferstich-Sammler oder Lexikon der vorzügl Kupferstecher d. 19. Jahrhs. welche in Linien-Manier gearbeitet haben. Leipzig, 1880. In-8. — 10 francs.

Aquatinte. — Voir : *Fielding. Leprince* [1], *Lostalot, Palon, Prideaux, Stapart, Yrubslips.*

Arco. — Di cinque valenti incisori Mantovam del secolo XVIe delle stampe da loro operate. Mantova, Elmuci, 1840. In-8.

Arpisella (A.). — Storia dell'arte della stampa. Milano, Sonzogno. In-16, 1903.

Arrigoni. — Xilografia italiana inedita posseduta e descritta da... Milano, 1884. In-4 fig.

Artist Engraver. — Magasine of original work. London Macmillan et Co.

Art Prices Current 1907-1908 and 1908-1909. — A record of sale prices at Christie's during the season. With an index to artists'and engravers'names. London. In-8, 2 vol. — 25 francs.

<small>Les collectionneurs et les marchands savent l'attrait qu'exercent sur eux la cote des œuvres d'art, nous n'insisterons donc pas en leur conseillant vivement l'achat de ces volumes.</small>

<small>(1) Par Hédou, ouvrage dans lequel le procédé est traité avec de minutieux détails.</small>

Ashley (A.). — The art of Etching on copper. In-4 with 15 plates. London, 1849. — 8 à 9 francs.

Auction Sale Prices. — Supplement to the « Connoisseur ». Published quaterly. London, Temple Chambers 95.

<small>Cet intéressant supplément donne le prix des gravures qui ont été adjugées plus de 25 francs ; c'est précieux pour l'amateur.</small>

Audsley (B.-A.). — Art of Chromolithography. London, 1883. In-fol.

— Ornemental arts of Japon. London ? 1882-1884. In-4. illustré. — 100 à 110 francs. Rare.

Aumont (P) 1. — Catalogue général des meilleures estampes en noir et en couleurs... s. l. n. d. In-12.

Austin (St). — History of engraving from its inception to the times of Thos. Bervick. Munchen Piper et C° 1908. In-8 with 17 pl. — 5 francs.

Avery (S. P). — A handbook of the... collection of Prints and art books in the New-York Public Library, 1901.

<small>C'est le catalogue de la collection du célèbre amateur, léguée par lui à la Bibliothèque de New-York, le 9 Mai 1900.</small>

Avezac-Lavigne. — L'histoire moderne par la gravure, ou catalogue raisonné des portraits historiques avec renseignements iconographiques. Paris, Leroux, 1879, In-8.

Bachelin (A). — Iconographie Neuchateloise, 1878.

Baily (J.-T. Herbert). — Lady Emma Hamilton. A biography with catalogue of her published portraits. London, Menzies, 1905. — 12 fr. 50.

Baglione (G). — Le vite de pittori, sculptori... ed intagliori dal 1572 al 1642.... Napoli, 1733. In-4.

Baker (W.-S). — The origin and antiquity of Engraving with some remarks on the utility and pleasure of Prints. Boston, James R. Osgood and Company, 1875. In-8 with heliotype illustrations.

<small>Ouvrage du plus grand intérêt et qu'il faut absolument posséder. Il existe aussi une édition sans illustrations.</small>

— The engraved portraits of Washington with notices of the originals and brief biographical sketches of the painters. Philadelphia, Lindsay Baker, 1880. In-8. — 75 à 80 francs, très rare.

<small>C'est la plus complète iconographie du célèbre Président.</small>

<small>(1) Marchand d'estampes, rue J.-J.-Rousseau, n° 10, à Paris ; nous avons mentionné ce catalogue, dont la nature sort un peu du plan que nous nous sommes tracés, afin de renseigner le lecteur sur les prix de l'époque et lui permettre d'établir la comparaison avec ceux pratiqués aujourd'hui.</small>

— American engravers and their works. Philadelphia, 1875. In-8.

Baldinucci (F). — Cominciamento, e progressi dell' arte dell intagliare in rame, colle vite de piu eccelenti Maestri della stessa professione. Firenze, 1686. In-4.

Un des premiers ouvrages traitant de la matière.

— Cominciamento e progresso dell' arte dell' intagliare in rame. Firenze 1686, annotazioni di D. M. Vanni 1767.

Cette édition est la seconde. Il en a paru une autre en 2 vol. à Turin, en 1768-70, par Gius. Piacenza, puis une troisième et dernière à Milan, en 1808-1812, de 14 vol. valant une trentaine de francs.

Baldry (L). — The future of wood engraving. « Studio », June, 1898.

Bance aîné. — Catalogue d'estampes composant le fonds de... graveur à Paris, rue Saint-Denis, n° 214. Paris, Didot le jeune, 1817. In-12.

Une autre édition parut en 1826.

Barth (G). — Die Kupfersticherei oder die Kunst, in Kupfer zu ätzen. 1° Theoretischer Theil von Longhi aus dem Italienieschen Ubersetzt von Barth ; 2° Praktischer Theil... Hildburghausen, 1837. In-8.

Bartsch (A). — Copies faites d'après des estampes très rares de différents maîtres décrites dans les volumes I, IV et V du Peintre-Graveur. Vienne, Degen, 1803, album format oblong. — 40 francs.

Cet album, très rare, contient 16 pl. gravées par Bartsch lui-même, elles sont, nous devons le confesser, loin d'être intéressantes.

— Le Peintre-Graveur. Vienne, J.-A. Barth, 1803-1821 21 vol. in-8 et un atlas de 16 pl. — 275 à 300 francs.

Bien que datant de près d'un siècle, cet ouvrage est encore très consulté de nos jours et jouit d'une quasi célébrité. Son auteur était du reste admirablement placé pour mener à bien le colossal travail qu'il a mis dix-huit ans à accomplir. Conservateur à la Bibliothèque Impériale et Royale de Vienne, il était là au milieu d'immenses richesses iconographiques et de plus il avait ses entrées dans les admirables collections du duc Albert de Saxe Teschen, des Princes de Paar, de Liechtenstein, Esterhazy, des Comtes d'Harrach et de Fries dont le savant conservateur François Rechberger était son ami ; il eut aussi communication des notes que Jean Mariette avait répandu à profusion dans les 9 portefeuilles que plus tard la Bibliothèque Nationale acquit à la vente François Regnault-Delalande, vers 1825, croyons-nous, pour la modeste somme de 700 francs.

Cet immense recueil est l'inventaire des œuvres d'environ 640 graveurs *originaux* des XVe, XVIe et XVIIe siècles, sur lesquels il a relevé 440 artistes dont les noms sont connus et 200 autres qui sont des anonymes ou des monogrammistes.

L'auteur donne un essai sur la vie et les ouvrages de ces artistes, il en décrit les pièces avec minutie et précision [1], avec un numéro d'ordre, précaution utile pour les références et précieuses pour la rédaction des catalogues de ventes ; « partout, dit-il, où le langage n'a pas suffi à la clarté de nos explications nous les avons marquées par des figures gravées sur une planche qui se trouve à la fin de l'ouvrage et qui parlera de la manière la plus sensible aux yeux des lecteurs », faisant allusion aux *copies trompeuses*, dont il est souvent matériellement impossible de préciser les différences quelquefois infimes qui existent avec les originaux sans l'aide d'une comparaison graphique juxtaposée.

Il a conservé aux estampes la rubrique que la tradition leur avait donnée et noté leurs dimensions en prenant pour base le *pied de Paris* [2]. Quand un artiste usait d'un monogramme, il a eu soin de le faire figurer sous ce monogramme.

De longues notices sur la découverte et l'impression des estampes, les nielles, les clairs-obscurs, etc., complètent ce travail cependant qu'une table générale des artistes cités et une table de monogrammes rendent les recherches d'une extrême facilité. Cette édition est l'édition *originale* ; en 1843, il a paru à Leipzig un volume de supplément par R. Weigel.

— Le Peintre-Graveur. Leipzig, Barth, 1854-1876. Nouvelle édition. In-8, 20 vol. et un atlas. — 140 à 160 francs.

La première édition est de beaucoup et toujours la plus estimée. Il existe de cette réimpression des exemplaires en grand papier vélin.

— Anleitung zur Kupferstichkunde. Wien, 1821, 2 vol. in-8 fig. — 15 à 18 francs, très rare.

— Die Kupferstichsammlung der K. K. Hofbibliotek in Wienn. Wienn, 1854.

Basan (P.-F.). — Dictionnaire des graveurs anciens et modernes... suivi des catalogues des œuvres de J. Jordans et C. de Visscher. Paris, 1767, chez Lormel, 2 vol. in-12. — 8 à 10 francs.

— Dictionnaire des graveurs anciens et modernes depuis l'origine de la gravure. Paris, chez l'auteur, 1789, seconde édition, 2 vol. in-8 fig. — 130 à 140 francs.

Ce bel ouvrage est illustré de deux frontispices par Cochin et Pierre, de trois entêtes de Choffard et de 50 figures sur 43 planches par Aliamet, Ficquet, Moreau, Marillier, etc. Il faut l'avoir avec la planche du *Rossignol* qui manque souvent.

Basan (P.-F. et H.-L.). — Dictionnaire des graveurs anciens et modernes depuis l'origine de la gravure. Troisième [3] édition, précédée d'une notice historique sur l'art de la gravure par P.P. Choffard ; suivie d'un précis de la vie de l'auteur et ornée de soixante estampes... dont 18 sujets nouveaux. Paris J.-J. Blaise, 1809, 2 vol. — 50 à 60 francs.

(1) Sans toutefois en mentionner les états.
(2) Qui équivalait à $0^m 324839$ et se divisait en 12 pouces ou 144 lignes ou 1728 points.
(3) Cotée à tort comme étant la seconde par les catalogueurs.

Basan (F.). — Catalogue des estampes gravées d'après P.-P. Rubens, avec une méthode pour blanchir les estampes les plus rousses et en ôter les taches d'huile... Paris, 1677. In-12.

<small>A la fin de cet ouvrage, catalogue des œuvres de Jacques Joardens et de Corneille Wisscher. — 8 à 9 francs.</small>

Basan. — Catalogue des planches gravées qui composent le fonds de... marchand d'estampes, rue et Hôtel Serpente à Paris. s. d. In-4.

<small>Il y a 2312 planches de mentionnées avec le prix des épreuves.</small>

Baseggio. — Intorno tre celebri intagliotori in legno Vicentini. Memoria da Baseggio... Basano, 1830. In-8.

<small>Il existe une seconde édition parue en 1844.</small>

Bastelaer (René van). — La rivalité de la gravure et de la photographie. Bruxelles, Hayez, 1901. In-8.

Baudicour (Prosper de). — Le Peintre-Graveur français continué. — Voir : *Robert Dumesnil*.

Bavarel et Malpé. — Notice sur les graveurs qui nous ont laissé des estampes marquées de monogrammes, chiffres, etc... Besançon, 1807. 2 vol. in-8. — 7 à 8 francs.

<small>Cet ouvrage qui ne porte point les noms de ses auteurs est en somme par trop sommaire et de ce fait fort peu intéressant : il ne donne qu'une idée absolument incomplète des œuvres des Maîtres qu'il a essayés de traiter. Bavarel était abbé, il mourut à Besançon, en 1822, et Malpé, capitaine, fut tué à l'armée en 1812.</small>

Baxter. — Prints " Queen ". 9 septembre 1905.

Beaugré, D. Collin, Y.-D. Collin, Hœrpin. — Notice sur quelques graveurs nancéens du XVIIIe siècle et sur leurs ouvrages. Nancy et Paris, Claudin, 1862. In-8, une gravure.

Beaupré. — Notice sur quelques graveurs anciens du XVIIIe siècle et sur leurs ouvrages. Nancy, Lepage, 1868. In-8.

Becker (R.-Z.). — Holzschnitte alter deutscher Meister in den Originalen-Platten.... mit einer Abhandlung über die Holzschneidekunst und deren Schicksale begleitet. Gotha, 1808-1816. In-fol.

<small>Ouvrage en trois parties, en allemand et en français, contenant ensemble 187 planches.</small>

Becker (A.-W.). — Kunst und Künstler des XVI, XVII und XVIII. Jahrhunderts. Leipzig, 1863-1865. 3 Bde. In-8. — 18 à 20 francs.

Bedetti. — Di alcuni incisori monogrammisti de secoli, XV-XVI. Bologna, 1890. In-8.

Bellier de la Chavignerie et Auvray. — Dictionnaire général des artistes de l'École française depuis l'origine des arts du dessin jusqu'à nos jours. Paris, Renouard, 1882-1885. 2 vol. in-8, plus un supplément, 1887.

Ouvrage devenu *presqu'introuvable* et très recherché, il vaut couramment de 200 à 230 francs.

Bellier de la Chavignerie. — Les artistes français du XVIIIe siècle oubliés ou dédaignés. Paris, 1865. In-8. — 10 à 12 francs.

Le nombre des artistes mentionnés est considérable, il se monte à 225, parmi lesquels figurent des noms devenus illustres, tels que : Vernet, Hilaire, Wille, Danloux, Gaucher, Borel, Gautier-Dagoty, Fragonard, etc..., etc..., pour ne citer que les plus importants.

Benezit (E.). — Dictionnaire critique et documentaire des peintres, graveurs et sculpteurs de tous les temps et de tous les pays... Paris, Roger et Chernoviz, 1910. 2 vol. In-8 ill. — 40 francs.

Annoncé pour paraître prochainement.

Benincasa (Bart.). — Descrizione della raccolta di stampe del C. Durazzo, esposta in una dissertazione sull'arte dell' intaglio estampa. Parma, 1784. In-4 portr. — Très rare.

Beraldi (Henri). — Mes estampes, 1872-1884. Lille, Danel, 1884. In-18. — 40 francs.

Plaquette tirée à 100 exemplaires, la première édition devenue *très rare*. C'est la collection de l'auteur — accompagnée de notes pleines d'humour et de savoir — collection absolument *unique* par la qualité *exceptionnelle* des épreuves, nous en parlons avec connaissance de cause ; il y a là des exemplaires et des états à faire pâmer de jalousie les premiers cabinets d'estampes européens.

— Les graveurs du XIXe siècle. Guide de l'amateur d'estampes modernes. Paris, Conquet, 1885-1892. In- avec 38 frontispices. — 180 à 200 francs et 120 francs *sans* les frontispices.

Ouvrage *hors ligne* dans lequel l'auteur a dépensé toute sa science et tout son esprit — et Dieu sait s'il en a ! — l'œuvre d'environ 1850 artistes français et étrangers, y est là décrit avec tout un corollaire de notes et de détails de la plus haute saveur. Bracquemond, Chéret, Deveria, Haden, Méryon, Raffet s'y trouvent au complet. Nous ne nous permettrons qu'une très légère critique, toute de surface, l'absence d'une table générale mentionnant les titres des estampes citées, mais nous exprimerons un regret très fortement souligné, celui de voir l'auteur s'être arrêté en si beau chemin et n'avoir pas continué son magistral travail en nous tenant au courant chaque année par un supplément, des artistes nouveau-venus. Dix-huit ans déjà sont écoulés, ce serait évidemment dur à reprendre ; mais Béraldi est un vaillant, qui peut-être un jour, nous en ménagera la surprise.

Voici la liste des 38 frontispices — *très rares* à rencontrer complète — et qui n'a encore été mentionnée *nulle part* jusqu'à ce jour :

4 Adeline ; 1 Bac ; 1 Boutet ; 1 Bracquemond ; 1 Brunet-Debaines ;

1 Buhot ; 1 Champollion ; 1 Chauvel ; 1 Chéret ; 1 Courtry ; 1 Daumont ; 1 Delâtre ; 1 Delaunay ; 1 Fantin ; 1 Foulquier ; 1 Fraipont ; 1 Garen ; 3 Gaujean ; 1 Gœneutte ; 2 Grandmaison ; 2 Guérard ; 1 Lalanze ; 2 Lepère ; 1 Piguet ; 1 de la Pinelais ; 1 Robida ; 1 Rudaux; 1 Teysonnières ; 1 Toussaint ; 1 Virebent.

— Estampes et livres, 1872-1892. Paris, Conquet, 1892. In-8. Épuisé et rare. — 60 à 80 francs.

C'est la collection de l'auteur, unique, par son choix et sa qualité, comprenant une série de portraits irréprochables, des XVI, XVII XVIII et XIXe siècles — plus de 12.000 pièces — et la fine fleur des estampes et des livres des deux derniers siècles ; il faut voir ces reliures, dont il reproduit merveilleusement dans cet ouvrage quarante et un des plus beaux spécimens. Faites-vous présenter — un dimanche, jour de réception — au distingué collectionneur, par un ami commun, — vous vous y rencontrerez avec l'élite de la bibliophilie parisienne, et en sortant de là, vous ne pourrez pas dire, comme Titus, que vous avez perdu votre journée !

— Propos de bibliophile. Gravure, lithographie, reliure. Paris, 1901. In-12. Tiré à 60 ex. Très rare. — 25 francs.

Causerie extrêmement intéressante où l'auteur établit un curieux parallélisme entre l'eau-forte et la litho, passant en revue toutes les belles pièces et tous les grands artistes.

Bérard (A.). — Dictionnaire biographique des artistes français du XIIe au XVIIe siècles suivi d'une table chronologique et alphabétique... Paris, 1872. In-8. — 8 à 10 francs.

Bergalleno (J. Arnoldo). — De chalcographiæ inventione poëma encomiasticum, Moguntiæ, 1541. In-4.

De toute rareté et un des premiers écrits, le premier même, croyons-nous, publiés sur la matière, mais d'un intérêt très secondaire au point de vue de la technique. Ce titre veut dire : Poème à la louange de l'invention de la chalcographie.

Bergmann (Leo). — Die Schule des Zeichners. Praktische Methode zur Erlernung des Zeichnens für Schulen, so wie zum Selbstunterricht. Ins besondere für ausübende Künstler im Fache des Stahl-und Kupferstichs, der Lithographie und Holzschnittes. Mit mehr als 300 Abbildungen als Vorlegeblätter und zur Veranschaulichung. Leipzig, 1858. In-16.

Berjeou (J.-P.). — Catalogue illustré des livres xylographiques. Londres, Stewart, 1865. In-8, gr. — 15 à 20 francs.

— Early Dutch, German and English Printer's marks. London, 1868-1869. In-8.

Berri (D.-G.). — The art of Lithography. London, 2e edition, 1872. In-12.

Bertarelli (A.). — Iconografia Napoleonica, 1796-1799 ;

ritratti di Bonaparte incisi in Italia ed all'estero da originali italiano. Milano, tip. Allegretti. In-8, con 5 tav.

<small>Non mis dans le commerce. Publié par la *Societa bibliografica italiana*.</small>

Bertarelli and **Prior**. — Ex-Libris Italiani. Milan, 1902.

Berthiaud. — Nouveau manuel complet de l'imprimeur en taille-douce, rédigé par Boitard. Paris, 1837. In-8, orné de planches.

Bertolotti (A.). — Giunte agli artisti Belgi ed Olandesi in Roma nei secoli XVIe e XVIIe... Roma, 1885. In-8.

Bibliothèque Nationale. — " Le Département des Estampes ". Notice historique suivie d'un catalogue des estampes exposées dans les salles de ce Département par le Vte Henri Delaborde. Paris, Plon, 1875. In-18. — 6 francs.

<small>C'est en 1898 qu'eut lieu le renouvellement des pièces qui étaient exposées au moment où parut ce catalogue ; elles sont actuellement réunies dans un volume rubriqué : *Ancienne Exposition du Cabinet des Estampes* et coté : A.a. 139. res.</small>

— " Département des Estampes ". Inventaire de la collection d'estampes relatives à l'histoire de France, léguée en 1863 à la Bibliothèque Nationale, par Michel Hennin ; par G. Duplessis. Paris, H. Menu, 1877-1884. 5 vol. In-8.

— " Département des Estampes ". Notice des objets exposés. Paris, H. Champion, 1878. In-8.

— " Département des Estampes ". Inventaire des pièces dessinées ou gravées, relatives à l'histoire de France, conservées au Département des manuscrits dans la collection Clairambault sur l'Ordre du Saint Esprit, par A. Flandrin. Paris, Hachette, 1887. In-8.

— " Département des Estampes ". Notice d'un choix de manuscrits... et d'estampes acquis dans ces dernières années et exposées dans le vestibule. Mai, 1889. Paris, Chamerot. In-18.

— " Le Cabinet des Estampes de la Bibliothèque Nationale ". Guide du lecteur et du visiteur. Catalogue général et raisonné des collections qui y sont conservées, par Henri Bouchot. Paris, Dentu, place de Valois, Palais-Royal [1895]. In-8. — 10 francs.

<small>Ouvrage absolument indispensable à quiconque s'occupe de gravures et fréquente notre richissime dépôt en le mettant au courant du classement et groupement par série du Cabinet le plus important du monde. C'est un résumé colossal établi avec une précision et une clarté qui font le plus grand honneur à son auteur, mort en octobre 1906.</small>

— " Département des Estampes ". Inventaire des dessins.

photographies et gravures, relatifs à l'histoire générale de l'Art, légués au Département des Estampes de la Bibliothèque Nationale par A. Armand, rédigé par F. Courboin. Lille, Danel, 1895. 2 vol. in-8. — 20 francs les 2 vol.

Plus de 17.499 pièces y sont inventoriées. Une table alphabétique rend faciles les recherches.

— " Département des Estampes. " Catalogue des portraits français et étrangers, par Duplessis, Riat, Lemoisne et Laran. Paris, Rapilly, 1896... — 20 francs le volume.

Le VIe tome est paru ; il finit à " Louis-Philippe ", qui porte le n° 28.736 et figure pour 270 portraits. Le VIIe vol. est près de paraître s'il ne l'est déjà au moment où le nôtre verra le jour. Il y aura probablement en tout 9 ou 10 tomes mentionnant 150 à 180.000 portraits, peut-être davantage ! On ne peut le savoir encore. Cette collection, la plus riche existant au monde, est réunie dans 1100 volumes de formats différents.

— " Musée du Cabinet des Estampes ". Chefs-d'œuvre et pièces uniques, par H. Bouchot. Paris. In-fol. 90 pl. en phototypie. — 45 francs.

— " Cabinet des Estampes ". Pièces choisies de l'Ecole française, par H. Bouchot. Paris, Lib.-Imp. réunies. In-fol. 200 pl.

— " Département des Estampes ". Catalogue sommaire des gravures et lithographies composant la Réserve ; rédigé par François Courboin. Paris, Rapilly, 1900-1901. 2 vol. in-8. — 40 francs.

C'est un travail cyclopéen, une mine inépuisable pour le chercheur qui trouvera là, sous la main, des renseignements qu'il lui faudrait des années pour rassembler.
Ce catalogue est divisé en trois parties principales : Estampes anonymes, Estampes à monogrammes, Estampes signées ; une table alphabétique comprenant les noms des artistes et les portraits, et une table des recueils de la Réserve suivant la disposition méthodique adoptée au Département des Estampes, clot ce guide, qu'aucun autre Cabinet européen n'a encore mis à la disposition des travailleurs.

— " Département des Estampes ". Les deux cents incunables du Département des Estampes... Paris, 1903, par H. Bouchot. Texte in-4, atlas in-fol. avec 200 reprod. — 200 à 250 francs.

Précieux ouvrages pleins de documents, la plupart inédits, sur les papiers, les indulgences, les grandes pièces des cabinets européens, etc. etc..., Lire dans le *Burlington Magazine* de novembre 1903, le très intéressant article que lui a consacré Campbell Dogson sous la rubrique : *The invention of the wood engraving claim considered.*

— " Département des Estampes ". Catalogue, miniatures, gouaches, estampes en couleurs françaises et anglaises, 1750-1815. Paris, Lévy, 1906. In-8 ill.

Exposition absolument remarquable où la fine fleur du XVIIIe

siècle français et anglais était représentée par 353 estampes triées sur le volet. La partie estampe, qui nous regarde, avait été rédigée par MM. Courboin, Lemoisne et Bruel.

— « Département des Estampes ". Un siècle d'histoire de France par l'estampe, 1770-1871. — COLLECTION DE VINCK. — Inventaire analytique, par F.-L. Bruel [1], du Cabinet des Estampes. Tome Ier. Ancien Régime. Paris, Imprimerie Nationale, 1909. In-8 ill. — 35 francs.

Cet admirable catalogue est « inanalysable » en quelques lignes, il faudrait des pages pour mettre le lecteur au courant de son contenu et des documents extrêmement précieux qui y sont condensés avec une précision et une clarté qui font le plus grand honneur à l'éminent iconographe de cette collection merveilleuse et sans rivale, dont la valeur marchande dépasse un million et la valeur documentaire et artistique est absolument sans prix ; saluons donc d'un souvenir ému et respectueux le généreux donateur.

En résumé, il y a là, décrit avec une minutie de détails extraordinaires, 1422 pièces — des portraits pour la plupart — accompagnées de notes précieuses ; une série d'effigies de Marie-Antoinette attire spécialement l'attention, elle serait absolument irreconstituable aujourd'hui.

L'ouvrage est divisé en dix chapitres qu'il serait malheureusement trop long d'énumérer ici et il est orné de 23 planches superbement reproduites. Une préface du baron Carl de Vinck de Deux Orp, fils du donateur, explique l'origine de la collection, et une introduction de l'auteur, complète cette étude. La mise au jour de cette admirable collection qui comportera six grandes divisions, : Ancien Régime et Révolution ; Directoire, Consulat, Empire ; Première Restauration, Cent-Jours, Seconde Restauration, Révolution de 1830 et Monarchie de Juillet ; Révolution de 1848 et Deuxième République ; Second Empire, Défense Nationale et Commune ; demandera vingt ans de travail, elle comprendra dix volumes. Nous le répétons, c'est un ouvrage de la *plus haute valeur documentaire*, qu'on doit avoir, mais il faut se hâter, car il n'est tiré qu'à 300 exemplaires, et il commence déjà à s'épuiser.

Bing (S.). — Le Japon artistique. Paris, Emile Lévy, 3 vol. illustrés de 346 planches. — 60 à 70 francs.

Bien que n'étant pas exclusivement consacré à la gravure, ce savant ouvrage reproduisant les estampes les plus célèbres avec commentaires, nous n'avons pas cru devoir lui refuser droit de cité. Il y a eu deux éditions, croyons-nous.

Binyon (L.). — Dutch Etchers of the seventeenth century. London, Seeley and C^o, 1894. In-8. — 3 francs.

— Dutch Etchers of the seventeenth century. London, Seeley, 1905. In-8. — 5 francs.

Binyon (L). — The artist engraver. London, Macmillan, 1904. In-fol. with. 20 pl.

Blanc (Ch.). — Le Trésor de la curiosité ; précédé d'une préface

---

(1) M. François-Louis Bruel, archiviste paléographe, est le plus jeune et l'un des plus distingués bibliothécaires de notre célèbre Cabinet.

sur la curiosité et les curieux, par Ad. Thibaudeau. Paris, 2 vol. In-8. — 10 à 12 francs.

<small>Peu de choses à glaner sur la gravure et les graveurs.</small>

— Grammaire des arts du dessin... gravure en taille-douce, eau-forte, manière noire, aquatinte, gravure en bois, etc. Paris, Renouard, 1870. In-4 avec figures dans le texte. — 10 à 12 francs.

Bois (gravure sur). — Voir[1] : *Bouton, Bouyer, Bracquemond, Brevière, Brown, Brunet, Carr, Cundall, Didot, Gardner, Jackson, Jansen, Laborde, Linton, Lippmann, Lostalot, Michiels, Osborn, Palmer, Papillon, Rivoli, Steck, Woodburry.*

Bondoux (A.). — 'Serrons nos rangs ! Epitre aux graveurs. Paris, Henri Alcan, 1869. In-18.

Bonnardot (A). — Essai sur la restauration des anciennes estampes et des livres rares... Paris, 1846. In-8 avec un supplément. — 6 à 7 francs.

<small>Une seconde édition avec une légère modification dans le titre a paru en 1858, à Paris, chez Castel. C'est la plus *recherchée*, elle vaut 18 à 20 francs. Une traduction allemande, croyons-nous, a été publiée de cet ouvrage à Quedlimbourg, en 1859.</small>

— Lettre au bibliophile Jacob, rédacteur du «Bulletin des Arts", sur le cabinet des estampes et... de Duchesne aîné. Paris, 1848. In-8.

— Histoire artistique et archéologique de la gravure en France.... Paris, Deflorenne neveu, 1849. In-8. — 5 à 6 francs.

<small>Intéressante brochure tirée à 300 ex. Elle donne une table générale des graveurs français ou probablement français jusqu'en 1793, qui comprend environ 1.300 artistes.</small>

Bonnet (Louis). — Le pastel en gravures. Paris, 1769. In-8, très rare.

Bosse (A). — Traicté des manières de graver en taille douce sur l'airin, par le moyen des eaux-fortes et des vernix durs et mols, ensemble de la façon... d'en construire la presse... Paris 1645 [2]. In-8 orné de 18 planches. — 50 à 60 francs, très rare. Il existe des ex. en grand papier.

— Sentimens sur la distinction des diverses manières de peinture, dessein et graueure et des originaux d'auec leurs copies... à Paris chez l'auteur, 1649. In-8 front et 2 pl. — 6 à 8 francs.

<small>(1) C'est la liste des auteurs cités dans cet ouvrage et ayant traité le sujet.
(2) C'est bien en 1645 qu'il faut lire pour cette première édition, et non 1643 comme le mentionne par erreur la note de la préface de l'éditeur, de l'édition de 1758, page XX j.</small>

Il y a page 73 un chapitre très curieux « sur la distinction des diverses manières des estampes ou tailles douces, tant des originales que des copies » où le Maître graveur estime que le burin et le bois s'imitent plus facilement que l'eau forte et il en donne les raisons.

— Künsbuchlein, handelt von der Radier-und Etzkunst, wie man nemlich mit Scheidwasser in Kupffer etzen Kupffer-Platten abdrucken soll usw., Ins Teutsche befrödert Gg. And. Böckler... In-8 mit 16 Kupfertalen. Nurnberg, Paulus Fürst, 1652. — 15 à 18 francs, rare.

— Moyen universel de pratiquer la perspective sur les tableaux... ensemble quelques particularités concernant cet art et celui de la gravure en taille douce. Paris, 1653. In-8 avec 31 planches.

— Tractaat in wat manieren men op root koper snijden ofte etzen zal, door de middel der sterke-wateren ende harde vernissen. Amsterdam, 1662. In-8 met platt. — 10 à 15 francs.

Edition hollandaise. — *Très rare.*

— Radier-Büchlein, handelt von Etzkunst, nemlich wie man mit Scheidwasser in Kupffer etzen... heneben kurtzer, Beschreibung, wie die Kupfferplatten abzudrucken. Samt einer Zugabe von der Herald-Mahl und Reiszkunst, durch G. A. Böcklern. Nürnberg, 1669. In-12 mit Plat.

Edition allemande augmentée d'un traité sur la peinture héraldique. — *Extrêmement rare.*

— The excellency of the pen and pencil, the uses of them in etching, engravings, etc... 1688. In-8. Très rare.

— Deuxième édition 1701. Paris, P. Aubouin ; augmentée de la nouvelle manière dont se sert Le Clerc, graveur du roi. In-8, pl.

— De la manière de graver à l'eau forte et au burin et de la gravure en manière noire, et augmentée par Cochin. Paris, Jombert, 1745. In-8 front et 19 pl. pliées. — 8 à 10 fr.

— De la manière de graver à l'eau forte et au burin et de la gravure en manière noire... Nouvelle éd. augmentée de l'impression qui imite les tableaux de la gravure en manière de crayon et de celle qui imite le lavis. Paris, Jombert, 1758. In-8, 21 pl.

Cette dernière édition est la plus complète quoique étant la moins rare ; elle vaut 20 francs.

Abraham Bosse était un merveilleux graveur, et on comprend combien sont encore précieux aujourd'hui les renseignements de technique qui sont renfermés dans son intéressant ouvrage. C'est un livre qu'il faut avoir. C'est du reste le tout *premier* ouvrage écrit sérieusement et à fond sur le sujet.

— Die Kunst in Kupfer zu stechen sowohl vermittelst des Aetzwassers als mit Grabstichel... Dresden, 1765. In-8. — 10 à 12 francs.

— Sculptura historico-technica : or the history and art of engraving, plates and marks, 1770. In-8.

Bossi (L). — Estratto dell'essai sur l'origine de la gravure, publicato in Parigi, 1808, dal sig. Jansen.

Bottari. — Racólta di littere sulla pittura, scoltura e architettura, da piu celebri personnagi dal seculo XVe al XVIIe. Roma, 1754. 7 vol. In-8.

Bouchet (Ch.). — Les portraits de Louis, duc de Vendôme et le graveur Ant. Masson. Vendôme, 1873. In-8.

Boston [1] (Museum of Fine Arts of). — Catalogue of etchings exhibited ar the Gray Room. January, 1879, by E. H. Greenleaf, curator of Gray engravings.

— Exhibition of drawings, water colors and engravings by William Blake.

— Exhibition of American engravings on wood. October-November 1881. Introduction by A. V. S. Anthony.

— Exhibition of american etchings. April-May, 1881. Introduction by S.-R. Koehler.

— Catalogue of the etched work of Charles Meryon. March., April 1886. Introduction by F. Keppel.

— Exhibition of the etched work of Rembrandt and of artists of his circle... Principally from the collection of M. Henry F. Sewal of New-York. April-June 1887. Introduction by Koehler.

— Exhibition of the work of the women etchers of America. November-December 1887. Introduction by Koehler.

— Catalogue of etchings and dry-points by Ch. Storm van's Gravesande. January-February 1887. Introduction by R.-A. Rice.

— Exhibition of Albert Durer's engravings, etchings and dry-points and of most of the woodcuts executed from his designs. Selected from the collections of Henry Sewal, and from the Gray collection. With eight original drawings from the collection von Franck. November 1888. January 1889. Introduction by Koehler.

— Exhibition of the Society of American wood-engravers supplemented by an exhibition of old and

---

(1) C'est la liste complète et chronologique des catalogues des *Expositions* faites à ce musée et publiés par les soins éclairés de son cabinet d'estampes.

modern wood-cuts and wood-engravings selected from the Gray collection. October-November, 1890.

— Exhibition of drawings, water colours and engravings by William Black. February-March 1891.

— Exhibition illustrating the technical methods of reproductive arts from the XV th century to the present time January-March 1892. Introduction by Koehler.

— Catalogue of a selection of prints, arranged chronologically to illustrate the various processes of engraving invented from the 15 th to the end of the 18 th century. Prefatory note by Koehler 1893.

— Exhibition of the works of John Cheney and Seth Wells Cheney. January-March 1893.

— Exhibition of the works of Adolf Menzel. Collographic reproductions, wood engravings, original lithograph. October-November 1894. Introduction by Koehler.

— Special exhibition of color-prints, designed, engraved and printed by Arthur W. Dow. April-June 1895. Introduction by Ernest F. Fenollosa.

— Catalogue of paintings, drawings, etchings etc. by Jean-François Raffaëlli. May 1895. Introduction unsigned.

— Catalogue of a collection of etchings dry-points and mezzotints by F. Seymour Haden, formerly the private property of the artist. A supplement to Sir W. R. Drake catalogue. May 1896. Introduction by Koehler.

— Catalogue of a loan exhibition of book-plates and super-libros held by the Club of Odd volumes. April-June 1898. Introduction by committee of Club of Odd volumes on book-plate exhibitions.

— A descriptive catalogue of an exhibition of early engravings in America. December-February. Introduction by Emil H. Richter.

— Exhibition of the Liber Studiorum of J. M. W. Turner and of a few engravings after his drawings. Added to this, an appendix of 57 pages which was privately printed and which contain thoughts suggested by the study of Turner's Liber Studiorum. Is title is : *On the Nature of Reality*. Privately printed by M. Francis Bulland.

Voici *vingt-et-une* expositions faites dans une période de trente années ; quel est le cabinet d'estampes européen qui peut en présenter autant à son actif ? On a résussi à développer ainsi en Amérique un goût effréné pour l'estampe, ce qui fait, que toutes les belles pièces qui paraissent sur le marché français sont enlevées à prix d'or pour ne nous revenir jamais.

Boston Public Library. — Illustrated catalogue of the portraits of Benjamin Franklin. Quaterly Bulletin n° 89. July, 1892.

Bouchot (H) [1]. — Le Cabinet des estampes de la Bibliothèque Nationale. Table par Louis Morand et Madame Herviant. Paris, Dentu, boulevard Saint-Michel, s. d. In-8. — 8 à 10 francs.

Cette plaquette à laquelle Bouchot n'a pas collaboré, bien que portant son nom, publiée à 2 francs, ne contient absolument qu'une *table* établie sur deux colonnes, et encore *sans la moindre note explicative sur la manière de s'en servir* ; c'est donc un outil absolument inutile entre les mains de quiconque n'est pas préalablement averti.

Elle est devenue *assez rare*, tous les exemplaires ayant été détruits il y a cinq ou six ans dans l'incendie de la librairie Fayard qui s'était rendue acquéreur de tout le fonds Dentu. Elle a paru en 1905 si notre mémoire est fidèle, et est par conséquent postérieure de dix ans à celle qui se trouve à la fin de l'ouvrage de H. Bouchot que nous avons déjà cité : *Le Cabinet d'Estampes de la Bibliothèque Nationale*.

— Les Ex-libris. Paris, 1891.

— La Gravure et l'Estampe.

Cette étude se trouve au chapitre IV, tome III, page 327 de l'important ouvrage *Histoire de l'Art* publié sous la direction d'André Michel. Paris, librairie Armand Colin. L'ouvrage paraît en fascicules à 1 franc 50 le fascicule ; les 2 vol. valent 30 francs.

Rien n'est plus intéressant que les 16 pages que le regretté conservateur du *Département des Estampes* consacre à ce sujet qui lui était si particulièrement familier, et tous les amoureux de l'image devront les lire car ils y verront formuler des théories nouvelles et émettre des opinions qui ne seront peut-être pas sans les surprendre.

Les mots *gravure* et *estampe* qui forment le titre de cet article, semblent être un pléonasme ou plutôt une répétition, et au premier abord on en comprend guère l'accouplement, étant donné surtout que l'écrivain ne s'explique point à ce sujet ; nous croyons cependant devoir dire — bien que dans le langage usuel on emploie couramment l'un pour l'autre — que le mot *gravure* s'applique plutôt au livre illustré et celui *d'estampe* à la pièce détachée et de plus grand format.

— Un ancêtre de la gravure sur bois, étude sur un xylographe taillé en Bourgogne vers 1370. Paris, Emile Lévy, 1902. In-8 illustré et de 4 planches hors texte. — 20 francs.

Savant travail dont l'apparition sensationnelle fit beaucoup de bruit dans le monde de l'estampe.

— La lithographie. Paris, s. d. May. In-8 avec figures.

— Voir : *Bibliothèque Nationale*.

Bourcard (G). — Les estampes du XVIIIe siècle. Ecole française. Préface de P. Eudel. Paris, Dentu, 1885. In-8. —25 fr.

C'est la liste de toutes les pièces les plus importantes et les plus

---

(1) Nous engageons vivement le lecteur à se procurer la jolie notice que le baron Edmond de Rothschild a consacré au savant disparu. Paris, Firmin-Didot, 1908.

recherchées avec leurs prix et états passées en vente publique, depuis 1855 — première vente de cette école — jusqu'en 1882. Avec table des gravures et table des artistes. — Tiré à 614 exemplaires, épuisés.

— L'affiche illustrée. Exposition faite à Nantes en novembre 1889, galerie L. Préaubert.

C'est la toute *première* exposition faite en Europe. La couverture est illustrée par notre ami Georges Willemin, dessinateur de talent ; il nous a également écrit la préface, qui est une petite merveille de couleur. Epuisé.

— Dessins, gouaches, estampes et tableaux du XVIIIe siècle. Paris, Morgand, 1893. In-8. — 35 à 40 francs.

Cet ouvrage se distingue du précédent en ce que *toutes* les pièces y sont *décrites* ; les prix et états obtenus en ventes publiques de 1877 à 1892 inclus y sont notés, ainsi que les noms des possesseurs des originaux qui se trouvent ici gravés. A l'heure présente, nous avons réussi à force de recherches à reconstituer ou plutôt à retrouver presque tous les *dessins originaux* du « Monument du Costume » de Freudeberg et de Moreau le jeune avec les noms de leurs propriétaires actuels ; sur les 36 pièces qui le composent — 12 Freudeberg et 24 Moreau — il ne nous manque que *La Promenade du matin* dans le premier, et *La Course des chevaux* et *La sortie de l' Opéra* dans le second. Tiré à 600 exemplaires. Epuisé.

— A travers cinq siècles de gravures. Les estampes célèbres, rares ou curieuses. Paris, Rapilly, 1903. In-8. — 150 à 160 francs.

Nous ne saurions cacher que celui-ci est notre enfant bien aimé en qui nous avons mis toutes nos complaisances. Est-ce à dire pour cela qu'il porte en lui l'omniscience du Phenix antique ? Certes non, et nous nous contenterons simplement d'affirmer qu'il sait cependant bien des choses : on peut avec lui parler des procédés, des écoles, des collections, des classements, des cabinets d'estampes français et étrangers dont il nous nomme les conservateurs, des marchands d'estampes du monde entier dont il nous indique les adresses, des adjudications publiques célèbres, depuis celle de l'abbé de Marolles jusqu'à celle d'hier. Il n'ignore aucun des termes techniques anglais ou allemands usités dans les catalogues de vente, il décrit à l'amateur, avec leurs particularités souvent ignorées et leurs dernières cotes, les estampes les plus belles et les plus réputées, les plus curieuses et les plus rarissimes, qui toutes lui sont passées par les mains ; il... mais arrêtons-nous et avouons, pour tout dire, qu'à son apparition dans le monde il a été tellement demandé, tellement bien accueilli, que, six semaines plus tard il nous revenait complètement *épuisé*. Que l'on veuille bien pardonner ce constat qui peut sembler légèrement prétentieux, mais un père n'est-il pas toujours flatté dans son amour-propre en voyant qu'on s'arrache son enfant ; il l'a si bien senti qu'il s'empresse de saisir avec joie l'occasion qui se présente ici, de remercier très chaleureusement ce public d'élite qui lui a témoigné une si bienveillante et si cordiale sympathie. Tiré à 200 exemplaires. Epuisé.

— Voir : *De Granges de Surgères*.

Boutard. — Dictionnaire des arts du dessin, de la peinture, la sculpture, la gravure et l'architecture. Paris, Le Normant père, Ch. Gosselin, 1826. In-8. — 5 francs.

Nous ne mentionnons que pour mémoire cet ouvrage, car il n'y a rien, à y glaner au point de vue de notre instruction sur la gravure.

Boutet (H). — Nouvelle méthode de gravure mettant l'eau forte à la portée des amateurs... Paris, Lefranc et Cie, 1904. In-8 avec 7 pl.

Bouton. — Traité élémentaire de gravure à l'eau forte, sur bois de buis et sur bois de fil d'après Alb. Durer, Callot, etc.... Paris, Boutin, s. d. In-12 orné de vignettes.

Boutry (J.). — Les origines de la gravure, discours prononcé à l'académie d'Arras, le 8 mai 1885, par Julien Boutry, suivi de la réponse à ce discours, par Trannoy. In-8, Arras, Rohard-Courtin.

Bouyer (R). — La gravure sur bois : ,, L'Image ". Paris, 1897. In-4.

— L'estampe murale, « Art et Décoration ", tome IV, 1898.

Boydell (J). — A collection of prints engraved after the most capital painting in England with a description of each picture in english and french. London, 1769-1772. In-fol.

— The prints enumerated in Boydell's alphabetical catalogue, arranged according to the different schools. 48 vol. In-f. with 4432 plates.

L'Ecole italienne comporte 14 volumes ; l'allemande et la hollandaise 6 ; la française 2 et l'anglaise 26. Cet ouvrage ne porte ni lieu ni date.

— Alphabetical stock catalogues of plates with prices... engraved by the most esteemed artists... London 1803. In-8.

Bracquemond. — Etude sur la gravure sur bois et la lithographie. Paris, imprimé pour Henri Béraldi, 1897. In-8. Tiré à 138 ex. numérotés.

Cet ouvrage d'une haute tenue documentaire avait paru dans le « Journal des Arts » sous le titre *Trois Livres*, son but essentiel est : « l'examen de la situation funeste faite à l'estampe en général, et au bois en particulier, par l'abandon des principes qui devraient la diriger... »

Bregeault (R.-L.). — Manuel théorique et pratique du dessinateur et de l'imprimeur lithographe... Nouvelle édit. revue et augm. par Knecht et Jules Desportes. Paris, Roret, 1830. In-18 avec 6 lithographies.

— Traité de lithographie. Nouveau manuel complet du dessinateur et de l'imprimeur lithographe. Nouvelle édition. Paris, Roret, 1839. In-12.

Breitkopf (J.-G.-I.). — Versuch den Ursprung der Spielkarten die Einfürung des Leinenpapiers und den Anfang der

Holzschneidekunst in Europa zu erforschen. Leipzig, 1784, In-4 mit pl.

Ceci n'est que la première partie, croyons-nous. — *Très rare.*

Brevière (H). — De la xylographie ou gravure sur bois. Rouen, 1833. In-8.

Brinkley (Captain F.). — Collection of Japanese engravings and chromo-xylographs made by... and presented by Ch. Stewart Smith to the New-York public Library, 189?. In-8.

— The art of Japan. Boston 1902, 2 vol. In-4 with illustrations. — 125 à 130 francs.

Briquet (C.-M.). — Les Filigranes. Dictionnaire historique des marques du papier dès leur apparition, vers 1282 jusqu'en 1600, avec 39 figures dans le texte et 16.112 fac-simile de filigranes hors texte. Genève, A. Jullien, 1907, 4 vol. In-4, texte sur 2 colonnes. — 200 francs.

Bien qu'en dehors de notre programme — étant donné la corrélation qui existe entre les marques de papiers dans certains états d'estampes des vieux maîtres — nous n'avons pas cru devoir passer sous silence cette magistrale publication, la plus complète écrite sur la matière. Elle a coûté trente ans d'un travail acharné à son éminent auteur qui en a perdu la vue en compulsant feuille par feuille près de 31.000 volumes et 1.400 cartons portefeuilles, liasses ou dossiers. Il y a des notes inédites sur près de 600 usines et d'intéressants détails sur la corporation des papetiers. Il faut une énergie peu commune pour mener à bonne fin semblable tâche et on doit s'incliner respectueux et reconnaissant devant la vaillance d'un écrivain de cette trempe.

C'est chez Alphonse Picard et fils, 82, rue Bonaparte à Paris, qu'on peut se le procurer.

Citons encore pour mémoire un ouvrage de même genre « Etude sur les filigranes des papiers employés en France au XIVe et XVe siècle » accompagnés de 660 dessins lithographiés, par Midoux et Matton. Paris, Dumoulin, 1888, in-8 avec pl., 15 francs.

British mezzotints, 1680-1815. — Catalogue principally of the 18th century on exhibition in... Lenox Library Building. New-York, 1904. In-18.

British Museum. — A guide to that portion of the collection of prints bequeathed to the nation by the late Felix Slade, Esq., now on exhibition in the King's library, by G. W. Reid. London, 1869. In-8.

— Catalogue of prints and drawings. Division I. Political and personal satires.
Vol. I. 1320 to april 1689. London, 1870. In-8. — 30 francs.
Vol. II. june 1689 to 1733. London 1873. In-8. — 35 francs.
Vol. III. march 1734 to circa 1760. London 1877. In-8. - 40 fr.
Vol. IV. 1761 to 1770. London 1883. — 35 francs.

— Strictly private and confidential correspondence between M. George William Reid [1], M. Louis Fagan [2] and M. J. Winter Jones... 1876. In-8.

— Handbook to the Department of prints and drawings in the British Museum by Fagan. London, G. Bell and sons 1876. In-8 with frontispice. — 6 francs.

— The Print Room of the... an enquiry by the ghost of a departed collector. London, Waterloo 1876. In-8.

— Catalogue of early prints of the german and flemish schools in the British Museum, by W. H. Willshire. London, Longmans and C°, 1879-1883, 2 vol. In-8 with 10 pl. facsimile. Each. — 15 francs.

—. **Reproductions of prints :**

Part. I. Early Italian 30 pl. 1882, épuisé, 190 francs.
    II. Early Italian, 30 pl. 1883, épuisé, 100 francs.
    III. Early German, 32 pl. 1884, épuisé, 75 francs.

New séries :

Part. I. Early Italian 20 pl. 1886, épuisé, 50 francs.
    II. Early German, 22 pl. 1889, épuisé, 50 francs.
    III. German, Dutch and Italian, 18 pl., 1890., 50 fr.
    IV. Italian (16 th century), 18 pl. 1892, 50 francs.
    V. Specimens of early mezzotint engraving, 16 pl. 1895. — 50 francs.
    VI. Specimens of line-engraving by masters of Germany and the low countries 1530-1620, 15 pl. — 50 francs.
    VII. Specimens of line-engraving by masters of the Netherlands schools under the influence of Rubens and van Dyck, about 1620-1660, 12 pl. 1898. — 50 francs.
    VIII. Specimens of line-engraving by masters of the French school about 1580-1680, 14 pl. 1899.— 50 fr.
    IX. Specimens of line-engraving by the earliest masters practising in England about 1545-1695, 18 pl., 1900. — 50 francs.
    X. Additional specimens of line-engraving by the earliest masters working in England about 1580-1670. 21 pl., 1901. — 50 francs.
    XI. Specimens of line-engraving by French Masters of the eighteenth century, 14 pl. 1902. — 50 fr.
    XII. Specimens of line-engraving by French Masters of the eighteenth century, continued, 12 pl. 1903. — 50 francs.

(1) et (2) Tous deux conservateurs au *Département des Estampes et Dessins* de ce Musée.

Part XIII. Specimens of line-engraving by English Master of the eighteenth century, 11 pl., 1904. — 50 fr.
XIV. Specimens of line-engraving by Italian Masters of the eighteenth century, 11 pl., 1905. — 50 fr.
XV. Specimens of line-engraving by German Masters of the Eighteenth century, 11 pl., 1906. — 50 fr.

Third series :
Part. I. Specimens of etchings by German Masters 1475-1575, 25 pl., 1907. — 50 francs.
II. Specimens of etchings by Italian Masters, 1525-1550, 25 pl., 1908. — 50 francs.
III. Specimens of etchings by French Masters, 1620-1670, 25 pl., 1909. — 50 francs.

La collection *complète* de ces reproductions est particulièrement *précieuse* pour l'iconophile qu'elle initie à l'histoire générale de la gravure de toutes les écoles, en lui permettant d'établir de curieuses comparaisons entre les différentes techniques de nos plus célèbres artistes. Ce recueil est donc appelé à rendre les plus grands services.

— A guide to drawings, prints and illustrative works exhibited in the second northern gallery, 1885. In-8.

— Introduction to a catalogue of the early Italian prints in the... by Richard Fisher. London, 1886. In-8. — 25 fr., épuisé.

— Index of artists represented in the *Department of Prints and Drawings*. by L. Cust :
Vol. I (Dutch, Flemish and German schools). London, 1893. In-8. — 15 francs.
Vol. II. (French Schools). London, 1896. In-8. — 10 francs.

— Guide to exhibition of drawings and etchings by Rembrandt, and etchings by other masters, 1899. In-8. — Vingt centimes, épuisé.

— Catalogue of early German and Flemish woodcuts, preserved in the Department of prints and drawings in the British Museum by C. Dogson. Vol. I. London, 1904. In-8, illustrated with, 15 full-page reproductions... — 25 francs.

— Guide to an exhibition of mezzotint engravings chiefly from Cheylesmore collection. London, 1905. In-8. — Trente centimes.

Précieux catalogue d'une réunion hors ligne des plus belles estampes en *manière noire* gravées de 1642 à 1820. Préface de Sidney Colvin, arrangement du catalogue par Freeman O'Donoghue.

— Early engraving and engravers in England (1545-1695). A critical and historical essay by Sidney Colvin London, 1905. In-fol. with 41 photogravure facsimiles and 46 ill. — 130 francs.

— List of the works of native and foreign line engravers in England from Henry VIII to the Commonwealth by A.-M. Hind. London, 1906 [1].

— Catalogue of engraved British portraits preserved in the Department of prints and drawings in the... By Freeman O'Donoghue assistant keeper of this Departement Vol. I (A. C.), 1908. In-8. — 26 francs.

<small>Cette très importante publication suit son cours et comportera probablement 5 à 6 volumes. Cette collection, une des plus considérables existant à l'heure présente, comprend environ 50.000 pièces, représentant les portraits de 15.000 personnages.</small>

Bromley (H). — Catalogue of engraved British portraits, from Egbert the Great to the present time, with an appendix. London, Payne, 1793. In-4. — 8 à 10 francs.

Brou (Ch. de) [2]. — Quelques mots sur la gravure au millésime de 1418. Bruxelles, van Dale, 1846. In-4 avec 7 pl. fac-simile.

— Un dernier mot sur l'estampe de 1418. Bruxelles, 1846. In-8.

<small>Il existe, paraît-il, une autre édition sans lieu ni date citée par Delecourt ; elle était du format in-4.</small>

— Deux nielles flamands.

<small>Paru dans la " Revue Universelle des Arts ", tome 8. 1858, page 517.</small>

— Une imposture.

<small>Notes sur des gravures sur bois dans le goût du xve siècle, de tirage moderne, qu'on a truquées pour les faire passer pour anciennes. "Revue universelle des Arts ", tome xiv, 1862, page 329.</small>

Brown (Alex.). — Ars pictoria, or an academy treating of drawing... etching, etc... London, 1669.

<small>Livre fort intéressant, le premier écrit sur le nouveau procédé qui fut découvert en 1642 par Louis Siegen et exploité par le Prince Rupert.</small>

Brown (W.-N.). — Manual of wood engraving. London, 1886. In-12.

Bruel (F.-L.). — Voir : *Bibliothèque Nationale.*

Brulliot (F.). — Dictionnaire des monogrames, marques figurées, lettres initiales, noms abrégés, etc... avec lesquels les peintres... graveurs... ont désigné leur noms. Munich, Cotta, 1832-1834 [3], 3 vol. In-4. — 50 à 60 francs, assez rare.

<small>Bien qu'inférieur à Nagler, mais infiniment supérieur à Christ, cet ouvrage, présenté avec la plus grande clarté typographique et</small>

<small>(1) Separately printed in 100 copies for private distribution by order of the Trustees of the British Museum from *Early Engravers and Engraving in England* by Sidney Colvin 1905.
(2) La plaquette est seulement signée des initiales C. D. B.
(3) Une première édition très incomplète avait paru en 1817. Elle vaut 10 à 12 francs.</small>

descriptive, est pour nous français, ignorant la langue allemande, le travail le plus complet et le plus documenté qui existe sur la matière. La situation de son auteur, qui était conservateur de la collection d'estampes du roi de Bavière, l'a mis plus que tout autre à même de mener à bien la lourde tâche qu'il s'était proposé.

L'ouvrage est divisé en trois parties bien distinctes :
Tome I. Les monogrammes.
Tome II. Les lettres initiales.
Tome III. Les noms abrégés et estropiés, avec les appendices.

Chaque article porte un *numéro d'ordre* et une table alphabétique à la fin de chaque volume rend les recherches extrêmement faciles en renvoyant à ce numéro pour les références. C'est donc un outil précieux qu'ont entre les mains les chercheurs et les curieux.

Brulliot et Locherer. — Copies photographiques des plus rares, gravures criblées, estampes, gravures en bois, etc... des XVe et XVIe siècles qui se trouvent dans la collection royale d'estampes de Munich. Munich, 1854-55. In-fol. 100 à 120 francs.

Brun (Dr. Carl). — Schweizerisches Künstler-Lexikon... Frauenfeld. Huber et C°, 1902. In-8.

Important ouvrage où, sous forme de dictionnaire et par ordre alphabétique, sont mentionnés avec de copieuses notices tous les artistes suisses.

Brunet (G.). — Quelques notes pour servir à l'histoire de la gravure sur bois. "Revue universelle des Arts", tome III, 1856, p. 541.

Bruxelles. — Les nielles de la Bibliothèque Royale de Belgique, par Alvin. Bruxelles, Hayez, 1857. In-8 avec 21 fac-similé photographiques. — 5 francs.

— Bibliothèque Royale de Belgique. Documents iconographiques de la... par MM. les conservateurs et employés. Bruxelles, C. Mugnardt, 1877. In-fol. fig.

— Catalogue des estampes d'ornements faisant partie de la Bibliothèque Royale de Belgique, par Hymans. Bruxelles, Lamertin, 1908. In-8, avec 8 pl.

Bry (A). — L'imprimeur lithographe. Nouveau manuel à l'usage des élèves. Paris, chez l'auteur, 1835. In-8 fig.

Bryan (M). — Biographical and critical dictionary of painters and engravers. London, 1816[1], 2 vol. In-4 ill. — 10 francs.

— Biographical and critical dictionary of painters and engravers from Cimabue to the present times, enlarged by G. Stanley. London, 1849. In-8 with portr. — 7 à 8 francs.

Une autre édition revue et augmentée avec nouvelles planches, par George Stanley, a paru à Londres en 1858, et vaut 20 à 25 francs.

(1) C'est l'édition *originale*.

— Dictionary of painters and engravers,... with Ottley's supplement. London, 1876. In-8. — 5 à 6 francs.

— Dictionary of painters and engravers ; edited by Stanley with supplement by Ottley... London, 1878-1879. 2 vol. illustr. — 20 à 22 francs.

— Dictionary of painters, sculptors and engravers, a new edition from entirely new plates. New-York. Dood. In-8, 1884.

— Dictionary of painters and engravers, biographical and critical with their marks and monograms, latest edition, edited by R.-E. Graves. London, 1884, 2 vol. — 45 à 50 fr.

— Dictionary of painters and engravers... London, revised by R. Graves and Sir Walter Armstrong, 2 vol., 1899, illustr.

— Dictionary of painters and engravers. New edition revised and enlarged under the supervision of George C. Williamson with the help of a number of specialists. London, Bell and sons, 1903-1905, 5 vol. In-4 with numerous illustrations. — 135 francs.

C'est la dernière et de beaucoup la plus complète des éditions. Ouvrage de premier ordre.

Bullet. — Recherches historiques sur les cartes à jouer. Lyon, 1757. In-8.

— De l'origine de nos cartes à jouer. Metz, 1813. In-12.

Burckhardt (D). — Die Schule Martin Schongauers am Oberrheim. Basel, 1888. In-8.

Burlington Fine arts Club. — Marc Antonio Raimondi ; with an introductory notice by Richard Fisher. London, 1868. In-4.

— Albert Durer and Lucas de Leyde. London, 1869. In-4.

— Turner's Liber Studiorum ; exhibition illustrative, with introductory remarks. London, 1872. In-4.

Il y avait là des épreuves absolument exceptionnelles ; certaines sont devenues introuvables, plusieurs même étaient inédites et n'avaient jamais été publiées.

— Claude le Lorrain. Exhibition of drawings and etchings, with an introductory notice. London, 1872. In-4.

— Wenceslaus Hollar. Exhibition from a selection of his work, with an introductory notice. London, 1875. In-4.

Les pièces les plus *rares* de l'œuvre, telles que : *la série des manchons, des coquilles ; le jeune homme jouant de la mandoline ; Lady Elizabeth Sherley et le portrait d'Arthur comte de Donegal*, y figuraient en superbes épreuves.

— Catalogue of the etched work of Rembrandt... with introductory remarks by F. Seymour Haden. London, 1877. In-4, with 3 plates.

Exposition tout à fait *hors ligne* de l'œuvre du Maître, qui y est groupé pour la première fois par ordre *chronologique*. La préface de Seymour Haden donne un attrait singulier à ce catalogue, qui est devenu *fort rare*.

— Hans Sebald Beham and Barthel Beham. Exhibition of their works with an introductory notice. London, 1877. In-4.

— Charles Meryon. Exhibition from a selection of his work ; with an introductory notice. London, 1879. In-4.

Il y figurait des épreuves *d'essai* de la dernière rareté.

— Catalogue of engravings in mezzotints, illustrating the history of that art down to the time of David Lucas, inclusive, with an introduction by J.-M. London, 1881. In-4.

Il y a là 198 estampes exposées, qui représentent l'œuvre de 119 graveurs en mezzotinte; nous croyons inutile d'insister sur l'intérêt capital qui se dégage de cette exposition.

— Catalogue of a collection of woodcuts of the German school executed in the XVth and XVIth centuries ; with an introductions of J.-M. London, 1882. In-4.

— Exhibition of etchings of Renier Zeeman and Karel du Jardin with illustrative drawing, and introductory remarcks by J.-L.-R. London, 1883. In-4.

— James Mc Ardell. Exhibition of his works, with an introduction. London, 1886. In-4.

Deux cent vingt-cinq portraits, tous accompagnés d'intéressantes notices sont exposés, c'est-à-dire l'œuvre à peu près complet du célèbre artiste.

— Catalogue of prints and books illustrating the history of engraving in Japan. Exhibited in 1888.

— Exhibition illustrative of the French revival of etching ; with an introductory remarks by Cosmo Monkhouse. London, 1891. In-4.

Les artistes dont les œuvres furent exposées étaient : Bracquemond, Corot, Daubigny, Delacroix, J. de Goncourt, Paul Huet, Ingres, Jacquemart, Lalanne, Millet, Meissonnier, Meryon, Th. Rousseau.

— Exhibition of English mezzotint portraits from circa 1750 to circa 1830. With an introduction by F. Wedmore and important notes on the technique of mezzotint engraving by W. G. Rawlinson. London, 1902. In-4.

Catalogue de la plus haute valeur documentaire. On a réuni là, dans des conditions de beauté et d'états absolument exceptionnelles, 101 portraits des plus grandes personnalités de l'Angleterre, accompagnés chacun d'une notice biographique. Les prêteurs de ces merveilles étaient S. M. le Roi Edouard VII, Lord Cheylesmore, Pierpont Morgan et H.-S. Theobald. A la fin du catalogue se trouve une notice sur les trente-sept graveurs dont les œuvres sont exposées. Il existe quelques catalogues sur grand papier ornés de 30 photogravures ; ils valent de 80 à 90 francs et sont fort rares.

Burt (Ch.). — Catalogue of line engraving, etchings, and original drawings by Ch. Burt, deceased ; edited by his daughter Alice Burt, 1893. In-8.

Burty. — Maîtres et petits Maîtres. Paris, 1877. In-12.

— L'eau forte en 1874-1879, 2 vol. contenant 190 eaux-fortes avec texte. In-fol. — 80 à 100 francs.

Bylaert (J.-J.). — Nieuwe manier om Plaet-Tekeningen in't Koper te brengen... Leyde, 1772. In-8 avec 2 pl. — 8 à 10 francs.

— Nouvelle manière de graver en cuivre des estampes coloriées [1] ; de façon que quoique imprimées dans une presse ordinaire, elles conservent l'air et le caractère du dessin. Leïde chez Luchtmans, 1772. In-8 avec pl. — 15 à 20 francs, rare.

Cadart et Luquet. — L'illustration nouvelle par une Société de Peintres-Graveurs à l'eau-forte. Paris, 1868-1880.

Les éditeurs étaient Cadart et Luquet. Le total des planches publiées dans ces douze années s'élèvent au chiffre de 553 ; en avant lettre, ça vaut de 5 à 600 francs bien complet. C'est intéressant et cela donne une physionomie fidèle de la gravure à cette époque. Beaucoup d'artistes de valeur et devenus célèbres y ont pris part, mais entre nous, ce n'est pas là qu'il faut chercher le beau morceau, le tirage laissant souvent considérablement à désirer, comme du reste dans tous ces genres de publications commerciales, où on imprime à la diable sans le moindre souci du résultat artistique.

La première publication avait débuté avec Cadart seul, croyons-nous, en 1863, sous le nom de *Société des Aquafortistes*, ce n'est que cinq ans plus tard, on vient de le voir, qu'elle refit sa réapparition sous ce titre d' " Illustration Nouvelle ".

Calame (A.). — Essais de gravures à l'eau-forte. S. l. n. d. [1845]. In-fol., 45 pl.

Calepin d'un amateur d'estampes. Alais, Veirun, 1865. In-8 avec 8 planches.

Carpenter (W.-H.). — A guide to the drawings and prints exhibited to the public in the King's library, British Museum. London, 1859. In-8.

Une seconde édition parut en 1862.

Carr (L. Comyns). — La gravure sur bois en Amérique " L'Art " Tome XXIV, 1881.

(1) C'est la traduction de l'ouvrage précédent traduit du Hollandais par L. G. F. Kerroux. Le texte hollandais et français y figurent. Très intéressant.

Carrington (F.-R.). — Catalogue of engravings and etchings presented by George A. Hearn to the " Cooper Union Museum "... New-York, 1897. In-8.

— Catalogue of etchings and lithographs presented by S. P. Avery to the " Cooper Union Museum ". New-York, 1898.

Castle (E.). — English book-plates. London, 1893.

Catalogo d'una collezione di stampe antiche e moderne vendibili in Livorno presso Tom. Masi. Livorno, 1782. In-8.

— de las majores estampas que se hallan de venta en la calcografia de la imprenta Real de Madrid. S. d. In-fol.

— delle stampe intagliate in rame e bullino ed in acqua forte esistenti nella calcografia nella Rev. Camera Apostolica. Roma, 1823. In-12.

— delle migliori stampe vendibili nella calcographia camerale... Roma, 1834. In-8.

— delle stampe della calcografia camerale, incise in bulino ed all'acqua forte. Roma, 1842. In-12.

— de las majores estampas que se hallan de venta en la calcografia de la imprenta nacional. Madrid, 1857. In-12.

— generale della stampe impresse coi rami incisi al burino ed all'acqua forte... posseduti dalla royale calcographia... Roma, G. Bertero, 1898. In-4.

Catalogue des estampes provenant des fonds de planches des sieurs Gérard Audran et François Chereau, graveurs ordinaires du roy... Paris, 1742 [1]. In-4.

— des estampes qui se vendent chez Tardieu, graveur du roy. Paris, 1746. In-4.

— des planches gravées appartenant à Jean Moyreau, graveur du roy. Paris, 1749. In-fol.

— des estampes provenant des fonds de planches des sieurs Gérard, Benoit, Jean et Louis Audran, graveurs orindaires du roi... et qui se trouvent présentement à Paris chez Benoit Audran, graveur.... Paris, 1757 [2]. In-4.

— des estampes provenant du fonds des planches appartenant à G. Huquier, graveur. Paris, 1757. In-4.

(1) Une autre édition a paru en 1757.
(2) Une autre édition a paru en 1763.

— des estampes qui se vendent chez Joullain père et fils, quai de la Mégisserie, à l'enseigne de La Ville de Rome (Paris, 1760). In-4.

— des sujets de thèses formant le fonds général de M. Cars. Paris, 1771. In-8.

— des planches gravées, tableaux, dessins... et autres objets de curiosité de feu M. Benoist Audran, graveur; par F.-C. Joullain fils. Paris, 1772. In-12.

— du fonds des planches gravées et épreuves.... de M. Huquier, par F.-C. Joullain fils. Paris, 1772. In-12.

— des estampes du fonds Chretien de Mechel, graveur de S. A. S. Mgr l'Electeur Palatin. Basle, 1778. In-8.

— raisonné d'un recueil d'estampes d'après les plus beaux tableaux qui soient en Angleterre. Les planches sont en la possession de J. Boydell. Londres, 1779. In-4.

— des estampes d'après les maîtres d'Italie... dont les planches appartiennent à l'Académie royale de peinture et de sculpture. Paris, 1788. In-8.

— des estampes qui se vendent chez Gérard Audran, graveur ordinaire du roi, à Paris, rue Saint-Jacques, aux Deux Piliers d'Or, s. l. n. d. In-8.

— des estampes qui se vendent chez Laurent Cars, graveur du roy à Paris, rue Saint-Jacques, vis-à-vis le collège Duplessis..... s. l. n. d. In-4.

— des planches gravées par défunt J. Daullé, graveur du roi... dont les estampes se vendent chez sa veuve, sur le quai des Augustins, à Paris. s. d. In-4.

— des portraits des princes, des personnes illustres et des savants, gravés par les soins du sieur Odieuvre. s. l. n. d. In-4.

— of historical prints, various subjects... published by John et Josiah Boydell. London, 1794, 2 vol. In-8.

— des planches qui se trouvent chez Joubert. Paris, an VI (1797). In-4.

— des estampes des trois écoles... qui se trouvent à Paris au Musée central des arts. Paris, Ventôse, an VIII. In-4.

— des estampes des trois écoles... qui se trouvent à Paris au Musée central des Arts. Paris, Ventôse, an IX. In-4.

— par ordre alphabétique des planches gravées par les meilleurs maîtres... qui composent le fonds de H.-L. Bazan. Paris, an XI, 1802. In-4.

— des différents ouvrages en peinture et gravure publiés à Paris par les Piranesi. Paris, an XI. In-4.

— des estampes... fonds Joubert fils et Charles Bance. Paris, 1806. In-8.

— des estampes des écoles d'Italie... Collection d'estampes connue sous le nom de *Cabinet du Roi*. Paris, mars 1808. In-4.

— of a very extensive collection of prints by ancient and modern masters, divided into two parts. Part. I. British portraits more than five thousand different prints. Part. II. Capital productions of the most celebrated artists of the German, Dutch, Flemish, French and English schools... now adjusted for sale, as the prices mentioned in the catalogue by Robert Grave... London, 1809. In-fol. Très rare.

Très intéressant catalogue au point de vue rétrospectif des prix.

— des planches qui se trouvent chez Jean, marchand d'estampes. Paris, 1810. In-4.

— d'estampes en feuilles et en recueils composant le fonds de Bance aîné. Paris, 1811.[1] In-8.

— des estampes et ouvrages à gravures de la chalcographie romaine. Paris, F. Didot, 1841. In-8.

— des estampes et ouvrages à gravures de la chalcographie romaine. Paris, Firmin Didot, 1842. In-12.

— de 230 planches gravées à l'aquatinte par Jazet[2]... Vente à Paris, 2 décembre 1843. In-8.

— des écrits, gravures et dessins condamnés depuis 1814 jusqu'au 1er janvier 1850. Paris. In-12.

— des planches gravées composant le fonds de la chalcographie, et dont les épreuves se vendent dans cet établissement au Musée National du Louvre. Paris, 1851. In-4.

— of New-York Stade Library, 1856. Albany 1857.

Dans ce catalogue, les pages 115 à 137 inclus sont consacrées à la gravure.

— des planches gravées qui composent le fonds de la chalcographie, au Musée impérial du Louvre. Paris, 1860. In-8.

— de l'exposition de gravures anciennes et modernes. Paris, Cercle de la librairie, 1881. In-4.

[1] Une autre édition a paru en 1817.
[2] Bien que ne mentionnant pas les ventes, nous avons cru devoir signaler celle-ci, qui représente en somme l'œuvre même de Jazet et prend alors la valeur d'une monographie aux yeux des amateurs.

Ce volume contient une étude sur la gravure par G. Duplessis, avec des specimens d'estampes reproduites par les différents procédés. Quoique assez recherchée, nous avouons n'attacher qu'une mince importance à cette publication qui vaut 12 à 15 francs.

— of prints : comprising list of prints from the chalcographie du Louvre and from the german Reichsdruckerei : Kupferstiche und Holzschnitte alter Meister... (Report of the librarian of the library of congress 1905).

Caulfield (J.). — Calcographiana : the english printseller's chronicle and collector's guide. London, 1814. In-8 portr. — 12 à 15 francs.

Caxton Club (The). — Catalogue of an exhibition of etchings designed to illustrate the work of the late Philip Gilbert Hamerton entitled *Etching and Etchers*. Chicago, The Caxton Club, MDCCCXCV. In-16.

Cette expostion eu lieu en décembre 1895. Le *Caxton Club* est un grand cercle où se réunit tout ce que Chicago compte d'hommes distingués dans les lettres et dans les arts, son but est de propager le goût du beau par ses conférences, par ses expositions et par les livres qu'il publie. Nous avons trouvé près de ces messieurs du Cercle le plus courtois accueil lorsque nous avons eu besoin de renseignements. Qu'ils reçoivent ici publiquement l'expression de nos sentiments reconnaissants et tout particulièrement leur honorable et distingué secrétaire, M. Ralph H. Poole, que nous avons si souvent importuné par notre correspondance.

— Catalogue of an exhibition of Japanese color prints in connection with a paper by Frederick W. Gookin. March. 18, 1897. Chicago, The Caxton Club MDCCCXCVII. In-16.

— an exhibition of book-plates by the Caxton Club, February, VII, to XXVI, MDCCCXCVIII. In-16.

— Catalogue of an exhibition of masterpieces of art engraving, illustrating the art from the fifteenth to the nineteenth century inclusive. Chicago, The Caxton Club, MDCCCCII. In-16.

— Voir : *Whistler*.

Cerrati (F). — Memoria per servire alla storia della incizione compilata nella descrizione e dichiarazione delle stampe... nella biblioteca Corsiniana. Roma, 1858.

Chaillot (A). — Notions sur les beaux-arts comprenant tout ce qu'il est utile de savoir sur... la gravure... Avignon, 1868. In-12.

Chalcografia. — Indice delle stampe intagliate in rame a bulino ed in acqua forte, esistenti nella calcographia della Rev. Camera Apostolica... Roma, i Lazzarini, 1797. In-12.

Chalcographical Society. — Publications of the *Interna-*

— 36 —

tional Chalcographical Society, from 1886, to 1897. Tout ce qui a paru.

<blockquote>
Importante publication reproduisant les pièces les plus rares et les plus intéressantes du XVe siècle, y compris *les sept planètes*, les séries des *alphabets gothiques*, etc... ainsi que les estampes les plus remarquables des grands maîtres tels que : Durer, Baccio Baldini, Mocetti, Finiguera, Hans Beham, Jacopo de Barbarj, etc.., etc..., soit près de 350 fac-simile en héliogravure et autres procédés, avec liste et texte explicatif contenus dans 12 volumes et portefeuilles, valant de 250 à 300 francs.
</blockquote>

Chalcographie. — Catalogue des planches gravées composant le fonds de la chalcographie et dont les épreuves se vendent dans cet établissement au Musée du Louvre, précédé d'une notice historique par F. Villot. Paris, 1860. In-12 comprenant 4669 numéros.

— du Louvre. — Catalogue des planches gravées composant le fonds de la chalcographie et dont les épreuves se vendent au Musée. Paris, Imprimerie Nationale, 1901. In-8.

— Extrait du catalogue général des planches gravées composant le fonds de la chalcographie dont les épreuves se vendent au Musée du Louvre (Porte Jean-Goujon). Paris, Imprimerie Nationale, 1901. In-8.

— Petit inventaire illustré de la chalcographie du musée national du Louvre par Henry de Chennevières [1]. Paris, A. Joanin et Cie [1904]. In-8 avec un hors-texte et 45 reproductions.

— Extrait du catalogue général des planches gravées composant le fond de la chalcographie... Paris, Imprimerie Nationale, 1908. In-8.

<blockquote>
Cette importante collection est peu connue du grand public et nous oserions presque dire *pas davantage* de ceux qu'elle devrait cependant intéresser. Quelques mots très brefs à cet égard essaieront de la mettre en lumière en révélant les trésors qu'elle contient.

Louis XIV, quelques années après l'acquisition de la fameuse collection de l'abbé de Marolles, chargea Colbert de faire graver par les premiers artistes de l'époque les tableaux les plus célèbres ; la chalcographie état créée. Le fonds s'accrut rapidement par le legs de Gaston d'Orléans et des planches du chevalier de Beaulieu ; il suivit sa marche ascensionnelle jusqu'à la Révolution et l'Empire où il s'augmenta encore des portraits provenant de l'Académie Royale, et du dépôt des Menus Plaisirs. Une période d'accalmie se manifesta après le premier Empire et ce ne fut qu'en 1848 qu'elle reprit la marche en avant qu'elle continue de nos jours.

Le catalogue comporte 8 divisions : Dessins — Peintures — Portraits — Fêtes, cérémonies et décorations — Sculptures — Architecture — Sièges et batailles — Œuvres diverses.

Le catalogue, publié en 1881, mentionnait exactement 5939 cuivres, aujourd'hui ce chiffre dépasse 10,000. Le prix des épreuves — il y en a de superbes — varie de cinquante centimes à cinquante francs.
</blockquote>

(1) Conservateur-Adjoint des Musées nationaux.

Les magasins de la chalcographie sont ouverts de 10 heures à 4 heures, dimanches et fêtes exceptés ; l'entrée est Porte Jean-Goujon, quai du Louvre, entre le pont des Saints-Pères et le pont des Arts. Il existe un dépôt 11, boulevard des Italiens. Le conservateur est M. Paul Leprieur et M. Boucher le préposé à la vente, c'est à lui qu'il faut s'adresser pour les achats, cour Visconti, musée du Louvre.

— des Piranesi frères. Œuvres de Jean-Baptiste et de François, qui se vendent chez les auteurs à Paris, rue de l'Université,. dépôt des machines, n° 296. An VIII, 1800. In-4.

Chalcographische Gesellschaft zu Dessau unter des Regierung des Herzogs Leopold Friedrich Frantz. Mit dem vollständigen Verlagsverzeichnisse der Gesellschaft: von A.-H. Valentini. Dessau, 1847. In-8.

Chaloner Smith (John). — British mezzotint portraits being a descriptive catalogue of the engravings from the introduction of the arts to the early part of the present century arranged according to the engravers : the inscription given at full lenght : and the variations of state precisely setforth. Accompanied with biographical notes. London, H. Sotheran et C° 1878-1883, 5 vol. ¹ In-8. — 5 à 600 francs.

Ouvrage considérable et de tout premier ordre, très consulté et faisant loi, le *seul* existant en l'espèce pourrait-on dire. Il mentionne environ les noms de 240 graveurs, 3780 personnages et 750 peintres. Il y a en tout 4 frontispices et une histoire de l'art en Angleterre, ainsi qu'une étude sur la technique de la manière noire dans la seconde division du tome IV.
La vente des estampes de l'auteur eut lieu en mars 1887 et avril 1888. — Le catalogue vaut 5 à 6 francs, il contenait 3646 numéros. Actuellement en ventes publiques, certains de ces portraits atteignent le chiffre fantastique de 32.000 francs !!

Chapin (W.-O.). — The masters and masterpieces of engravings. New-York, 1894. In-8 with 60 engravings and heliogravures.

— The Buffalo, Fine Arts Academy. Albright art gallery. Illustrated catalogue, collections of prints, introduction and notes. Buffalo. New-York, 1905. In-8.

Chatto (W.-A.). — A treatise on wood engraving historical and practical. With upwards of four hundred illustrations engraved on wood by J. Jackson. A new edition, with an additional chapter by H.-G. Bohn. London, Chatto and Windus. In-8 ill.

Il existe une autre édition publiée en 1861 à Londres, chez Bohn, portant la mention « *Second edition* with a new chapter on the artists of the present day by H.-G. Bohn and 145 additional wood engravings » Il y a en somme peu de différence entre ces deux éditions qui

(1) Ou 4 vol. : le tome IV contenant deux divisions.

se valent et qui sont d'un ouvrage particulièrement documenté, souligné par un intéressant graphique.

— A third preface a treatise on wood engraving, history and practice, exposing the fallacies contained in the first, restoring the passages suppressed in the second and containing an account of Mr J. Jackson's actual share.. In a letter to Stephen Oliver, author of the first seven chapter of the works and the writer of the whole as originally printed. London, 1839. In-8.

— A treatise on wood engraving historical and pratical. London, C. Knight 1839. In-8, upwards of 300 of best examples of the great masters engraved by J. Jackson. — 20 à 30 francs. Très rare.

— Facts and speculations on the origin and history of playing cards. London, 1848. In-8 with plates and woodcuts. — 10 à 12 francs.

L'origine des cartes étant liée à celle de la gravure, nous avons cru bien faire en signalant cet ouvrage.

Chattock (R.-S.). — Pratical notes on etchings. Dublin, Hanna et Neale, 1880. In-8.

Il a paru une 3 me édition à Londres en 1886 ; elle vaut 5 à 6 francs et est ornée de 8 eaux-fortes.

Chaubry de Troncenord. — Notice sur les artistes graveurs de la Champagne. Châlons, 1858. In-8.

Chefs-d'œuvre de la gravure sur bois moderne par les principaux artistes. Paris, Michel Lévy, 1868. In-4.

Chelsum. — A history of the art of engraving in mezzotinte from its origine to the present times, including an account of the works of the earliest artists. Winchester, Egarton, 1786. In-12, rare.

Ce n'est *qu'attribué* au Dr. James Chelsum.

Chennevières (Henry de). — Cent ans de gravures.

Article publié dans *L'Art* à l'occasion de l'Exposition centennale en 1889.

Chennevières et de Montaiglon. — " Archives de l'Art Français ". Paris, 1852-1862, 12 vol. In-8. — 40 à 50 francs.

Intéressante publication qui a cessé de paraître, contenant : *L'Abecedario de Mariette* et de nombreux documents sur les arts et les artistes français, signalés du reste par nous dans le présent ouvrage.

Chesneau (Ernest). — Ecole Française, les Estampes en couleurs du XVIIIe siècle. Paris, Jules Lemonnyer et Magnier et Cie, 1885-1889, 25 fascicules. In-fol. en portefeuille.

Cette publication a été tirée à 100 exemplaires numérotés. Chaque fascicule contient 2 planches en double épreuve couleurs et bistre avant la lettre sur Japon dans une feuille portant et la légende et les noms des artistes.

Voici la liste exacte des 50 pièces composant les 25 livraisons, auxquelles il convient d'ajouter les 4 pièces données *en prime* aux souscripteurs.

Debucourt. — La Promenade publique.
— La Promenade de la Galerie du Palais Royal.
— Le Compliment ou la matinée du jour de l'an.
— Les Bouquets ou la fête de la grand'maman.
— Le Menuet de la Mariée.
— La Noce au château.
— L'Escalade ou les adieux du matin.
— Heur et malheur ou la cruche cassée.
— Annette et Lubin.
— La Main.
— La Rose.
— Minet aux aguets.
— Almanach national.

Lavereince. — L'Aveu difficile.
— La Comparaison.
— L'Indiscrétion.
— Le Colin-Maillard ou le Bandeau favorable.
— La Leçon interrompue.
— Le Déjeuner anglais.
— Le Printemps.
— L'Eté.
— L'Automne.
— L'Hiver.

Regnault. — Le Lever.
— Le Bain.
— Le Baiser à la dérobée.

Taunay. — La Noce de village.
— La Foire de village.
— La Rixe.
— Le Tambourin.

Coutellier. — Madame du Gazon.
— Mademoiselle Contat.

Schall. — L'Amant surpris.
— Les Espiègles.

Dutailly. — On doit à sa patrie le sacrifice de ses plus chères affections.
— Il est glorieux de mourir pour sa patrie.

Wille. — Le Repos des moissonneurs.
Wille (fils). — La Noce de village.
Davesne. — Les Cerises. — Les Prunes.
Huet. — L'Amant écouté.
Mouchet. — Les Chagrins de l'enfance.
Sergent. — Il est trop tard.
De Saint-Aubin. — La Jardinière.
Carême. — L'Aveugle trompé.
Hoin. — Nina ou la folle par amour.
Le Clerc. — La Réunion des plaisirs.
Saint-Quentin. — La Compagne de Pomone.
Pelligrini. — Les trois Grâces.
Swebach-Desfontaine. — La vieillesse d'Annette et Lubin.

Les 4 planches données en prime sont :
Le Satyre, ou : Ah ! laisse moi voir.

Chit ! Chit ; de Mallet.
Par ici. —
Le Bidet.

> Nous sommes heureux d'avoir pu donner la nomenclature *complète* des estampes livrées, ce qui n'avait *jamais* encore été fait jusqu'à ce jour. Nous le devons à l'amabilité de M. A. Blaizot qui, possédant un exemplaire de toute fraîcheur, a bien voulu nous en donner communication, ce dont nous le remercions vivement ici. Nous ajouterons que les exemplaires complets sont *fort rares*, toutes ces pièces avant la lettre ont été tirées également en sanguine. C'est une *fantaisie* que nous ne nous expliquons guère, les originaux n'existant point ainsi. Ce recueil vaut de 12 à 1.300 francs.

Chevremont (F). [1] — Index du bibliophile et de l'amateur de peintures, gravures, etc..., par Chevremont. Paris, Claye, 1876. In-8. — 20 francs. Rare.

Cheylesmore (Lord). — Collection of mezzotints. In the " Connoisseur ", vol. II., p. 3.

> Feu Lord Cheylesmore possédait une collection absolument hors ligne de portraits en manière noire, il avait envoyé à notre Exposition de 1900 ses plus beaux specimens qui figurèrent au pavillon Britannique.

Choffard (P.-P.-Ch.). — Notice historique sur l'art de la gravure en France. Paris, an XII. In-8 avec une vignette gravée. — 4 à 5 francs.

Christ (J.-F.). — Anzeige und Auslegung der Monogrammatum einzeln und verzogenen Anfangsbuchstaben der Nahmen... bermühter Maler, Kupferstecher... Leipzig, 1747. In-8 mit plat. — 7 à 8 francs.

> Cette édition est l'édition *originale*.

— Dictionnaire des monogrammes, chiffres, lettres initiales... sous lesquels les plus célèbres peintres, graveurs et dessinateurs ont dessiné leurs noms. Traduit de l'allemand par (Godefroy Sellius ?) Paris, Séb. Jorry, 1750. In-8. — 15 à 18 francs.

> Cette édition est la traduction française de celle de 1747, publiée à Leipzig. Une autre édition a paru en 1762 à Paris chez Guillyn ; elle vaut 25 à 30 francs.

Christie. — Art prices current 1907-8. 1908-1909. A record of sale prices at Christie's during the season with an index to artists and engravers' names. London office of the " Fine art trade Journal ". In-8. — 2 vol. 25 francs.

> Cet ouvrage renseignant les amateurs sur les prix atteints en ventes publiques à Londres est pour eux du plus grand intérêt, il est divisé en trois parties : Peinture, dessins et gravures.
> La question de classement est traitée avec la plus parfaite clarté, et un index rend les recherches extrêmement faciles. Ce catalogue est indispensable aux curieux.

---

(1) C'est la bibliographie de Marat. Cette bibliographie est terminée par un catalogue de peintures, estampes, portraits... relatifs au farouche tribun.

Chronologie Collée. — Chronologie et sommaire des souverains-pontifes, anciens pères, empereurs, rois, etc., jusqu'à l'an 1622. In-fol. — 150 à 200 francs.

<small>Cet ouvrage devenu *rare* contient plus de 3.000 portraits avec une notice sur chacun d'eux. C'est Léonard Gaultier qui a gravé les 144 petits portraits, série des hommes illustres de France, qui se trouvent sur deux planches.</small>

Cicognara (Leopold). — Le premier siècle de la calcographie ou catalogue raisonné des estampes du cabinet de feu M. le comte de Cicognara avec un appendice sur les nielles... par C. A. Venise, J. Antonelli, 1837. In-8 avec 2 pl. — 20 à 25 francs.

<small>Intéressant ouvrage, *très rare*, avec l'appendice.</small>

— Dell'origine composizione e decomposizione dei nielli. Venezia, 1827. In-4.

— Memorie spettanti alla storia della calcografia. Prato, 1831. Con 18 tav. In-fol. — 20 francs.

<small>Cet ouvrage est considéré comme *le meilleur* existant sur les nielles.</small>

Cincinnati Museum Association. — Catalogue of modern etchings and drawings done by etchers. Cincinnati, 1892.

Cinquante (les). —

<small>Signalons cette exposition de gravures originales en *noir* qui eut lieu en mai 1908 et notons-là comme très particulièrement intéressante : elle contenait un nombre assez considérable d'artistes étrangers, ce qui lui donnait une saveur d'exotisme pleine de séduction.</small>

Clark (Dr Ch.-E.). — Catalogue of the Dr Clark ; collection of american portraiture including a remarkably fine collection of Washington portraits... almost complete collection of the engraved works of the Cheneys, David Edwin, and A.-B. Durand. Boston, January 1901.

Clement (Clara Erskine) and Hutton (Lawrence). — Artists of the nineteenth century and their works. Handbook contaning 2050 biographical sketches, revised to 1884. In-12. — 12 à 15 francs.

<small>Ouvrage ne traitant pas spécialement des graveurs, mais aussi des peintres, sculpteurs et architectes.</small>

Clement (Clara Erskine). — Painters, sculptors, architects, engravers and their works... with illustrations and monograms. Boston and New-York. In-8.

Clément-Janin et A. Mellerio. — L'Estampe et l'Affiche. Paris, Ed. Pelletan, 1897-98-99. In-4, 3 vol. illustrés.

<small>Très intéressante publication mensuelle illustrée avec profusion et ayant pour but de développer et propager le goût de l'estampe</small>

et de l'affiche. Nombreux articles sur les gravures, les graveurs français et étrangers ; cette précieuse revue, à notre grand regret, a cessé de paraître. L'abonnement était au prix ridiculement bas de 6 francs par an ! Ça a été sa perte.

Clough (G.-T.). — Some Florentine woodcuts " Burlington Magasine ", tome VII, 1905.

Cockerell. — Some German woodcuts in the fifteenth century. Hammersmith, 1897. In-4.

Coddè (P). — Memorie biografische poste in forma di dizionario dei pittori... ed incisori mantovani, augm. dal Codde. Mantova, 1837. — 5 à 6 francs.

Cokayne (Fr.). — Dissertation on Mr. Hogarth's six prints lately published. London, 1751. In-8.

Cole (Thimothy). — Old Italian masters engraved by... With historical notes by W.-J. Stillman and brief comments by the engraver. New-York, 1892. In-8 illustr.

L'auteur M. Cole est considéré comme un des meilleurs graveurs sur bois de notre époque. Le présent ouvrage en dehors de l'édicourante a été tiré à 125 exemplaires avec épreuves sur un japon exceptionnel signé du graveur et de l'imprimeur, il vaut 4 à 500 francs.

— Old English masters engraved by... with historical notes by John et Cº. Van Dyke and comments by the engraver, 1902. In-8 with, 48 fine wood engravings after the works of 18 artists. — 40 à 50 francs.

Il y a une édition de grand luxe tirée à 150 exemplaires dont 40 seulement ont été mis en vente en Angleterre.

Collection of original etchings : consisting of original plates by Cornelius Bega, Claude... Hollar... Peter de Laer, Rembrandt... London, 1816. In-fol., 200 mounted plates with printed title.

Colour prints in stipple and mezzotint. " The Connoisseur ", vol. I, p. 19.

Colour and Colour-printing as applied to lithography containing an introduction to the study of colours... their manufacture into printing inks. London, 1885. In-8.

Colvin (Sidney). — Etudes sur quelques maîtres graveurs du XVe et XVIe siècle : " L'Art ", 4e année, tome II ; 5e année tome I et II et tome XXVI, 1881.

Séries d'étude extrêmement intéressantes et fouillées d'une manière toute spéciale.

— Early engraving and engravers in England 1545-1695. A critical and historical essay. London Quaritch 1906. In-fol. with 41 plates fac-simile photogravure and many illustrations in the text. — 100 à 120 francs.

Copley Society. — Loan collection etchings, dry-points and lithographs, Copley society of Boston. Copley Hall, February 1904. In-12.

Corrard de Breban. — Les graveurs Troyens (, recherches sur leur vie et leurs œuvres, ouvrage orné de fac simile. Troyes, 1868. In-8. — 4 à 5 francs.

Courboin (F). — L'eau forte " Art et Décoration ", avril 1906.

Il faut avoir ce numéro, le lire avec attention, car il donne avec précision et détails tous les secrets de cet admirable métier qui a engendré tant de merveilles ! un graphique en souligne agréablement le texte et un supplément précieux mentionne les outils, les papiers, les vernis, les adresses des maisons où se trouve tout l'attirail du graveur, l'auteur a même eu le soin d'ajouter un court index bibliographique des traités sur la gravure.

— Le Physionotrace de Quenedey. " Bulletin de la Société de l'histoire de l'Art français ", année 1908. 1er fascicule. Paris, J. Schemit, 1908. In-8. — 3 francs.

C'est une sorte de suite ou de complément à l'article de M. Vivarez [2]. M. Courboin y traite surtout et très particulièrement la question au point de vue du *mécanisme* de l'appareil. L'arrière petite-fille de Quenedey ayant trouvé dans les papiers de son aïeul, un dessin de l'appareil coté et annoté de sa main, l'a communiqué à M. Courboin qui l'a fait reproduire ici. Malheureusement la feuille était déchirée et l'autre partie manquait. Le croquis ne nous représente que l'appareil vu de face, ce qui empêche la démonstration d'être complète. Quoiqu'il en soit il faut lire cette étude qui est absolument instructive par tout ce qu'elle nous y révèle d'inédit.

— Figaro illustré : La Gravure française. Paris, septembre 1909. — 3 francs.

Très intéressant numéro, donnant d'une façon sommaire, mais précise, l'histoire de la gravure en France, avec 125 reproductions en noir et en couleurs des plus belles pièces publiées de 1400 à 1900 ; il y a quatre superbes planches hors texte et en couleurs.

— La Gravure française au XVIIIe siècle. La Régence, Louis XV, Louis XVI, la Révolution. Bruxelles, Van Oest et Cie. In-8.

En préparation pour paraître sous peu.

— Voir : *Bibliothèque Nationale*.

Cumberland (G). — An essay on the utility of collecting the best works of the ancient engravers of the Italian school... with interesting anecdotes of the engravers, of a chronological series of rare and valuable prints... now deposited in the British Museum and Royal Academy in London. London, Payne and Foss, 1827. In-4. portr. — 8 à 10 francs.

Cumming. — Handbook of lithography. London, 1904. In-8.

(1) Ch. Blanc en donnait une analyse dans le numéro de mai 1868 de la *Gazette des Beaux-Arts*.
(2) Voir ce nom.

Cundal (J.). — A brief history of wood-engraving from its invention. 1895. In-8, illustrated.

Curtis (Atherton). — Some masters of lithography. New-York, D. Appleton et C°, 1897. In-4 with, 23 plates.

— Lithography ; reprinted by permission of D. Appleton and company from " Some masters of lithography ", New-York, 1897. In-12.

Une première édition était parue chez Keppel et C° en 1894.

— How prints are made. New-York, Mount Kisco, 1902.

Etude complète, claire et documentée, sur la façon dont sont exécutées les gravures.

M. Atherton Curtis, le distingué collectionneur américain, qui depuis quelques années est venu se fixer à Paris, a fait pendant qu'il habitait New-York, dans sa propriété de Mount-Kisco, les expositions des œuvres des artistes suivants : Rembrandt (1902). E. Isabey (1903). Seymour-Haden (1902-1903). Piranesi (1904). Nous ajouterons, que nous avons vu les épreuves exposées et qu'elles étaient de qualité telle comme on n'en rencontre plus.

Cust (L). — Voir : *British Museum.*

D** [1]. — Procédé actuel de la lithographie mis à la portée de l'artiste et de l'amateur, par D**. Paris, Delaunay, 1818. In-8 avec 2 planches. — 6 francs. Rare.

Dauze (P.). — Index biblio-iconographique. Paris, 1894-1898. 5 vol. In-8.

Publication intéressante qui a cessé de paraître en septembre 1898.

Davenport (Cyril). — Mezzotints. London, Methuen and C° 1904. In-8, with, 40 pl. — 30 francs.

Ouvrage de premier ordre superbement imprimé et illustré de gravures dans le texte et hors texte très délicatement tirées. Il contient l'histoire et la technique de la manière noire avec la description d'une collection de pièces actuellement au British Museum.

David (Emeric). — Discours historique sur la gravure en taille douce et la gravure sur bois. Paris, Agasse, 1808.

Davis (John P.). — The new school of engraving. " Century ", new series. August 1889. In-8 illus.

Dayot (Armand). — Histoire contemporaine par l'image. Paris, Flammarion, 1906.

Inspecteur général des Beaux-Arts, qu'il aime passionnément, M. Dayot a su par ses écrits et par ses actes les faire aimer aux autres. Homme distingué et charmant, il est le fondateur de *L'Art et les Artistes,* très importante revue mensuelle qu'on pourrait qualifier d'*internationale,* car rien de ce qui se passe à l'extérieur ne lui est étranger, elle est superbement illustrée et chaque nation y figure

---

(1) Auteur dont le nom est resté ignoré.

sous sa rubrique spéciale. Un index bibliographique mentionne tous les ouvrages importants parus dans le mois avec une analyse claire et précise, et un chapitre intitulé *Revue des Revues* font de ce périodique un instrument de premier ordre pour les chercheurs, les professionnels et les curieux.

Defer (P.). — Catalogue général des ventes publique de tableaux et d'estampes depuis 1737 jusqu'à nos jours... formant un dictionnaire des peintres et graveurs de toutes les écoles. Paris, Aubry Clément et Rapilly, 1865-1868, 4 vol. In-8. — 15 à 20 francs.

Intéressante publication qui n'a pas été continuée et s'est arrêtée au mot *Byrne* pour les estampes, partie qui nous occupe.

Delaborde (Vte H.). — La Lithographie dans ses rapports avec la peinture, 1816-1863.

— La Gravure, précis élémentaire de ses origines, de ses procédés, de son histoire. Paris, Quantin [1882]. In-8 avec 101 fig. — 4 francs.

— La Gravure en Italie avant Marc-Antoine. Paris, J. Rouam, 1883. In-4, 103 gr. dans le texte et 5 pl. hors texte.

— Les nielles Florentins. " L'Art ". Tome XXXII, 1883.

— La Gravure à Modène et à Bologne au XVe et au XVIe siècles. La gravure à Milan au XVe et au XVIe siècles. " L'Art ", Tome XXXIII, 1883.

— Les Maîtres Florentins du XVe siècle. Paris, Plon. In-fol. illustré de 30 pl. en couleurs. — 60 à 65 francs.

— Engraving. Its origin, processes and history. Translated by Stevenson. With an additional chapter of english engraving by William Walkes. London, Cassel. In-8. — 10 francs.

— Voir : *Bibliothéque Nationale*.

Delatre (Aug.). — Eau-forte pointe sèche et vernis mou. Préface de Castagnary, lettres de Rops, avec gravures inédites. Paris, Lanier et Vallet, 1887. In-4. — 30 francs.

Précieux et clair au point de vue de l'enseignement technique ; *assez rare.*

Deleschamps (P.). — Des mordants, des vernis et des planches dans l'art du graveur, ou traité complet de la gravure. Paris, 1836. In-8 fig.

Delignières (E.). — Recherches sur les graveurs d'Abbeville. Paris, Plon, Nourrit et Cie, 1886 ? In-8.

— Les Graveurs Abbevillois. Amiens, Douillet et Cie, 1889 ? In-8.

Extr. des " Mémoires de la Société des Antiquaires de Picardie " ; tome XXX.

Delteil (Loys). — Le Manuel de l'amateur d'estampes du XVIIIe siècle. Paris, Dorbon aîné, 1910. In-8. — 15 francs.

<small>Intéressante publication contenant l'histoire de la gravure de 1700 à 1800 ; procédés, prix d'adjudication, etc... elle est de plus enrichie de 140 reproductions des pièces les plus belles et les plus rares de cette gracieuse époque.</small>

Dembour (A.). — Description d'un nouveau procédé de gravure en relief sur cuivre, inventé par Dembour. Metz, 1835. In-4 fig.

Demeure de Beaumont. — Iconographie de l'affiche Belge.

Demmin (Aug.). — Encyclopédie... des Beaux-Arts plastiques, architecture... peinture, gravure. Paris, Furne, Jouve et Cie, 1873-1875, 3 tomes. In-8.

<small>Le tome troisième est en partie consacré à la gravure ; rien de bien inédit, mais néanmoins des choses intéressantes appuyées de nombreuses illustrations.</small>

Deneken (A.-G.). — Commentare über einige interessante Kupferstiche. Bremen, 1796. In-8.

Depping. — Notice sur l'histoire des cartes à jouer, à l'occasion des recherches de Singer. Paris, 1819. In-12.

Der Japanische Farbenholzschnitt. — Berlin, J. Bard, 1903. In-16 mit 10 pl.

Derschau (J.-A. de). — Gravures en bois des anciens maîtres allemands tirées des planches originales recueillies par... publiées par R.-Z. Becker avec un discours sur la nature et l'histoire de la gravure en bois. Gotha, 1808. In-fol. fig.

— Holzschnitte alter deutscher Meister. Gotha, 1806-1816. In-fol.

Description des estampes exposées dans la galerie de la Bibliothèque impériale. Paris, Simon Raçon, 1855. In-8.

Deshayes. — Considérations sur l'histoire de l'estampe japonaise. " L'Art ", tome LV, 1893.

Desnoiresterres. — Iconographie Voltairienne.

Despréaux. — Note détaillée sur l'invention de la gravure en relief. Paris, 1836, In-4.

Destailleur (H.). — Notice sur quelques artistes français : architectes, dessinateurs, graveurs du XVIe au XVIIIe siècle. Paris, Rapilly, 1863. In-8.

Devincenzi (Joseph). — Electrographie ou nouvel art de graver sur métal découvert par Devincenzi. Paris, 1856. In-4.

Diamond (Hugh-W.). — On the earliest specimens of mezzotints engraving in a letter to sir Henry Ellis... London, 1838. In-4.

Didron. — Iconographie chrétienne. Histoire de Dieu. Paris, 1843. In-4 illustr. — 25 francs.

Dilke (Lady). — French engravers and draughtsmen of the XVIII century. London, Bell and sons. In-4 avec 50 pl. 1903. — 35 francs.

<small>Très bel ouvrage dans lequel on a multiplié des notes de renvoi très précieuses et très intéressantes. Edition sur grand papier, 150 exemplaires 50 francs. Edition ordinaire, 35 francs.</small>

Dinaux (A.). — Graveurs et amateurs d'estampes de Lille. Valenciennes, A. Prignet, 1841. In-8, tiré à 50 ex. — 3 francs.

Dobrée (Musée Th.). — Catalogue des estampes du... par Loys Delteil avec une préface de G. Bourcard. Nantes, Vié. Paris, Rapilly, 1904. In-12.

<small>Collection d'environ 3.000 estampes, très remarquable par l'authenticité, la qualité et la conservation ; il y a notamment des Durer, des Rembrandt, des Martin Schöne et des XVIIIe siècles tout à fait hors ligne que nous envieraient les premiers cabinets d'estampes Européens. Nous engageons très particulièrement les touristes iconophiles qui traversent notre ville à demander à voir ces estampes, dont plusieurs sont exposées, ils seront reçus avec empressement par le distingué conservateur M. P. de Lisle du Dreneuc qui sera heureux de leur en faire les honneurs.</small>

Documents iconographiques et typographiques de la Bibliothèque Royale de Bruxelles. Fac-simile photolith. avec texte par les conservateurs. Bruxelles, 1877. In-fol. avec 53 pl. — 50 à 60 francs.

Dodd (Th.). — The connaisseur's repertory, or a biographical history of painters, engravers.... with an account of their works, from the 12th century to the end of the 18th. Parts, I-VI. London, Hurst, Chance et C°, 1825. In-12. — 15 à 20 fr.

<small>Cette publication s'est arrêtée à Barr et n'a pas été continuée. Elle contient 30 planches de monogrammes.</small>

Dodd (W.) Specimens of early wood-engraving, being impression of woodcuts in possession of the publisher. Newcastle-on-Tyne, 1862. In-4.

Dodge (O.). — Experiments in producing printing surfaces. New-York, 1908. In-12.

<small>Cet ouvrage décrit la façon de graver de l'auteur, en un mot *sa* méthode à lui *propre*.</small>

Doggett (Kate Newell). — The grammar of painting and engraving. Chicago, 1874. — 12 francs.

<small>C'est la traduction de la " Grammaire des Arts du Dessin " de Charles Blanc.</small>

Dogson (C.). — Notes on early German etchings " Burlington Magazine ", vol. XV, 1909.
— Voir : *British Museum*.

Donjean (A.). — La gravure à l'eau forte, traité pratique et simplifié à l'usage des artistes, élèves et amateurs. Paris, Le Bailly, 1889. In-8.

Donlevy (John). — The rise and progress of the graphic arts, including notices of illumination, chalcography, wood engraving... and intagliography : elucidating the new art of chromo-glyphotype invented by, J.-D., New-York, 1854. In-4.

Dougal (J.). — The cabinet of the arts, being a new and universal drawing book, forming a complete system of... etchings, engravings... London, 2ᵈ édition, 1821. In-4, 2 vol. with illustr. — 25 à 30 francs.

Downes (W.-W. Howe). — Twelve great artists.
   Parmi les douze artistes cités nous mentionnerons : Rembrandt, Daubigny, Rops qui nous intéressent.

Dresden. — Fülvrer durch die Königlichen Sammlungen zu Dresden herausgegeben von der Generaldirection der Königlichen Sammlungen, Neunte Auflage mit Sechzehn Abbildungen. Dresden, Albanussche Buchdruckerei, 1907.
   Voir pages 41-52, la partie du guide ayant trait aux gravures. On annonce une nouvelle édition pour le commencement de 1910.

Drugulin (W.). — Allegemeiner Portrait. Katalog. Verzeichniss einer Sammlung von 24.000. Portraits berühmter Personen, etc... Leipzig, Kunst Comptoir, 1860. In-8. — 8 francs.

Dubouchet (H. et G.). — Précis élémentaire de la gravure sur cuivre. Paris, Leroux. 1891, In-18, illustré de 31 figures.

Dubray (Paul). — La lithographie : chez l'éditeur. Paris, 277, rue Saint-Jacques.
   C'est une publication par livraison de lithographies originales. Une préface de M. Camille de Sainte-Croix accompagnait le premier fascicule.

Duchatel (F.). — Traité de lithographie artistique. Paris, chez l'auteur, 8, rue Guy-de-la-Brosse [1893]. In-4, ill. — 20 fr.
   Duchatel était essayeur aux imprimeries Lemercier, ce traité se recommande donc hautement du nom de son auteur, un artiste consommé ; il est de plus superbement illustré par Buhot, Lunois, Fantin-Latour, Dillon, Dulac, Vogel et d'une suite de planches montrant la genèse et l'exode d'une impression en couleurs.

Duchesne (aîné) [1]. — Essai sur les vieilles gravures des orfèvres

---

[1] Fut conservateur de la Bibliothèque Royale et Impériale de Paris de 1839 à 1855.

Florentins du XVe siècle. Paris, Merlin, 1826. In-8 ill. — 15 à 20 francs.

> Précieux ouvrage, très recherché, reproduisant les nielles les plus rares, et donnant la liste de ceux qui figuraient dans les collections célèbres des Durazzo, Malaspina, Trivulcio, Poniatowsky, Buckingham, Masterman Sykes, Woodburn et certains cabinets européens.

— Voyage d'un iconophile. Revue des principaux cabinets d'estampes... d'Allemagne, de Hollande et d'Angleterre. Paris, Heideloff et Campé, 1834. — 6 francs.

— Observations sur les cartes à jouer. Paris, 1836. In-12.

— Notice des estampes exposées à la Bibliothèque Royale. Paris, Ch. Heideloff, 1837, 3e édition. In-12.

— Jeux de cartes tarots et de cartes numérales du XIV au XVIIIe siècles, représentés en 100 planches dont 5 en couleurs d'après les originaux, avec un précis hist. et explic. Pars, 1844. In-fol. — 100 à 120 francs.

> Tiré à 100 exemplaires avec la reproduction du jeu de cartes supposé peint par Jacquemin Gringonner et les 50 cartes d'ancien tarot gravées en Italie vers 1470 et attribuées à Sandro Boticeli.

— Description des estampes exposées dans la galerie de la Bibliothèque Impériale. Paris, Simon Raçon 1855 [1]. In-12.

— De la gravure sur métal et sur bois, et de ses divers procédés. In-8.

— Notice des estampes exposées à la Bibliothèque Royale... Paris, Heideloff, 1841. In-16.

— Observations sur les catalogues de la collection des estampes de la Bibliothèque Royale. Mars, 1847. Paris, 1847. In-8.

Duplessis (G.) [2]. — Les gravures sur bois contemporaines. Paris, Bonaventure et Ducessois, 1857. In-8.

— Le Département des Estampes à la Bibliothèque Impériale, son origine et ses développements successifs, Paris, Claye, 1860. In-8. —

— Histoire de la gravure en France, Paris, 1861.

— Essai de bibliographie contenant l'indication des ouvrages relatifs à l'histoire de la gravure et des graveurs. Paris, Rapilly, 1862. In-8, très rare.

> Précieuse petite plaquette dans laquelle nous avons largement puisé. Elle est ainsi divisée: Généralités. Journaux spéciaux et ouvrages utiles à consulter. Procédés. Monogrammes. Catalogue de

---

(1) Cette édition rend inutiles celles de 1819, 1823 et 1837.
(2) Fut conservateur au Département des Estampes de 1886 à 1898.

portraits gravés. Biographies générales et catalogues collectifs. Monographies. Jurisprudence et histoire administrative de la gravure. Connaissance et goût des estampes. Collections publiques d'estampes. Catalogues de planches gravées. Catalogues de collections particulières et de ventes d'estampes, plus une table.— 6 à 7 francs; devenue *très rare*.

— Essai d'une bibliographie générale des Beaux-Arts. Paris, Rapilly, 1866. In-8. — 5 francs.

— Les merveilles de la gravure. Paris, Hachette, 1869, avec 34 reproductions de gravure. In-18.

Il y a eu une 2e édition en 1871 et une 3e en 1877.

— Le Cabinet du Roi. Collection d'estampes commandées par Louis XIV. Extrait du " Bibliophile Français ". Paris. Bachelin de Florennes, 1869.

— Le Cabinet des Estampes de la Bibliothèque Nationale pendant la période révolutionnaire, 1789-1804. Extrait du " Bibliophile Français ". Paris, 1872. In-8.

— De la gravure du portrait en France. Paris, Rapilly, 1875.

— Histoire de la gravure en Italie, en Espagne, dans les Pays-Bas, en Angleterre et en France, suivie d'indications pour former une collection. Paris, Hachette, 1880. In-4 avec 73 reproductions de gravures anciennes. — 15 francs.

— Coup d'œil sur l'histoire de la gravure. Paris, Cercle de la Librairie, 1881. In-4 illustré. — 6 à 8 francs.

— De quelques estampes en bois de l'ecole de Martin Schongauer. Nogent-le-Rotrou, Daupeley-Gouverneur, 1884 In-8 gr.

— Mémoires sur 24 estampes italiennes du XVe siècle désignées sous le nom d'estampes de la collection Otto. In-18 avec gravures.

— Catalogue de la bibliothèque d'art de G. Duplessis. Paris, Rapilly, 1900. In-8. — 10 francs.

C'est une précieuse bibliothèque pleine de renseignements, pour les travailleurs. Le classement en est très intelligemment compris, et fait de façon à faciliter singulièrement les recherches.

— Voir : *Bibliothèque Nationale*.

Duplessis et Bouchot. — Dictionnaire des marques et monogrammes de graveurs. Paris, Rouam, 1886-87, 3 vol. In-12. 8 à 10 francs.

Dans un petit format et avec une table des artistes, on a sous la main un précieux travail donnant en deux lignes une notice sur le maître dont on a reproduit le monogramme.

Dupont (P.). — Essais pratiques d'imprimerie... typographie, lithographie. Paris, 1849. In-fol. avec pl.

Duret (Th.). — Livres et albums illustrés du Japon. Paris, Leroux, 1900. In-8 avec 13 pl. dont 4 en couleurs.

L'écrivain qui a passé 30 ans de sa vie à réunir une collection exceptionnelle, nous donne dans ce savant ouvrage de très intéressants documents sur l'histoire de la gravure japonaise et ses procédés.

Dutuit (Eugène). — Manuel de l'amateur d'estampes. Paris, Emile Lévy. In-4, 8 vol. illustrés. — 40 francs le volume.

Ce très important *Manuel* qui eut résumé d'une façon merveilleuse toute l'histoire de la gravure jusqu'au XVIIIe siècle, devait être complet en *huit* volumes, la mort de l'auteur survenue le 26 juin 1886 ne lui permit malheureusement pas de l'achever et il n'y eut de publiés que les volumes I, IV, V et VI.

En raison de la haute valeur documentaire de ce travail nous donnons ci-dessous la composition de chaque tome, nous plaisant à espérer qu'un jour, un iconographe avisé, séduit par la grandeur de la tâche aura à cœur de terminer une publication si heureusement commencée. Les matériaux dont il pourrait disposer lui faciliteraient singulièrement la besogne, car il aurait sous la main les 12.000 pièces environ dont se compose cette collection célèbre par la qualité *absolument exceptionnelle* de ses estampes. Le premier volume parut en 1884. Chaque volume publié forme un ensemble complet et se vend séparément.

Tome I. — Aperçu sur les anciennes estampes, manière criblée...., gravures coloriées, cartes à jouer, danse des morts, nielles, etc...,

Tome II. — *Ecole Italienne et Espagnole* : Quelques anonymes, Baldini, Boticelli, Barbari, Barocci, Biscaino, Domenico et Giulio Campagnola, Canaletto, Annibal et Augustin Carrache, quelques clairs obscurs, St. Della Bella Dughet, Francia, Fogolino, Lippi, Mantegna, Marieschi, Mazzuoli, Mocetto, Montagna, Morghen, Nicoletto da Modena, Pellegrino de San Dianele, Peregrini de Cesena, Pollajuolo, G.-B. del Porto, Primaticio, Marc-Antoine Ramondi et son école, Guido Reni, Robetta, Salvator Rosa, tarots dits de Mantegna et anciennes cartes Vénitiennes, Léonard de Vinci, Zoan Andrea, Goya et Ribera.

Tome III. — *Ecole Allemande* : Quelques anonymes, Aldegrever, Hans Baldung Grün, les Beham, Binck, Bocholt, Brentel, Burgmair, Jean de Cologne, Dietricy, Durer, Glockenton, Mair, Maître de 1464, de 1466, Van Mecheln, Pencz, Roos, Schaeuflein, Schmidt, Schongauer, Siegen, Wechtlin dit Pilgrim, Wenceslas d'Olmutz, Sasinger, Zwoll.

Tome IV. — *Ecole Flamande et Hollandaise* : Van Aken, Almeloveen, Bakhuysen, Bega, Berghem, Blecker, Boel, Bol, les deux Both, Bout, Breenberg, Cuyp, Diepenbeeck, van der Does, Du Hamcel, Dujardin, Dusart, van Dyck, van Everdingen, de Frey, Fyt, Goltzins, Gould, van Goyen

Tome V. — *Ecole Flamande et Hollandaise* (suite): Hackaert, van Haeften, van den Hecke, Hondius, P.-V.-H., Jonkheer, Laer, Le Ducq, Lucas de Leyde, Lievens, Maîtres anonymes et à monogrammes, Maîtres des sujets tirés de Boccace, Martss de Jonge, Meer de Jonge, Miel, Naiwjncx, Nikkelen, van Noordt, van Ostade, Potter, Rembrandt.

Tome VI. — *Ecole Flamande et Hollandaise* (suite et fin) : Roelandt Rogman, Ruysdael, Rubens et son école, Saftleven, van der Stock, Stoop, van Swanevelt, Teniers, van Uden, van de Velde, Verboom, Verschuring, Visscher, Vleiger, van Vliet, Waterloo, Weenix, Wouwerman, Wijck, Zeemann.

Tome VII. — *Ecole Française* : Gérard Audran, Blœmaert, Boissieu, Briot, Callot, Cousin, Dassonville, Delaulne, Desnoyers, les Drevet, Marc Duval, Duvet, Edelinck, Ficquet, Flamen, Claude Gellée, Gourmont, Grateloup, B. Picart.
Tome VIII. — *Ecole Française* (fin). Ecole Anglaise: Masson, Millet, Morin, Nanteuil, Pesne, Savart, Tortorel et Perissin, Wien, Watteau, Wille, Wœiriot.
Faithorne, Hogarth, Earlom, Strange et Woollet.
— Une des plus anciennes gravures connue avec date. " L'Art ", tome XXXVI, 1884.
<small>Article du plus grand intérêt et fort remarquable.</small>

Eckhoff (W.). — De stedelijke Kunstversameling. Van Leenwarden, bevattende afbeeldingen van vorsten, beroemde mannen, merkwaardige en woorname gebouwen enzverzameld, beschreven en tdegelicht... Alsmede een overzicht van de geschiedems der Kunst in Friesland H. Bokma, 1875. In-8.

Eau-forte [1]. — Voir : *Alken, Ashley, Barth, Berthiaud, Bosse, Bouton, Bylaert, Courboin, Delâtre, Donjean, Dubouchet, Fielding, Fraipont, Fuller, Gütle, Hamerton, Hassel, Herkomer, Hubaud, Hygm-Furcy, Lairesse, Lalanne, Lepic, Lippmann, Lostalot, Martial, Netto, Newbolt, Nicolle, Numan, Paton, Perrot, Potemont, Profit, Robert, Robertson, Roller, Saint-Arroman, Villon, Viney, Zingg.*

Eau-forte moderne. — Catalogue officiel de l'Exposition Nationale de l'eau-forte moderne à l'Ecole des Beaux-Arts, Mai 1896. In-8.
<small>Il n'y avait d'intéressant que la préface de Béraldi. L'exposition par elle-même fut un *four noir*, une panne de première classe. Savez vous comment notre immortel Ferdinand Gaillard y était représenté? par le *Menu pour le 208ᵉ dîner des Cinquante* et le *Portrait de Mᵐᵉ X*. C'était à en pleurer !!</small>

Edwin (David). — A contributive to a catalogue of the engraved works of... by Charles R. Hildeburn.
<small>C'est extrait de *The Pensylvania Magasine of History and Biography*, april 1894.
Dans le *Pensylvania Magasine* d'octobre 1904, il a paru un supplément d'œuvres d'Edwin non mentionnées par Hildeburn.</small>

Eitelberger (R. von). — Ueber Spiekarten... anf einige in Wien befindliche alte Karpenspiele. Wien 1860. In-4.

Emeric-David (T.-R.). — Discours historique sur la gravure en taille-douce et sur la gravure en bois. Paris, 1808. In-8. 4 à 5 francs.

Emerson (W.-A.). — Hand-book of wood engraving with pratical instruction of the art... New-York and Boston, 1884. New edition. In-12, illustr.

<small>(1) C'est la liste des auteurs cités dans le présent ouvrage ayant traité le sujet.</small>

Engelmann (G.). — Rapport sur la lithographie introduite en France. Mulhausen, 1815. In-4 accompagné de 4 pl. — 15 à 18 francs, *très rare*.

— Manuel du dessinateur lithographe... suivi d'une instruction sur le nouveau procédé du lavia lithographique. A Paris, chez l'auteur, 1824. In-8, avec 13 pl. — 8 à 10 francs.

English Portraits of XVII Century. In the "Connoisseur". Vol. III, p. 11.

Epreuve (L') Publication mensuelle. Tirée à 215 ex. Edition ordinaire et édition de grand luxe. Chaque fascicule comprendra 10 pl. originales. Souscrire chez Maurice Dumont, Paris, 3 *bis*, rue des Beaux-Arts.

Le prix de souscription était de 100 francs et 250 de francs pour l'édition de luxe. Ne paraît plus. Les épreuves portent en un timbre sec, dans la marge une *femme nue* à mi-corps de profil à droite.

Ertz (Ed.). — An easy method of making coloured xylographs. "Studio" october 1905.

Essling (Prince d'). — Le premier livre xylographique italien imprimé à Venise vers 1450, par Roger Marx. Paris, Gazette des Beaux-Arts, 1903. In-4 carré, orné de 9 pl. hors texte en phototypie et 30 ill. dans le texte. — 10 francs.

— Etudes sur l'art de la gravure sur bois à Venise : Les livres à figures vénitiens de la fin du XVe siècle au commencement du XVIe. Paris, Leclerc, 1907, 1908, 1910. 4 tomes et 6 ou 7 vol. In-fol. — 600 francs.

Ouvrage de premier ordre ; les 3 premiers tomes sont seuls parus, le quatrième est sous presse.

Estampe (L'). — Moniteur des collectionneurs, Directeur : C. Chincholle [1].

Estampe et l'Affiche (L'). — Directeur Clément-Janin. Rédacteur en chef André Mellerio. Paris, Pelletan, 1897-98-99. 3 vol. In-4. — 30 francs.

Publication extrêmement intéressante, très ouverte, où toutes les bonnes volontés étaient très courtoisement accueillies, et dont la disparition a été un deuil pour les abonnés.

Estampes Japonaises primitives exposées au musée des Arts Décoratifs en Février 1909. Catalogue dressé par Viguier et Inada. Paris, ateliers D.-A. Monguet. In-fol. avec 64 phototypies.

Estampe Moderne (L'). — Publication mensuelle contenant quatre estampes originales en couleurs et en noir des prin-

---

[1] A cessé de paraître à la mort de ce dernier en 1903, après une période de vingt ans.

cipaux artistes modernes français et étrangers. Directeurs : Masson et Piazza. Paris, Champenois, 1897-1899. In-fol., 24 livraisons. — 25 à 30 francs.

<small>La collection complète est de 100 pl. y compris les quatre primes ; chaque pièce porte en marge un timbre sec représentant une tête de femme de profil à gauche ; on avait tiré à 2.000 exemplaires !! C'était 1.500 de trop, les amateurs étant relativement très peu nombreux. Il existe des tirages de luxe sur Chine et Japon.</small>

Estampe Originale (L'). — Avec une préface de Roger Marx. Directeur : André Marty. Imprimerie Lemerre, Paris, 1893-94-95. In-fol.

<small>Très importante publication trimestrielle, très bien menée et donnant dans environ 95 pièces, toute la physionomie de l'estampe contemporaine. Chaque pièce porte un timbre sec avec tête de femme en relief et la mention *Estampe originale*. L'année 1895 ne parut pas en livraison, c'était l'"Album de clôture" contenant quatorze estampes. La publication fut tirée à 100 ex. numérotés. Elle vaut actuellement 250 à 300 francs, et il est *très rare* de la rencontrer complète.</small>

Etching Club. — Etched thoughts by the Etching Club. London, 1844. In-fol. with 59 etchings. — 20 à 30 francs.

<small>C'est une des premières et une des plus rares publications du Club. Il y en a eu d'autres, croyons-nous.</small>

Evans (E.). — Catalogue of engraved British portraits comprising 50.000 portraits of persons connected with the history and litterature of Great Britain. London, circa 1830-1850. 2 vol. In-8. — 45 à 50 francs.

<small>Il existe, croyons-nous, sans oser cependant l'affirmer, une édition parue en 1860.</small>

— Catalogue of nearly six thousand etchings and engravings by artists of every school and period, comprising the best examples of every eminent engraver from the earliest period with sizes and prices. London circa 1840. In-8. — 8 à 10 francs.

— Catalogue raisonné of nearly 400 prints unknown to Bartsch. In " The fine art cicular and Print collector's Manual " London, 1857.

Evelyn (J.). — Sculptura or the history, and art of chalcography and engraving on copper... To which is annexed a new manner of engraving, or mezzotinto communicated by his Highness Prince Rupert... London, 1662. In-12, fig. — 300 à 350 francs.

<small>Ouvrage de la plus insigne rareté, pour ne pas dire *introuvable*, surtout avec la planche gravée du prince Rupert qui manque presque toujours.</small>

— Sculptura, or the history and art of chalcography

and engraving in copper, description of mezzotintō, etc... London, 1769. In-8. — 20 à 25 francs.

> Sérieux ouvrage orné d'un portrait gravé de l'auteur par Worlidge et d'une mezzotinte d'après le Prince Rupert. Il y avait eu une édition publiée précédemment en 1755.

Examples of engraved portraiture of the sixteenth century. London and Edinburgh privately printed for Sir William Stirling-Maxwell, 1872. In-fol.

> Tiré à 50 exemplaires, *très rare*. Une intéressante introduction signée du monogramme de Stirling-Maxwell accompagne ce recueil de grand luxe qui reproduit environ 190 portraits avec table.

Ex-Libris. Numéro spécial du " Studio ". London et Paris 1883.

> Cent cinquante-sept ex-libris sont reproduits en noir et en couleurs. Une consciencieuse étude est faite par Withe pour les ex-libris anglais, par Uzanne pour les français, par Carré pour les américains, par Scholerman pour les autrichiens et par Knoff pour les belges. Ce numéro est *très rare* et vaut 30 à 40 francs.

— Archives de la Société française des collectionneurs d'ex-libris. Paris, Emile Paul et Guillemain, 1894.

> Société très intéressante qui a pris une vive impulsion sous la direction du Dr Bouland. Elle publie tous les mois un numéro illustré qui contient un questionnaire dans lequel les abonnés ou plutôt les membres de la Société peuvent demander les renseignements qui leur manquent, et provoquer des recherches. Le prix de l'abonnement est de 18 francs pour la France et 19 fr. 50 pour l'Etranger.
> La collection complète de l'origine 1894 à fin 1909, soit de seize années est rare et vaut 250 à 300 francs.

— Voir [1] : *Allen, Bertarelli, Bouchot, Castle, Fincham, Franks, French, Gleeson White, Hardy, Jardère, Labouchère, Leimingen-Westerbery, Linning, Newbolt, Poulet-Malassis, Seyler, Slater, Vicars, Vinycomb, Warnecke.*

Exposition. — Gravures du siècle. Galerie G. Petit. Paris, 1887. In-8.

> Très remarquable exposition, il y avait des pièces superbes ; nous avons vu rarement une aussi belle exposition d'estampes.

Exposition de la gravure sur bois à l'Ecole Nationale des Beaux-Arts. Paris, mai 1902. In-8. — 4 à 5 francs.

> Ce catalogue est du plus puissant intérêt, il contient notamment des notices historiques et critiques de H. Bouchot, Claudin, Masson, Beraldi et Bing attestants de la haute érudition de ces auteurs en cette matière.
> Il a été tiré 100 ex. de luxe numérotés de 1 à 100, illustrés d'une triple suite sur Chine et Japon de 7 bois offerts par Baude, J. Beltrand, T. Beltrand, Dr Colin, Lepère, Paillard et Vibert, tous détruits après le tirage ; ce catalogue vaut de 40 à 50 francs.

---

(1) C'est la liste des auteurs cités dans le présent ouvrage, ayant traité le sujet.

Fach (A.). — Kolorierte Frühdrucke aus der Stiftsbibliothek in St-Gallen. Strasburg, Heitz. In-8, mit pl.

Fagan (Louis). — Collector's marks. London, 1883. In-12 with a frontispice.

> Ce petit volume qui est devenu de *toute rareté* reproduit dans 28 planches, 671 marques de collectionneurs. Autrefois les amateurs avaient coutume de timbrer leurs épreuves de leurs armes, initiales, monogrammes, etc. Cet usage n'existe plus, on en a reconnu les inconvénients. Prix 140 à 150 francs. Il fut émis à 25 francs.
> Nous croyons savoir que le professeur Dr. J. von Elischer de Budapest rassemble actuellement les matériaux pour publier un ouvrage similaire.

— History of engraving in England. London, 1893. In-fol. illustr. — 400 à 450 francs.

> Atlas contenant 103 reproductions des graveurs anglais les plus célèbres.

— Voir : *British Museum*.

Faithorne (W.). — The art of graveing, and etching wherein in exprest the true way of graveing in copper allso the manner and method of that famous Callot and Bosse... London, 1662. In-8, with, 10 plates. Rare.

Fallet (Mme Céline). — Les princes de l'art, architectes, sculpteurs, peintres, graveurs... Rouen, Mégard, 1864. In-8 avec gravures.

Faucheux. — Catalogue des œuvres des... graveurs, vendus depuis plus de 100 ans (avec leurs prix) ; suivis du catalogue des estampes vendues plus de 1.000 francs. Paris, Veuve Renouard, 1860. In-8. — 3 à 4 francs.

— Le nielle de la Paix de Florence. " Revue Universelle des Arts ", tome XVII, 1863, p. 410.

Fenollosa (E.-J.). — The masters of Ukioye complète historical description of Japanese paintings and color prints of the genre school. New-York, 1896. In-4.

Ferchl (F.-M.). — Übersicht der einzig bestehenden vollständigen Incunabeln-Sammlung der Lithographie und der übrigen Senefelder'schen Erfindungen... München 1856. In-8.

Ferrario (G.). — Le classiche stampe dal cominciamento della calcographia fino al presente. Milan, 1836. In-8.

Fielding (T.-H.). — Theory and practice of painting... with a manual of lithography. London, 1852. In-8 with, 15 plates. — 7 à 8 francs.

— The art of engraving with the modes of etching, aquatint, mezzotint, lithography... London, 1844. In-8 ill. — 8 francs.

Figaro. — Numéro du " Centenaire de la Lithographie ". Paris, 1895.

Filigranes [1]. — Voir : *Briquet, Midoux.*

Fincham (H.-W.). — Artists and engravers of British and American book-plates [2] a book of reference for book plate and print collectors. New-York, London, 1897. In-8 illustrated. — 15 francs.

<small>La table mentionne environ 7.000 ex-libris.</small>

Fine Arts quaterly Review.

<small>Très intéressante publication artistique éditée à Londres par B.-B. Woodward, et donnant de nombreux articles concernant la gravure et les graveurs. Elle débuta en mai 1863.</small>

Fine Art circular and print collector's manual (The). London, Evans and sons 1857. In-8.

Firmin-Didot. — Essai typographique et bibliographique sur l'histoire de la gravure sur bois par Ambroise Firmin-Didot. Paris, 1863. In-8. — 4 à 5 francs.

— Les graveurs de portraits en France. Paris, Firmin-Didot et Cie, 1875-1877. In-8, 2 vol. — 25 francs.

<small>Précieux ouvrage — la collection de l'auteur — où deux mille quatre cent quatre-vingt-huit portraits sont décrits avec une précision et une minutie de détails qu'on ne saurait rencontrer dans aucune iconographie, les états y sont mentionnés.</small>

Fischer (Alb.). — Das Kupferstichkabinet. Nachbildungen von Werken der graphischen Kunst von Ende des 15 bis zum Anfang des 19 Jahrhunderts. Berlin, 1897-1900. In-8 mit je 96 fac-simile Tafeln. — 45 à 50 francs.

<small>Rare et épuisé.</small>

Fisher (R.). — Voir : *British Museum.*

Flandreysy (Mme J. de). — La gravure. Les graveurs dauphinois. Grenoble, Falque et Perrin, 1901. In-4 avec 27 gr.

Flandrin. — Voir : *Bibliothèque Nationale.*

Fleury (Ed.). — Introduction à un catalogue de dessins et gravures sur le département de l'Aisne. Laon, 1860. In-8.

Flindall (J.-M.). — The amateur's pocket companion, or a description of scarce and valuable engraved British portraits... alphabetically arranged. London, 1813. In-12.

Florence. — Catalogo delle stampe e disegni esposti al pubblico nella R. Galleria degli Uffizi per cura di Nerino Ferri

---

<small>(1) C'est la liste des auteurs cités dans cet ouvrage qui ont traité le sujet.
(2) Ce terme correspond au mot *Ex-libris*. C'est une petite vignette que certains bibliophiles ont coutume de coller au plat verso intérieur de leur reliure ; c'est une marque de possession.</small>

Conservatore delle stampe e dei designi nella detta galleria. Firenze, 1881. In-8.

<small>Il y a dans le périodique : *Nuovo Observatore Fiorentino*, 1885-1886, un intéressant article de Pietro Franceschini intitulé : *I Disegni e le Incisioni della R. Galleria degli Uffizi*, voir pages 68 à 70 ; 78 à 79 et 85 à 87.</small>

Fokke Simonsz (A.). — De graveur, behelzende eene beknopte handleiding tot de daktylioglyphia of graveerkunst in edele gesteenten, het stempelsnijden, enz. Dordrecht. A. Blusse en Zoon. 1726. In-8 met pl. — 12 à 15 francs.

<small>Une seconde édition a parue en 1796.</small>

Fontenai (l'abbé). — Dictionnaire des artistes. Paris, 1776. 2 vol. In-12.

Fontenet. — Dictionnaire des artistes ou notices historiques et raisonnées des peintres, graveurs. Paris, 1776. 2 vol.

Forster (Ed.). — Prospectus of the British gallery of engravings... and also a short history of painting and engraving... London, 1807. In-fol.

Foster (J.-J.). — The true portraiture of Mary Queen of Scots... London, 1904. In-folio with 57 full page and several smaller illustrations in the texte. — 60 à 80 francs.

<small>Il y a des éditions de luxe valant 125 et 250 francs.</small>

Fournier (le jeune) [1]. — Dissertation sur l'origine et les progrès de l'art de graver sur bois. Paris, Barbou, 1758. In-8.

Fraipont (G.). — Eau-forte, pointe-sèche, burin, lithographie. Paris, Laurens, 1896. In-8 ill.

— Les procédés de reproductions en creux et la lithographie. Paris, 1902. In-8.

François. — Lettre de... graveur du Roi à Saverien sur l'utilité du dessin et sur la gravure dans le goût du crayon. Paris, 1760. In-8.

Frankau (Julia). — Eighteenth century colour prints. An essay on certain stipple engravers and their work in colour. London, Macmillan et C°, 1900. In-fol.

<small>Ouvrage fort remarquable, écrit par une collectionneuse délicate et avisée et qui eut un succès tel, que les éditions de luxe sont depuis longtemps *épuisées*.
Voici du reste la composition des éditions avec les prix d'émission :
1°. Illustré de 52 pl. monochorome et d'une pl. en couleurs avec un portefeuille de 50 épreuves sur Japon de ces pl.: 25 guinées net. Tiré à 60 ex. — Epuisé.</small>

<small>(1) Ouvrage peu commun. Le même auteur avait publié en 1759 et 1760 : *De l'origine et des productions primitives en taille de bois* et observations sur un ouvrage intitulé : *Vindiciæ typographiæ* de Schœflin.</small>

2°. Illustré avec 52 pl. en couleurs : 18 guinées net. Tiré à 200 ex. — Epuisé.
3°. Illustré avec 51 pl. monochrome, couleurs, imprimées *d'après* les cuivres : 8 guinées net. — Epuisé.

Les planches dans les éditions de luxe qui sont obtenues *réellement par la gravure* et non par le procédé, sont d'après : Cosway, Morland, Romney, Downman, Cipriani, Hamilton, Peters, Reynolds, etc... etc.

En 1906 il a été publié une édition ordinaire avec le texte seul, au prix de 10 francs.

Franks. — Notices sur les ex-libris datés. 1887.

Frantz. — Geschichte des Kupferstiches. Magdeburg, 1883. In-8.

Fray-Fournier (A.). — Catalogue des portraits Limousins et Marchois, reproduits par la gravure, la lithographie et autres procédés. Limoges, Ducourtieux, 1896.

Freeman O'Donoghue. — Voir : *British Museum.*

French (Ed. Davis). — A list of book-plates engraved on copper by French ; by P. Lemperly. Cleveland Ohio, 1899. In-8, 6 pl.

Frenzel. — Die Kuperfstichsammlumg Friedrich August II, König von Sachsen... Leipzig, 1834. In-8.

— Ueberblick der Kupferstiche und Handzeichnungen, welche in der Königl. Kupferstich-Gallerie zu Dresden. Dresden, 1838. In-8.

Frieder (J.). — Christen professoris bey der Universitat zu Leipzig Anzeige und Auflegung der Monogrammatum einzeln und verzogener Anfangsbuchstaben der Nahmen... unter welchen berühmte... Kupferstecher, und undere dergleichen Künstler...Leipzig. Fritschens Wittwe, 1747. In-8. — Rare.

Fritz (G.). — Handbuch der Lithographie. Halle. In-4.

Fuesslin (J.-G.). — Geschichte der besten Künstler in der Schweitz. Zurich, 1769-1779. In-8.

— Raisonnirendes Verzeichniss der vornehmsten Kupferstecher und ihrer Werke. Zurich, 1771. In-8.

C'est ce catalogue qui a servi de point de départ et de base, à celui de Huber et Rost.

Fuesslin (J.-R.) — Catalogue critique des meilleures gravures, d'après les maîtres les plus célèbres... traduit de l'allemand par de Beroldingen, 1805. 2 vol. In-8.

Fuller (S.E.). — Manual of instruction in the art of engraving. New-York. In-8.

Füssli (J.-R.). — Allgemeinen Künstlerlexicon, neue Aufl mit Suppl. Zurich, 1879. In-fol. — 10 à 12 francs.

Gabet (Ch.). — Dictionnaire des artistes de l'école française au XIXe siècle. Paris, 1831. In-8. — 5 francs.

Galli. — L'arte della stampa in Imola 1586-1601 ; note ed appunti. Imola coop. tip.editrice. 1903, In-4, con fac-simile.

Gandellini (G.-G.). — Notizie istoriche degl'intalgliatori opera di... Siena, 1771, 3 vol. In-8, 2 portr. — 10 à 12 francs.

> Une nouvelle édition in-8 en 15 vol. a paru en 1808-1816 continuée par P. Luigi de Angelis.

Gardner (W. Biscombe). — Wood engraving as compared with other reproductive arts and its future as a fine art. " Journal of the society of Arts ". June, 1896.

Gariazzo (P.-A.). — La Stampa incisa. Trattato dell'arte d'incidere al bulino... Prefazione di Bistolfi. Turin, 1907. In-8 ill.

Gaultier de Montdorge. — L'art d'imprimer les tableaux, traité d'après les écrits, les opérations... de J.-C. Le Blon. Paris, Lemercier, 1756. In-8 fig.

> Il existe une seconde édition publiée en 1768, elle est absolument *introuvable*.

Gaultier d'Agoty [1]. — Lettre concernant le nouvel art de graver et d'imprimer les tableaux. Paris, 1749. In-12.

Gazette des Beaux-Arts.

> Cette publication — la doyenne des périodiques du genre croyons-nous — a été tellement mêlée depuis un demi-siècle au mouvement mondial artistique que nous eussions manqué à notre devoir en ne lui réservant pas une place à part, et en n'extrayant pas pour les mettre sous *sa* rubrique, les articles les plus importants qu'elle a publiés.
>
> Fondée en 1859 par Edouard Houssaye avec Charles Blanc comme rédacteur en chef, elle fut successivement dirigée par Emile Galichon, Maurice Cottier et Charles Ephrussi ; aujourd'hui c'est M. Théodore Reinach qui en est le distingué directeur. Elle vient de fêter son cinquantenaire, et toujours vaillante on peut lire dans les plis de son drapeau qui claque au souffle de l'art, sa fière devise : « Tenir la France au courant de ce qui se passe à l'étranger, et l'étranger au courant de ce qui se passe en France. »
>
> Nous sommes heureux d'annoncer à ses lecteurs que la rédaction met la dernière main à une *table générale* qui, établie sur des bases nouvelles et claires, contiendra la liste de tous les articles parus et de toutes les gravures ; c'est un colossal inventaire qui sera la providence des travailleurs et des curieux.
>
> Voici le relevé des principaux articles intéressant notre travail, qui ont été publiés par ce périodique. Nous l'avons divisé comme notre ouvrage lui-même en deux séries : *généralités* et *monographies*. Inutile d'ajouter que les mois et les millésimes des années qui suivent l'annonce de l'article inscrit, correspondent aux numéros de la *Gazette* dans lesquels ils ont été publiés.

---

(1) Une nouvelle lettre fut adressée le 13 mars 1756 à l'auteur du Mercure, et une troisième missive fut envoyée dans la même année en réponse à celle de Robert sur la matière.

Généralités

Arnauldet (Th.). — Estampes satiriques, bouffonnes ou singulières des XVII et XVIII° siècles. Septembre-Octobre 1859.
Bapst (G.). — Les planches [1] de Moreau le jeune pour les fêtes de la ville de Paris, 1782.
Beraldi (H.). — Exposition de la lithographie. Juin 1891.
Blanc (Ch.). — Grammaire des arts et du dessin. " La Gravure ". Octobre et Novembre, 1866.
— De la gravure à l'eau-forte et des eaux-fortes de Jacque. Février 1861.
Bouchot (H.). — Le bois Protat à l'Exposition de la gravure sur bois. Mai 1902.
— Du suranné en iconographie [2]. Mars 1904.
— Les estampes de la collection Dutuit [3]. Mai 1903.
Burty (Ph.). — Un nielle non décrit. Mars 1859.
— La gravure et la lithographie à l'Exposition de 1861, 1863, 1866; le numéro d'août de ces trois années.
— La gravure et la photographie en 1867. Septembre 1867.
— La gravure aux Salons : Juin, 1864. Juillet 1865. Août 1869. Juin 1870.
Champfleury. — Les graveurs et les marchands imagiers populaires des XVI° et XVII° siècles. Novembre 1877.
— De quelques estampes satiriques pour et contre la réforme. Novembre 1873. Janvier 1874.
Chennevieres (H. de).— Exposition de gravures du siècle [4]. Décembre 1887.
Chéron (P.). — La chromolithographie. Février 1861.
Clément Janin. — Quelques graveurs allemands [5]. Février 1902.
Delaborde (H.). — Notice sur deux estampes de 1406 et les commencements de la gravure en criblé. Mars 1869.
— La gravure Florentine au XV° siècle ; les nielles des orfèvres et les estampes des peintres-graveurs. Janvier et Février 1873.
Duplessis (G.). — Roger de Gaignières. Sa vie et ses collections iconographiques [6]. Mai 1870, p. 468.
— Le Cabinet des Estampes, Août 1860.
— Michel de Marolles, amateur d'estampes. Juin 1869.
Duret. — La gravure Japonaise. Février 1900.
Ephrussi.—A propos d'une gravure inconnue au XV siècle. Janvier 1880.
Essling (Prince d'). — Le premier livre xylographique italien, imprimé à Venise vers 1450. Août et Septembre 1903.
Feuillet de Conches. — Les apocryphes de la gravure de portraits. Juin 1859.
Galichon (E.). — Les estampes des petits Maîtres. Octobre 1872.
— Des gravures sur bois dans les livres imprimés dans les Pays-Bas et en Flandre pendant le XV° siècle. Mai 1864.

---

(1) Ces quatre planches : " Arrivée de la Reine à l'Hôtel de Ville ", " Le Feu d'artifice ", " Le Festin " et " Le Bal masqué " sont actuellement à la chalcographie du Louvre.
(2) Curieuse note mentionnant la retouche faite à certaines œuvres pour les mettre au goût du jour.
(3) Dans sa consciencieuse étude, le regretté Conservateur du Cabinet des Estampes déplore d'avoir vu échapper à son département cette collection merveilleuse, dont la place eut été vraiment mieux là qu'au Petit-Palais.
(4) L'auteur s'est surtout préoccupé dans cette étude des graveurs *d'interprétation*, il est muet sur les *peintres-graveurs* ; nous eussions préféré le contraire.
(5) C'est l'intéressant compte-rendu d'une curieuse exposition faite par Charles Hessèlle, rue Laffite, où figuraient les graveurs : Anner, Otto Greiner, H. Wolff, Stauffer-Bern, H. Vogeler, Max Klinger, R. Jettmar et Mmes Kollwitz et Paszka.
(6) L'inventaire existe au " Département des manuscrits " de la Bibliothèque Nationale sous la rubrique: *Mélanges de Clairambault*, n°s 442-445 et 450-451.

— Des gravures sur bois dans les livres imprimés en Allemagne pendant le XVᵉ siècle [1]. Avril 1864.
— De l'origine de la gravure et de ses progrès dans les Pays-Bas et en Allemagne pendant le XVᵉ siècle. Avril 1861.
— Observations sur le recueil d'estampes du XVᵉ siècle improprement appelé : Giuoco di Tarrochi. Février 1861.

Hédiard (G.). — Procédés sur verre [2].

Lechevallier-Chevignard. — Sur quelques portraits d'Henri IV. Novembre 1872.

Leprieur (P.). — Le Centenaire de la lithographie. Janvier et Février 1896.

Portalis (Baron R.). — La gravure en couleurs. Décembre 1888. Janvier, Mars, Avril 1889. Février 1890.

Renouvier (J.). — Les origines de la gravure en France. Avril 1859.
— Des découvertes nouvelles d'estampes sur bois et sur métal d'Allemagne. Septembre 1860.

Roger Marx. — Une exposition d'aquafortistes américains [3]. Mars 1906.

Seidlitz (W. de) — La propriété artistique et la contrefaçon d'après d'anciens exemples [4]. Octobre 1895.

Tal (G. de). — Curiosités du Musée d'Amsterdam [5], fac-similé d'estampes de maîtres inconnus du XVᵉ siècle, éditées par J.-W. Kaiser. Avril 1872.

Thausing (M.). — La collection Albertine à Vienne. Juillet et Août 1870.

Wyatt (A.). — Marques et monogrammes de quelques amateurs célèbres. Janvier, Février, Mars, Mai et Novembre 1859.

Monographies

Barbari (J. de). — Notes et documents nouveaux par Ch. Ephrussi. Février 1876.

Béjot (Eug.). — Par Roger Marx. Janvier 1898.

Belleroche (Alb.). — Par Roger Marx. Janvier 1908.

Besnard (Alb.). — Par G. Lecomte. Janvier et Mars 1905.

Bouchardon (Ed.). — Par A. Roserot. Juillet 1908.

Bramante [6]. — Nouvelles observations sur... par Henri de Geymüller. Octobre 1874.
— Estampes attribuées à... par Louis Courajod. Septembre 1874.

Buhot. — Son œuvre au Musée du Luxembourg par Raymond Bouyer. Avril 1902.

Calamatta. — Par Ch. Blanc. Février 1859.
— Par Ch. Blanc. Juillet 1869.

Cameron (D.-Y.). — Par Gustave Bourcard. Décembre 1899.

Campagnola (Giulio). — Par Emile Galichon. Octobre 1862. Décembre 1864.

(1) Cet article est un résumé consciencieux du chapitre VII de : *Histoire de l'origine et des progrès de la gravure dans les Pays-Bas et en Allemagne jusqu'à la fin du XVᵉ siècle*, par J. Renouvier.
(2) L'écrivain donne avec clarté, force détails sur une manière de graver très peu connue, même des collectionneurs d'estampes d'aujourd'hui. Ayant égaré notre fiche et le temps nous faisant défaut, nous nous excusons de ne pouvoir mentionner le numéro de la *Gazette* dans lequel se trouve cet article.
(3) C'est dans le studio de l'*American Art Association*, rue Notre-Dame-Des-Champs, qu'eut lieu cette exposition qui ne comptait que quatre artistes : G. Aid. Luquiens, Webster et Clarence Gagnon.
(4) Notice très intéressante du savant écrivain allemand qui nous apprend que déjà le *truquage* existait sur une vaste échelle au moment même où la gravure venait de faire son apparition.
(5) Très curieux recueil composé de 33 pl. souligné d'un texte particulièrement instructif.
(6) Une plaquette avec additions a paru chez Rapilly la même année avec une eau-forte tirée à très petit nombre.

Carpeaux. — Peintre et graveur par Paul Jamot. Septembre 1908.
Carrière (Eug.). — Par Paul Desjardins. Avril, Juillet, Août 1907.
Chahine (Edg.). — Par Roger Marx. Avril 1900.
Copier (A.-Ch.). — Par Auguste Marguillier. Mai 1900.
Courbet. — Graveur et illustrateur par Th. Duret, Mai 1908.
Daumier. — Par Duranty. Mai et Juin 1878.
Desboutin (M.). — Par Edouard Rod. Janvier 1895.
Dirck van Staren dit le Maître à l'Etoile. — Par M*** Novembre 1874.
Dulac (Ch.). — Par Auguste Marguillier. Avril 1899.
Dupont (P.). — Par Roger Marx. Février 1905.
Durer (Alb.). — Les derniers travaux sur... par Maurice Hamel [1]. Janvier 1903.
— Par E. Galichon. Mai, Juillet, Octobre 1860.
— Notes de famille recueillies par l'artiste, traduites de l'allemand sur les pièces originales par Ch. Narrey [2]. Juin 1865.
— Voyage de l'artiste dans les Pays-Bas, écrit par lui-même pendant les années 1520 à 1521, traduction de Ch. Narrey [3]. Octobre 1865. Février 1866.
— Note sur la prétendue trilogie : Le Chevalier, le Diable, la Mort, la Mélancolie ; le saint Jérôme dans sa cellule : par Ch.-Ephrussi. Septembre 1881.
— Une nouvelle biographie... par Eug. Muntz. Septembre et Décembre 1876.
Edwards (Edwin). — Peintre et aquafortiste, par Duranty. Novembre 1879.
Elzheimer (Adam) [4]. — Ses gravures originales ; une eau-forte inédite, par S. Scheikevitch. Mai 1901.
Evershed. — Les eaux-fortes de... par A. de Lostalot. Novembre 1876.
Fragonard (H.). — Par E. et J. de Goncourt. Janvier et Février 1865.
Gaillard (Cl.-F.) [5]. — Par Louis Gonse. Mars 1887.
Gillot (Cl.). — Par Antony Valabrègue. Mai et Août 1899.
Giovanni Battista del Porto [6]. — Par E. Galichon. Décembre 1859.
Girolamo Mocetto. — Par E. Galichon. Juin 1859.
Goya (F.). — Essai d'un catalogue raisonné de l'œuvre gravé et lithographié de... par Paul Lefort. Février, Avril 1867. Février et Avril 1868.
— Les dernières années de l'artiste en France, par Paul Lafond. Février, Mars 1907.
— Par Valentin Carderera. Septembre 1863.
Guérard (H.). — Par Roger Marx. Octobre 1897.
Haden (Seymour). — L'Œuvre de... par Ph. Burty [7]. Septembre 1864.
Henriquel Dupont. — Par A. de Lostalot. Mars 1892.
Hervier (Ad.) [8]. — Par Raymond Bouyer. Juillet 1896.

(1) Article très substantiel et du plus haut intérêt sur le Maître.
(2) Très curieuses et intéressantes pièces au point de vue biographique.
(3) Narration du plus vif intérêt, rendue plus captivante encore par les très nombreux et curieux renvois qui accompagnent cette traduction.
(4) Très intéressante étude sur l'artiste, où l'écrivain nous raconte sa trouvaille dans une des boutiques d'estampes du Paris de la rive gauche.
(5) Très bel article, écrit après la mort du célèbre peintre-graveur, mettant merveilleusement en relief et son caractère et son talent.
(6) Dit le Maître à l'oiseau.
(7) C'est la première fois qu'on présentait aux amateurs français le Maître merveilleux qui peut aller de pair avec Rembrandt, Méryon et Whisler. Aucun critique, mieux que Burty n'était à même de remplir cette tâche. C'était un admirable styliste, doublé d'un connaisseur délicat et raffiné.
(8) Un délicieux petit maître oublié, comme le constate l'auteur de cet article, mais qui deviendra recherché à son heure et qu'on s'arrachera comme on commence à s'arracher déjà Appian dans les belles épreuves.

Heseltine. — Les eaux-fortes de... par A. M. Mars 1897.
Hills. — Graveur anglais, par P. Senneville. Mars 1874.
Hoin (C.). — Par le baron Roger Portalis. Décembre 1899. Janvier, Mars, Avril 1900.
Holbein. — Une nouvelle biographie de... par Paul Mantz [1]. Janvier 1879.
Ingres (J.-A.-D.). — Une lithographie inconnue de... par G. Duplessis. Septembre 1881.
Israels (J.). — Les eaux-fortes de... par Duranty. Avril 1879.
Jacopo de Barbarj [2]. — Par Emile Galichon. Octobre, Novembre 1861.
Jacque (Ch.). — Des eaux-fortes de l'artiste, par Ch. Blanc. Février 1861.
— Par Paul Leprieur. Décembre 1894.
Klinger (Max). — Et son œuvre, par E. Michel. Mai 1894.
— Par Louis Réau. Octobre et Décembre 1908.
Laing (Franck). — Son exposition d'eaux-fortes, par R. Marx. Janvier 1899.
Legros (Alph.). — Compte rendu de l'exposition de l'œuvre de cet artiste, par R. Marx. Avril 1904.
— Par Ch. Gueullette. Avril 1876.
Leheutre (G.). — L'exposition des eaux-fortes de... par Roger Marx. Janvier 1897.
— Peintre-Graveur, [3] par Charles Saulnier. Avril 1909.
Lepère. — Par Roger Marx. Octobre 1896. Mai, Juin, Juillet 1908.
Leys (Henri). — Les eaux-fortes de... par Ph. Burty. Mai 1866.
Mantegna. — Les estampes d'Andrea Mantegna, par Henri Delaborde. Août 1872.
— Par Paul Mantz. Janvier, Mars, Juin, Juillet, Août, Septembre 1886.
— Recherches de documents d'art et d'histoire dans les archives de Mantoue, par Armand Baschet. Avril et Mai 1866.
Marc Antoine [4]. — L'Œuvre de... reproduit par la photographie, par Ch. Blanc. Septembre 1863.
Martin Schöngauer. — Par E. Galichon. Septembre 1859.
Meissonnier. — Les eaux-fortes et les bois de... par Ph. Burty [5]. Mai 1862.
— L'Œuvre de... et les photographies, par [Ph. Burty. Janvier 1866.
— Exposition des œuvres de... par H. Beraldi. Mars 1893.
Menzel (Adolphe) [6]. — Par Duranty. Mars 1880.
— Exposition des œuvres de l'artiste à la Nationale Galerie de Berlin, par Jules Laforgue. Juillet 1884.
Meryon (Ch.). — Par Ph. Burty. Juin, Juillet 1863.
Millet (J.-F.). — Les eaux-fortes de... par Burty. Septembre 1861.
Mocetto et Giovanni Bellini. — Par Joseph Guibert [7]. Novembre 1905.
Monnier (H.). — Par Champfleury. Avril 1877.
Nicoleto de Modène. — Par E. Galichon. Voir : *Rosex*.

(1) C'est un compte-rendu par Eugène Müntz de l'ouvrage de Paul Mantz.
(2) Dit le Maître au Caducée.
(3) Consciencieuse étude de l'œuvre du délicat artiste bien mise en valeur par l'écrivain, accompagnée de trois illustrations dans le texte et de deux hors texte, dont une eau-forte originale. Edmond Sagot en a fait un tirage à part.— Voir notre note au nom de l'artiste à la monographie.
(4) L'artiste est bien démonétisé aujourd'hui et avec juste raison ; si Blanc revenait sur la terre il verrait qu'il n'a pas été bon prophète.
(5) Il y a là de très intéressantes notes sur les états d'eaux-fortes.
(6) Très grand artiste peintre graveur allemand, né à Breslau en 1815.
(7) Le titre exact de l'article de la Gazette est : Note sur une *Résurrection* du Musée royal de Berlin : Giovanni Bellini et le graveur Mocetto.

Patricot (Jean). — Par Roger Marx. Janvier 1902.
Pissaro (C.). — Par Th. Duret. Mai 1904.
Potter (Paul). — De quelques dessins et eaux-fortes de... par E. Galichon. Avril 1866.
Raimondi (Marc-Antoine). — Nouveaux renseignements, par Benjamin Fillon. Mars 1880.
— L'Amadie de... par G. Duplessis. Décembre 1875.
Rembrandt. — Et l'iconographie française au XVIIᵉ siècle, par S. Scheikevitch. Mai 1904.
— Par Ch. Blanc. Avril 1859.
— Quelques mots à propos d'un portrait de Corneille-Nicolas Anslo, par le Maître ; par E. Galichon. Mars 1866.
— Les eaux-fortes de... par G. Duplessis. Mai 1875.
— Deux épreuves de la *Petite Tombe* au Cabinet des Estampes de Paris, par H. Bouchot. Novembre 1899.
Rembrandt [1] et l'Art Italien. Par Eugène Muntz. Mars 1892.
Renouard (Paul). — Par Clément Janin. Mars 1905.
Reverdino (Gasparo). — Le prétendu graveur italien... par H. Bouchot. Août et Octobre 1901.
Rodin. — Ses pointes sèches, par Roger Marx. Mars 1902.
Rosex dit "**Nicoleto de Modène** ". — Par E. Galichon. Octobre 1866, Septembre 1870, Février 1874.
Roy (P.-M.). — Par Auguste Marguillier. Août 1905.
Saint-Marcel (Edme). — Peintre-graveur et dessinateur, par G. Denoinville. Septembre et Novembre 1902.
Sesto (Cesare da) [2]. — De quelques estampes Milanaises attribuées à l'artiste, par E. Galichon. Juin 1865.
— Par Marcel Reymond. Avril 1892.
Soumy (S.-P.-M.). — Par Ph. Burty. Avril 1865.
Unger (W.). — Les dernières œuvres de... par Louis Gonse. Février 1880.
— Ses eaux-fortes. Le Musée du Belvédère à Vienne. Texte de M. de Lutzow, par Oscar Berggruen. Novembre 1881.
— Les œuvres de... par A. de Lostalot. Août 1876.
Valerio (Théodore). — Les eaux-fortes de... Le Monténégro. La Dalmatie ; par Louis de Ronchaud. Mars 1867.
Watteau. — Par Paul Mantz. Janvier, Mars, Juin 1889 et Janvier, Février, Mars 1890.
Ward (James). — Par Paul Mantz. Février 1860.
Whistler (James). — Notes sur... par Pascal Forthuny. Novembre 1903.
— Par Théodore Duret. Avril 1881.
— Par L. Benedite. Mai, Juin, Août, Septembre 1905.
Zoan Andrea et ses homonymes [3]. — Par le duc de Rivoli et Ch. Ephrussi. Mai et Septembre 1891.
Zorn. — Peintre et aquafortiste, par Edouard André. Février 1907.

On voit par l'abondance des matières ci-dessus mentionnées, qu'il était nécessaire, ou tout au moins équitable de donner à cet important périodique la place qu'il occupe si dignement dans nos grandes publications françaises, et si, comme il est plus que probable, nous avons omis quelques articles, on nous le pardonnera

---
(1) Curieuse étude éclairant d'un jour nouveau la physionomie grandiose du Maître hollandais.
(2) M. Marazza, avocat à Rome, a commencé un important travail sur l'artiste. Est-il paru ? Nous l'ignorons.
(3) Étude très serrée, où les deux éminents écrivains d'art établissent avec netteté et précision les différences qui existent entre l'œuvre du graveur sur cuivre, copiste de Mantegna, et du graveur sur bois interprète de l'Apocalypse de Durer.

en songeant qu'une défaillance d'attention est bien permise en face du dépouillement d'un ouvrage comptant cinquante années d'existence.

Gayda (J.). — La lithographie et la société des lithographes français. « L'Artiste », 1886.

Geymet. — Traité pratique de gravure et impression sur zinc par les procédés héliographiques. Paris, Gauthier-Villars, 1886. In-18.

— Traité pratique de gravure sur verre par les procédés héliographiques. — Paris, Gauthier-Villars, 1887. In-18.

Gilks (Th.). — A practical handbook of the art of word engraving. London, 1866, In-8.

Gilpin (W.). — Essai sur les gravures, traduit de l'anglais par B. de B. Breslau, 1800. In-8. — 4 à 5 francs.

Nous croyons que l'édition originale parue à Rotterdam en 1787 portait le titre hollandais : Verhandeling ov. Prenten.

— An essay upon prints, containing remarks upon the principles of picturesque beauty, the different kinds of prints... to which are added some cautions that may be useful in collecting prints. London, 1768. In-8. — 5 à 6 francs.

Il existe d'autres éditions publiées en 1792 et en 1802.

Giraudet (E.). — Les artistes Tourangeaux : Architectes, armuriers, graveurs.., par le Dr E. Giraudet. Tours, Rouillé-Ladevèze. In-8.

Gleeson White. — Modern book-plates and their designers. " Studio ". Xmas number, 1898-1899. — 35 à 40 francs.

Bien qu'étranger à notre sujet, nous avons cru devoir le mentionner. C'est toujours un peu l'histoire de la gravure quoique dans une manifestation de moindre importance, aussi sommes-nous convaincu que les amateurs goûteront tout l'intérêt que présente ce numéro exceptionnel et devenu *très rare*.

Goebel (T.). — Die graphischen Künste der Gegenwart. Neue Folge. Stuttgart, F. Krais, 1903. In-4, mit pl.

Gonse (Louis). — L'art japonais. Paris, Quantin, 1883. 2 vol. In-4 ornés de 700 gravures dans le texte et de 64 hors texte.

Gonzalez Hurtebise (E.). — El arte tipografico en Tarragona durante los siglos XVe y XVIe, Tarragona Florens, Gibert y Cabré, 1904. In-8 [1].

Gori (G.-G.). — Notizie istoriche degli intagliori, Siena, 1771. 3 vol.In-8.

Gosse (Ed.). — Portrait painters and engravers (British)

---

(1) Non mis dans le commerce.

of the 18 th. century. Kneller to Reynolds. With an introductory essay and biographical notes by the author. London and Paris, Goupil et C°, 1905-1906 (?). In-4. — 260 à 300 francs.

<small>Ouvrage particulièrement riche en reproduction de Mac Ardell, Watson, Valentine Green, Dickson, Raphael Smith, etc...</small>

Gottlob von Quandt (J.). — Entwurf zu einer Geschichte der Kupferstecherkunst... Leipzig, 1821. In-12.

— Verzeichniss meiner Kupferstichsammlung, als Leitfaden zur Geschichte der Kupferstecherkunst und Malerei. Leipzig, 1853. In-8.

Gould (J.). — Biographical dictionary of painters, sculptors engravers and architects, edited by C. J. Nieuwenhuys 1839. 2 vol. in-12.

<small>Il y eu deux éditions antérieures toutes deux publiées à Londres, l'une en 1834, in-12 et l'autre en 1835, in-8.</small>

Graimberg (Ch. de). — Notice[1] de la galerie des gravures du château de Heidelberg. Heildelberg, D. Pfisterer. In-16.

Grand-Carteret. — L'image Russe " Le Livre et l'Image ", tome II, 1893.

<small>L'érudit écrivain qui est un chercheur acharné doué d'une inlassable activité, lève ici un coin de voile qui montrera aux collectionneurs, un côté graphique absolument inconnu et tout à fait irrévélé jusqu'à ce jour.</small>

Granges de Surgères (Marquis de). — Les portraits du duc de la Rochefoucaud. Notice et catalogue avec deux portraits inédits, gravés par Lalauze. Paris, D. Morgand et Ch. Fatout, 1882. In-8.

— et **G. Bourcard.** — Les Françaises du XVIIIe siècle. Portraits gravés. Préface du baron R. Portalis. Paris, Dentu, 1887. In-8 avec 12 portraits dont 2 en couleurs. 35 francs.

<small>Cet ouvrage contient une notice biographique, la description de la pièce gravée et les prix obtenus en ventes publiques, de 1855 à 1886. La maison Dentu ayant cessé les affaires, le volume fut soldé à 12 francs — il avait été émis à 60 francs — aujourd'hui il remonte et se raréfie.</small>

Granges de Surgères (Marquis de). — Les portraits gravés de Richelieu. Nantes, 1891. In-8.

— Iconographie Bretonne ou liste de portraits dessinés, gravés ou lithographiés avec notices biographiques. Rennes, Plihon et Hervé. Paris, Picard, 1889. 2 vol. In-8. — 12 ou 15 francs.

<small>Précieux ouvrage au point de vue local, dans lequel environ</small>

---

(1) La même existe en allemand.

5.500 portraits sont décrits. — Tiré à 400 exemplaires dont 50 sur Hollande.

— Les portraits de Charette, dessinés et gravés. Paris, Sauton, 1800, XIVC. In-8, fig.

Le masque du général est reproduit en frontispice pour la première fois, d'après le moulage fait le jour de son exécution.

Graul (D.). — Die Radierung der gegenwart in Europa und Nord America. Wien, 1892. In-8.

Graves (A.). — A dictionary of artists who have exhibited works in the principal London exhibitions of oil painting from 1760, to 1880. London, G. Bell and sons, 1885. In-8.

Les 12.000 noms d'artistes contenus dans ce dictionnaire ne sont pas que des noms de peintres, mais bien aussi d'architectes, de *graveurs*, etc.

Graveurs. — Notice sur les graveurs qui ont laissé des estampes marquées de monogrammes, rébus, etc... Besançon, Taulin-Dessiriez, 1807. 2 vol. in-8 avec 5 pl.

Gravure en criblé. — Voir : Delaborde à : *Gazette des Beaux-Arts*.

Gravures en couleurs [1]. — Voir : *Achaintre, Amsden, Anderson, Ertz, Fielding, Gautier-d'Agoty, Hardie, Le Blon, Lostalot, Mourey, Neubuerger, Noble, Paton, Portalis* [2], *Preissig, Salaman, Verneuil, What, Whitman*.

Gravure Japonaise. — Exposition à l'« Ecole des Beaux-Arts ". Paris, 1890. In-8 ill.

Aucun pays ne peut rivaliser avec le Japon pour ses bois ; on demeure confondu d'admiration devant les merveilles que produisent ses artistes.

— Voir [3] : *Deshayes, Duret, Hartman, Migeon, Seidlitz, Strange, Teï-San*.

Gravure originale en noir, Société Internationale (La).

Elle vient d'ouvrir sa deuxième exposition en novembre et décembre 1909, la première avait eu lieu en 1908. Beaucoup d'œuvres intéressantes.

Gravure originale en couleurs (La).

Cette société a ouvert sa première exposition en novembre 1904 et la sixième le même mois 1909. Son président est le distingué maître J.-F. Raffaëlli ; les principaux artistes qui s'adonnent presque exclusivement à ce genre de gravures et y exposent sont : l'honorable Président, Balestrièri, Boutet de Monvel, Chabanian, Delâtre, Detouche, Jourdain, Lorrain, Luigini, Robbe, Villon, Taquoy, Thaulow, Ranft, Muller, Simon, Dauphin, Laffitte, Coppier, Latenay,

---

(1) C'est la liste des auteurs cités dans ce présent ouvrage ayant traité le sujet.
(2) Voir " Gazette des Beaux-Arts ", décembre 1888 ; janvier, mars, avril 1889 et février 1890.
(3) C'est la liste des auteurs cités dans ce présent ouvrage qui ont traité ce sujet.

Godin, Houdard, Legrand, Prouvé, Paillard, Picabia, Toussaint, etc., etc., pour ne citer que les plus connus.

Gravures sur bois, tirées des livres français du XVe siècle. Sujets religieux, démons... lettres ornées... marques inédites, 1868. In-4.

<small>L'auteur de cet intéressant ouvrage a gardé l'anonymat.</small>

Gravure sur pierre (La). — Traité pratique à l'usage des écrivains et des imprimeurs-lithographes. Au bureau du journal " L'Imprimeur ", 1889. In-12.

Gray (Francis Calley). — Catalogue of the collection of engravings bequeathed to Harvard college by Gray, by Louis Thies, Cambridge, 1869. In-fol.

<small>Ce catalogue contient également une copieuse bibliographie.</small>

Grolier-Club [1]. Catalogue of an exhibition of the " Liber Studiorum " of J.-M.-W. Turner, January 1888.

— Catalogue of an exhibition of etchings of Alphonse Legros. January 1889.

— Catalogue of an exhibition of Japanese colored prints and illustrated book. April 1889.

— Books and prints illustrating the origin and rise of wood-engraving. January, February 1890.

— Modern wood-engravings works of the society of American wood-engravers. March 1890.

— Catalogue of exhibition of illustrated bill-posters. November 1890.

— Catalogue of engraved portraits, being the effigies of the most famous english writers from Chaucer to Johnson. December 1891.

— Catalogue of etchings by Ph. Zilcken. April 1892.

— Catalogue of an exhibition of line engravings designed to illustrate the history of the art during the past four centuries. December 1892.

— Catalogue of an exhibition of portraits engraved by William Faithorne. February 1893.

— A classified list of early American book-plates with

<small>(1) Comme le Caxton Club de Chicago, le Grolier Club de New-York réunit dans ses membres l'élite intellectuelle de la grande cité. Rien de ce qui touche à l'art ne lui est étranger et il ne recule devant aucun sacrifice financier quand il s'agit de présenter au public l'œuvre d'un artiste de valeur qu'il soit ancien ou moderne, français ou étranger ; ses publications sont extrêmement soignées, et on se les dispute à prix d'or quand d'aventure elles reviennent sur le marché, car leur tirage est limité au nombre de ses membres. Maintes fois nous avons eu recours aux lumières de son comité pour des renseignements qui nous ont été donnés avec la plus parfaite courtoisie, qu'il reçoive donc ici l'expression de notre vive gratitude et tout particulièrement son distingué *Curator* M. Joseph L. Morlon.</small>

a brief description of the principal styles and notes as to the prominent engravers by Ch. Dexter Allen. October 1894.

— Catalogue of an exhibition of engraved portraits of women writers from Sapho to George Eliot. March MDCCCXCV.

— Catalogue of the engraved work of Asher B. Durand, exhibited at the Grolier-Club. April MDCCCXCV.

— Catalogue of engraved portraits of french authors to the close of the eighteenth century. December MDCCCXCV.

— Catalogue of an exhibition illustrative of a centenary of artistic lithography, 1796-1896. Introduction by L. Prang. With 244 examples by 160 different artists. Illustrated with 20 photo-engravings... Grolier-Club, New-York, March MDCCCXCVI.

— Catalogue of an exhibition of Japanese prints. Introductory note by Heromich. Shugio, Mai 1896.

— A chronological catalogue [1] of the engravings drypoints and etchings by Albert Durer. Introduction by Dr. Koehler. January March 1897.

— Catalogue of etchings and drawings by Charles Meryon [2]. February MDCCCXCVIII.

— Catalogue of a collection of engraved and other portraits of Lincoln. Introduction by Ch.-H. Hart. April 1899.

— Exhibition of engraved portraits of Washington commemorative of the centenary of his death. January 1900.

— An exhibition of original and other editions portraits and prints, commemorative of the five hundredth anniversary of the death of Geoffrey Chaucer. February MDCCCC.

— Catalogue of engravings by F. Gaillard. November MCM.

— Catalogue of a collection of engravings, etchings and lithographs by women. Introduction by F. Weitenkampf. April 1901.

— A catalogue of etchings, dry-points and mezzotints by Sir Francis Seymour Haden [3]. Avril-Mai 1902.

(1) Il n'a point eté publié de *petit* catalogue mais seulement une édition tirée à 400 exemplaires, ornée de cinq photogravures et de quelques-unes des pièces les plus rares de l'œuvre, le prix de souscription était de 10 dollars. Catalogue du plus haut intérêt devenu *très rare*, il vaut maintenant 140 à 150 francs, les bois n'y figurent pas.
(2) Cette exposition est à coup sûr la plus remarquable faite jusqu'à ce jour des œuvres de l'artiste. Il faut se procurer le catalogue.
(3) Extrêmement intéressante exposition la plus complète de l'œuvre du maître ; il faut avoir ce catalogue.

— Etchings and dry-points by Whistler. April-May 1904.

— Catalogue of the engraved portraits of Washington by Ch.-H. Hart. New-York. MCMIV.

<small>Tiré à 425 exemplaires illustrés d'un portrait frontispice gravé en mezzotinte par S. Arlent Edwards ; ce portrait n'avait encore jamais été gravé. Dix-huit autres choisis parmi les plus rares y sont reproduits par la photogravure.</small>

— Catalogue of books engravings, water-colors and sketches by William Blacke. January-February MCMV.

— Catalogue of an exhibition of French engravings of the eighteenth century in black and white and in colors. April-Mai, MDCCCCV.

— Exhibition of French engravings of the eighteenth century. April-May 1905. New-York.

— The first part [1] of a collection of portraits of books collectors, printers... engravers and binders. November 1905. New-York.

— American engravers upon copper and steel. Part. I biographical sketches illustrated. Part. II Check-list of the works of the earlier engravers, by David Mc Neely Stauffer. The Grolier-Club of the City of New-York, 1907.

<small>Important ouvrage tiré à 350 exemplaires au prix de souscription de 18 dollars. Le premier volume est illustré de 43 reproductions.</small>

— Catalogue of an exhibition commemorative of the bicentenary of the birth of Samuel Johnson (1709-1909). New-York, December, 1909. In-18.

<small>Nous mentionnons ce catalogue à cause des 177 portraits qu'il contient de Johnson ; à ce titre il intéresse les collectionneurs.</small>

Guibert (J.). — La gravure en couleurs au XVIIIe siècle. Paris, 1906. In-8.

<small>Publié dans Le Musée, numéro d'avril 1906. L'auteur est le distingué bibliothécaire du Département des Estampes.</small>

Guilmard (D.) [2]. — Les maîtres ornemanistes, dessinateurs, peintres... graveurs. Ecoles française, italienne, allemande et des Pays-Bas. Précédé d'une préface du Baron Davillier. Paris, Plon, 1880. Un vol. in-4 de texte avec nombreuses figures et 2 vol. de 180 pl. — 30 francs.

Gurlitt (C.). — Die deutsche Kunst des 19 Jahrhunderts. Berlin G. Bondi, 3 Auflage, 1907. In-8. — 15 francs.

Gütle (J.-C.). — Die Kunst in Kupfer zu steken. Nuremberg, 1795. In-8. — Très rare.

---

(1) Second part april 1906 ; third part november 1906 and fourth part december 1906.
(2) Sérieux et important ouvrage qui commence à s'épuiser.

— 72 —

H*** (H). — Artistes orléanais, peintres, graveurs... liste... suivie de documents inédits. Paris, Claye, 1863. In-8.

Haacke (Lieutenant). — Practisches Handbuch zur Kupferstichkünde oder Lexicon derjenigen vorzüglischten Kupferstecher, sowohl der älteren. Als bis auf die neuste Zeit... Magdeburgh, 1840. In-8.

Haden (Seymour). — About etchings : Part. I., notes by Seymour Haden on a collection of etchings and engravings by the great masters lent by him to the *Fine Art Society* to illustrate the subject of etching. — Part. II., an annotated catalogue of the examples exhibited... London, 1879. In-4. Illustrated of an original etching by. S. Haden and 15 fac-simile. — 50 à 60 francs ; devenu rare.

— The relative claims of etching and engraving to rank as fine arts, and to be represented as such in the Royal Academy of Arts. London, Metchim and son, 1883. In-8.

— The art of the painter-etcher, being the first presidential address to the Royal Society of Painter-Etchers for 1890. London, Deprez et Gutekunst, 1890.

<small>Nous n'avons envisagé ici Sir Seymour Haden que comme *écrivain d'art*, nous le retrouverons plus loin à la monographie comme artiste.</small>

Hamburg. — Verzeichniss der Kupferstich-Sammlung in der Kunsthalle zu Hamburg. Hamburg Greefe und Tiedemann, In-4 mit Pl.

Hamerton (P.-G.). — Etchings and etchers : illustrated with 35 beautiful etchings after Rembrandt, Ostade, S. Haden... the author and others. London, 1868. First edition. In-8. — 130 à 140 francs.

<small>Ouvrage très recherché et très estimé en Angleterre. Toutes les eaux-fortes — à l'exception des Ostade — sont tirées sur les cuivres originaux. — Voir : *The Caxton Club*.</small>

— The Portfolio, an artistic periodical, profusely illustrated with fine etchings and engravings by Seymour Haden, Legros, Whistler, etc... London, 1870-1880, 11 vol. — 80 à 100 francs.

— The Etcher's handbook. London, Ch. Roberson et C°, 1871. In-12 with 6 pl. by the author. — 5 francs.

<small>Petit traité sur l'eau-forte donnant les différents procédés anciens et nouveaux.</small>

— Etching and etchers ; second édition. London, 1876. In-8, with 12 plates. — 30 à 35 francs.

<small>Cette édition a été re-publiée à Boston en 1883, chez Roberts brothers ; c'est absolument la même que celle mentionnée ci-dessus, sauf une légère modification dans le titre.</small>

— Etching and etchers : third edition. London, 1880. In-fol. with 48 etchings and reproductions. — 90 à 100 fr.

— The Graphic Arts: a treatise on the varieties of drawing, painting and engraving in comparison with each other and with nature. London, Seeley, Jackson and Halliday, 1882. In-8 with 54 photogravures. — 45 à 50 francs.

— Drawing and engraving; a brief exposition of technical principles and practice. London, 1892. In-4 coloured frontispice, 22 plates and 24 text illustrations. — 8 à 10 francs.

— The art ot the american wood-engraver. New-York, 1894, 2 vol. In-8 with pl.

— The art of the american wood-engraving to accompany the collection of forty hand-printed proofs. New-York Schribners sons 1894. First vol [1].

— The art of the american wood-engraving forty to accompany the text. New-York Schribners sons 1894. Second vol. [2].

— Drawing and engraving. London, Black Unwin, 1907. In-8. — 6 francs.

Hamman. — Des arts graphiques destinés à reproduire par l'impression considérés sous le double point de vue historique et pratique. Genève, Cherbuliez, 1855. In-12. — 4 à 5 francs.

— Souvenirs d'un voyage en Suisse par un iconophile. Genève, Ramboz et Schuchardt, 1860. In-4 fig.

Hamy (Le Rev. P.-A.). — Essai sur l'iconographie de la compagnie de Jésus. Paris, 1875. In-8. — 20 francs. Rare.

Il y a là plus de 3.000 estampes signalées ou décrites et plus de 600 graveurs mentionnés.

Hanckwitz (J.) — An essay on engraving and copper-printing, to which is added Albumazar, or the professors of the black art... London, 1732. In-4.

Hardie (Martin). — The collecting of colour prints " Queen ", 12 november 1904.

Harding (J.-D.). — Elementary art ; or, the use of the lead pencil advocated and explained. London, Tilt 1834. In-4. 20 à 25 francs.

Ce traité écrit par un des Maîtres les plus fameux de la lithographie est accompagné de 28 planches ; il est devenu rare.

Hardy (W.-J.). — Book-Plates. London, 1897.

Hartmann (Sadakichi). — Japanese art. In-12 with 32 ill; six in-colour. — 8 francs.

(1 et 2) Tiré à 100 exemplaires seulement.

Hassell (J.). — Graphic delineation ; a practical treatise on the art of etching, with instructions detailing the whole process of representation from outline to finished print... London, 1827 (?) In-4 with 9 large plates in progress from : Claude Ostade. Rembrandt, etc...

Ouvrage important et recherché, devenu rare. — 20 à 25 francs.

Hayden (Arthur). — Chats on old prints. London, Fisher Unwin 1907. In-8 with 110 illustr and a front. — 6 fr. 50.

Une bibliographie intéressante — bien qu'un peu sommaire — donne une liste des ouvrages les plus importants publiés sur la gravure. Cette bibliographie est ainsi divisée : Généralités. Eauforte. Bois. Bois imitation de l'école Victoria. Bois moderne. Burin. Burin école française. Burin XIXe siècle. Mezzotinte. Estampes en couleurs. Aquatinte. Lithographie. Tout ceci indépendamment d'un glossaire très utile et d'une savante causerie, même sur les estampes *modernes*, bien que d'après le titre du volume — *Old Prints* — on ne devait entretenir le lecteur que des anciennes.

Heckethorn (Ch.-W.). — The printers of Basle in the 15 th and 16 th centuries, their biographies, printed books and devices. London, 1897. In-8. — 20 à 25 francs.

Intéressant par les reproductions d'anciennes gravures qu'il contient.

Hedlard (G.). — Les procédés sur verre, " Gazette des Beaux-Arts ", 1903.

— Histoire de l'affiche "L'Artiste", Février 1892.

— Traité pratique de la lithographie " L'Artiste ", Mai 1893.

— Les gravures au burin "L'Artiste", Mars 1891.

Hedou (J.). — La lithographie à Rouen. Rouen, Augé, 1878, avec un portrait à l'eau-forte.

Heims. — Chalcotypie. Nouveau genre de gravure en relief. Paris, Behr, 1855. In-4.

Ce très curieux procédé inventé par Heims, produit avec un dessin exécuté sur une plaque de cuivre recouverte d'un vernis, une gravure *en relief*, propre à l'impression par la presse typographique.

Heinecken (C.-H.-von.). — Nachrichten von Künstlern und Kunstsachen. Nebst neue Nachrichten. Leipzig, 1768-1786. 3 Bde. In-8 mit vielen Kupfern. — 20 à 22 francs.

— Idée générale d'une collection complète d'estampes, avec une dissertation sur l'origine de la gravure... Leipsic et Vienne, Jean-Paul Krauss, 1771. In-8, orné de 32 pl. — 35 à 40 francs.

Ouvrage très estimé ne portant pas le nom de son auteur. Rare.

— Dictionnaire des artistes dont nous avons les estampes. Leipzig, Breitkopf, 1778-1790, 4 vol. In-8, avec un frontispice. — 18 à 20 francs.

La mort de l'auteur — une autorité en la matière — a arrêté la publication de ce travail, dont le manuscrit existe à la Bibliothèque de Dresde. Bien qu'écrit sans l'ombre d'un doute par Heinecken, l'ouvrage et même la préface n'en porte point la signature.

Heitz (P.). — Einblattdrucke des funfzehnten Jahrhundertes. Strasburg. In-4.

Heller (Jos.). — Geschichte der Holzschneiderkunst von den ältesten bis auf die neuesten Zeiten. Bamberg, 1823. In-8.

— Prakt. Handbuch f. Kupferstichsammler; od. Lexikon der vorzügl Kupferstecher. Formschneider und Lithographen. Bamberg, 1823-25 ¹, 2 B de. In-8. — 5 à 6 fr.

— Monogrammen. Lexikon enth. d. bekannten, zweifelhaften und unbekannten d. Zeichner, Maler, Formschneider, Kupferstecher, Lithographen usw. mit Kurzen Nachrichten über dieselben. Bamberg, Sickmueller, 1831. In-8. — 10 à 12 francs.

— Zusätze zu Adam Bartsch. Le Peintre-Graveur. Nurnberg, 1854. In-8 mit 21 Monogrammen. — 5 à 6 francs. Très rare.

Il y avait eu une édition précédente en 1844.

Henkels (Stan. V.). — Mitchell collection. Part. I. The unequalled collection of engraved portraits of Washington belonging to Hon. James J. Mitchell including with few exceptions all that are mentioned in Baker's « Engraved portraits of Washington » and as many new unknown to Baker. Philadelphia, 1906. In-fol. illustrated. — 25 francs.

— Mitchell collection. Part. II. — The valuable and extraordinary collection of portraits of Gen. Geo. Washington belonging to Hon. James J. Mitchell Chief Justice of Pensylvania, embracing the largest collection of lithographic portraits, a remarkable collection of bank note, vignettes, and bank notes heaving the portrait of Washington and many rare woodcut portraits, also an unique collection of proofs of all issues up to 1813 of the postage revenue and departmental stamps of the United States... Philadelphia, 1906. In-fol. not illustrated. — 10 francs.

— Mitchell collection. Part. III. — The unequalled collection of engraved portraits of officers in the army and navy of the war of the revolution, second war with Great Britain and the Mexican war, belonging to Hon. James, J. Mitchell chief justice of Pensylvania... Philadelphia, 1906. In-fol. illustrated. — 25 francs.

(1) Un supplément sous ce titre : Lexicon fur Kupfertischsammler uber die Monogrammisten... Niello.., paru à Bamberg en 1838 et plus tard encore en 1850 une autre audition fut publiée à Leipzig avec un portrait ; elle est beaucoup plus rare et vaut 12 à 15 francs ; dernierement enfin en 1890 paru à Leipzig une autre édition considérablement augmentée par A. Andresen.

— Mitchell collection. Part. IV. — The unequalled collection of engraved portraits of the Presidents of the United States belonging to Honorable J. Mitchell, embracing many rare portraits of G. Washington : the unique collection of portraits of Thomas Jefferson, John Adams, James Madison and Andrew Jackson and the largest and most important collection of Abraham Lincoln. Philadelphia, 1907. In-fol. illustrated. — 25 francs.

— Mitchell collection. Part. V. — The unequalled collection of engraved portraits belonging to Hon. J.-T. Mitchell embracing statesmen of the collonial revolutionary and present time, including the extensive collection of portraits of Benjamin Franklin, Samuel Adams, John Haucock, Henry Laurens, Henry Clay and Daniel Webster, also chief and associate justices of the supreme court of the United States ... Philadelphia, 1907. In-fol. illustrated. — 20 francs.

— Mitchell collection. Part. VI. — The unequalled collection of engraved portraits belonging to Hon. J.-J. Mitchell, embracing the Lord chancellers and chief justices of Great Britain, eminent english lawyers. Kings and Queens of Great Britain, english princes and princesses and members of Royal families, mostly engraved in mezzotinto. Philadelphia, 1908. In-fol. illustrated. — 20 francs.

— Mitchell collection. Part. VII. — The unequalled collection of engraved portraits of Napoleon Bonaparte and his family and marschals belonging to Hon. James J. Mitchell Chief justice of Pensylvania... Philadelphia, 1908. Illustrated. In-fol. illustrated. — 20 francs.

— Hampton. L. Carson collection. Part. I. — The unique collection of engraved portraits of Gen. George Washington including all that are mentioned in Baker's « Engraved portraits of Washington " and many rarities unknow to Baker and the great St-Memin personal collection of proof mezzotints of portraits he engraved and St. Memin's original physionotrace of Washington. Philadelphia, 1904. In-fol. illustrated. — 25 francs.

— Hampton. L. Carson collection. Part. II. — The unique collection of engraved portraits of Thomas Jefferson, Benjamin Franklin and Gilbert Mottier de la Fayette, including the largest and most valuable collection ever offered the public, and world-noted on account of its many great rarities and completeness. Philadelphia, 1904. In-fol. illustrated. — 25 francs.

— Hampton. L. Carson collection. Part. III. — Unique

collection of engraved portraits of signors of the declaration of Independence. Presidents of the Continental Congress officers in the American revolution, views of Independence Hall... Philadelphia, 1904. In-fol. illustrated. — 25 fr.

— Hampton L. Carson collection. Part. IV. — The unique collection of engraved portraits of american naval commanders, early american explorers and navigators and rare american sea and land battles... Philadelphia, 1905. In-fol. illustrated. — 25 francs.

— Whelen collection. The important collection of engraved portraits of Washington belonging to the late Henry Whelen Jr. of Philadelphia who was one of the earliest collectors, and from whose collection the late W.-J. Baker compiled his celebrated book on the " Engraved portraits of Washington " and including all but a few of the portraits mentionned in that work also the extensive collection of engraved portraits of Franklin belonging to the same estate. Philadelphia, 1909. In-fol. illustrated. — 25 francs.

Ces séries sont particulièrement précieuses au point de vue documents, reproduisant photographiquement les portraits dont les originaux étaient gravés au burin, à l'eau-forte, pointe sèche, pointillé, mezzotinte, lithographie, etc..., etc... dont quelques-uns sont devenus d'une telle rareté qu'ils sont on peut presque dire *introuvables*.

— William (H.) Dongherty collection. Part. I. — The valuable collection of mezzotints and line and stipple engravings and etchings formed by the late W.-H. Dongherty Esq Philadelphia, 1905. In-fol. Illustrated. — 15 francs.

— William (H.) Dongherty collection Part. II. — The valuable collection of line and stipple engravings and etchings formed by the late W.-H. Dongherty Esq of Philadelphia... Philadelphia, 1905. In-fol. illustrated. — 15 francs.

Disons pour mémoire que la collection Carson a été aussi publiée en grand papier au prix de 8 dollars, soit 40 francs, et que les planches de la collection Mitchell ont été publiées séparément sur Japon, au prix de 50 francs par chaque catalogue. De nouveaux catalogues de cette incomparable collection doivent être publiés prochainement.

Actuellement il existe de ces collections en éditions très bon marché, soit au prix de 7 francs 50, dont toutes les épreuves *sont biffées* par une *raie rouge*. Les reproductions sont si *parfaites*, que Henkels, craignant qu'on ne les prenne pour des originaux, a préféré les faire biffer afin d'éviter toute erreur.

Les documents publiés dans ces collections sont tellement importants, que nous n'avons pas cru pouvoir nous dispenser de les signaler dans notre travail.

M. Stan V. Henkels qui est l'auteur et l'éditeur de ces très importants catalogues est également commissaire-priseur et expert en livres, autographes, estampes et monnaie. Son adresse est actuellement : 1519-1521. Chestnut Street Philadelphia U. S. A.

Henne (Alex.). — Enlumineurs, graveurs, orfèvres et fondeurs. Les arts en Belgique sous Charles-Quint. " Revue Universelle des Arts ", tome I, 1885, page 94.

Henrici. — Die Kupferstechkunst und der Stahlstich fur Manner von Fach und Kunstfreunde von... Leipzig, 1834. In-12.

Henriot (Alex.). — Expositions d'affiches artistiques françaises et étrangères, modernes et rétrospectives provenant de la collection de A. Henriot, Président des Amis des Arts de Reims. Reims, Novembre 1896. — 15 francs.

Exposition *extrêmement* remarquable de 1690 affiches. Le catalogue, admirablement imprimé et agrémenté des portraits des principaux artistes lithographes, est un bijou ; tiré à 500 exemplaires il est devenu très rare, et vaut 10 à 15 francs. C'est un document *extrêmement précieux* sur l'affiche.

A la fin du catalogue il y a une bibliographie très copieuse à consulter. Voir aussi dans le " Livre Moderne ", numéros d'Avril et de Mai 1891: *Les collectionneurs d'affiches illustrées*, par O. Uzanne.

Herbet (T.). — Les graveurs de l'école de Fontainebleau, " Annales de la Société Archéologique du Gâtinais ", 1896.

Très intéressant et assez rare.

Herkomer (Hubert). — Etching and mezzotint engraving. Lecture delivered at Oxford. Oxford, Macmillan, 1892. In-8 with 13 pl. — 90 à 100 francs.

Les planches ont été gravées par le célèbre artiste Herkomer qui, dans ce travail, décrit avec science les différents procédés dont il connaît à fond la technique et les secrets.

Herluison (H.). — Actes concernant les artistes. Recueil des actes concernant les artistes peintres, graveurs... extraits des registres de l'état civil de Paris, détruits dans l'incendie de l'Hôtel de Ville de Paris, le 24 mai 1871... Orléans, Herluison, 1873. In-8. — 6 à 8 francs.

Près de 1500 artistes y sont mentionnés.

Hesse. — La chromolithographie et la photochromie-lithographie. Edition française par A. Mouillot et C. Lequatre. Paris, 1902. In-8.

Hiat (Ch.). — The collecting of posters a new field for connoisseurs. " Studio ", May 1893.

— Picture posters. A short history of the illustrated placard, with many reproductions of the most artistic examples in all countries. London, 1895. In-8 ill. — 15 à 20 francs.

Très intéressante étude traitant des affiches, une des premières écrite sur la matière.

Hind (A.-M.). — A short history of engraving and etching, for the use of collectors and students, with full bibliography and classified list and index of engravers. London, A. Constable and C°, 1908. In-8 with front. and 110 ill. in the text. — 22 francs 50.

Cet ouvrage n'est pas un des meilleurs, mais sans conteste *le meilleur* des ouvrages publiés sur l'histoire générale de la gravure sur cuivre, et sous un titre ultra modeste il recèle à peu près tout ce qu'on peut savoir ; aussi le voudrions nous voir traduit en toutes les langues, le travailleur et l'amateur ne pouvant avoir un guide plus clair et plus précieux. L'éminent auteur se propose plus tard de donner un pendant à cet ouvrage en en publiant un similaire sur le bois et la lithographie.

Le présent travail est ainsi divisé : Une introduction contenant les procédés et les outils et dix chapitres ainsi rubriqués :

I. Les premiers graveurs.
II. Les grands maîtres de la gravure.
III. Le début de l'eau-forte et ses progrès durant le XVIe siècle.
IV. Le déclin de la gravure originale.
V. Les grands graveurs de portraits.
VI. Les maîtres de l'eau-forte.
VII. Le dernier développement et le déclin du burin.
VIII. L'eau-forte dans le XVIIIe siècle et dans le commencement du XIXe.
IX. Les procédés de tous : mezzotinte, aquatinte, etc...
X. L'eau-forte moderne.

Puis trois appendices :
1° Une liste de classification des graveurs par pays.
2° Une bibliographie générale.
3° Une liste des graveurs et de leur monographie individuelle.

Tous ces chapitres ainsi que les appendices comportent des développements considérables dans lesquels nous ne pouvons malheureusement pas entrer, l'espace nous étant mesuré par la nature même de notre travail.

Tous les artistes ont leurs noms inscrits dans *la marge* du volume et mis ainsi en vedette, ils sautent à l'œil ce qui facilite singulièrement les recherches. Un specimen de gravure des maîtres importants vient par son graphique souligner un texte déjà souverainement attrayant. Répétons-le encore c'est l'ouvrage *type*, l'ouvrage *rêvé* par l'amateur de gravure. Achetez-le, c'est le meilleur conseil que nous vous puissions donner.

— Engravings and their states « Burlington Magasine », vol. XV, April and August 1909. — 8 francs.

Article du plus haut intérêt où avec sa grande compétence l'écrivain traite la question si délicate des *états*, nous eussions voulu en donner ici un aperçu, mais la question est trop serrée et trop complexe pour pouvoir la traiter d'une façon même sommaire. Des reproductions donnent encore au texte de M. Hind plus de clarté en parlant directement aux yeux de l'amateur.

— Voir : *British Museum*.

Hippert et Jos. Linning. — Le peintre-graveur Hollandais et Belge du XIXe siècle. Bruxelles, Olivier, 1874-1879, 4 parties en 2 volumes. In-8. — 30 à 40 francs. Rare.

Edition tirée à 140 exemplaires.

Hirth und R. **Muther.** — Meister Holzschnitte aus vier Jahrhunderten. Munchen G. Hirth, 1888-1891. In-4, In-Carton Mappe. — 50 francs.

Histoire de la Gravure d'Anvers. — Catalogue de la collection Ter Bruggen, eaux fortes et gravures des maîtres Anversois et des peintres-graveurs qui ont été membres de la Gilde de Saint-Luc. Propriété de la ville d'Anvers, 1874-1875.

Histoire métallique et histoire de la gravure d'Anvers, appuyée par des pièces et des documents [1].

Historie der Zwartekunstprinten van de Uitvinding dezer Kunst af, tot den Tegenwoordigen tyd toe... Haarlem B. C. van Brussel, 1791. In-18.

History of the art wood-cutting and colour printing in Japan. In-12 with 8 plates in colours and many other illustrations in black and white. — 10 francs.

Hitchcok, J. Ripley. — Etching in America, with lists of American etchers and notable collections of prints. New-York, 1886. In-18. — 10 francs. Rare.

Hitchcock (J.). — Some modern etchings, original plates by Mac Cutcheon, Walter... text by Hitchcock. New-York. White, 1886. In-12. — 8 francs.

Hodgkin (J.-E.). — Monograms ancient and modern. London, 1866. In-12.

Hodson (T.). and Dougall (J.). — The Cabinet of Arts... London, 1805. In-4.

Hofstede de Groot. — A catalogue raisonné of the works of the most eminent dutch painters of the seventeenth century, based on the work of John Smith, translated and edited by Ed. G. Hawke. London, Macmillan and C°, 1908.

> Nous mentionnons cet ouvrage considérable dont le 1er volume est paru — il sera complet en dix — parce que beaucoup de ces peintres sont aussi des *graveurs*, tels : Potter, Hals, Rembrandt, etc. Le prix du volume est de 25 shillings nets.

Houbloup. — Théorie lithographique ou manière facile d'apprendre à imprimer soi-même. Paris, A. Imbert, 1825. In-8. 6 pl.

Houbraken (Arn.). — De Groote Schouburgh der Nederlantsche en Schilderessen... T'Amsterdam gedrukt voor de Weduwe des Autheurs... 1721. 3 vol. In-8 met plat.

> Ce grand livre de l'art néerlandais est *très rare*; il est copieusement orné de planches de la plus exquise fraîcheur.

---

(1) Extrait du catalogue d'une exposition organisée par la Société royale à l'occasion du Congrès archéologique international de 1866-1867. Anvers, 1867. In-8.

Huband (W.). — On the art of etching. Dublin, 1810. In-4.

Huber. — Notices générales des graveurs divisés par nations et des peintres rangés par écoles... Dresde et Leipzig Breitkopf, 1787. In-8, front. — 7 à 8 francs.

Huber, Rost und **Martini**. — Handbuch für Kunstiebhaber und Sammler über die vornehmsten Kupferstecher und ihre Werke, vom Anfange der Kunst bis jetzt chronologish und in Schulen geordnet. Zurich, 1796-1804 [1]. 9 vol. In-8. — 20 francs.

— Manuel des curieux et des amateurs de l'art... les artistes rangés par ordre chronologique et divisés par école. Zurich, Orel Gessner, Fuesslin et Comp., 1797-1808, 9 vol. In-8. — 50 à 60 francs.

<small>Nous estimons très particulièrement cet ouvrage divisé en cinq écoles : Française, Italienne, Pays-Bas, Allemande et Anglaise. Il y a beaucoup de renseignements et une longue introduction de 80 pages qu'on ne saurait lire sans en tirer profit. Il est assez difficile de trouver l'ouvrage complet. L'*Ecole Anglaise*, tome IX, parue beaucoup plus tard manque souvent.</small>

Huish (M.-B.). — Japan and its art. In-8 illustrated. — 12 à 15 francs.

Hullmandel (C.). — The art of drawing on stone, giving a full explanation of the various styles... London, Hullmandel and Ackermann, 1824. In-8, 19 pl. — 25 francs.

<small>Traité fort rare de cette première édition sur la lithographie, dont une seconde a parue à Londres en 1835.</small>

— On some improvements in lithographic printing. London, 1827. In-8.

— On some further improvements in lithographic printings, with illustrations. London, 1829. In-8.

— Reply to "The History of Lithography" in the foreign review. London, 1829. In-8.

— Chromolithographs. 1839, In-fol.

Humbert (le major) [2]. — Abrégé historique de l'origine et des progrès de la gravure et des estampes en bois et en taille douce. Berlin, Hande et Spener, 1752. In-12. — 5 francs.

— Nachrichten von Kunstlern und Kuntsachen. Leipzig, 1768-1769 ; 2 vol. In-8. — Neue Nachrichten. Dresde, 1786. In-8 mit Plat.

<small>Cet ouvrage, sans nom d'auteur, avait été à tort toujours attribué à Heinecken.</small>

Humphrey (H.-N.). — History of the art of printing, from its

---

(1) Une première édition par Huber avait paru en 1787. — Voir Huber.
(2) Le titre porte seulement l'initiale H.

invention to its widespread development in the middle of the 16 th century. London, Quaritch, 1868. In-fol. with, 100 pl. of fac-simile. — 40 à 50 francs.

— Masterpieces of the early painters and engravers... London, 1870. In-4, 70 plates.

Important ouvrage devenu *rare* valant 25 à 30 francs.

Huvey (L.). — La lithographie d'art. Paris, Floury, 1905. In-8.

Huysmans [1]. — Voir : *Chéret, Degas, Forain, Goya* et *Turner, Luyken, Millet, Raffaëlli, Rops, Tissot, Whistler*.

Hyamson (Albert-M.). — A dictionnary of artists and arts terms.

Hygin-Furcy (Ch.). — Dessin, gravure et lithographie : notions élémentaires et pratiques. Paris, 1861. In-16.

Hymans (H.)[2] — Les commencements de la gravure aux Pays-Bas. Extr. du « Bulletin des Commissions Royales d'art et d'archéologie ". In-8 front.

— L'art de la lithographie et de ses ressources. " Revue universelle des arts ", tome XVIII, 1864. page 141.

Article ayant pour but de réfuter victorieusement une appréciation de Henri de Laborde sur ce procédé, dont il disait : à peine compte-t-il un demi siècle d'existence, que déjà il semble avoir traversé toutes les phases qui marquent dans la vie d'un art la période d'affaiblissement et de déclin. »

— Gravure criblée, impressions négatives. 1864 (?). In-fol.

— Histoire de la gravure dans l'école de Rubens. Bruxelles, J. Olivier ; Paris, Rapilly, 1879. In-8 avec 5 pl. — 8 à 10 francs.

— L'estampe de 1418 et la validité de sa date. Bruxelles, Hayez, 1903. In-4 et 1 pl.

— Voir : *Bruxelles*.

I*** (Comte d'). — Iconographie des estampes à sujets galants et portraits des femmes célèbres par leur beauté... par le comte d'I***. Genève, Gay, 1868. In-8. — 25 francs.

Ouvrage rare et assez recherché, bien que son titre promette plus qu'il ne tient. — Tirage 300 exemplaires, dont vingt-cinq grand papier, valant le double.

Iconographe (L'). — Journal général des gravures, lithographies... Juin 1840-1849. 8 vol. In-8.

---

(1) Tous ces artistes sont analysés dans son ouvrage *Certains* paru chez Tresse et Stock en 1889 dans un style incomparable, plein de séduction et de magie. L'écrivain comme critique d'art avait une franchise et une autorité qui n'ont jamais été dépassés.

(2) M. H. Hymans est le savant et distingué conservateur de la Bibliothèque Royale de Bruxelles.

Iconographie Molièresque. — Par P. Lacroix. Paris, 1876. 2me éd. In-8. — 20 francs.

Iconographie de J.-J. Rousseau.

Image (L'). — Revue artistique et littéraire ornée de figures sur bois. Paris, Floury, 1896-1897. In-4. — 25 francs.

    Cette revue n'a paru que pendant un an. Elle avait comme direction littéraire Roger Marx et Jules Rais et comme direction artistique Tony Beltrand, Lepère et Ruffe. Son but était de démontrer la supériorité du bois sur tout autre procédé, au point de vue de l'ornementation et de l'illustration du livre. Le texte était de Paul Adam, A. Alexandre, Barrès, d'Esparbès, etc., et les illustrations de Auriol, Lepère, Chéret, Denis, Morin, Rivière, Wogel, Veber, Lautrec, Willette, Lagandara, etc., etc. Il y a des exemplaires de luxe.

Immerzeel (C.-H.) [1]. — De Levens en werken der hollandsche en vlaamsche Kunstchilders, beeldhouwers, graveurs en bouwmeesters, van het bigin der vijftiende eeuw tot heden. Amsterdam, von Kesteren, 1842-1843. 3 vol. ill. — 15 à 20 francs.

Impression en couleurs. — Dans le "Gutenberg". Journal par Albert Achaintre, 1883.

    Fort intéressante étude sur la solidité ou plutôt la durée des couleurs.

Indice delle stampe tratte dai piu eccellenti pittori antichi e moderni da loro medesimi intagliate owero da allii valenti incisori le quali si stampano e vendousi Bassano presso la dita di Guiseppe Remondini e figli di Venezia 1778. In-18.

Isermann (A.). — Lithographia. Organ für Lithographie und verwandte Fächer. Hamburg, 1861-62-63. In-4.

Jackson (J.-B.). — An essay on the invention of engraving and printing in chiaro-oscuro... London, 1754. In-4, pl. in proper colours.

Jackson (J.). — Treatise on wood engraving historical and practical... London, 1839. In-4 fig. — 45 à 50 francs.

    Cette première édition, avec 300 gravures sur bois et la pièce *rare* qui se trouve entre les pages 712 et 713, est peu commune.
    Une seconde édition parut en 1861 ; elle comportait un supplément d'illustrations d'environ 145 gravures et H.-G. Bohn dans un nouveau chapitre y a traité les artistes contemporains. — 20 à 22 francs. — Une troisième parut encore en 1881, elle vaut le même prix que la seconde et fut éditée par Chatto.

Jacquot (Alb.). — Les graveurs Lorrains. In-8, Paris, Plon, 1890 ?

Jansen. — Essai sur l'origine de la gravure en bois et en taille

(1) Voir *Kramm*.

douce et sur la connaissance des estampes des XVe et XVIe siècles. Paris, Schœll, 1808. 2 vol. In-8. 20 pl. — 30 francs.

<small>Ouvrage extrêmement recommandable et abondant en documents de toutes sortes, papiers, filigranes, calligraphie, etc., etc.</small>

Japanese wood-cutting and woodcut printing. Communicated by T. Tokuno chief of Insetsu-Kioku (Bureau of engraving and printing of the ministry of finance. Tokio. Japan. Edited and annoted by S. R. Kœhler, curator of the section of graphic arts U. S. National Museum. Washington D. C. In-8, with 13 plates, 5 illustrations in text. Washington. Government Printing office, 1893.

<small>Très intéressant traité sur la gravure Japonaise sur bois, écrit en anglais par un Japonais ; extrait du rapport annuel of *The Smithsonian Institute*. C'est sur la demande de feu S. R. Kœhler, conservateur des arts graphiques au Musée National de Boston que ce travail a été résumé et annoté par lui.</small>

<small>C'est une *très précieuse* étude dans laquelle l'auteur s'étend avec une rare compétence sur : La préparation des bois, les outils, les différences de travail entre les méthodes anciennes et modernes, les outils de l'imprimeur, les encres, les tirages, les papiers dont on se sert, le prix des dessins, des estampes, de l'impression, etc..., etc... ; le tout souligné de curieuses photographies reproduisant tout ce qui touche un métier, et jusqu'à la position que prend l'artiste au moment où il exécute sa gravure.</small>

<small>Cet ouvrage devrait se trouver entre les mains de tous ceux qu'intéressent la gravure sur bois, artistes et collectionneurs y trouveront à glaner.</small>

Jardère. — Ex-librisana. Notices historiques sur les ex-libris français depuis leur apparition jusqu'à 1895. In-8 ill. — 12 à 15 francs.

Jasienski (F.). — Jeka polskich grafikow Cracovie, 1903. In-fol. — 120 à 130 francs.

<small>C'est un album de la *Société des Peintres-Graveurs Polonais*, contenant 21 lithographies et eaux-fortes en couleurs ; nous croyons intéressant de le signaler aux collectionneurs français.</small>

Jennings (Oscar). — Early woodcut initials, containing over 1300 reproductions of pictorial letters of the fifteenth and sixteenth centuries. London, Methuen, 1908. In-4 with ill.

Joubert père (F.-E.). — Manuel de l'amateur d'estampes à Paris, chez l'auteur, 1821. 3 vol. In-8. — 30 francs.

Joubert. — Définition des mots *copie* et *contrefaçon* en gravure. In-4.

Joullain (C.-F.). — Réflexions sur la peinture et la gravure accompagnées d'une courte dissertation sur le commerce de la curiosité... Metz, Claude Lamort, 1786. In-12. — 15 à 18 francs.

Ouvrage devenu *assez rare*, il le faut avoir avec le *frontispice* qui manque souvent.

Julliot (Gustave). — Quelques gravures sur bois des premiers imprimeurs Sénonais. In-8, 59 fig. Sens, Duchemin " Société Archéologique ".

Juvara. — Della storia e dello stato odierno dell'arte dell'incisione. Napoli 1868. In-8.

Kadow (W.). — Die Mecklenburgischen Formschneider des sechszehnten Jahrhunderts. Schwerin, 1858. In-8.

Kaiser (J.-W.). — Curiosités du cabinet d'estampes d'Amsterdam. Fac-simile d'estampes de maîtres inconnus du XVe siècle. Utrecht (vers 1785). In-fol. avec 33 eaux-fortes. — 25 à 30 francs.

Kellen (J. Ph. van der). — Le peintre-graveur Hollandais et Flamand, ou catalogue raisonné des estampes gravées par les peintres de l'école hollandaise et flamande. Utrecht, Kemink et fils, 1867-1873. In-4 avec 36 fac-simile gravés à l'eau-forte, par J. Boland et d'autres. — 60 à 80 francs.

Cet ouvrage qui s'occupe principalement des maîtres anciens fait suite au peintre-graveur de Bartsch. — *Epuisé*.

Kennard (J.-S.). — Some early printers and their colophons. Philadelphia, G.-W. Jacobs et Co, 1904. In-8.

Keppel. — The golden age of engraving. New-York, 1887. In-8 with 13 illustrations.

— The modern disciples of Rembrandt... to which is appended a chapter of an elementary character entitled : *What etchings are*. New-York, 1888. In-8 with 2 illustrations ¹ full page.

Le chapitre sur la manière dont se gravent et se tirent les eaux-fortes est écrit avec une *clarté* et une *concision* remarquables.

— The Print Collector's bulletin ; an illustrated catalogue of painter-etchings for sale by F. Keppel et Co. New-York. n. d. In-8.

Ce bulletin est du plus haut intérêt pour le collectionneur, non seulement parce qu'il donne une très substantielle notice sur les maîtres, en reproduisant les estampes les plus remarquables de leur œuvre, plus de 233 pièces, mais encore parce qu'il cote les prix auxquels on peut se les procurer.

Voici les noms des principaux artistes cités dans ces bulletins: Appian, Otto Bacher, Bracquemond, Buhot, Corot, Daubigny, Storm van's Gravesande, S. Haden, Jacque, Jacquemart, Jongkind, Lalanne, Legros, Mac Laughlan, Meryon, Millet, S. Palmer, Pennell, Senseney, Van Muyden, Washburn, Webster, Wolf, Whistler et Zorn.

— The gentle art of resenting injuries. Being some un-

---

(1) Le fameux *Shere Mill Pond* de Seymour Haden et *Le Bouvier* de Claude Gellée sont ces deux illustrations.

published correspondance addressed to the author [Whistler] of : *The gentle art of making enemies.* New-York, 1904.

<blockquote>Cette petite brochure non mise dans le commerce, bien qu'étrangère à notre sujet, est tellement curieuse, étant donnée la notoriété des deux personnages mis en scène, que nous n'avons pas hésité à la mentionner. Elle contient l'autographie d'une lettre de Whistler.</blockquote>

— Illustrated catalogue of etchings and engravings published by... and C°. New-York, 1908. In-8.

— Illustrated catalogue of etchings by American artists for sale by... and C°. New-York, 1908. In-8.

Keppel Booklets[1] (The). — Published by Frederick Keppel et C°. New-York.

First series
1. Concerning the etchings of in Whistler .... 26 Illustrations
2. Sir Seymour Haden, painter-etcher, by F. Keppel 13 —
3. J.-F. Millet, painter-etcher, by S. van Rensselaer 11 —
4. Joseph Pennell, etcher, illustrator, author, by F. Keppel .... 16 —
5. Dry points by Paul Helleu, by F. Wedmore ..... 4 —

Second series
6. Auguste Raffet, by Atherton Curtis .... 14 —
7. The late Félix Buhot, by Léonce Bénédite....... 11 —
8. One day with Whistler, by F. Keppel .... 1 —
9. M. Pennell's etchings of New-York, by F. Keppel. 9 —
10. Charles Meryon. A biographical sketch by F. Keppel .... 13 —

Third series
11. The etchings of Piranesi, by Russel Sturgis ..... 19 —
12. Mr Pennell's etchings of London, by W.-C. Arensberg.......... 14 —
13. How prints are made, by Atherton Curtis [2] ......
14. Daubigny, by Robert J. Wickenden............ 15 —

Expositions faites dans ses galeries à New York [3]

1886.	— Meryon.	1897.	— Piranesi.
1887.	— Millet.	1897.	— Keene (of Punch).
1888.	— Buhot.	1898.	— Queen Victoria and Prince Albert.
1889.	— Gravesande.		
1890.	— Lalanne.	1898.	— Charles Jacque.
1891.	— Etching Club of Holland.	1899.	— Mezzotint engraving by Cousins.
1893.	— Van Muyden.		
1893.	— Zorn.	1901.	— Seymour Haden.
1893.	— Sherborn.	1902.	— Cameron.
1894.	— Pennell.	1904.	— Whistler.
1894.	— Wickendam.	1905.	— Whistler.
1894.	— Raffet.	1905.	— Meryon.
1895.	— Cameron.	1905.	— Pennell.
1897.	— Van Dyck.	1906.	— Rembrandt.

(1) Le mot *Booklet* qui n'a pas d'équivalent en français correspond à peu près cependant au mot *plaquette :* celles de Keppel mesurent 147m×87m, et sont d'un format genre *agenda*.
(2) Il existe une seconde édition publiée en 1907.
(3) A l'exception de celle de Meryon en 1886 qui eut lieu au Musée de Boston.

— 87 —

1906. — Seymour Haden.	1908. — Early Italian prints.
1907. — Pennell.	1909. — Seymour Haden.
1907. — Portraits of ladies and children [1].	1909. — Whistler.
	1909. — Meryon.
1907. — Daubigny.	1909. — Etchings of the seventeenth century.
1908. — Robert Nanteuil.	
1908. — Bracquemond and Buhot.	1909. — Engravings... of the eighteenth century in France.
1908. — Durer.	
1908. — Durer and Rembrandt [2].	
1908. — Millet.	1909. — Pennell.

Quarante deux expositions dans vingt-trois ans !! C'est coquet. Quel joli exemple d'activité et d'amour de son métier nous a donné là Frederick Keppel et combien nous serions heureux de lui voir de nombreux imitateurs. Mais hélas ! la vieille Europe s'endort et s'effritte pendant que la jeune Amérique s'éveille et marche.

Cependant, nous devons à la vérité de dire que depuis trois ou quatre ans, nous commençons à nous remuer à notre tour et nous constatons avec une joie profonde que les expositions de gravures se multiplient et se généralisent.

Inutile de dire que tous ces catalogues sont extrêmement précieux pour les collectionneurs, tant par les notes qu'ils contiennent que par les curiosités d'état qu'ils signalent ; il n'est pas jusqu'à leur format d'agenda qui ne soit séduisant et pratique par la facilité avec laquelle ils peuvent être glissés dans la poche du portefeuille en sortant de l'exposition.

Keronan (C.-G.). — Les procédés de la gravure. Paris, H. May, 1899. In-12 ill.

Kindlinger (N.). — Nachricht von einigen noch unbekannten Holzschnitten Kupferstichen und Steinabdrücken aus dem 15 Jahrhundert. Francfort, 1819. In-8.

— Wood-engraving direct from nature " Century ", New series. New-York, November 1882. Pl.

Kingsley (E.). — Originality in wood-engraving. " Century ", New series. New-York. August 1889. Pl.

Kjobenhavn. — Den Kgl. Kobberstiksamling [3] ... af Emil Bloch. 1881.

Klinkhamer (H.-A.). — Les estampes indécrites du Musée d'Amsterdam. Supplément au X⁰ volume de Bartsch. " Revue Universelle des Arts ", tome IV, 1856, p. 109.

Knight (Ed.-H.). — Engraving during the first century of the Republic. " Harper's Monthly ". Mars 1875.

Koegler (H.). — Einzelne Holz und Metalschnitte des fünfzehnten Jahrhunderts aus der Universitäts bibliothek in Basel. Strasburg, Heitz 1909. In-8 mit 22 Pl.

(1) La plupart du XVIII⁰ siècle français.
(2) Cent dessins et estampes choisis dans la fameuse collection de Marsden J. Perry, de Providence, île de Rhodes, qui fut vendue en adjudication par H.-G. Gutekunst et W. Gaiser, à Stuttgart, le 18 mai 1908.
(3) C'est le catalogue du Cabinet d'estampes de Copenhague.

Kœhler (Aug.). — Kalligraphische Studien zur Benutzung für Lithographen... graveure... Hamburg. In-4 oblong.

Kœhler (S.-R.). — Etching and outline of its technical processes and its history with some remarks on collections and collecting. New-York 1885. In-fol. with 30 plates by old and modern etchers and numerous illustrations in the text.

— Report of the section of graphic arts in the U. S. National Museum of Boston 1890.

— White-line engraving for relief. Printing in the fifteenth and sixteenth centuries. Washington 1891.

— Old and modern methods of engraving. Boston 1904. In-8.

— America etchings. A serie of twenty etchings by American artists : with descriptive text and biographical matter. Boston, Trübner. In-8.

Kœlner-Bibel. — Die Holzschnitte der... von 1479, von R. Kautzsch. 1896. Halle. Wittenberg. In-8,

Kohlmann (A.). — Geschnitte und Technik der graphischen Kunst. Berlin, Reichsdruckerei, 1903. In-8, 19 pl.

Kolorierte Einblattdrucke des XVe Jahrhunderts ; unter Mitwirkung von Clauss. Fäh, Kœgler, Lehrs, Leidinger, Major, Molsdorf, Pfeiffer, Schmidbauer, Schreiber, Schulz, Sillib, Weigmann, Weiss. Strasburg, Heitz. In-4.

> Ce sont des reproductions des incunables du XVe siècle publiées sous la direction des plus grands écrivains d'art actuels en Allemagne. Les séries parues en 1899, 1900, 1906, 1907, 1908 et 1909 dont il serait trop long ici de fournir les détails, donnent environ 470 reproductions et valent 825 marks, soit 1.031 francs.
> Deux autres séries sont sous presse ; rien d'aussi précis et d'aussi documenté — car ces reproductions sont accompagnées d'un texte — n'avait encore paru, c'est un monument colossal élevé à l'art xylographique et à l'art du métal.

Konigliche Museen zu Berlin. — Führer durch die Königlichen Museen... Berlin, Druck und Verlag von Georg Reinser, 1907.

> Un chapitre particulier est consacré dans ce guide au *Kupferstisch-Kabinet*, c'est-à-dire au département des estampes, qui est fort riche.

Kraetzschmer (Fr.). — Grosse Sammlung von Buchstabenverzierungen... für graveure... Kupferstecher. Lithographen... Leipzig, 1839. In-4.

Kramm (C.). — De levens en werken der Hollandsche en Wlaamsche Kunstchilders, beeldhomvers, graveurs en bouwmeesters van den vroegsten tot op. onzen tijd. Amsterdam geb. Diederichs. M. Nijhoff, La Haye, 1856-1863. 6 vol. et un app. In-8. — 70 à 80 francs ; rare.

<small>Ouvrage très estimé sur la vie et l'œuvre des artistes Hollandais et Flamands, peintres, graveurs, etc... des temps les plus reculés jusqu'à nos jours. Nous avons relevé dans un catalogue ce même ouvrage imprimé à *Amsterdam* et avec les années 1857-1864. Nous enregistrons le fait sans l'avoir pu contrôler. Ne serait-ce pas le même ?</small>

Kraus (F.) und **Malte** (F.). — Handbuch für Lithographen und Steindrucker... mit einer Lebens beschreibung und Porträt Senefelders. Stuttgart, 1853. In-8.

Kristeller (P.). — Early Florentine woodcuts... London, K.-Paul Treuch, Trübner and C°, 1897. In-8 illustr. — 18 à 20 francs.

— Kupferstich und Holzschnitt in vier Jahrhunderten. Berlin, Bruno Cassirer, 1905. In-8 mit pl. — 20 à 25 francs.

<small>Etude approfondie et clairement présentée de tout ce qui a trait à la gravure sur bois et sur cuivre, souligné par environ 260 reproductions. Très haute valeur documentaire, ouvrage de tout premier ordre, indispensable.</small>

Kritische Verzeichnisse von Werken hervorrag. Kupferstecher. Hamburg, Haendcke. In-8.

Krohn (F.-C.). — Samlinger til en beskrivende Fortegnelse over Danske Kobberstik, Raderinger. Kopenhaguen, 1889. In-8.

Kunstlerlexicon. — Allgemeines, oder : Kurze nachricht von dem Leben und Werken der Mahler, Bildhauer, Baumeister, Kupferstecher... Zurich, 1779. In-fol. — 80 à 90 francs.

— Allgemeines oder Lebensbeschreibungen 223 berümhter Künstlern... und Kupferstechern... und Anzeige ihrer Werke. Augsburg, 1797. In-8. — 12 francs.

Kupferstich Kabinet. Nachbildungen von Werken der graphische Kunst vom Ende des XVe bis zum Anfang des XIXe. Jahrh. Herausg. von Fischer, Zickwolff und W. Franke. Berlin, Fischer und Franke. In-fol.

Kupferstiche und Radierungen alter Meister in Nachbildungen. Berlin, Fischer et Franke, 1903. In-fol. mit, 70 pl.

Kurrer (W.-H. von). — Die Druck-und Farbe-Kunst in ihrem ganzen Umfange, von dem Standpunkte der Wissenschaft und der praktischen Anvendung bearbeitet... Wien 1848-1850, 3 vol. In-8.

Labanoff (Alex.). — Notice de la collection des portraits de Marie Stuart, appartenant au Prince... Nouvelle édition considérablement augmentée. Saint-Pétersbourg, 1860. In-8 portr.

Laborde (Comte L. de). — Essai de gravure pour servir à une histoire de la gravure en bois. Paris, 1833. 25 planches. In-4.

— La plus ancienne gravure du Cabinet des Estampes est-elle ancienne ? Extrait de *L'Artiste*, 1839. In-4, fig.

— Histoire de la gravure en manière noire. Paris, J. Didot l'aîné, 1839. In-8, illustré d'un frontispice en manière noire, d'un fac-simile de lettre de Louis de Siegen et de 11 figures hors texte ; 2 bois et 9 lithographies.

Bien que de nombreux ouvrages aient été écrits sur la *manière noire*, celui-ci reste encore le plus documenté et de beaucoup le plus précieux. Une longue introduction de trente pages est particulièrement instructive ; l'écrivain remet sur le tapis la fameuse question de savoir si Rembrandt usait ou non de la manière noire, et il conclut par la négative ; tout humble que soit notre avis, nous ne pouvons que confirmer cette assertion et répéter très énergiquement ici que *jamais*, dans aucune de ses planches, le célèbre artiste n'a eu recours au *racloir*, c'est donc une ânerie formidable qu'on risque de propager indéfiniment en insérant souvent dans les catalogues de ventes publiques : épreuve en *manière noire* ; tout au plus devrait-on dire *chargée* de manière noire, ce qui n'implique pas du tout pour cela la préparation de la planche au berceau. Artiste d'une habileté consommée, le Maître se servait souvent, selon nous, de la pierre ponce et surtout de la pointe sèche non ébarbée, ce qui donnait à ses premières épreuves ces tons de velours si recherchés aujourd'hui. Nous nous étonnons vraiment que depuis près de *deux cent cinquante ans* on s'entête à rabâcher que le Maître usait de la mezzotinte ; qu'on en finisse donc une bonne fois et qu'on crie hardiment et très haut : « Non, jamais, absolument jamais, Rembrandt ne s'est servi de la manière noire, un point c'est tout, et l'incident sera, nous l'espérons du moins, clos pour toujours ! »

L'auteur cite environ 213 artistes avec leurs monogrammes et la liste de leurs œuvres ; ils se décomposent ainsi : 77 hollandais, 74 allemands, 31 anglais, 23 français, 6 italiens, 1 espagnol et 1 russe, plus un supplément de 90 autres, souvent de nationalité inconnue, ce qui forme un total d'environ 300 noms, sur lesquels 54 ne figurent que par des lettres, des initiales ou des chiffres.

Voici les différents noms mentionnés par l'auteur et qui ont été donnés au procédé : mezzotinte, black art, ars nigra, l'art noir, swartekonst, gravure en manière noire, schwarzkunst, sammetstich, schraapkonst, incisione a fumo, a foggia nera, et gravure d'épargne. L'inventeur, Louis de Siegen, l'appelait : *eine sonderbare Invention*.

La gravure en manière noire qui sert de frontispice à cet ouvrage est *Le Maure* gravé par Ch. Wren, artiste anglais, reproduit ici en fac-simile par Girard.

Cet ouvrage, très recherché, se raréfie tous les jours ; il vaut couramment de 140 à 150 francs.

— Essai d'un catalogue des artistes originaires des Pays-Bas. Paris, Didron, 1849.

— Histoire de la découverte de l'impression et de son

application à la gravure, aux caractères mobiles et à la lithographie. Paris, Techener. In-8.

— La plus ancienne gravure du Cabinet des Estampes de la Bibliothèque Royale, est-elle ancienne? dans " L'Artiste ". Circa, 1840.

Labouchère (Norna). — Ladies'book-plates. London, 1895.

Lacombe. — Dictionnaire portatif des beaux-arts ou abrégé de ce qui concerne l'architecture, la peinture, la gravure... Paris, 1753. In-12.

Lacroix (Paul). — Iconographie Moliéresque, 2e éd. Paris, A. Fontaine, 1876. In-8 avec un portrait gravé par F. Hillemacher, d'après Simonin et un fac-simile. — 20 francs.

Laffan (W.-M.). — Engravings on wood, by members of the Society of American wood-engravers. With an introduction. New-York, 1887. In-8.

La Fage. — Verzameling van Prent Konst. Amsterdam, 1785. In-fol. avec 60 pl.

Lairesse (G. van). — Invenzioni di vario genere, incise in rame, editione originale in due parti. s. d. In-fol. obl., 100 pl.

Lalanne (M.). — Traité de la gravure à l'eau-forte, texte et planches (8), par Lalanne. Paris, Cadart et Luquet, 1866. In-8. — 10 à 12 francs.

Il y a eu une seconde édition publiée en 1878 chez Vve Cadart, avec 9 pl. et une autre en 1893 chez Lamour. — Ouvrage à recommander ; l'auteur, graveur très distingué, connaissant à fond tous les secrets du métier.

— A treatise on etching, texts and plates by M. Lalanne ; translated from the second french edition by S. R. Kœhler, with an introductory chapter and notes by the translator. Boston, 1880. In-8, illustrated.

Lalleman (G.) et **Leclerc** (J.). — peintres-graveurs Lorrains, par E. Meaume. Nancy, Wiener, 1876.

Landon (C.). — Précis historique des productions des arts, peinture, sculpture, architecture et gravure. Paris, Didot, 1801-1805, 5 vol. in-8.

Les tomes 2-5 ont été publiés sous le titre: *Nouvelles des arts, peinture, sculpture, architecture et gravure*.

Landseer (John). — Lectures on the art of engraving delivered at the Royal Institution of Great Britain. London, 1807. In-8.

Langalarie (Ch. de). — Notice sur l'art de nieller et sur les découvertes de quelques empreintes de nielles au XVIe

siècle. Photographie d'un nielle inédit. Orléans, 1858. In-8, fig.

Layard (G.-S.). — Suppressed plates, woods, engravings, etc... together with other curiosities germane thereto. London, A. et. C. Black, 1908. In-8, 1908, with, 70 pl.

Leber. — Essai historique sur les cartes à jouer, principalement sur les cartes françaises. Société des Antiquaires de France, 1842. In-8.

Leber (C.). — Histoire de l'art. Des estampes et de leur étude, depuis l'origine de la gravure jusqu'à nos jours. Orléans, Herluison, 1865. In-4 avec gr.

— Histoires de la gravure par ses produits... depuis la première moitié du XVe siècle jusqu'au commencement du XIXe siècle, suivie des procédés employés pour graver et nettoyer les estampes. Orléans, 1872. In-4.

Le Blanc (Ch.). — Manuel de l'Amateur d'estampes... Paris, Janet, tome I, II, 1854-56. F. Vieweg, tome III, s. d.; E. Bouillon, tome IV, s. d. In-8. — 60 à 80 francs.

> Un long espace, que nous ne saurions préciser, s'écoula entre la publication du troisième et du quatrième volume; dans la préface de ce dernier tome (1889), on parle d'un supplément qu'on attend encore!! Tel qu'il est, cet ouvrage est complet et se recommande néanmoins aux amateurs. S'il a un peu vieilli, il n'en demeure pas moins *très précieux* par les renseignements qu'il contient sur l'artiste lui-même, ses monogrammes, etc... et par l'*indication* des auteurs et des ouvrages qui s'en sont occupés antérieurement. La forme de dictionnaire sous laquelle il est établi, facilite singulièrement les recherches

— Notice de quelques copies trompeuses d'estampes anciennes. Paris, Deflorenne neveu, 1849. In-8, avec planches.

> C'est un extrait et une traduction de l'ouvrage de Bartsch intitulé : "Anleitung zur Kupferstichkunde" avec des additions. 228 copies trompeuses environ y sont signalées. Indispensable aux collectionneurs d'estampes anciennes. Le prix varie entre 10 et 15 francs. Tiré à 200 exemplaires, il se raréfie. — Voir Bartsch.

Le Blon (J.-C.). — Colorito : or the harmony of colouring in painting reduced to mechanical practice... London, circa, 1725. In-8, in english and french. — Rare.

— L'art d'imprimer les tableaux ; traité d'après les écrits, les opérations et les instructions verbales de l'auteur. Paris, Lemercier, 1756. In-8. — 20 francs. Rare.

> Une seconde édition a paru en 1768.

Le Breton. — Essai iconographique sur saint Louis. Paris, 1880. In-8, avec pl.

Le Comte (Fl.). — Cabinet des singularités d'architecture, peinture, sculpture et gravure... Paris, Nicolas Le Clerc. 1699-1700. 3 vol. In-12, avec un front. de Picart. — 10 fr.

— Cabinet des singularités d'architecture, peinture, gravure... Bruxelles 1702, 3 vol. In-12, avec 3 frontispices et 3 pl. de marques et monogrammes. — 6 francs.

Seconde édition. Il existe aussi une traduction hollandaise en 1745. C'est l'ouvrage suivant.

— Konst. Cabinet der Bouw, Schilder. Beeldhouw en Graveer-Kunde. Utrecht, 1745. 2 vol. — 5 francs.

Lecomte (Aubry).—Les grands artistes contemporains... dessinateurs-lithographes, augmenté du catalogue des dessins. Paris, 1860. In-8.

Lehrs (M.). — Die altesten deutschen Spielkarten des Kupferstichkabinets zu Dresden. Dresden, 1885. In-4 mit 29 Taf. — 30 à 40 francs.

— Catalog der un germanischem Museum befindlichen deutschen Kupferstiche des XV ten Jahrhunderts. Nuremberg, 1887. In-8.

— Der deutsche und niederländische Kupferstich des fünfzehnten Jahrhunderts in den klemeren Sammlungen. Repertorium für Kunstwissenschaft XIIIe, 1890 (pp. 40-41).

— Die deutsche, niederländische und franzosische Kupferstiche des XV Jahrhunderts. Wien, 1908. In-8, 6 Bde [1], Text und Plat. — 100 francs.

— Die altesten deutschen Spielkarten. Dresden. In-8.

Leiningen-Westerberg. — German book-plates translated by G. Ravencroft Dennis. London, 1901. In-8 with ill. — 20 francs.

Lelong (Père) [2]. — Liste générale des portraits gravés des français et françaises illustres jusqu'en l'année 1775... augmenté par Fevret de Fontette et publié par Barbeau de la Bruyère. Paris, 1809. In-fol.

Lemercier (A.). — La lithographie française de 1796 à 1896 et les arts qui s'y rattachent... Paris (1896). In-4, 33 pl.

Lemoine (H.). — Typographical antiquities origin and history of the art of printing... a complete history of engraving on wood and copper. London, 1813. In-8.

Cette seconde édition — la première avait paru en 1797 — a été revue et augmentée par T.-A. of the Inner Temple Esqre.

Lempertz (H.). — Bibliographische und xylographische Versuche. Istes Heft... Koln, 1838. In-4.

Il n'a été tiré que 30 exemplaires, non mis dans le commerce.

(1) Il n'y a encore qu'un volume de paru texte et planches.
(2) Voir Soliman Lieutaud.

Lengnick (A.). — La gravure à l'eau-forte pendant les dix dernières années " L'Art ", tome XXVIIIe, 1882.

Lenox Library. — A catalogue of a loan collection of British mezzotints, 1680-1815, principally of the 18th century. On exhibition in the New-York, Public Library Prints Galleries... 1904.

<small>Il y avait là réunies 127 pièces admirables d'états et de qualités. Les prêteurs, la fine fleur des collectionneurs étaient : MM. Pierpont Morgan, John-L. Cadwalader, E.-G. Kennedy, J. Harsen Purdy et Richard M. Hœ.</small>

— List of prints books... relating to Henry Hudson, the Hudson river, Robert Fulton and steam navigation. Exhibited in the Lenox Branch of New-York Public Library ou the occasion of the Hudson-Fulton celebration september 1909. New-York, 1909, pp. 33 to 86 prints.

Lepic. — Comment je devins graveur à l'eau-forte... Paris, Vve Cadart, 1876. In-fol., avec 80 planches. — 10 à 12 francs.

Leprince. — Découverte d'un procédé de gravure en lavis ; son prospectus (1780). In-4.

Le Rouge de Chablis (Les). — Calligraphes, miniaturistes, graveurs et imprimeurs. Paris, Claudin, 1896. In-8. — 10 à 12 francs.

Library of Congress (A.-L.-A.). — Portrait Index. Index to portraits contained in printed works and periodicals compiled with the cooperation of many librarians and others for the publishing Board of the American Library Association. Edited by William Coolidge Lane. Library of Harvard University and Nina E. Brown Secretary A. L. A Publishing Board Washington-Government Printing, Office, 1906.

Library of the Fine Arts (the), or monthly repertory of painting... and engraving. Edited by J. Kennedy. Feb, 1831 to Oct. 1832. Containing the lectures of Sir J. Reynolds and John Opie. London, 1832, 4 vol. In-8.

<small>Cette publication a été continuée par Arnold, de novembre 1832 à avril 1833 sous le titre: *Arnold's Library of the Fine Arts*, 8 vol. et de mai 1833 à juillet 1834 sous celui de : *Arnold's Magazine of the Fine Arts and Journal of Literature and Sciences*, 8 vol.</small>

Lichtenstein (R.-C.). — Brief notices of the early American engravers. New-England Historical and Geneological-Register. July, 1886.

Liesville (A.-R. de). — Recueil de bois ayant trait à l'imagerie populaire, aux cartes, aux papiers... 1868. In-fol.

Lieutaud (Soliman). — Liste de portraits omis dans le Père

Lelong. Collection possédée et décrite par Lieutaud. Paris, chez l'auteur, 1844. In-8.

— Liste alphabétique de portraits français, gravés jusque et y compris l'année 1775, faisant le complément de celle de la bibliothèque historique de la France du Père Lelong. 5 vol. in-fol. 2e éd., revue, corrigée et considérablement augmentée. Paris, Novembre 1846.

— Liste des portraits dessinés, gravés ou lithographiés des députés de l'Assemblée Nationale, 1789... Paris, 1854. In-8.

— Liste alphabétique des personnages nés dans l'ancien duché de Lorraine, celui de Bar et le Verdunois, dont il existe des dessins, gravures et lithographies... Paris, 1854. In-8.

— Recherches sur les personnages nés en Champagne, dont il existe des portraits dessinés, gravés ou lithographiés... Paris, 1856. In-8.

— Liste alphabétique des portraits dessinés et gravés de personnages nés en Lorraine dans le pays Messin... 2e éd. Versailles et Paris, 1862. In-8.

— Liste de quelques portraits, hommage aux personnes qui m'ont offert leurs portraits ou ceux de leur famille.

Linnig (B.). — Bibliothèques et ex-libris d'amateurs Belges aux XVIIe, XVIIIe et XIXe siècles. Paris, 1906. In-8 ill. 20 francs.

Ouvrage tiré à 525 ex. numérotés, orné de 77 illustrations dans le texte et hors texte, ainsi que de trois réimpressions sur des originaux et de la reproduction en couleurs du *plus vieil* ex-libris Flamand connu.

Linton (W.-J.). — Some pratical hints on wood-engraving for the instruction of reviewers and the public. Boston, 1879. In-16 illustrated.

— History of wood engraving in America. London, 1882. In-4, with, 20 full page engravings and numerous. smaller in the text. — 8 à 10 francs.

— A manual of instruction on wood engraving. London, 1884. In-8 illustrated. — 5 francs.

— The masters of wood-engraving. New Haven, 1889. In-fol. pl.

Ce très intéressant et important travail contient 230 reproductions dont beaucoup à pleine page et de la grandeur des originaux. Le prix de souscription en Amérique était de 50 dollars, soit 250 francs ; il vaut aujourd'hui d'occasion 125 à 130 francs. Il a été tiré à 100 exemplaires en grand papier et à 600 sur papier ordinaire, croyons-nous, pour les souscripteurs, exemplaires numérotés et signés par l'auteur.

Lippmann (F.). — Der Italienische Holzschnitt in XVe Jahrhundert. Berlin, 1885. In-fol. mit 48 pl. — 25 à 30 francs.

Feu M. Lippmann, le conservateur du Département des Estampes de Berlin était une des personnalités les plus en vue du monde de la gravure, les ouvrages précieux qu'il nous a laissés perpétueront à jamais sa mémoire.

— Gesellschaft, Chalkographische Internationale. Publicationen für die Jahre, 1886 (1. Jahrg) bis 1891 (6 Jahrg). Fac-simile-Reproductionen in Helio-gravure früher und ausserst seltener italien, und deutscher Kupferstiche mit beschreibendem. Text deutsch, franz und englisch. Hrsg unter von Lipmann, Berlin, 1886-91. Fol. 7 Mapp. — 350 à 400 francs. Epuisé et *très rare*.

— The art of wood engraving in Italy in the fifteenth century. English edition. London, Quaritch, 1888. In-4, with, 60 fac-simile. — 20 à 25 francs.

— Engravings and woodcuts by old masters (sec. XVe-XIXe). Ten series. In-fol. with 500 pl. in fac-simile by the Imperial Press at Berlin, 1889-1900. — 12 à 1300 francs.

C'est l'histoire complète de la gravure sur bois et sur métal représentée par ses plus beaux échantillons. Il existe des titres de séries et des tables permettant de faire relier ce recueil en 5 volumes.

— Der Kupferstich. Berlin, W. Spemann, 1896. In-16, mit 131 Pl.

— Kupferstiche und Holzschnitte alter Meister in Nachbildungen. 8 Mappe. Berlin, 1899, Reichsdruckerei, 50 pl. avec une feuille de texte. In-fol.

— Engraving and etching. London, Grevel and C°, 1906. In-8, with 131 illustr. — 12 francs.

C'est la troisième édition revisée par Max Lehrs et traduite par Martin Hardie.

Lithographie[1]. — Voir : *Engelman, Berri, Bouchot, Bracquemond, Bregeault, Bry, Cumming, Delaborde, Duchatel, Fraipont, Fritz, Harding, Hédou, Hesse, Houbloup, Huvey, Lemercier, Lorilleux, Mairet, Marthold, Maurou, Mellerio, Monrocq, Munier, Peignot, Pennell, Quatremère de Quincy, Raucourt, Richmond, Ridolfi, Robin, Senefelder, Singer, Tudot, Valette, Villon, Waterlow, Zellich.*

Lithographie (La). — Organe mensuel des artistes-lithographes. Directeur : Jules de Marthold.

— Exposition générale de la lithographie " Ecole des Beaux-Arts ". Paris, Chamerot, 1891. In-8.

— Centenaire de la lithographie, 1795-1895. Paris, Septembre, Octobre et Novembre 1895. In-8.

---

(1) C'est la liste des auteurs cités dans notre ouvrage qui ont traité le sujet.

— Catalogue of the loan collection of lithographs. South Kensington Museum, 1898-1899. London, Wyman and sons, 1898. In-8.

<small>Très remarquable exposition comportant 2254 specimens de lithographies groupées par nations.</small>

— Made easy, or every man his own printer. London, 1854. In-8, with portrait of Senefelder.

— Every man his own printer, or lithography made easy, being an essay upon lithography in all its branches, showing the advantages of the " Patent autographic press ". London, 1859. In-8, with a portrait of Senefelder and 9 full-page plates. — 7 à 8 francs.

Little Masters of Germany. — By W.-B. Scott. In-8 portr. and illustr. — 5 francs.

Livres artificieux et prouffitables pour peintres et tailleurs des images et d'antiques, orfeuvres et plusieurs autres gens ingénieuses. Anvers, 1540. In-4, avec figures en bois.

<small>Un des premiers ouvrages publiés sur la matière — le plus ancien relevé par nous — que nous n'avons malheureusement pu nous procurer l'écrivain ayant gardé l'anonymat.</small>

Lœdel (H.). — Uber die Copie eines Kupferstichs der Meisters E. S. von 1466. Koln, 1857. In-4. Plat.

Lombard. — Lettre de... à Vasari. Notes sur la première école de gravure. Liège, J. Gothier, 1874. In-18.

Longhi (G.). — La calcografia, propriamente detta, ossia l'arte, di incidere in rame coll'acqua forte, col bulino e colla punta... Milano, 1830 [1]. In-8 tav.

Lorilleux et Cie. — Traité de lithographie. Histoire, théorie, pratique. Paris, 1889. In-4 fig. — 6 francs.

Lossing (Benson J.). — Outline history of the fine arts.... New-York, 1843. In-8.

<small>C'est à tout hasard que nous enregistrons cet ouvrage ; n'ayant pu nous le procurer, nous ignorons s'il traite également la question qui nous occupe, la gravure et les graveurs.</small>

Lostalot (A. de). — Les procédés de la gravure. Paris, Quantin, 1882. In-8, avec 111 figures. — 3 francs.

Lucanus (F.-G.-H.). — Vollständige. Anleitung zur Erhaltung, Reinigung und Wiederherstellung der Gemälde ... Reinigen und Restauriren der Kupferstiche. Halberstadt, 1842. In-8.

<small>Deux éditions précédentes étaient parues à Leipzig, l'une en 1812, l'autre en 1835.</small>

Luedemann (W. von). — Geschichte der Kupferstecher-

<small>(1) Le tome premier seul a paru.</small>

kunst und der damit verwandten Künste Holzschneide und Steindruckkunst. Dresden, 1828. In-8.

Luthereau (J.-A.). — Opinion d'un bibliophile sur l'estampe de 1418 conservée à la Bibliothèque Royale de Bruxelles. Bruxelles, Dewasme, 1846. In-4, avec 3 fac-simile et fig.

Lutzow (K. von). — Geschichte des deutschen Kupferstiches und Holzschnittes. 1891. Mit Tex illustr. — In-8. 6 à 8 francs.

Maberly. — The print collector, an introduction to the knowledge necessary for forming a collection of ancient prints. London, 1844. In-4, with 3 pl. — 25 francs.

<small>Volume rare et apprécié qui ne porte pas le nom de son auteur. Il existe une autre édition publiée à New-York, en 1880, annotée par R. Hoe ; elle vaut 30 à 40 francs.</small>

Mac Donald (M.-A.). — An exhibition of prints collected by the Right Reverend Monsignor Doane. Catalogue of the prints in the art gallery in the Free Public Library, Newark, New-Jersey from april to may 1904.

Maignien (Ed.). — Les artistes grenoblois, architectes graveurs... Notes et documents inédits. Grenoble, 1877. In-8, tiré à 200 ex. — 12 francs.

Maindron (E.). — Les affiches illustrées. Paris, Launette et Cie 1886. In-fol., 20 chromo en couleurs de Chéret et autres en noir et en couleurs. Tirage 525 ex. — 50 francs.

— Les affiches illustrées, 1886-1895. Paris, Boudet, 1896. In-fol. 64 litho en couleurs et 102 en noir et en couleurs. Tirage 1025 ex. — 35 francs.

<small>Il existe un troisième volume: *Les affiches étrangères*, par Bauwens, Hayashi, La Forgue, Meier-Graffe, J. Pennell. Paris, Boudet, 1897. In-fol. 62 chromo en couleurs et 150 reprod. noir et couleurs. Tirage 1050 ex. — 30 francs.

Ces ouvrages *superbement* illustrés et d'un texte fort intéressant sont un peu moins recherchés depuis que la mode n'est plus aux collections d'affiches, c'était délicieux en effet mais comme dit le charbonnier d'en face : « Cha tient de la plache. »</small>

Mairet. — Notice sur la lithographie ou l'art d'imprimer sur pierre. Dijon, 1818. In-8. — 2 à 3 francs.

— Notice sur la lithographie, 2e édition, suivie d'un essai sur la reliure et le blanchiment des livres et gravures. Châtillon-sur-Seine, Cornillac, 1824. In-12 avec 4 pl. en lithographie. — 8 francs. Rare.

Maîtres de l' Affiche (Les). — Publication mensuelle contenant la reproduction des plus belles affiches illustrées des grands artites français et étrangers, avec une préface de Roger Marx. Paris, Chaix, 1896-1900. In-fol. 5 vol. — 100 francs.

<small>Superbe publication contenant 240 planches d'une *beauté de tirage* tout à fait *exceptionnelle*. C'est un régal pour les yeux, une joie pour l'esprit. Chaque estampe, — car ç'en est vraiment une — porte, dans le bas du coin droit, un timbre sec avec la mention " Les Maîtres de l'Affiche, imprimerie Chaix ". Disons le bien net, ça vaut absolument les affiches originales comme beauté d'impression et c'est surtout moins encombrant.</small>

Malpé et Baverel. — Notices sur les graveurs qui nous ont laissé des estampes marquées de monogrammes, chiffres, contenant toutes les marques dont ils se sont servis, suivies d'une table qui en donne l'explication. Besançon, 1807, 2 vol. In-8 avec 5 pl. hors texte. — 10 francs.

Manuel de bibliographie biographique et d'iconographie des femmes célèbres... par « un vieux bibliophile ". Turin, L. Roux et Viarengo, 1892-1900-1905, 3 vol. In-8. — 90 à 100 francs.

<small>C'est un colossal et précieux travail qu'a réalisé là l'amateur trop modeste qui désire conserver un anonymat qu'on nous permettra de respecter à notre grand regret car le nom d'un travailleur de cette envergure et de cette trempe devrait passer à la postérité.

Cet ouvrage auquel l'auteur a consacré près de vingt ans pour le mettre au point, contient les noms de plus de 20.000 femmes qui se sont faites remarquer à un titre quelconque dans tous les siècles et dans tous les pays, il a ajouté la date de leur naissance, de leur mort, la liste de leur monographie, l'indication de leur portrait, le nom des graveurs, les ouvrages où ils sont cités, les prix obtenus, etc. etc... et enfin un index alphabétique ou répertoire général de toutes les femmes citées dans les trois volumes. C'est complet, et rien de similaire n'a été et ne sera probablement jamais tenté. A tous ceux qui recherchent les portraits de femmes, nous ne saurions trop recommander cet ouvrage qui, tiré à 500 exemplaires, sera bientôt épuisé.</small>

Manuel of the library and report of the librarian [1] per 1901 contains description of the print room and illustrations of it.

Manuel (R.). [2] — Les petits arts d'amateur (dessin..., gravure... Paris, Kolb, 1891. In-16 avec 148 gr.

Marcenay de Ghuy. — Idée de la gravure [3]. 2e édition. Paris, 1764. In-4.

Marie Stuart. — Notice sur la collection des portraits de.. appartenant au Prince A. Labanoff. Saint-Pétersbourg, 1856. In-8 avec front. — 6 à 8 francs.

Mariette. — Catalogue raisonné de... par F. Basan. Paris, chez l'auteur et chez Desprez, 1775. In-12 avec un front de Cochin et 4 pl. — 20 francs. Rare.

---

(1) Library of Congress Washington.
(2) Pseudonyme collectif de plusieurs auteurs différents.
(3) Une première édition était parue dans le *Mercure* d'avril 1756, sans nom d'auteur, mais simplement sous les initiales de M. de M***.

Mariette (P.-J.). — Abecedario de... et autres notes inédites de cet amateur sur les arts et les artistes. Ouvrage publié par de Chennevières et Montaiglon. Paris, Dumoulin, 1851-1860, 6 vol. In-8.

<small>Cet ouvrage n'est autre que l'édition de 1719 de l'*Abecedario pittorico* de P. Orlandi, revisé et considérablement augmenté ; il est reproduit in-extenso dans les *Archives de l'Art français* dont il occupe 6 tomes, et dans la *Revue Universelle des Arts*. Ce travail est du plus haut intérêt, il y a des notes extrêmement curieuses et pittoresques sur les artistes ; malheureusement la nomenclature des œuvres est très incomplète. Le manuscrit est à la Bibliothèque Nationale.</small>

— Mémoires pour servir à l'histoire des sciences et des arts. Lettres de Mariette au P.-B. (Bertier) sur un recueil d'estampes publié depuis peu à Florence, 1752. In-12.

— Catalogue raisonné des différents objets de curiosité... qui composaient le cabinet de feu... par F. Basan, graveur. Paris, chez l'auteur et chez G. Desprez, 1775. In-8.

<small>Il faut l'avoir avec le frontispice de Cochin qui manque souvent et les quatre planches.</small>

Marinis (T. de). — L'Introduzione della stampa in Aquila. Aquila tip. alternina " Bolletino della societa storica ". Abbruzzese, 1898. In-4.

Marly (L.-I. de). — L'art de la gravure. Paris, Charles, 1904. In-8.

Marolles (M. de). — Catalogue de livres, d'estampes et de figures en taille douce avec un dénombrement des pièces qui y sont contenues. Fait en l'année 1666 par de Marolles, abbé de Villeloin. Paris, Fred. Léonard, 1666. In-8.

<small>Ce catalogue est celui de la collection que l'abbé vendit à Colbert et qui fut le premier fond du Cabinet des estampes actuel à la Bibliothèque Nationale.
Il existe une autre édition peu commune parue à Paris en 1672, imprimerie de J. Langlois ; elle est très recherchée surtout à cause des 163 marques de peintres et de graveurs qu'elle renferme.</small>

— Le livre des peintres et des graveurs. Paris, 1677 (?). In-8.

— Le livre des peintres et des graveurs. Nouvelle édition revue par G. Duplessis. Paris, Janet, 1855. In-16. — 4 à 5 francs.

<small>Une autre édition a paru chez Daffis à Paris, en 1872, dans la *Bibliothèque Elzévirienne*.</small>

Marquet de Vasselot. — Histoire du portrait en France. Paris, Rouquette, 1880. In-8. — 3 ou 4 francs.

Marsand (abbé Ant.). — Il fiore dell'arte dell'intaglio nelle stampe con singulare studio... Padoue, 1823. In-4.

Marthold (J. de). — Histoire de la lithographie. Paris, May. 1898. In-16 avec fig.

Martial (A.-P.). — Nouveau traité de gravure à l'eau forte pour les peintres et les dessinateurs. Paris, Cadart, 1873. In-8, illustré de 12 eaux-fortes originales.

Marty. — L'imprimerie et les procédés de la gravure au XXe siècle. Paris, l'auteur, 24, rue Duroc, 1906. In-4, une feuille volante et 40 pl.

Martyn (C.). — A chronological series of engravers from the invention of the art to the beginning of the present century : with an index and the marks of the several engravers. Cambridge, 1770. In-8.

Maurou et Brocquelet. — Traité complet de l'art lithographique au point de vue artistique et pratique. Paris, 1907. In-12 avec pl. — 5 francs.

Max Sutaine. — Un mot sur la gravure et cet art en Champagne à propos de la brochure de M. le baron Chaubry de Troncenord, intitulée : *Notice sur les artistes graveurs de la Champagne.* Réims, 1860. In-8.

Meadows. — Three lectures on engraving, delivered at the Surrey institution in the year 1809 by... London, 1811. In-8.

Meerman (G.). — Origines typographicæ. Paris, London, 1765, 2 vol. In-4. — 90 à 100 francs.

Ouvrage enrichi de très beaux portraits et de fac-simile des premiers essais typographiques.

Meilhac. — Traité du coloris des lithogravures, gravures... Paris, A. Robin, 1836. In-12 fig.

Mellerio (A.). — La lithographie originale en couleurs. Paris " L'Estampe et l'Affiche ", 1898. In-4 front. — 4 francs.

M. L. B. D. S. — Manière d'enluminer l'estampe posée sur toile ; par ce moyen l'on apprend soi seul à peindre l'estampe et à la poser sur toile, à faire méconnaître la gravure, par M. L. B. D. S. Londres, 1773. In-8.

Mémoire sur l'art de la gravure en France et sur la nécessité d'un encouragement. Paris, 1848.

Mémoire présenté au Ministre par la Société des artistes graveurs, le 12 juin 1848.

Mémoires sur les expériences lithographiques faites à l'Ecole Royale des Ponts et Chaussées de France... publiés par Raucourt de Charville. Toulon, 1819. In-8 pl. — 8 francs. Rare.

Merlin (R.). — Origine des cartes à jouer. Recherches nouvelles sur les naïbis, les tarots... Paris, 1869. In-4. — 50 à 60 fr.

<small>Ouvrage *assez rare* accompagné d'un album de 74 pl. offrant plus de 600 pièces dont beaucoup sont très peu connues.</small>

Mesnil (J.). — Over enkele vijftiend eeuwsche gravuren " Onze Kunst ". Nov. 1906. In-8.

Mezger (G.-C.). — Augsburgs alteste Druckdenmale und Formschneiderarbeiten nebst Geschichte der Buchhandels in Augsburg. Augsburg, 1840. In-8.

Mezzotinto. — History of the art of engraving in mezzotinto from its origin to the present time, including an account of the works of the earliest artists. Winchester, 1786. In-8. — 8 à 10 francs.

— Voir : [1] *Brown, Chelsum, Davenport, Diamond, Eveling, Fielding, Herkomer, Laborde, Paton, Riordan, Tiffin, Whitman.*

— Exhibition at H. Wunderlich's and C°. New-York : March 1892 ; January and November 1899 ; October 1905 ; March 1907.

<small>Ces expositions étaient remarquables, notamment celles de 1899 et de 1907 où figuraient des pièces de premier état, dont certaines étaient même inconnues à Chaloner Smith.</small>

Micha (Alf.). — Les graveurs Liégeois. Liège, Bénard, 1908. In-4 ill.

<small>Ouvrage mentionnant les graveurs depuis le XVe siècle jusqu'à nos jours ; " Le Saint-Lambert ", planche xylographique exécutée à Liège vers 1400 et conservée au Cabinet des estampes à Paris, sert de frontispice à ce travail; c'est un des tout premier xylographe. Il y a 25 reproductions hors texte ; l'auteur analyse les œuvres des artistes sans en donner la nomenclature et sans s'occuper de leurs planches et de l'état de celles-ci.</small>

Michiels (A.). — Progrès de la gravure sur bois en France. " Revue Universelle des Arts ", tome VIII, 1858. Page 193.

Middleton (Conyers). — A dissertation concerning the origin of printing in England... Cambridge, 1735. In-4.

<small>Une traduction française de cet ouvrage par D.-G. Imbert a paru à Paris en 1775 dans le format in-8.</small>

Midoux et Matton. — Etudes sur les filigranes des papiers employés en France au XIVe et et XVe siècles. Paris, 1868. In-8 avec 600 dessins lithographiques. — 40 à 45 francs. Rare.

<small>Très important ouvrage, un des premiers traitant le sujet.</small>

Migeon (G.). — L'estampe Japonaise au musée du Louvre. " L'Art ", tome LVI, 1894.

---

(1) C'est la liste des auteurs cités dans le présent ouvrage ayant traité le sujet.

Une première exposition avait eu lieu déjà et pour la première fois à l'école des Beaux-Arts, en avril 1890 ; puis une seconde, celle de Vever et Bing au Palais des Arts Libéraux au Champ de Mars en 1892; et enfin une troisième chez Durand-Ruel en 1893, celle de Bing seul.

Milizia (Fr.). — Della incizione delle stampe... Bassano, 1796. In-8.

Mireur (H.). — Dictionnaire des ventes d'art faites en France et à l'étranger pendant les XVIIIe et XIXe siècles. Tableaux, dessins, estampes, etc., etc... Paris, Soullié, 1901-1902. In-4. — 20 francs.

A cessé de paraître au bout de deux ans.

odern Etchers. — Short biographical sketches of the leading etchers of the present day. New-York, 1891. In-18.

Modern etching and engraving European and American. " Studio " special summer number, 1902. — 6 francs 50.

Chaque contrée est précédée d'une intéressante notice écrite par un critique *originaire* du pays des Maîtres dont les œuvres sont reproduites.

Dans cette remarquable exposition nous avons malheureusement quelques regrettables omissions à signaler ; ainsi en Angleterre nous déplorons l'absence de Seymour Haden !! en Amérique miss Cassat ; en France : Legrand, Buhot, Rodin, Raffaëlli, Degas, Tissot, Rivière, Renouard, Gaillard, Guérard, J. Veber, Chéret, Léandre ; en Allemagne : Kœpping, Menzel ; en Belgique : James Ensor ; la plupart, étoiles de première grandeur qui devaient éclairer cette publication, qui n'en demeure pas moins cependant un enseignement très précieux pour les collectionneurs.

Moes (E.-W.). — Iconographia Batava. Beredeneerde lijst van Geschilderde en Gebeeldhouwde Portretten van Noord. Nederlanders in Korige eeuwen. Amsterdam, Muller, In-4. 1893.

Molinier (E.). — Un coin de la Bibliothèque Nationale : Les habitués du département des estampes. Paris (?) 1892. In-12.

Molsdorf (W.). — Die Bedeutung Kölns fur den Metallschnitt der XVe Jahrhunderts. Strassburg, Heitz, 1909. In-8 mit 10 Abb. in Text und 15 Tafeln. — 6 francs.

Monier (P.). — History of painting, sculpture, architecture, and graving, 1699. In-8 with frontispice.

Moreno de Tejeda (D. Juan). — Excelencias del pincel y del buril... Madrid, 1804. — In-8 avec fig.

Monrocq. — Manuel de la lithographie sur zinc. Paris, 1891. In-12.

Motteroz. — Essai sur les gravures chimiques ou relief par Motteroz, ouvrier imprimeur typographe. Paris, Gauthier-Villars, 1871. In-8.

Mourey (Gabriel). — Coloured etchings in France " Studio ". February and March 1901.

Muller (Fr.). — Die Künstler aller Zeiten und Wölker. Leben und Werke der berühmtesten... Kupferstecher... Lithographen... Stuttgart, 1857-1864. 3 vol. In-8, mit Pl.

— De Nederlandsche Geschiedenis in platen. Beredenerende beschrijving van nederlandsche historieplaten, Zinneprenten en historische Kaarten. Amsterdam, Muller, 4 vol., 1863-1882. In-8.

<small>On trouve dans cet ouvrage de nombreuses estampes dont la description avait été jusqu'ici très incomplètement donné.</small>

— Beschrijvende catalogus van 7.000 portretten van nederlanders en van buitenlanders, tot Nederland in bettrekking staade. Amsterdam, 1853. In-8, épuisé et rare.

Muller (M.). — Verzeichniss der Kuperfstiche, Radierungen, Holzschnitte und Handzeichnungen der vor Gersdorff-Weichaschen Stiftungs-bibliothek zu Bautzen.

Muller und Singer. — Allegemeines Kunstler Lexicon. Leben und Werke der berühmtesten bildenden Künstler. Francfort-A.-M., Kutten und Lœning, 1894. In-8.

Muller (Sigurd). — Danske Raderinger med en Afhandling af Sigurd Müller om Kunsten at radere. Kjobenhavn. Th. Linds Efterfolger. Hans Frandsen, 1897. In-8.

Munchen (Graphischen Sammlumg). — Die Kgl. graphischen Sammlung zu München, 1758-1908 von H. Pallmann. München F., Bruchmann. In-8 mit 4 Abbildungen.

— Die Incunabeln des Kupferstiches im Königl Kabinet zu München von W. Schmidt. München, 1887. In-4.

Munier (A.). — Traité de lithographie. Reims. 1898. In-8.

Munn (Ch.-A.). — Three types of Washington portraits. New-York, 1908.

<small>Tiré à 225 exemplaires non mis dans le commerce. Devenu *rare*.</small>

Münsterberg (Oscar). — Japanische Kunstgeschichte. Brunschwig, H. Westermann, 1904-1908, 3 Bde. In-4. — 50 à 60 francs.

<small>Ouvrage illustré de 50 reproductions hors texte dont beaucoup en couleurs, et d'environ 600 dans le texte.</small>

Murr (Von). — Bibliothèque de peinture, de sculpture et de gravure. Francfort et Leipizg. J.-P. Krauss, 1770, 2 vol. In-8.

— Beyträge zur Geschichte der altesten Kupferstiche. Augsburg, 1804. In-4 Pl.

Museau. — Manuel de l'amateur d'estampes, 1821. In-18.

Cette petite plaquette qui est sans le moindre intérêt ne porte pas le nom de son auteur.

Nagler (G.-K.). — Alois Senefelder... München, 1826. In-8.

— Neues allgemeines Künstlerlexicon. München, 1835-1852, 22 vol. In-8. — 450 à 500 francs. Rare.

Ouvrage important très estimé, mais ne traitant pas que de la gravure et des graveurs exclusivement.

— Die Monogrammisten und diejenigen bekannten und unbekannten Künstler aller Schulen... München, 1858-1879, 5 Bde In-8.

— Die Monogrammisten, und diejenigen bekannten und unbekannten Kunstler aller Schulen bearbeitet von... fortgesetzt von Dr Andresen und C. Clauss. München und Leipzig, G. Hirth, 1881. 9 Bde In-8. — 115 francs.

C'est un travail colossal contenant environ 2.133 monogrammes avec de copieuses notices sur chaque artiste ; il est absolument *indispensable* à tous ceux qui s'occupent de l'estampe. Les monogrammes y sont reproduits avec la plus grande netteté et la plus grande précision. L'édition ci-dessus est la dernière et la plus complète.

Naumann (Dr R.). — Archiv für die zeichnenden Künste mit besonderer Beziehung auf Kupferstecher und Holzchneide-Kunst und ihre Geschicte, unter Mitwirkung. Leipzig, 1855-1862, 6 vol. In-8.

Nous croyons que cette publication se continue.

Nègre (Ch.). — De la gravure héliographique, son utilité, son application... Nice, Gauthier et Cie, 1867. In-8.

Netto (A.-W.). — Anweisung zur Gelbsterlernung der Radir und Aetz Kunst in Kupfer... entworfen von... Dresden, 1815. In-12 mit Pl.

— Die Kunst in Metall zu graviren, oder onweisung auf Kupfer, Sthal, Eisen, Zink... zu radiren, zu ätzen... Quedlinburg, 1840. In-8 mit 3 Pl.

Neubuerger (F.). — Der Farbendruck auf der Steindruckpresse Chromolithographie. Berlin, 1867. In-8 mit 18 Abbildungen und Farbendruckbeilagen.

Neumayer (A.). — Saggio di sceltissime stampe. Padova, 1808. In-8.

Nevill (Ralph.). — French prints of the eighteenth century. London, Macmillan and C^o, 1908. In-8. — 20 francs.

Presque indispensable aux collectionneurs auxquels il se recommande et par les documents qu'il contient, et par ses 50 illustrations particulièrement bien choisies.
Enfin ! on commence à apprécier notre XVIIIe en Angleterre, bien

qu'on le trouve toujours un peu trop décolleté : *too French*, comme disent nos aimables voisins : les Allemands et surtout les Autrichiens n'ont pas de ces pudeurs et ma foi ils ont raison.

Newbolt. — The art of printing etchings " Studio " November 1906.

— Etched book-plates " Studio ", December 1909.

Nicolle. — Dissertation élémentaire sur la gravure à l'eau forte et les états de planches. Rouen, E. Augé, 1885. In-8 fig.

Nielles [1]. — Voir : *Cicognara, Duchesne, Langalarie*.

— Photographie in natuurlijke grostte en 1862 genomen van het compleetste. Exempl. der Niello door Masi Finiguerra gegrav. en veel grooter dan dat en het beroemde verk van Duchesne. Amsterdam. In-4 mit 1 Pl.

Nilson (Ch.-A.). — Ueber deutsche Kunst, oder biographisch-technische Nachrichten von... Meistern in der Malerey, dem Kupferstechen... in Deutschland. Augsburg und Leipzig, 1833. In-8.

Noble (F.). — The principes of colours printing. London, 1881. In-8.

Nolpe. — Het Werk van... Beschreven door. Ch.-M. Dozy, 1897.

Nolte (V.). — Memorial of facts connected with the history of metallic engraving and the process of M. Collas. London, C. Tilt 1838. In-4. — 18 à 20 francs.

Avec 4 grands cuivres portant gravés 15 portraits médaillons.

Notice des estampes exposées à la Bibliothèque Royale formant un aperçu historique de la gravure. Paris, Heideloff, 1837. In-8.

Notice sur les graveurs qui nous ont laissé des estampes marquées de monogrammes, chiffres, rébus, lettres initiales, etc... avec une description de leurs plus beaux ouvrages et des planches en taille douce, contenant toutes les marques dont ils se sont servis, suivies d'une table qui en donne l'explication. Besançon, Taulin-Dessirier, 1807. 2 vol.

Ouvrage passablement creux en somme, bien que dans une préface ronflante l'écrivain critique assez vertement ses devanciers qui ont écrit sur la matière. On ignore, croyons-nous, le nom de l'auteur qui très modeste ! sans doute, a préféré gardé l'anonyme.

Notice historique sur l'introduction de la gravure en Russie. " Revue Universelle des Arts ", tome II, 1860, page 399.

Notiz ueber sehr alte Kupferstiche. Berlin, A. Asher, 1862. In-8.

[1] C'est la liste des auteurs cités dans le présent ouvrage qui ont traité le sujet.

Nougaret. — Anecdotes des beaux-arts contenant tout ce que la peinture, la sculpture, la gravure.. offrent de plus curieux. Paris, 1776-1780, 3 vol. In-8. — 10 à 12 francs.

Noyes (Crosby Stuart). — The collection of Japanese prints... presented by Noyes. 1906.

C'est extrait de *The Library of Congress Washington compiled by the Division of Prints.*

Numans (A.). — Cours d'aqua-forte à l'usage des artistes et des amateurs. Bruxelles, Lebègue et Cie, 1855. In-4 avec 5 grav. hors texte.

O'Donoghue (F.-M.). — A descriptive and classified catalogue of portraits of Queen Elizabeth. London, Quaritch 1894. In-8 with frontispiece and 7 other portraits. — 20 à 25 francs.

— Catalogue of the collection of playing cards bequeathed by Lady Charlotte Schreiber. London, 1901. In-8.

Oeser (M.). — Geschnitte der Kupferstechkunst zu Mannheim im 18. Jahrh. Leipzig, Breitkopf und Haetel. In-8, 1901, mit 20 Plat.

Oliva (G.). — L'Arte della stampa in Messina. Messina, tip. d'Amico, 1903. In-18.

Orlandi (P.-O.). — Abecedario Pittorico, diviso in tre parti. Bologna, 1704. In-4 con frontespizio figurato da Gio. Pietro Zanotti. In-8.

Il existe d'autres éditions dont voici les dates de publications : Bologne 1719 ; Florence 1721 . Naples 1733 ; Venise 1753 ; Naples 1763. Cet ouvrage vaut de 10 à 12 francs.

— Origine e progressi della stampa, osia dell'arte impressoria, e notizie dell'opere stampate dall'anno 1457 sino all'anno 1500. Bologna, 1722. In-4.

— Repertorium sculptile. Typicum ; or a complete collection and explanation of the several marks and cyphers by which prints of the best engravers are distinguished... Translated from the Abecedario Pittorico. London, 1830. In-8.

Orme (Ed.). — An essay on transparent prints, and on transparencies in general. London, 1807. In-fol. with 14 pl.

Très curieux ouvrage avec texte anglais et français, devenu *fort rare.*

Ormsby (W.-L.). — Bank-Note engraving. A descriptive of the present system of ; showing its tendency to facilitate counterfeiting. To which is added a new method of constructing bank notes to present forgery. In-4 with plates.

Curieuse étude sur la fabrication des billets de banque.

Osborn (Max). — Der Holzschnitte. Bielefeld, Velhagen und Klasing, 1905. In-8 mit Pl. — 5 francs.

— Die Kunste der 19 Jahrhunderts. Leipzig, Seemann, 3 Auflage, 1906. In-8. — 12 francs.

Ottley (W.-Y.). — An enquiry into the origin and earley history of engraving upon copper and in wood, with an account of engravers and their works, from the invention of chalcography by Maso Finiguera to the time of Marc Antonio Raimondi. London, 1816, 2 vol. In-8 with 22 plates and many illustrations. — 60 à 80 francs.

> Ouvrage important et classique sur la gravure sur bois et sur cuivre, reproduisant de nombreux fac-simile des estampes des maîtres les plus célèbres. Devenu *rare*. Il a été tiré 60 exemplaires sur grand papier avec les fac-simile sur chine ; ces grands papiers valent 150 à 160 francs.

— A collection of fac-simile of scarce and curious prints, by the early masters of the Italian, German and Flemish schools, illustrative of the history of engraving. London, 1826. vol. I [1]. In-fol.

— A collection of 39 fac-simile of rare etchings by celebrated painters of the Italian, Dutch, and Flemish schools. London, 1828. In-4. — 15 à 20 francs.

> Il y a eu aussi, croyons-nous, du même auteur et de la même année, une autre collection de 129 fac-simile avec le titre légèrement différent, valant de 80 à 100 francs ; nous n'avons pas eu occasion de le rencontrer.

— Nielli... collection of fac-simile of scarce and curious prints by the early masters of the Italian, German and Flemish schools, including examples of 16 nielli... a curious set of playing cards... with introductory remarks and catalogue. London, 1828. In fol. with 129 fac-simile.

> Très important travail précieusement documenté. Cette édition qui est une ré-impression, vaut de 30 à 35 francs.

— Notices of engravers and their works... being the commencement of a new dictionary... containing some account of upwards of three hundred masters... London, 1831. In-8.

— An inquiry concerning the invention of printing... notices of the early use of wood-engraving in Europe... with an introduction by J.-P. Berjeau. London, 1863. In-4, illustrated with 37 plates, woodcuts, etc.... — 20 à 25 fr.

— Biographical and critical dictionary of recent and living painters and engravers, forming a supplement to Bryan's dictionary. London, 1866. In-8.

(1) La mort de l'auteur ne permit que l'apparition de ce premier volume.

— Biographical and critical dictionary of recent and living painters and engravers. London, G. Bell, 1877. In-8. 5 francs.

Ovidi (E.). — La calcografia romana e l'arte dell'incisione in Italia. Roma, 1905. In-8.

Paignon-Dijonval. — Cabinet... état détaillé des dessins et estampes... rédigé par Benard. Paris, Huzard, 1810. In-4. — 10 francs.

<small>En 1819, ce riche cabinet qui ne contenait pas moins de 11055 estampes fut vendu la bagatelle de 120.000 francs à un négociant anglais Samuel Woodburn quelque chose comme *onze francs* la pièce, pas même le prix de deux Rembrandt de la vente Hubert !!!</small>

Paine (Nath.). — Remarks on the early Americanen gravings and the Cambridge press imprints 1640-1692 in the library of the American Antiquarian Society. Worcester, Massachusetts, 1906.

<small>C'est une ré-impression d'un ouvrage écrit déjà depuis de longues années.</small>

Palgrave (Fr.-T.). — Essay on the first century of Italian engraving. London, 1855. In-8.

<small>C'est la troisième édition.</small>

Palmer (Ed.). — Glyphography, or engraved drawing, for printing at the type press after the manner of woodcuts. Palmer's patent. London, 1843. In-12.

<small>Une seconde édition parut en 1851.</small>

Papillon (J.-M.). — Traité historique et pratique de la gravure en bois... ouvrage enrichi des plus jolis morceaux de sa composition et de sa gravure. Paris, chez Pierre Guillaume Simon, 1766, 3 vol. In-8. — 40 à 50 francs. Rare.

<small>La première édition 1762, dont le *seul* exemplaire connu est à la Bibliothèque Nationale porte, sur un des feuillets de garde, de la main même de Papillon, une note mentionnant que: « ce volume avait été commencé en 1734 et continué jusqu'en 1738 sans être achevé, puis refondu, corrigé et augmenté... avec quantité de fleurons et des plus beaux ouvrages faits depuis 1712. »

Ouvrage le plus complet et le plus pratique écrit sur la matière, l'auteur artiste aussi habile qu'iconographe distingué, entre dans les plus minutieux détails de son art : instruments, choix des bois, vernis, couleurs, retouches, etc., etc... tout y est traité avec la plus admirable clarté.

Le tome premier, orné d'un frontispice — le portrait de l'auteur — et d'un camaïeu, contient toute la partie historique ainsi qu'une table donnant la liste d'environ 300 graveurs en bois pour les estampes, les camaïeux et les livres ; beaucoup de ces artistes ne sont connus que par leurs monogrammes. Le second, illustré de 15 planches, plus 5 planches *d'états* d'un camaïeu, décrit tous les principes de l'art du bois. Le troisième, enfin, ou supplément, est consacré à</small>

plusieurs faits historiques et à de nouvelles manières servant à perfectionner cet art ; il contient une table générale des matières.
Cet ouvrage devenu *rare* est très recherché.

Passavant (J.-D.). — Le Peintre-Graveur. Contenant l'histoire de la gravure sur bois, sur métal et au burin jusque vers la fin du XVIe siècle, l'histoire du nielle avec complément de la partie descriptive de l'essai sur les nielles de Duchesne aîné et un catalogue supplémentaire aux estampes du XVe et XVIe siècles du Peintre-Graveur de A. Bartsch. Leipzig, R. Weigel, 1854-1860. In-8, 6 vol. avec portr. de l'auteur. — 30 à 40 francs.

Cet ouvrage, aussi célèbre que le Bartsch et supérieur à plus d'un titre à ce dernier est, suivant nous, un des plus documentés écrit sur la gravure ; il représente une somme de connaissance et de travail dont ne se doutent pas ceux qui ne se sont pas livrés aux recherches de ce genre. On l'accuse souvent d'erreur, mais il *n'existe pas un seul ouvrage similaire qui en soit exempt* ; d'importants et récents travaux en ont déjà relevées de nombreuses, et il n'est pas sans intérêt pour le chercheur, de comparer et d'approfondir les raisons données par celui qui vient confirmer ou infirmer les assertions de son devancier. C'est pour cela qu'en iconographie il faut lire, et lire beaucoup, car le proverbe : *qui n'entend qu'une cloche, n'entend qu'un son* trouve ici plus que jamais sa véridique application.

Le sixième et dernier volume contient une table des monogrammes avec renvois aux tomes et pages où l'artiste se trouve cité.

— Ueberblich der Geschichte des Kupferstichs. Frankfurt.-A.-M., 1859. In-4.

Paton (Hugh.). — Colour etching. London, Macmilan and C^o, 1909. In-8.

— Etching, drypoint, mezzotint, the whole art of painter-etcher. London, Raithby, Lawrence and C^o, 1895. In-8. 20 francs.

C'est un volume exprimant avec clarté les différentes techniques de l'art du graveur, il est particulièrement intéressant d'y trouver développés toutes les ressources que renferme cet admirable métier.

Paulme (H.). — Le Musée d'estampes de Rouen. Discours de réception. Rouen, Gagniard, 1901.

Il n'y a pas de Musée d'estampes à Rouen à proprement parler, il en avait été créé un embryon il y a quelques douze ou quinze ans, mais il a été supprimé en 1899 pour rendre au Musée les galeries qu'il réclamait. Tout porte à croire cependant, que dès que le local aura été trouvé, l'installation ne se fera pas attendre, pas plus que les crédits, nous en avons comme garant le désir et l'activité du distingué directeur des Bibliothèques M. Henri Loriquet. L'importante collection Hédou dont la ville vient d'hériter sera une jolie amorce pour le Cabinet futur.

Payne (John). — The artist's assistant in drawing... etching, engraving, mezzotinto-scraping... London, 1799. In-8.

C'est la sixième édition augmentée et corrigée.

Peignot (G.) [1]. — Essai historique sur la lithographie... Paris, A.-D. Renouard, 1819. In-8, fig. — 2 à 3 francs.

Peintres et Graveurs. — L'Académie de peintures. Paris, Firmin Didot, 1888. In-8 illustré de 200 gravures et d'une chromolithographie. — 8 francs.

Pennel (J. et E.). — Lithography and lithographers. Some chapters in the history of the art, with technical remarks and suggestions. London, 1898. In-fol. — 25 à 30 francs.

Intéressante publication très documentaire, ornée de 7 lithographies originales de Legros, Whistler, Strang, etc... et de 154 illustrations d'après Goya, Vernet, etc...

Pennell (J.) [2]. — The truth about lithography " Studio ", January, February, 1899.

Pennel et Robins. — Lithography and lithographers. Fisher Unwin, 1900. In-4.

Pernetty (J.). — Dictionnaire portatif de peinture, sculpture, gravure... Paris, 1757. In-12, avec fig. — 4 à 5 francs.

Perrot (A.-M.). — Manuel du graveur ou traité complet de la gravure en tous genres... Paris, Roret, 1830. In-18 fig.

— Manuel du graveur. Paris, Roret, 1844. In-18, avec 4 pl.

— Manuel du graveur ou traité de la gravure en tout genre ; nouvelle édition augmentée par F. Malepeyre. Paris, Roret, 1865. In-18 fig.

Perzynski (F.). — Vortrag über der Japanischen Farbenholzschnitt. Bremen, F. Leuwer, 1908. In-8.

Philadelphia. — Analectic Magasine. Vol. XIVe, 1819, pp. 67 to 73, contains an article on *Lithography* and opposite, page 67 appears, what is said to be the *First American lithograph*.

Philippe (Ad. von). — Die Kunts des 15 und 16 Jahrhunderts in Deutschland und den Niederlanden. Leipzig, E.-A. Seemann, 1898. In-8 mit 272 Plat in Texte. — 8 à 10 francs.

Physionotrace. — Voir [3] : *Courboin, Quenedey, Vivarez*.

Picart (Bernard). — Catalogue des estampes nouvellement apportées de France par... le Romain dessinateur et graveur et qui s'y trouvent présentement. La Haye, 1710. In-12.

(1) Ce nom ne figure que par les initiales G. P.
(2) L'artiste est mentionné comme *écrivain* et non comme *graveur*, c'est ce qui explique la place que nous lui assignons ici.
(3) Ce sont les noms d'auteurs cités dans ce présent volume comme s'étant occupés de la question.

— Impostures innocentes ou recueil d'estampes d'après divers peintres illustres, tels que Rafael... Rembrandt. Gravés à leur imitation et selon le goût particulier de chacun d'eux et accompagnées d'un discours sur les préjugés de certains curieux touchant la gravure, par B. Picart, dessinateur et graveur. Amsterdam, chez la Vve de Bernard Picart, 1734. In-fol. avec un portrait et 78 gravures. — 80 à 90 francs.

Très curieux ouvrage, surtout par le discours de l'auteur, qui se trouve placé en tête du volume.

Pijl (C.). — Die Chemitypie oder die Kunst, eine auf einer Metallplatte in gewöhnlicher Weise ausgeführte Radirung oder Gravirung... Leipzig, 1846. In-8.

Piles (R. de). — Abrégé de la vie des peintres... et de l'utilité des estampes. Paris, 1699. In-8.

Il y a eu de nombreuses éditions avec d'importants changements et modifications : London 1706 ; Hamburg 1710 ; Paris 1715 ; London 1744 ; Paris et Amsterdam 1767.

Pilinski. — Monuments de la xylographie reproduits en fac-simile avec une notice de Pawlowski. Paris 1882-83. In-4.

Pinchart (Al.). — Recherches sur les cartes à jouer et sur leur fabrication en Belgique, depuis l'année 1379, jusqu'à la fin du XVIIIe siècle. Bruxelles, 1870. In-8.

Pinset et d'Auriac. — Histoire du portrait en France. Paris, 1884. In-8 avec 39 gr. dont 9 hors texte. — 8 francs.

Piot (Eug.). — Le cabinet de l'amateur et de l'antiquaire. Paris, Firmin Didot, 1842-1863. 5 vol. avec figures. Passim. 20 à 25 francs.

Plomer (H.-R.). — A short history of english printing, 1476-1898. London, 1900. In-4 illustrated. — 12 à 15 francs.

Il a été tiré 50 exemplaires sur Japon qui se vendent 30 à 35 francs.

Pointe-Sèche [1]. — Voir : *Delâtre, Fraipont, Lostalot, Newbolt, Paton.*

Pointillé [2]. — Voir : *Frankau, Lostalot, Nevvbolt, Paton.*

Ponzilacqua (B.). — Trattario teorico e pratico di calligraphia. Tav. per Vincenzo Ciaconi e Pasquali. Venezia, 1814. In-4.

Pótemont (A.). — Lettre sur les éléments de la gravure à l'eau-forte. Paris, Cadart et Luquet, 1864. In-fol. — 20 fr.

Sous forme de lettre — dont le texte même est gravé à l'eauforte — l'auteur appuye ses indications et démonstrations d'inté-

(1 et 2) C'est la liste des auteurs cités dans cet ouvrage qui ont traité le sujet.

ressantes figures également gravées. Ayant eu soin de mettre sous les yeux du lecteur tous les instruments dont on se sert pour graver à l'eau-forte. Ouvrage *assez rare*.

Port (C.). — Les artistes angevins, peintres, graveurs, etc... Angers, Germain et Grassin. Paris, Baur, 1881. In-8.

Portalis et Béraldi. — Les graveurs du XVIIIe siècle. Paris, Morgand et Fatout, 1880-1882. 3 vol. In-8. — 90 francs.

Cet ouvrage est dans son ensemble un admirable document, il est le plus précieux écrit sur ce délicieux siècle qui résume toutes les élégances françaises et devient l'indispensable *vade mecum* du collectionneur de cette époque si radieuse, si pimpante et si suprêmement exquise dans sa frivolité.

Le baron Roger Portalis y a traité avec sa compétence coutumière la partie biographique et Henri Béraldi la partie gravée ; les appréciations et les notices abondent dans cet ouvrage qui est, nous ne saurions trop le répéter, *unique* et de *tout premier ordre*.

L'œuvre d'environ 450 graveurs français et étrangers y est mentionné et analysé et l'ouvrage se termine par un appendice signalant encore plus de 450 noms de maîtres de notoriété inférieure. Le tirage a été limité à 500 ex. sur Hollande, 50 sur Whatman et 20 sur Chine, tous, numérotés à la presse.

Portalis (Baron R.). — Les graveurs-amateurs du XVIIIe siècle. Paris, May, 1882. In-8. — 50 ex. 8 à 10 francs. — Très rare.

— Une collection de portraits français " Revue de l'art ancien et moderne " Mars et Avril, 1903.

C'est plus qu'un article de revue, c'est une étude approfondie et sérieuse à laquelle elle a collaboré Henri Béraldi, elle se recommande donc hautement à tous les iconophiles embrassant l'histoire complète du portrait. L'amateur distingué dont on a analysé ici l'admirable collection n'était autre que M. Béraldi père qui à quatre-vingts ans mit à jour avec Loubet, sa série de chefs d'état, qui commençait avec Henri III.

Poulet-Malassis. — Les ex-libris français. Paris, 1874.

Un des premiers ouvrages écrits sur la matière. Il semble aujourd'hui bien vieux jeu et peu documenté, depuis surtout que les collectionneurs ayant attiré l'attention sur ce sujet ont provoqué de nombreux travaux qui l'ont pour ainsi dire mis à l'ordre du jour, en en signalant tous les côtés intéressants.

Pouy. — Les anciennes vues d'optique. Amiens, Jeunet, 1883. In-12.

Preissig (V.). — Zur Technik der Farbigen Radierung, und des Farbenkupferstichs. Leipzig, 1909. In-8, mit. pl. — 5 fr.

Preux (Les) et la gravure à Liège en 1444. Liège, Gothier, 1873. In-12.

Prezel (D.-P. de). — Dictionnaire iconologique ou introduction à la connaissance des peintures... estampes, etc... avec des descriptions. Paris, 1756. In-8, 1er éd. avec un frontispice gravé par Baquoy. - 4 à 5 francs ; peu commun.

Il existe une seconde édition en 2 vol. parue à Paris en 1779.

Prideaux (S.-T.). — History of aquatint engraving. London, Duckworth, 1909. In-8 ill. - 20 francs.

Print Gallery (The). — Reproductions of engravings from the end of the 14 th to the beginning of the 19 th century. With explanatory text. Grevel. In-fol.

Printseller and Collector (The). — A monthly journal devoted to prints and pictures, ancient and modern... Edited by S. E. Austin. From part. I. January 1903, to December 1904. London. In-4 illustraded. — 10 à 12 francs.

Cette publication, actuellement *épuisé*, a cessé de paraître en décembre 1904.

Profit (G.). — La gravure sur cuivre. Paris, Plon. 1900, In-8.

Pyle (Howard). — American wood-engraving of the present. Book Buyer. December 1887.

Quandt. (J.-G. von). — Entwurf eine Geschichte der Kupferstecherkunst. Leipzig, 1826. In-8.

— Verzeichniss menser Kupferstichsammlung. Leipzig, 1853. In-8.

Quatremère de Quincy. — Rapport sur la lithographie et particulièrement sur un recueil de dessins, lithographiés de Engelmann. Paris, s. d. In-4.

— Réflexions nouvelles sur la gravure. Paris (1791). In-8.

Une lettre de Gaucher fut adressée à l'auteur en réponse à ses réflexions la même année.

Quenedey. — Catalogue des portraits au physionotrace, exécutés dans les ateliers de Quenedey.

Un exemplaire se trouve au " Département des Estampes " de la Bibliothèque Nationale.

Rathgeber (G.). — Annalen der Niederlünd, Malerei Kupferstecher und Formschneidekunst. 5 Theile Gotha, 1839-1844 (?) In-fol. — 8 à 10 francs.

L'auteur traite avec compétence l'histoire de la peinture et de la gravure en Hollande depuis les frères Van Eyck jusqu'à la mort de Rembrandt.
Il existe, croyons-nous, une autre édition.

— Beredeneerde geschiedenis der Nederlandsche schiller, houtsnij en graveerkunst... Amsterdam, M.-H. Binger, 1844.

Cette histoire de la peinture et gravure Néerlandaise n'a pas été continuée, le tome I seul a paru.

Raucourt. — A manual of lithography, or memoir on the lithographical experiments made in Paris at the Royal School of the Roads and Bridges... London, 1820. In-8.

Recueil d'estampes gravées à l'eau forte d'après les plus fameux maîtres d'Italie et français, lesquelles se trouvent dans les cabinets des amateurs d'Amsterdam. Paris, 1788. In-fol. avec 25 pl.

Redgrave (S.). — Dictionary of artists of the english school painters, sculptors, engravers... with notices of their lives and works. London, 1874. In-8. — 25 francs. Très rare.

— A dictionnary of artists of the english school painters... engravers... London, 1878, new edition revised. In-8. — 35 à 40 francs. Rare.

Reid (G.-W.). — Work of Italian engravers of the fifteenth century. London, 1884. In-fol.

— A reproduction of the Salamanca collection of prints in niello, about 50 of which are unique and hitherto undescribed. London, 1869. In-8.

— Chefs-d'Œuvres of art and masterpieces of engraving selected from the celebrated collection of prints and drawings in the British Museum. Reproduced in photography by Stephen Thompson. London, 1872. In-fol.

— Works of the Italian engravers of the fifteenth century, reproduced in fac-simile by photo-intaglio. London, B. Quaritch, 1884. In-fol. — 50 à 60 francs.

— Voir : *British Museum*.

Reiffenberg (Baron de). — Sur d'anciennes cartes à jouer. Bruxelles, 1847. In-8.

— La plus ancienne gravure avec date " Revue Universelle des Arts ", tome XXI, 1865. Page 5.

Renouvier (Jules). — Des types et des manières des maîtres graveurs pour servir à l'histoire de la gravure en Italie, en Allemagne, dans les Pays-Bas et en France. Montpellier, Boehm, 1853-1856, 4 vol. In-4 pl. — 80 à 100 francs, tiré à petit nombre et rare.

Un des ouvrages *les plus précieux* et des *plus documentés*, écrit sur la matière, c'est un travail remarquable et des plus haut cotés. Il nous est impossible d'en donner l'analyse tant est vaste le sujet traité; disons seulement, quel est en substance le contenu des 4 volumes.

Tome I. — XVe siècle : Xylographes, nielles, graveurs Italiens, Allemands, Franconiens, Pays-Bas, genre criblé... résumé de l'état de la gravure au XVe siècle.

Tome II. — XVIe siècle : Ecoles d'Italie, d'Allemagne, des Pays-Bas, de France. Résumé de l'état de la gravure à cette époque.

Tome III. — XVIe et XVIIe siècles : Ecoles Italienne, Allemande, Flamande, Hollandaise et Française. Résumé de l'état de la gravure à cette époque.

Tome IV. — XVe et XVII siècles : Continuation du tome III

et la table contenant les noms des 380 graveurs environ cités dans l'ouvrage.

— Une passion de 1446 ; gravures au burin, les premières avec date. Montpellier, 1857. In-4 fig.

— Histoire de l'origine et des progrès de la gravure dans les Pay-Bas et en Allemagne jusqu'à la fin du quinzième siècle. A Bruxelles, chez Hayez et à Paris chez Aubry et Rapilly 1860. In-8.

Ouvrage de tout premier ordre et tiré à petit nombre, qu'il est indispensable de posséder quand on s'occupe des incunables de la gravure. Vaut environ 12 à 15 francs.

— Des gravures sur bois dans les livres de Simon Vostre. Lyon et Paris, 1862, avec 8 vignettes. — 5 francs.

— Histoire de l'art pendant la Révolution, considéré principalement dans les estampes. Ouvrage posthume suivi d'une étude sur Greuze, avec notice biographique et table par A. de Montaiglon. Paris, Renouard, 1863, 2 vol. In-8. — 15 francs.

Renton (N.). — Intaglio engraving : past and present. London, G. Bell, 1897. In-8.

Repertorium Sculptile-Typicum. — Or a complet collection and explanation of the several marks and cyphers by which the prints of the best engravers are distinguished... London, 1730. In-12.

Repertorium der bei Königl. Kunst-Akademie zu Dusseldorf aufbewahrten Sammlungen. Verfasst von Theodor Levin. Dusseldorf, A. Bagel, 1883. In-8.

Riat (G.). — Catalogue de la collection Ardail. Paris, 1904. In-8.

Riat. — Voir : *Bibliothèque Nationale.*

Ribette (A.). — Traité pratique d'héliogravure en creux sur zinc, au bitume de Judée. Paris, Mendel, 1903. In-8.

Richmond (W.-D.). — Grammar of lithography. London, 1878. In-8.

— The grammar of lithography... London, 1886, 6 th edition. In-12.

Ridènger (J.-A.) und **Thienemann** (G.-A.-W.). — Leben und Wirken des unvergleichl. Thiermalers und Kupferstecher. Joh. Elias Ridinger mit d. ausführl. Verzeichnis seiner Kupferstiche, Schwarzkunsblätter und Handzeichnungen. Leipzig, 1856. In-8 mit R'S portr. und 12 Kupferst.— 18 à 20 francs.

Ridolfi e Artini. — Memoria sulla litographia. Firenze, G. Ricci, 1819. — In-8.

Rigaud. — Notice d'estampes... exécutées par les plus habiles graveurs, précédée de réflexions sur la gravure. Nantes, rue Crébillon, n° 15 (vers 1795). In-12.

Riordan (Roger). — Mezzotints. A short practice. New-York, H. Wunderlich et C° 1899. In-12 illustr.

— French etchers. Examples of etched works of Corot, Jacquemart, Ballin, etc. with descriptive text by Roger Riordan, 20 plates. New-York, Dodd. In-8.

Ris-Paquot. — Dictionnaire encyclopédique des marques et monogrammes, chiffres, etc... Paris, Renouard s. d., 2 vol. In-4. — 40 à 50 francs.

Cet ouvrage contient 12158 marques des artistes en tous genres.

— Guide du restaurateur amateur de gravures. Paris, 1890. In-8.

Ritter (F.). und von **Bartsch**. — Die Kupferstichsammlung der K.-K. Hofbibliothek in Wien. Wien, 1854. In-8.

Rivoli (duc de). — Etudes sur l'art de la gravure sur bois à Venise. Les missels imprimés à Venise de 1481 à 1600... Cinq planches sur cuivre et 350 gravures, initiales et marques. Paris, Rothschild, 1894. In-fol. — 150 à 160 francs.

Epuisé et devenu *rare*. Tiré à 300 exemplaires seulement, dont 10 sur Japon.

Rizzardi (Luca). — Peintres et aquafortistes Wallons. Bruxelles, Dechenne et Cie, 1906. In-12.

Les artistes cités dans cette petite plaquette délicatement écrite sont : E. Berchmans, A. Donnay, R. Heintz, A. de Witte, A. Rassenfosse et Fr. Maréchal.

Robert (K.). — Traité pratique de la gravure à l'eau forte. Paris, Laurens, 1891. In-8 gr. — 5 francs.

Robert-Dumesnil (A.-P.-F.). — Le Peintre-graveur Français ou catalogue raisonné d'estampes gravées par les peintres et les dessinateurs de l'école Française, ouvrage faisant suite au Peintre-Graveur de M. Bartsch. Paris, 1835-1850. 8 vol. In-8.

Les tomes 9, 10 et 11 furent publiés de 1865 à 1871 sous le même titre par G. Duplessis, qui avait été désigné par Robert Dumesnil pour classer et publier les notes qu'il avait rassemblées, et déjà en partie du moins rédigées. Mais avant la publication de ces trois tomes, Prosper de Baudicour en avait fait paraître de 1859 à 1861 deux autres numérotés 1er, 2e, sous la rubrique : « Le Peintre-Graveur Français continué, ou catalogue raisonné des estampes gravées par les peintres et les dessinateurs de l'Ecole Française, nés dans le XVIIIe [1] siècle, ouvrage faisant suite au Peintre-Graveur Français de Robert Dumesnil. »

[1] Très incomplet ; parmi tant d'artistes omis, il n'a oublié que Moreau le jeune !! pour ce siècle. Voir : Les graveurs du XVIIIe siècle par Portalis et Beraldi.

Ces volumes qui à eux 13 forment série, ont tous été calqués, et établis sur le même modèle ; ils mentionnent les œuvres d'environ 250 artistes, rédigés avec une haute compétence, ils sont l'indispensable compagnon du collectionneur d'estampes françaises des XVe, XVIe et XVIIe siècles. Le tome onzième de Duplessis est très particulièrement intéressant par les additions et les rectifications qu'il apporte aux 8 volumes de Robert Dumesnil. Les 13 volumes valent 230 à 250 francs.

Robertson (H.-R.). — Art of pen and ink drawing, commonly called etching. London, Windsor et Newton. In-8,

Robin (A.). — Coloris des lithographies. Paris, 1837. In-12.

Roger-Milès. — Figaro illustré. La gravure anglaise au XVIIIe siècle. Paris, janvier 1908. — 3 francs.

Quarante-cinq reproductions en noir et en couleurs des plus belles pièces de cette école.

Rolle (F.). — Catalogue raisonné des estampes de la bibliothèque du Palais des arts de Lyon. Estampes anglaises et françaises. Lyon, 1854. In-8.

Roller (J.). — Pract. handleiding bij het etsen op koper. Amsterdam. In-8.

Ronald Gower (Lord). — Iconographie de la Reine Marie-Antoinette. Paris, Quantin, 1883. In-fol. — 60 francs.

Précieux catalogue raisonné et descriptif de 495 portraits de la Reine, contenant quarante reproductions. Il devient *rare*.

Rondot (N.). — Les gravures sur bois et les imprimeurs à Lyon au XVe siècle. Paris, Claudin, 1896. In-8.

— Les graveurs d'estampes sur cuivre à Lyon, au XVIIe siècle. Lyon, Mousin-Rusand, 1896. In-8.

— Graveurs sur bois à Lyon au XVIe siècle. Paris, Rapilly, 1898. In-8 avec 1 pl. — 8 francs.

Rose (James-Anderson). — Collection of engraved portraits. catalogued and exhibited by... at the openning of the New Library and Museum of the corporation of London. November 1872. In-4 with 102 pl. on Whatman paper. — 120 à 125 francs.

Tiré à 40 exemplaires seulement.

— Liverpool art Club collection, illustrative of the history and practice of etching... Liverpool, october 1874. In-8.

— Catalogue of his collection of engraved portraits exhibited at the Museum of the corporation of London 1872 ; with preface on engraving, best mode of arranging prints. London, 1874. In-4 with 101 ports. — 100 à 110 francs, rare.

Rosenberg (Adolf). — Der Kupferstich in der Schule und unter dem Einflusse des Rubens. Wien, 1888. In-4 mit 43 illustr. 45 à 50 francs.

Rosenthal (Léon). — La Gravure. Paris, Laurens, 1909. In-8 ill. de 174 gravures. — 10 francs.

> Nous ne saurions trop recommander cet ouvrage, comme étant actuellement *la meilleure* étude française sur l'histoire générale de la gravure. L'auteur a créé une heureuse innovation, en faisant suivre chaque période, d'une bibliographie correspondante à cette époque ; il a ainsi singulièrement simplifié les recherches auxquelles les travailleurs sont souvent obligés de se livrer.

Rossi. — Dell'origine della Stampa in tavole incise e di una antica e sconoscinta edizione zilografica. Parma, 1811.

Rouveyre (E.). — Connaissances nécessaires à un bibliophile. Paris, Rouveyre, 1899. In-8, 10 vol. Voir le tome V. — 30 francs.

Rouaix (Paul). — Sept cents gravures classées par époque. Paris-Rouen, s. d. In-fol. — 15 à 20 francs ; épuisé.

> Intéressant recueil au point de vue de la comparaison des styles, paru, croyons-nous, vers 1886.

Roux (V.). — Manuel de photographie et calcographie à l'usage de MM. les graveurs sur bois, sur métaux. Paris, Gauthier-Villars, 1886. In-12.

— Manuel de l'imprimeur héliographe... Paris, Gauthier-Villars, 1886. In-12.

— Traité pratique de gravure héliographique en taille douce sur cuivre... Paris, Gauthier-Villars, 1886. In-18.

Rovinsky. — Catalogue des portraits Russes. Saint-Pétersbourg 1886-1889. In-4. — 300 à 325 francs.

> Cet ouvrage est devenu très rare, le texte est en russe, et est orné de 700 phototypies. Quelques descriptions cependant sont données en français.

— Catalogue raisonné des gravures Russes du XVIe au XIXe siècle. Saint-Pétersbourg, 1895, 2 vol. In-4 ill. — 100 à 125 francs.

> Texte russe avec 940 gravures. Le frontispice représente l'auteur sur son lit de mort entouré de fleurs.

Rozycki. — Die Kupferstecher Danzigs. Danzig 1893. In-8.

Ruland (C.). — Radierungen Weimarischer Künstler II. Heft : Die Radierungen Carl Hummels. Weimar, Böhlau, 1905. In-8.

Rumorh und **Thiele**. — Geschicte der Königlichen Kupferstichsammlung zu Copenhague. Leipzig, 1835. In-8.

Rumohr (C. Fr. von). — Zur Geschnitte und Theorie der Fromschneidekunst. Leipzig, 1837. In-4.

Ruttenauer. — Hausschatz deutscher Kunst der Vergangenheit. Berlin. In-4.

Sabourin de Nanton. — Notices ur l'imagerie Pellerin d'Epinal. Epinal, 1857. In-8.

Sagot (Ed.). — Catalogue d'affiches illustrées anciennes et modernes, rédigé par Edmond Sagot. Paris, chez l'auteur, 18, rue Guénégand, 1891. In-8 à 2 colonnes. — 10 à 15 francs, très rare.

> La collection d'affiches alors battait son plein et Sagot en avait été l'heureux lanceur. Cet intéressant catalogue illustré de 15 pl. hors texte comprenait 2.233 numéros, la couverture originale avait été lithographiée en cinq couleurs par le maître Chéret. L'affiche de cette couverture était donnée en prime aux acheteurs du catalogue sur grand papier, dont le prix était de 20 francs.

Saint-André (Ch.). — Les portraits de Madame du Barry, " L'Art ", tome LXVII, 1907.

Saint-Arroman (de). — La gravure à l'eau forte, essai historique. Comment je devins graveur à l'eau forte, par le Cie Lepic. Cadart, 1876. In-8 portr. front. — 5 francs.

Salaman (Malcolm C.). — The old engravers of England 1540-1800 in their relations to contemporary life and art. London, Cassel 1906. In-8, with 48 pl. — 8 à 10 francs.

— Old english colour-prints, " Studio " Décember 1909 with 40 choice examples in fac-simile colour. — 7 francs.

Samuel (Bunford). — Index to American portraits by Samuel Bunford of the Ridgway Branch of the Philadelphia Library. - Philadelphia 1901.

> Extrait de : *The Pensylvania Magasine of History and Biography*. April, July and October 1901.

Sartain (J.). A brief sketch of the history and practice of engraving. A paper prepared at the request of the Franklin Institute of Pensylvania and read before the Institute march 1880. Repeated by request at the Pensylvania Academy of Fine Arts, march 30, 1880. Philadelphia. In-8.

— The reminiscences of a very old man. New-York 1900. In-8.

> L'auteur était un graveur remarquable de l'Académie des Beaux-Arts de Pensylvanie, et chevalier de l'ordre Royal équestre de la Couronne d'Italie.

Scharf (Sir G.). — Notes on the authentic portraits of *Mary Queen of Scots*, based on the researches of the late Sir... rewritten in light of new information by L. Cust. London ? 1903. In-8 illustr. — 15 à 20 francs.

Schasler. — Die Schule der Holzschneidekunst. Leipzig, J.-J. Weber, 1866. In-12 mit Plat.

Scheffer. — Catalogue des estampes, dessins et cartes composant le cabinet des estampes de la Bibiothèque de l'Arsenal. Paris, 1894, aux bureaux de "l'Artiste". In-8.

Scheltema (N.). — Drie Goudsche Graveurs : Reynier van Persyn ; H. Bary : Aert van Waes. Rotterdam, 1884. In-4.

Schmidbauer (R.). — Einzel-Formschnitte der funfzehnten Jahrhunderts in der Staats, Kreis, und Stadt-bibliothek Augsburg. Strasburg, Heitz, 1909. In-8 mit 33 Pl.

Schmidt (W.). — Die Inkunabeln der Kupferstiches im Kgl Kabinett zu München. München, 1887. In-4.

— Die frühesten und seltensten Druckdenkmale des Holz- und Metallschnittes. Nürnberg. In-fol.

Schmit (J.-A.). — Catalogue descriptif des estampes relatives à la guerre de Trente-Ans en Lorraine... Nancy, Wiener, 1869. In-8.

Schreiber (W.-L.). — Manuel de l'amateur de la gravure sur bois et sur métal au XVe siècle. Leipzig, Harrassowitz, tomes I à IV, VI à VIII, 4 vol. de texte in-8 et 3 vol. de pl. In-fol. — 15 francs le volume.

Un des ouvrages les plus précieux parus sur la gravure de cette époque, l'auteur est une autorité en la matière. Chaque volume se vend séparément. Voici l'ordre chronologique dans lequel les volumes sont parus : Ier en 1891. — IIe, 1892. — IIIe, 1893. — IVe, 1902. — VIe, 1893. — VIIe, 1895. — VIIIe, 1900 — le Ve n'est pas encore paru.

— Holzschnitte und Schrottblätter aus der Königl. Universitats. Biblioteck in Tübingen. Strassburg, Heitz, 1906. In-8 mit 15 Pl.

Schuchardt. — Revision der Akten über die Frage : gebührt die Ehre der Erfindung der Papierabdruckes von gravirten Metallplaten den Deutschen, oder den Italienern. Leipzig, 1858. In-8 mit Plat

Schulz (F.-T.). — Die Schrotblätter des Germanischen National Museum : zu Nürnberg. Strasburg, Heitz, 1908. In-8 mit 31 Phototypes.

Schwegman. — Berigt Wegens de Uitvinding om een Tekening op een Kopere-Plaat overlebrengen... ingeleverd. Haarlem, C. Plaat en A. Loosje (1793). In-8.

— Verhandeling ever het Graveeren in de manier van Gewassen Tekeningen of Acquatinta op two verschilbende Wijzen. Te Haarlem, A. Loosjes, 1806. In-8.

Sculptura historico-technica, or the history and art of engraving. To wich is now added a chronological serie of the painters from the eleventh century extracted from Baldinucci... and other authors. Fourth edition. London, 1770 [1]. In-8 fig. — 4 à 5 francs.

Schuyler van Rensslaer (Mrs). — American etchers. With an account of Meyron and his work by Keppel. New-York, 1886. In-8 with 16 illustr.

Seaton (Th.). — A manuel of steel cutting and wood carving. London. In-8 with pl.

Seidlitz (W. von). — Geschichte des Japanischen Farbenholzschnittes. Dresden, G. Kühtmann, 1897. In-8 mit 10 Pl. und 95 Abbildungen.

Senbert (A.). — Allgemeines Künstler-Lexicon oder Leben und Werke der beruhmt bild. Künstler. Francf., 1882. 3 Bdc In-8. — 25 à 30 francs, épuisé.

Senefelder (A.). — Musterbuch über alle lithographische Kunstmanieren. Munchen, 1809. In-fol.

— Vollständiges Lehrbuch der Steindruckerey... München, 1809. In-4 mit pl.

— L'art de la lithographie ou instruction pratique contenant la description claire et succincte des différents procédés... précédée d'une histoire de la lithographie et de ses divers procédés. Munich, 1819. In-4.

— A complete course of lithography, with an history of lithography and a preface by F. von Schlichtegroll. Translated from the german. London, 1819. In-4 with portr. and litho. — 20 à 25 francs, rare.

— L'art de la lithographie... précédé d'une histoire de la lithographie et de ses divers procédés. Paris, Treutell et Würtz, 1819. In-4.

— Précis historique sur l'invention de l'art lithographique et de ses premiers progrès, s. l. n. d. (vers 1818). In-8 avec pl. 12 à 15 francs.

C'est la traduction de l'ouvrage de Senefelder paru à Munich.

— L'aquatinte lithographique, ou manière de reproduire les dessins au pinceau. Paris, 1824, chez Senefelder. In-4 avec 12 pl. — 20 francs, rare.

Seyler (G.-A.). — Illustriertes Handbuch der Ex-Libris-Kunde. Berlin, 1895.

Sheldon (G.-W.). — A symposium of wood-engravers... " Harper's Monthly ", march 1880.

Sidney-Colvin. — Voir : *British Museum*.

[1] La précédente édition parut, croyons nous, en 1766 ; mais une autre avait déjà été publiée en 1747.

Sieurin (J.). — Manuel de l'amateur d'illustrations, gravures et portraits pour l'ornement des livres français et étrangers. Paris, Labitte, 1875. In-8. — 6 francs.

Silvestre (E. de). — Renseignements sur quelques peintres et graveurs des XVIIe et XVIIIe siècles. 2e édition. Paris, Vve Bouchard-Huzard, 1869. In-8.

Singer. — Researches into the history of playing cards. London, 1816. In-4.

Singer (H.-W.). — Modern german lithography. Some Karlsruhe artists " Studio ", avril 1899.

— Modern german Lithography : Greiner and some Dresden artists. " Studio " january 1899. — Some Karlsruhe artists " Studio " april 1899. Hamburg, Dusseldorf and Frankfort-on-the-Main " Studio ", september 1899.

— Recent german lithographs in colours " Studio ", january, 1904.

— Die kleinen Meister. Leipzig, 1908. In-8. — 5 francs.

<small>Intéressant ouvrage de texte allemand, contenant 114 reproductions des maîtres de l'école de Nuremberg, tels que Beham, Penze, Aldegraver, Altdorfer, Hirschwogel, Solis, etc....</small>

Singer and Strong. — Etching, engraving and other methods of printing pictures. London, Paul Trübner, 1897. In-16 with illustrations. — 12 à 15 francs.

Siret (Ad.). — La gravure en Belgique, sa situation, son avenir. Gand, 1852. In-8.

— Les graveurs Belges. Anvers, 1855. In-8.

— L'enfant de Bruges mort à 11 ans. Cent eaux fortes d'après Frederic van de Kerhove. Paris, A. Lévy, 1877. — 20 francs ?

Skippe (John). — Engravings after original drawings. Part first, containing ten prints engraved in chiaro oscura after original drawings of the following masters : Parmesan Rafael, Mantegna, etc... Part second, containing ten prints... after Rafael... del Sarto. Fol n. p. n. d.

Slatter (J.-H.). — Engravings and their value. A guide for the print collector. London, L. Upcott Gill 1900. Third edition revised with an appendice. In-12. — 15 francs.

<small>La première édition parut en décembre 1890 bien que datée de 1891, la seconde en 1896, la troisième en avril 1900 et fut ré-imprimée en 1903 sans modifications. Le prix d'émission est de 15 sh. C'est un intéressant ouvrage qui ne comporte pas seulement les prix des gravures — sans mettre les noms des collections d'où elles proviennent — mais bien encore une note sur les graveurs et beaucoup de renseignements sur les procédés, l'art de former une collection,</small>

l'achat des gravures, leur authenticité, l'art de les conserver, etc..., etc.

— Book-plates and their value. London, 1898. In-12.

Smith (Ch.-S.). — Collection of Japanese engravings and chromoxylographs, made by captain Brinkley and presented by Smith to the New-York Public Library, 189 ?

Smith (John). — Catalogue raisonné of the works of the dutch, flemish and french painters... names of the artists by whom they have been engraved. London, 1829-1842, 9 vol. In-8 with frontispice.

> Très importante publication que nous avons cru devoir mentionner puisqu'elle donne les noms des artistes qui *ont gravé* les peintures de ces différentes écoles, ainsi que maints curieux documents sur les prix obtenus dans les ventes publiques, les collections privées et nationales où se trouvent les œuvres, etc..., etc....
> Ouvrage devenu *très rare* ; vaut 1000 à 1100 francs.

— Catalogue raisonné of the works of the most eminent dutch, flemish and french painters... London, 1908, 9 vol. In-8. — 75 à 80 francs.

> Ré-impression en fac-simile de l'édition de 1829-1842, publiée à 130 francs.

Smith (Th.). — Beaux-Arts... peinture, gravure, suivi d'un dictionnaire des termes usités dans chacun de ces arts. Traduit de l'anglais sur la 10e édition, par Bulos. Paris, 1824, 2 vol. In-12 avec 16 pl.

Smith van Nieuwerkerk (J.-A.). — De Dordrechtsche Schilderschool bevattende levensberichten der... graveurs, bouwmeesters, enz. in Dordrecht geboren... van den vroegsten tijd tot op 1 oct 1874. Dordrecht. H. R. van Elk, 1874. In-8.

> Ouvrage non mis dans le commerce.

Sobko (N.-P.). — Russiches Künstlerlexicon... Graveure, Lithographen... von den ältesten Zeiten bis auf unsere Tage. Saint-Petersbourg, 1893.

Société des Peintres-Graveurs français. Fondée en 1889, vient de clore, en décembre 1909, sa IXe exposition qui fut exceptionnellement brillante. Elle fut quelque temps sans faire parler d'elle et subit un assez long éclipse, mais elle est en train de réparer merveilleusement le temps perdu ; du reste, nous voyons avec une joie profonde le réveil de l'estampe sous toutes ses formes, il y a un mouvement très symptomatique, auquel nous ne saurions trop chaleureusement applaudir ; tout le monde y trouvera son compte, et les artistes et les collectionneurs, qui bientôt seront légion.

Société des Peintres-Lithographes — Fondée en 1897, elle vient de faire sa huitième exposition en janvier 1910 ; elle est très vivante et nous promet une exposition régulière annuelle. Jules Chéret y était cette année représenté par quatre-vingt-dix pièces, des perles exquises.

Société Internationale Chalcographique. — Estampes anciennes des XVe et XVIe siècles reproduites sous la direction de Lippmann, 1886-92, 5 vol. In-4 et un portefeuille In-fol.— 300 francs.

<small>Cent-vingt estampes et des plus rares sont reproduites ; c'est un enseignement précieux. Les notices sont rédigées en anglais, allemand et français.</small>

Society of Iconophiles. — Catalogue of the engravings issued by the Society... of the city of New-York, 1894-1908, compiled by Richard Hoe Lawrence, with an introduction by William L. Andrews. New-York, 1908. In-8 illustr.

Society of Painter-Etchers. — Débuta sous cette rubrique en 1881, devint " Royal Society of Painters-Etchers " en 1889 et enfin " Royal Society of Painters-Etchers and Engravers " en 1898, titre qu'elle conserve actuellement. Elle en est aujourd'hui, 1910, à sa vingt-huitième exposition. C'est une société admirablement organisée et la doyenne des sociétés de ce genre. Elle a comme Président l'éminent artiste peintre-graveur Sir Francis Seymour Haden, chargé de gloire et aussi d'années, car hélas ! il va entrer, le 16 septembre prochain, dans sa 93e !

Someren (van). — Essai d'une bibliographie de l'histoire spéciale de la peinture et de la gravure en Hollande et en Belgique (1500-1875). Amsterdam, Fr. Muller et Co, 1882. In-8, 350 ex. — 5 francs.

— Beschrijvende catalogus van gegraveerde portretten van nederlanders bewerkt. Amsterdam, Muller. In-8.

Sotheby. — Collection of nearly 500 fac-simile of the *water marks* used by the early paper makers during the latter part of the 14 and early part of the 15 century. London, 1840. In-fol. with 25 plates. — 40 à 50 francs.

<small>Tiré à quelques exemplaires seulement ; *très rare*.</small>

Sotheby (Samuel Leigh). — Principia typographica. London, 1888, 3 vol. In-fol.

Soullier (E.). — Nouveau traité sur les impressions modernes en couleurs. Paris, 1903. In-8.

Soyer (L.). — Coup d'œil sur la gravure et son histoire [1]. Paris, 1839. In-12.

<small>(1) Extrait de *L'Encyclopédie des gens du monde*. Tome XII, 2e partie, page 785.</small>

Specimens of types, woodcuts and letters of the 15 th century. London. (1820). — 30 à 35 francs.

<blockquote>Cet ouvrage contient 45 planches avec 300 specimens. Il n'a été tiré qu'à 100 exemplaires et est devenu *rare*.</blockquote>

Spielmann (M.-H.). — The present condition of wood-engraving in England and America. National Rewiev. march 1895.

Sponsel. — Das modern Plakat. Dresden, G. Kürthmann ? 1897. In-4. — 25 francs.

Spooner (Sh.). — Anecdotes of painters, engravers... and curiosities of art. New-York, 1853, 3 vol. In-16.

— A biographical history of fine arts : or memoirs of the lives and works of eminent painters, engravers... With chronological tables of artists and their schools, plates of monograms... New-York, 1865, 2 vol. In-8.

Stannard (W.-J.). — The Art-Exemplar : a guide to distinguish one species of Print from another, with pictorial examples and written descriptions of every know style of illustrations... London, n. d. In-4.

Stapart. — L'art de graver au pinceau, nouvelle méthode plus prompte qu'aucune de celles qui sont en usage, qu'on peut exécuter facilement, sans avoir l'habitude du burin ni de la pointe. Paris, 1773. In-12. — 10 francs.

Steck (Paul). — La gravure sur bois. " L'Art et les Artistes ", mai 1906.

Stellwag. — Monogrammen-Lexicon für den Handgebranch. Francfort-A.-M., 1830. In-8.

Stockholm. — National Museum. Grafiska Utsällingen-Katalog af G. Upmark, 1889.

Strange (Ed.-F.). — Japanese colour prints. London Seeley 1904.

Sturgis (R.). — New-York, Public Library exhibition of American wood-engravings " Schribner's ", January, 1903.

Summer (Ch.). — The best portraits in engraving. New-York, 1872. In-8 with 13 illustr.

Tacquenet et Hadingue. — Artistes graveurs en taille douce au XIXe siècle. Paris, Devouthon-Raymond, 1857. In-8.

Tardieu (A.). — Dictionnaire iconographique des Parisiens... avec une biographie de chaque nom cité (environ 3000)... orné de curieux et rarissimes portraits de Th. Leu, Léonard Gaultier... In-8 à 2 colonnes. Moulins Auclaire-Herment, Puy-de-Dôme. Tiré à 300 ex. numérotés et signés.

Tauriscus Eulœus. — Catalogue des estampes gravées d'après Raphaël. Francfort-sur-le-Mein, 1819. In-8. — 10 francs.

Tei-San. — Notes sur l'art Japonais. La Peinture et la Gravure. Paris, Société du Mercure de France, 1907. 2 vol. In-16.
<blockquote>L'auteur est un français érudit et chercheur dont la discrétion nous fait un devoir de respecter l'anonymat.</blockquote>

Ter Bruggen (E.). — Histoire métallique et histoire de la gravure d'Anvers, appuyées par des pièces et documents. Anvers, Buschmann, 1875. In-8.
<blockquote>La partie biographique de cet ouvrage est en grande partie dûe à Verachter, archiviste à Anvers.</blockquote>

Thiele (J.-M.). — Cabinet Royal d'Estampes à Copenhague. Copenhague, 1861-1865. In-fol. — 240 à 260 francs.
<blockquote>Ouvrage *très rare* non mis dans le commerce et dont les planches ont été détruites ; on y trouve reproduit en fac-simile quelques œuvres de Durer. Schöne, Maître E.-S., Mantegna. Ecole de Rembrandt, etc..., etc.</blockquote>

Thieme (Dr. Ulrich) und Dr. Felix Becker. Allgemeines Lexikon der Bildenden Künstler von der Antike zur Gegenwart. Leipzig, 1907... In-8.
<blockquote>Ce nouveau dictionnaire qui ne s'adresse pas aux graveurs en particulier, comprendra les noms de plus de 150.000 artistes et sera complet en 20 volumes in-8 d'environ 600 pages chacun. Les trois premiers volumes sont en vente au prix de 40 francs l'exemplaire. Ce sera probablement le plus formidable inventaire dressé en l'espèce jusqu'à ce jour.</blockquote>

Thies (Louis). — Catalogue of the collection of engravings bequeathed to Harvard college, by Francis Calley Gray. Cambridge, Welch Bigelow and C°, 1869. In-4.

Thomson (John). — Catalogue of a collection of Portraits of the colonial period exhibited by the Philobiblon Club. The Academy of the Fine Arts. Philadelphia. November 1893.

Ticozzi (Steph.). — Dizionario degli architetti... intagliatori in rame... Milano, 1830-1833, 4 vol. In-8, 9 tav 195 monog.

Tiffin (W.-F.). — Catalogue of a collection of english portraits [1] in mezzotint (from the origin of that style of engraving to the end of the 18 th century) selected for their interest of subject, beauty of impression, rarity, curiosity... Salisbury, 1883-86, 2 vol. privately printed. In-8. — 15 à 20 fr.

Tiraboschi (G.). — Notizie de pittori... incisori... nati negli state del Duca di Modena... Modena, 1786. In-4.

Tissandier (G.). — Histoire de la gravure typographique. Conférence faite au Cercle de la Librairie le 29 janvier 1875. In-8.

Tokuno (T.). — Voir : *Japanese wood-cutting and wood-cut printing.*

---

(1) Bien que ce ne soit qu'un recueil, nous avons cru devoir mentionner cet ouvrage par la leçon qui s'en dégage au point de vue de la technique du procédé.

Tosti (Cardinal). — Catalogue of the collection of engraving made by Tosti and presented to the Boston Public Library by Th. G. Appleton.

<small>Cette collection n'a point paru en un seul ouvrage, mais bien en un bulletin spécial intitulé *The Tosti Engravings*, Juin 1871, puis en trois autres bulletins, avril 1870, octobre 1870, avril 1872 et en une liste supplémentaire dans un autre bulletin spécial, Mai 1873, intitulé *The Tosti Engravings. Supplementary List*.</small>

Troost (Corn). — En zijn Werken door Ver Huell. Arnhem, 1873. In-8. — 5 à 6 francs.

Trumble (Alf.). — Etching in America, the false gospel and the true. "Art Review". September, 1887.

Tudot. — De la lithographie. Descriptions de tous les moyens de dessiner sur pierre avec les causes qui peuvent empêcher la réussite de l'impression des dessins. Paris, A. Bertrand. In-18. — 2 à 3 francs.

Tuer (Andrew-W.). — Le livre de desseins charmans et étranges contenant cent specimens fac-simile de l'art du graveur sur papier Japonais, présentés au doulx lecteur par un certain... escuier, membre de la Société des Antiquaires de Londres, lequel n'y connaît pas grand chose. Baudry et Cie, 1892. In-4 avec 50 pl.

Umbreit (A.-E.). — Ueber die Eigenhändigkeit der Malerformschnitte. Leipzig, 1840-1843, 2 Brosch. In-8.

Une gravure de 1389 et les voyages en Angleterre d'Arnould de Hornes, évêque de Liège. Liège, Hahn, 1878. In-12 avec 2 planches photographiques.

Unger (W.). — Eaux fortes d'après les maîtres anciens et modernes, commentées par C. Vosmaer. Leyde, 1874-1875, 2 vol. In-fol. — 70 à 75 francs.

Urbino (Mrs S.-R.). — The princes of art : painters, sculptors and engravers ; translated from the french Boston, 1870. In-8 ill.

Valette (A.). — Manuel pratique du lithographe. Paris, Michelet, 1903. In-8 illustré.

<small>Il y a eu plusieurs éditions, notamment — la troisième — publiée à Paris chez M.-L. Goty, en 1853, qui vaut 5 à 6 francs elle a comme frontispice le portrait de Senefelder, l'inventeur de la lithographie.</small>

Vallardi (G.). — Catalogo dei piu celebri intagliatori in legno ed in rame e capiscuola di diverse età e nazioni... Milano, 1821. In-8 tav.

Vallardi (F. Santo). — Manuale del raccoglitore e del negoziante di stampe... Milano, 1843. In-8.

Van der Kellen (Ph.). — Catalogue raisonné d'estampes de l'école Hollandaise et Flamande... formant la collection de feu de Ridder. Rotterdam, Dirk. A. Lamme, 1874. In-8.

Van Rensselaer. — Mrs Schuyler. American etchers. Reprinted from the Century magasine for February 1883, with a brief additional chapter reprinted in part from the New York Star, by Mrs Schuyler van Rensselaer, to which is added an account of Meryon and his work, by Fr. Keppel. New-York, 1886. In-4 with 16 illustrations.

Varin (Ad.). — Ecole Liégeoise. Les graveurs, leurs portraits reproduits au burin d'après les originaux 1836-1850. Bruxelles, s. d. In-8. — 20 francs.

Varusoltis. — Xylographie de l'imprimerie Troyenne pendant le XVe au XVIIIe siècle, précédée d'une lettre du bibliophile Jacob sur l'histoire de la gravure sur bois. Troyes et Paris, 1859. In-4 avec 574 fac-simile. — 35 à 40 francs.

Tiré à très petit nombre.

Vasari (G.). — Le vite de piu eccelenti archittetti, pittori e scultori italiani, da Cimabue insino a'tempi nostri : descritte in lingua toscana. In Firenze. Lorenzo, Torentino, 1550. 3 vol. In-4.

C'est la première édition. La seconde porte le titre suivant : Le vite de'piu eccelenti pittori, sculptori e architettori, scritte da M. Georgio Vasari... di nuvo dal medesimo reviste e ampliate con i ritratti loro et con l'aggiunta delle vite de vivi et de'morti dall'anno 1550 in fino al 1567. In Fiorenza appresso i Giunti 1568. 3 vol. in-4, titres gr. port. et fig.

Cette *seconde* édition *fort rare*, contient un très grand nombre de beaux bois occupant les trois quarts de la page et reproduisant les portraits des artistes ; ils sont entourés de bordures ornées et surmontées d'emblêmes relatifs à la peinture, sculpture, etc... Cette édition a le mérite de contenir les superbes portraits gravés par Jean de Calcar, élève du Titien et celui de Cristoforo Coriolano, dans les meilleures épreuves et le texte complet. Elle vaut 100 à 125 francs.

Il y eut encore de nombreuses éditions — on s'y perd — voici celles que nous connaissons dans leur ordre chronologique :
Bologna, 1547, 3 vol. In-4.
Roma, 1759-1760, avec notes de Botari, 3 vol. In-4.
Livorno, 1767-1772, 7 vol. In-4.
Siena, 1791-1794, corrigée par G. della Valle, 11 vol. In-4.
Collezione de classici Italiani, vol. 126-141 ; 1804, 8 vol.
Milano, 1807-1811, 16 vol. In-8.
... Con la giunta delle minori sue opere Venezia, 1828-1830 ; 19 vol. In-12.
... Con note, volume unico, 4 pl. portraits et vignettes, Firenze, 1832-1834. In-8.
Paris, 1839-1842, traduit par Jeanron et Leclanché, orné de 121 portraits gravés. 10 vol. in-12. — 90 francs.
... Publicate per cura di una Societa di amatori delle arti belle. Firenze, Lemonier, 1846-1870, 14 vol. In-8.

... Scelte e annotate da G. Milanesi, Firenze, 1868.

Le vite de piu eccelenti pittori, scultori ed architettori, scritte da Giorgo Vasari pittore Aretino con nuove annotazioni e commenti di Gaetano, Milanesi. Firense, 1878-1885, 9 vol. In-8.

Cette édition, la plus estimée, est accompagnée d'une table très détaillée, elle vaut 75 à 80 francs.

Citons encore et pour en terminer les éditions suivantes : La traduction française de Le Bas de Courmont, 3 vol. In-8, Paris, an XI (1803). — L'allemande en 6 vol. In-8, publiée à Stuttgart et Tubingen, en 1832-1849. — L'anglaise, publiée à Londres en 1850, 5 vol. In-8, annotée par Jonathan Foster, et celle de 1855-1865. — Celle de New-York en 1897, 4 vol. In-12, éditée et annotée par E.-H. and E.-W. Blashfield and A.-A. Hopkins et enfin la plus récente que nous connaissions, la traduction nouvelle par Ch. Weiss, publiée par Foulard à Paris, la première édition en 1903 et la seconde sans changements en 1904, toutes deux complètement épuisées depuis 1906 ; In-8, valeur 12 francs.

Toutes ces éditions ont subies des augmentations et des modifications au fur et à mesure de leurs publications. La plus recherchée par nous Français est celle de Leclanché, 1839-42, 10 vol.

— Die Lebensbefschreibungen der bermühmtesten, Architekten, Bildhauer und Maler. Strasburg, Heitz, 1909. 7 Bde In-8.

Les sept tomes ne sont pas tous parus, voici la liste de ceux qui sont publiés :

Band II : Die florentiner Maler des 15 Jahrhunderts, von Dr. Jaeschte. Marks 5.

Band III : Die italienischen Architekten und Bildhauer des 15 Jahrhunderts, von Dr. Gottschewski. Marks 10,50.

Band V : Die oberitalienischen Maler, von Dr. Gronan. Marks 10,50.

Band VI : Die florentinischen Maler des 16 Jahrhunderts, von Dr. Gronan. Marks 10,50.

Band VII : Die italienischen Architekten und Bildhauer des XVI Jahrhunderts, von Dr. Gottschewski (?) Marks 10,50.

Il reste à paraître les tomes I et IV.

Vasselot (Marquet de). — Histoire du portrait en France. Paris, Rouquette, 1880. In-8. — 4 francs.

Verein für original-Radirung zu Berlin.

C'est une association qui a pour but de développer et de répandre le goût des eaux-fortes originales, elle fut fondée à Berlin en février 1886 et est très prospère, elle fonctionne sous la haute direction de M. Paul Bette.

Vergi (G.) [1]. — Notizie intorno alla vita e alle opere de pittori, scultori, e intagliatori della citta di Bassano. Venezia, Giovanni Gatti, 1775. In-8 con frontispizio.

Verneuil (M.-P.). — Le procédé de gravure en trois couleurs dans " Art et Décoration ". Paris, 1908.

Vernis. — Traité de la composition des vernis en général

(1) Ou *Verci*, nous ne saurions l'affirmer.

employés dans la peinture, gravure... La Haye, 1802. In-18.

<blockquote>Excellent ouvrage dont on ignore l'auteur; peu commun. Vaut 8 à 10 francs.</blockquote>

Vernis mou [1]. — Voir : *Delâtre, Deleschamps, Lostalot, Paton.*

Vesme (Alex. de). — Le Peintre-Graveur italien. Milan, Ulrico Hœpli, 1906.

<blockquote>Ouvrage faisant suite au Peintre-Graveur de Bartsch. In-4. 25 francs.

Travail considérable et du plus haut intérêt où le savant Conservateur de la Pinacothèque de Milan, décrit l'œuvre de 61 graveurs — par ordre chronologique — avec une note biographique et la mention des *états* des gravures. Ayant soin de signaler les cabinets qui possèdent la pièce rare ou unique. Nous ne saurions trop recommander cet ouvrage précieux à plus d'un titre.</blockquote>

Veuclin (V.-E.). — Quelques notes inédites sur les artistes bernayens. Peintres et tailleurs d'images au XVIIe siècle. Bernay, in-8.

Vicars (A.). — Book-Plates. Plymouth, 1893.

Victoria and Albert Museum. — Catalogue of the loan exhibition of British engraving and etching. London, Wyman et sons, 1903. In-8. — 90 centimes.

<blockquote>Avec une très instructive introduction, nous apprenant que c'est vers 1540, sous Henri VIII, que pour la première fois on s'occupa du burin en Angleterre.</blockquote>

— Catalogue of prints. I. Modern etchings of foreign schools. London, Wyman and sons, 1903. In-8. — 5 francs.

— Catalogue of Prints. II. Modern etchings and aquatints of the British and American schools. London, Wyman and sons, 1906. — 3 francs.

— Japanese colour prints by Utagawa Toyokuni. London, Wyman and sons, 1908.

— J.-A.-Mc Neill Whistler's etchings etc... in the Art Library Victoria and Albert Museum, with a bibliography. London, 2 nd edition enlarged, 1908.

<blockquote>Nous recommandons de la façon la plus pressante aux amoureux du grand artiste cette petite plaquette qui ne coûte que deux sous — one penny — parce qu'elle se termine par une *bibliographie* la plus complète encore publiée sur le maître jusqu'à ce jour.</blockquote>

Vienne. — La collection Albertine à Vienne. Son histoire, sa composition, par Moriz Thausing, " Gazette des Beaux-Arts ", juillet 1870.

Vierge de Maëstricht (la). — Gravure liégeoise du XIVe siècle. Liège, 187 ?. In-12.

---

(1) C'est la liste des auteurs cités dans le présent ouvrage ayant traité le sujet.

Villon (A.-M.). — Manuel complet du dessinateur et de l'imprimeur lithographe... accompagné d'un atlas de 11 pl. Paris, Roret, 2 vol. In-18. — 6 francs.

— Gravure en creux et en relief. Paris, Roret. In-12 avec fig.

— Nouveau manuel complet du graveur en creux et en relief... Paris, Roret, 1894, 2 vol. In-18 avec fig. — 6 francs.

Villot (F.). — Notice des peintures... gravures... de l'école moderne en France, exposées au Musée du Luxembourg. Paris, Vinchon, 1852. In-12.

Vimercati-Sozzi (Comte Paolo) [1]. — Description d'un fac-similé de la Paix de Matteo Dei, suivi d'une notice sur Girolamo dalle Croci, nielliste inconnu jusqu'à ce jour. Traduit par E. Breton. Saint-Germain, Toinon, 1868. In-8 de 8 p.

Vinck (B^{on} de). — Iconographe de Marie-Antoinette 1770-1793. Bruxelles, Olivier, 1878. In-8.

Petite plaquette tirée à petit nombre et *très rare* : elle donne la description de cent soixante-huit portaits de la Reine.

Vinet (Em.). — Bibliographie des beaux-arts. Répertoire raisonné des ouvrages les plus utiles sur l'architecture... la gravure... accompagnée de quatre tables méthodiques. Paris, Didot, 1874-1877. — 10 francs.

Ce très excellent ouvrage n'a malheureusement pas été terminé ; il n'a été publié que deux volumes et le reste ne paraîtra sans doute jamais. On s'étonne vraiment de ce qu'un écrivain d'art ne se rencontre pas pour l'achever, d'autant plus que nous nous sommes laissé dire que le manuscrit existait.

Viney (W.). — A treatise on the art of etching together with plates illustrative of the same. London (1783). In-4 with 23 plates.

Vinycomb (J.). — On the processes for the production of ex-libris. London, 1894. In-8 with ill. — 5 francs.

Vivarez (Henri). — Le physionotrace. Un précurseur de la photographie dans l'art du portrait à bon marché. Lille, Lefebvre-Ducrocq, 1906. Extrait du Bulletin de la Société Archéologique " Le Vieux Papier ". In-8 ill.

Précieuse plaquette où M. Vivarez, le distingué président de la Société le "Vieux Papier", traite avec toute sa compétence le curieux petit instrument *"Le physionotrace"* inventé par Gilles-Louis-Chrétien — né en 1774, mort en 1811. — Ce dernier s'était adjoint un peintre en miniature nommé Quenedey, qui le quitta bientôt et exploita le même procédé, créant ainsi une concurrence déloyale à son inventeur qui s'en plaignit amèrement du reste dans une lettre qu'il adressât le 24 décembre 1789 au " Journal de Paris ".

---

(1) De Bergam.

Ces portraits étaient tous ou presque tous de *profil*, ceux qui existent de trois-quarts ou de face sont en très petit nombre, les dispositions ou plutôt la construction de l'appareil rendaient, paraît-il, ces poses d'une exécution difficile.

Il y a une correspondance de Chrétien que nous ne pouvons malheureusement reproduire ou même analyser ici et qui est très particulièrement intéressante, ainsi que mille détails inédits et ignorés sur la rivalité de cet artiste avec Gonord et Quenedey auxquels nous initie le savant auteur ; nous renvoyons donc à la brochure. — Voir à *Courboin* la réponse à M. Vivarez.

Waagen. — Treasures of art in Great Britain, 1854 [1].

Wallerant-Vaillant. — Verzeichniss seiner Kupferstiche und Schabkunstblätter beschrieben von Wessely... mit dem vom Verfasser radirten. Portrait der Kunstlers. Wien, 1865. In-8.

Walpole (H.). — A catalogue of engravers who have been born or resided in England... from the MSS of G. Virtue. Strawberry Hill, 1765. In-4 parts. — 20 à 22 francs.

Cette édition est la deuxième : la première parut à Londres en 1763, croyons-nous, à Tom Taylor's library.

— A catalogue of engravers who have been born or resided in England... from the MSS of George Vertue... London, Moore... 1794. In-12 ill.

— Anecdotes of painting in England... also a catalogue of engravers, collected by G. Virtue, with additions by Rev. J. Dallaway, revised by R-N. Wornum. London, 1849, 3 vol. In-8 with 81 plates of portraits and numerous woocuts. — 75 à 80 francs.

Ouvrage peu commun. La première édition, petit in-4°, parut en 1762-71, elle était de 5 vol. publiés à Strawberry-Hill ; une deuxième en 4 vol., même lieu de publication, datée 1765-71 ; une troisième en 5 vol., avec additions, à Londres, 1782, chez Dodsley ; et une cinquième, 5 vol., considérablement augmentée par le Rev. James Dallaway, en 1828, à Londres également.

Warburg (A.). — Delle "Impresse amorose" nelle piu antiche incisioni Fiorentine-Rivista d'Arte. Luglio-Agosto. Firenze, 1905, In 8 con fig.

Warnecke (F.). — Die deustchen Bücherzeichen. Berlin, 1890.
— Art in book-plates. London, Grevel et C°, 1895. In-4.

Cet ouvrage luxueusement édité, contient une préface fort intéressante de Warnecke et 40 ex-libris, dessinés par Joseph Slatter. On sait que les ex-libris firent leur apparition vers le milieu du XV° siècle. L'usage de cette marque de possession s'est continuée et accrue considérablement de nos jours; et le sujet si attrayant par lui-même a donné naissance à une vingtaine d'ouvrages dans lesquels il est traité avec tout l'intérêt qu'il comporte.

(1) Voir dans ce vol. tom. I p. 241-300 et supplément 1357, p. 42-52, les notes sur les estampes du *British Museum* de Londres.

Warner (Ch. Dudley). — Reaction on wood engraving. " Art Interchange ", 22 december 1880.

Wassiltschikoff. — Listé alphabétique de portraits Russes. Saint-Pétersbourg, 1875, 2 vol. In-8. — 15 à 20 francs.

Watelet et Levesque. — Dictionnaire des arts de peinture, sculpture et gravure. Paris, L.-F. Prault, 1792, 5 vol. In-8. 15 à 20 francs, assez rare.

Il y a eu une traduction allemande publiée à Leipzig en 1793-95, 4 vol. In-8, ayant pour titre : Aestetisches Wörterbuch über die bildenden Künste... bearbeitet von C.-H. Heydenreich.

Waterlow and Sons. — Every man his own printer; or lithography made easy. London, 1859, 2ª edition. In-4 with, 9 pl.

Watt (P.-B.). — A few hints on colour and printing in colours. London, 1872. In-16.

Wedmore (F.). — Four masters of etching. London, 1883. In-4 with original etchings by Haden, Jacquemart, Whistler and Legros.

Tiré à 250 exemplaires.

— Etching in England. London, Bell and sons, 1895. In-8 with, 50 illustr. — 10 francs.

La fine fleur des artistes anglais est là représentée, notre compatriote Helleu y est même mentionné tant est séduisante la distinction de sa technique. Le colonel Robert Goff, l'un des plus grands artistes et surtout l'un des plus personnel de l'heure actuelle y figure également avec trois exquises petites pièces.

— Fine prints. London, G. Redway, 1897. In-12 with, 12 illustr. — 6 francs.

L'auteur passe en revue tous les grands maîtres de la gravure, anciens et modernes, français et étrangers.

— On books and arts. London, 1899. In-8. — 3 à 4 francs.

Dans cet ouvrage il est parlé de Rembrandt, Moreau, Eliot, etc. C'est la raison qui nous le fait mentionner.

— Recent etching and engraving "Studio", June 1901.

M. Frédéric Wedmore, l'auteur de cette étude est un écrivain d'art très apprécié en Angleterre, on lui doit encore les catalogues de l'œuvre gravée de Meryon et de Whistler que l'on trouvera mentionnés à la monographie.

Weigel (R.). — Kunstkatalog. Leipzig. In-8. 1838-1866 en 35 parties.

Ouvrage *rare* à l'état complet.

— Suppléments au Peintre-Graveur de Adam Bartsch. Leipzig, 1843. In-8. — 4 à 5 francs.

Il n'y eu qu'un volume de publié concernant les peintres et dessinateurs Néerlandais.

— Holzschnitte berühmter Meister. Ein Anzahl von schönen charakterist und seltenen Original-Formschnitten, in treuen Copien als Bildwerk zur Gesch-der Holzschneidekunst hrsg von Weigel. Leipzig, 1851-1857. In-fol. Text mit 80 Holzschnitten und 2 Blatt altd. Initialen. — 80 à 100 francs.

<small>Ouvrage du plus grand intérêt sur la gravure sur bois.</small>

— Catalogue des premières productions de l'art d'imprimer en possession de Weigel à Leipzig. Impressions sur étoffe, gravures sur métal, gravures sur bois... La vente publique... 27 mai 1872 et jours suivants à Leipzig.

<small>Extrait de l'ouvrage : Die Anfänge der Druckerkunst von Weigel und Dr A. Zestermann.</small>

Weigel (O.) et **Zestermann** (A.). — Die Anfänge der Drukerkunst in Bild und Schrift. Leipzig, 1866, 2 Bde mit 147 Pl. 200 francs.

<small>Ouvrage considérable et très estimé, orné des xylographes, nielles, etc... du XVe siècle. Les auteurs de haute compétence arrivent à prouver que suivant eux l'art d'imprimer les gravures remonte au XIIe siècle.</small>

Weisser und **Lutzow**. — Die Kunst für alle. Eine Sammlung der vorüzglischten malerstiche und Radierungen der 15 ten bis 18 ten Jahrhunderts. Stuttgart, 1880. In-4.

Weitenkampf (Fr.). — Evolution of steel engraving in America (Work of James D. Smilie). Book Buyer, september 1901.

— The S.-P. Avery collection of prints and art books in the New-York Public Library. New-York The Library Journal, 1904.

<small>C'est une courte, mais intéressante notice, sur la belle collection que M. Avery offrit à la Bibliothèque publique de New-York, le 9 mai 1900 ; il n'y avait pas moins de 17.557 pièces contenues dans 194 portefeuilles.</small>

— List of books... by or relating to Nathaniel Hawthorne prepared as an exhibition to commemorate the centenary of his birth...

<small>Extrait du : New-York Public Library, July 1904 ; de la page 321 à 322 sont notés les portraits.</small>

— List of works in New-York Public Library by or relating Benjamin Franklin. Reprinted from the Library's Bulletin, January 1906. In-4.

<small>De la page 29 à 55 sont notés les portraits relevés par M. Weitenkampf, le distingué Conservateur du Département des Estampes.</small>

— How to appreciate prints. New-York, Moffat Yard and C°, 1908. In-8 with 33 ill.

<small>L'auteur, Conservateur au Département des Estampes de la Bibliothèque publique de New-York est un distingué dilettante de</small>

l'estampe, il en parle avec connaissance de cause et les leçons et les conseils qu'il donne aux collectionneurs valent d'être écoutés et suivis, car il ne ment pas à son titre : " Comment apprécier les gravures ".

Weller (S.-S.). — Rescerches into the history of playing cards, with illustrations, of the origin of painting and engraving on wood. London, 1816. In-4.

Wessely (J.-E.). — Kristiche Verzeichnisse von Werken hervorragendes Kupferstecher, 3 Bde. In-8. Hamburg, Haendcke, 1887-88 ?

Nous voyons annoncé à Stuttgart, en 1881, un supplément : Supplémente zu den Handbücheren der Kupferstichkunde.

Wheatley (E.). — A descriptive catalogue of all the prints, with the engraver's names and dates, which have been engraved from original portraits and pictures by Sir Joshua Reynolds P. R. A.[1], London, 1825. In-8.

White (John). — Art's treasury of rarities... etching, graving, etc... Glasgow, 1761. In-12.

Une première édition avait paru à Londres en 1668.

Whitman (A.). The masters of mezzotint, the men and their work. London, Bell 1898. In-4 with 60 illus. — 140 à 150 francs.

Cet ouvrage est absolument remarquable et les planches en sont excellentes. C'est un traité complet du procédé.

— The print-collector handbook. London, G. Bell and sons, 1902. In-8 with 80 illustr. — 20 francs.

C'est la troisième édition de cet ouvrage fortement documenté par un écrivain plein d'autorité et de savoir, il est joliment illustré et reproduit le fameux " Rembrandt au sabre et à l'aigrette " adjugé 50.000 francs en 1893, à la vente Holford. Il donne un copieux aperçu des prix pratiqués sur les portraits anglais en mezzotinte et se termine par une petite bibliographie sur la gravure et d'intéressants renseignements sur le Cabinet des Estampes — the Print Room — du British Museum dont la fondation beaucoup plus récente que celle du nôtre remonte seulement en 1808. Il parle des crédits alloués et de ceux exceptionnels qui sont accordés quand une occasion se présente, telle par exemple que celle de l'achat de la fameuse collection John Malcolm pour laquelle le Parlement n'hésita pas, en 1895, a aligner £ 25.000, soit 625.000 francs, voilà un joli exemple : à bon entendeur salut !! Il signale la pauvreté de leurs collections au point de vue des estampes *modernes*, les statuts en interdisant l'achat aux artistes vivants, comme chez nous du reste, croyons-nous.

Whitney (J.-H.-E.). — My experience as a wood engraver, " Lippincott ", october 1887.

Wiesener. — Memoires[2] sur un nouveau procédé de gravure. Paris, imprimerie Wiesener, 1855. In-4.

(1) Ces initiales signifie : Painter Royal Academy.
(2) Ces mémoires furent déposés au Secrétariat de *l'Académie des Sciences*, le 20 août 1849 et le 12 mars 1852.

Williams (J.-F. Lake). — Historical account of inventions and discoveries... London, 1820, 2 vol. In-8. — 12 à 15 francs.

> Cet ouvrage contient d'intéressants articles sur l'invention de l'imprimerie, la lithographie, les graveurs et les gravures, etc...

Williamson (E.). — La Curiosité. Paris, 1898-1899. " Revue des ventes publiques ", 2e année. — 10 francs.

Willshire (W.-H.). — An introduction to the study and collection of ancient prints. London, 1877. 2 vol. In-4. — 70 à 80 francs.

> Très savante étude illustrée de fac-simile, monogrammes, marques et noms d'éditeurs, etc...
> Cette deuxième édition qui est rare, est la meilleure ; il existe des grands papiers valant alors 100 à 125 francs, ceux-ci sont encore plus *rares*.
> Nous possédons une édition publiée à Londres, chez Ellis and White en 1874, en un seul volume, ayant pour frontispice la reproduction du saint Christophe de Buxheim, 1423 ; elle est également fort documentée et savante, mais n'est pas illustrée ; elle vaut 20 à 25 francs.

— Voir : *British Museum*.

Wood (Esther). — On some recent examples of chromolithography " Studio ". November 1900.

Woodberry (G.-E.). — A history of wood-engraving in America. London and New-York, 1883. In-8 illustr.

Wood-engraving. — A review of M. Linton's article in the " Atlantic " for June 1879, and of the Schribner's Monthly's editorial of July 1879 (In the Nation 3 July 1879).

> Lire la réponse de M. Linton dans le numéro de " The Nation ", du 17 juillet 1879.

— As work of art. — " The Nation " number of 28 th 1878.

— As an employement for women. " Alexandra Magazine ". April 1865.

Wurzbach (Dr. Alfred von). — Niederländisches Kunstler-Lexikon mit nahezu 3000 monogrammen. Wien und Leipzig, Halm und Goldmann, 1906-1909. In-8.

> Ouvrage très considérable, traitant sous la forme de dictionnaire et par ordre alphabétique par conséquent, de tous les artistes hollandais. Vingt livraisons sont parues jusqu'ici à 5 francs chaque.

Wustmann (G.). — Der Leipziker Kupferstich im 16, 17 und 17 Jahrhundert. Leipzig 1907.

Xylographie de l'imprimerie de Troyes pendant le XVe, le XVIe, le XVIIe et XVIIIe siècles, précédée d'une lettre introduction du bibliophile Jacob ; publiée par Varusoltis, de Troyes. Troyes et Paris, 1859. Petit in-4º de 80 p.

Yrubslips [1] (F.). — The art of etching and aqua tinting... with a specimen of landscape and profile. London, 1794. In-8.

Zanetti (Alex.). — Le premier siècle de la calcographie ou catalogue raisonné du cabinet du comte Leop. Cicognara avec un appendice sur les nielles du même cabinet. Venise, Antonelli, 1837. In-8.

Zani (P.). — Materiali per servire alla storia dell origine e dei progressi dell'incizione in rame e in legno. Parma, 1802. In-8 con tav.

— Enciclopedia metodica critico-ragionata delle belle arti. Parma, 1817-1824. 28 vol. — 80 à 100 francs.

Zeitblom (B.). — Ueber... Maler von ulm als Kupferstecher. Leipzig, 1860. In-8.

Zellich (G.). — Notice historique sur la lithographie et sur les origines de son introduction en Turquie. Constantinople, 1895. In-8.

Ziegler. — Die Techniken der Tiefdruckes. Halle, 1901. In-8.

Zilcken (Ph.). — Moderne Hollandsche Etsers. Amsterdam, 1897. In-fol.

Zimmermann (E.). — Geschichte der Lithographie in Hamburg. Hamburg, C. Griese. 1896. In-4 mit 11 Pl.

Zingg (Adrian). — Kupferstichwerk. Leipzig. In-fol.

Zswykowski (J.-R.). — Auffürhung aller Bildnisse soweit sie in d. vollständ. Werke von A. Bartsch, Peintre-Graveur, vorkommen. Im Anszug bearb. u. ins Deutsche übersetzt. Saubere, ungedruckte Handschrift u. 345 Quarseiten a. d. Anfange d. J. 1848. — 25 à 30 francs.

(1) C'est l'anagramme de *Spilsbury*.

MONOGRAPHIES

♦♦♦♦♦♦♦♦

Affleck (Andrew F.). — Catalogue of original etchings by.... with notes by Frank Rutter. London, James Connell et sons, 1909. In-12 with 18 reproductions.

Aliamet (J.). — Catalogue raisonné de l'œuvre de... d'Abbeville... par E. Delignières. In-4 avec 10 planches. Paris, Rapilly, 1896. — 20 francs.

Aldegrever (H.). — Goldsmichdt, Maler, Kupferstecher... von Dr. F.-J. Gehrken. Munster, 1841. In-8.

Alleaume (L.). — Par H. Beraldi " Revue de L'Art ancien et moderne ", mars 1904.

Altdorfer. — By T. Sturge Moore. Edited by Lawrence Binyon. In-4 with 25 plates. — 5 francs.

— Von Friedländer. Leipzig, 1891. In-8.

Il a été publié en 1907, chez Cassirer de Berlin, un autre ouvrage intitulé : Albrecht Altdorfers Landschafts Radierungen. In-8.

— A book of 71 woodcuts photographically reproduced in fac-simile, with an introduction by Sturge Moore. London, 1902. In-4.

Amman (Jost.). — Zeichner und Formschneider, Kupferätzer.. von C. Becker, nebst Zusatzen von R. Weigel, Leipzig, 1854. In-4 mit 17 Holz. In-4. — 18 à 20 francs.

Ammann. — Der deutsche Peintre-Graveur, von A. Andresen. Leipzig, 1864. In-8. — 4 à 5 francs.

Anderson (Dr A.). — A memorial of Anderson the first engraver on wood in America, by Benson J. Lossing. New-York, 1872. In-8 illustr.

— A collection of one hundred and fifty engravings by... executed on wood after his nineticth year privately printed by Ch.-L. Moreau, New-York, 1873. In-8.

— Life and work of... the first American wood engraver by F.-M. Burr, New-York, 1893.

Androuet du Cerceau (les). — Par Ad. Berty. Paris, 1857. In-8.

Anthony (A.-V.-S.). — Engraver, by Samuel Green W. Benjamin. Boston, 1879. In-8.

Appier et J. Appier [1]. — Graveurs lorrains du XVIIe siècle, par J. Favier. Nancy, Sidot frères, 1890. In-8.

Arlent-Edwards (S.). — Exhibition of mezzotints in colors. New-York, H. Wunderlich and C^o, December 1908.

Aubertin. — Le graveur... par P.-J. Goetghebuer. Gand, 1853. In-8.

Aubry-Lecomte (H.). — Dessinateur-lithographe, 1797-1858, par Aug. Galimard, 3e éd. Paris, Claye, 1860. In-4.

Audran (Les). — Peintres et graveurs ; par Ed. Michel. Fontainebleau, Bourges, Orléans, Herluison.

— Par G. Duplessis. Paris " Librairie de l'Art ". In-8.

Audran (G.). — Considérations sur la gravure en taille-douce et sur... par Gatteaux, 25 octobre 1850 [2]. In-4.

— Notice par Vivant-Denon, s. l. n. d. In-fol. fig.

Auguste le Vénitien et **Marco Dente.** — Par Thode, 1881.

Baertsoen (Alb.). — Par Fierens-Gevaert " Art et Décoration ", Août 1903.

C'est un fort bel artiste. Il avait notamment à l'exposition des " Peintres-Graveurs " de décembre 1909 chez Devambez, une eau forte *Vieilles maisons sur l'eau* qui est un des plus beaux morceaux de noir et blanc que l'on puisse rêver.

— Par H. Frantz " Studio " [3] October 1906.

— Par Pica " Emporium ", 1902.

Baillie (Captain W.). — The works of Captain William Baillie, engravings after paintings and drawings by the greatest masters. London, Boydell and Mac Lean, 1771. 2 vol. in-fol. with 113 engravings. — 250 à 300 francs

Cet ouvrage, assez rare, est suivi d'une table indiquant ce qui est

---

(1) Dit *Hauzelet*.
(2) Une réimpression en a été faite par l'*Artiste* en janvier 1851.
(3) The **Studio** est un périodique anglais qu'il est presque indispensable aux amateurs d'art de posséder. Voici pour mémoire et par ordre alphabétique les noms des artistes auxquels il a consacré des notices. On pourra ainsi retrouver, dans notre monographie aux noms de ces artistes, l'année et le mois du numéro de ce magazine et éviter de fastidieuses et pénibles recherches :
Baertsœn, Ball, Bauer, Bracquemond, Brangwyn, Cameron, Chahine, East, Fantin-Latour, Fischer, Forain, Gillot, Greiner, Holroyd, Jackson, Jacque, Legros, Lepère, Mac Laughlan, Maris, Michalek, Osterlind, Pennell, Pissaro, Raffaelli, Robbe, Shannon, Short, Sparre, Whistler et Zorn.

contenu dans chaque tome. Lorsque les épreuves sont de tout premier tirage, le prix de ces volumes peut s'élever de 450 à 500 francs. — Se défier des ré-impressions.

— Catalogue of prints engraved by... after pictures and drawings of various collections. London, John and Josiah Boydell MDCCXCII. 2 vol. In-fol.

A l'époque, ces deux volumes se vendaient 33 guinées. Le capitaine William Baillie était un très habile graveur et le recueil de ses ouvrages est digne d'attirer l'attention des amateurs.

Baldung (H.). — Von Gabriel von Terey. Strassburg, Heitz. In-8.

Balechou (J.-J.). — Graveur du Roi, 1716-1764, par Jules Bellendy. Avignon, 1908. In-8 avec 2 pl.

L'œuvre se compose de 95 pièces ; une très intéressante exposition de l'œuvre de l'artiste avait eu lieu à la Société Vauclusienne des Amis des Arts et comportait 84 estampes, dont plusieurs en différents états.

Ball (W.). — Etcher and water colours painter " Studio ", January, February 1899.

Bance (aîné). — Notice sur... ancien éditeur-marchand d'estampes (Paris, 1847). In-8 port.

Barbari. — Voir : *Maître au Caducée.*

Barbari et Durer. — Appendice, par A.-W. François. Bruxelles, van Trigt, s. d. In-8.

— Par le Comte A.-E. de Candilto. Bruxelles, van Trigt, 1881., In-8 portr.

Barbarj (J. de). — Dit le " Maître au Caducée ", par E. Galichon. Paris, 1861. In-4 avec 4 illustr.

— Notes biographiques sur... dit le Maître au Caducée, peintre-graveur Vénitien de la fin du XVe siècle, par Ch. Ephrussi. Paris, Jouaust, 1876. In-4 avec pl. — 15 à 18 francs.

Tiré à 400 exemplaires sur Hollande.

— Son œuvre, par Kristeller. Paris " Société Internationale chalcographique 1896 ". In-fol., 30 gr. sur cuivre et 10 sur bois. — 50 francs.

Bartolozzi. — His works by A.-W. Tuer. A biographical and descriptive account, with observations on the present demand for and value of his prints, the way to detect modern or falsely tinted impressions... together with a list of upwards of 2000 of his engraved works. London, Field and Tuer, 1882. 2 vol. in-4, with 13 reproductions. 70 à 80 francs.

Très important ouvrage dédié à la Reine, le plus complet écrit sur l'œuvre de l'artiste, et *indispensable* aux collectionneurs du maître auxquels il se recommande par la façon tout à fait remarquable avec laquelle il est traité ; il y a un chapitre particulièrement digne d'attirer l'attention de l'amateur sur les *imitations* et la façon de les reconnaître et de ne s'y pas laisser tromper.

— And his pupils in England. With an abridged list of his more important prints in line and stipple, by J. Brinton, 1904. In-8, with 1 pl. — 5 à 6 francs.

— Drawing book, containing twenty engravings by the famous engravers of that name. Sands. In-fol. of 20 pl.

C'est une ré-impression de l'édition de 1793.

— A biographical essay, with a catalogue of the principal prints, and a six year's record of auction prices, by J.-T. Herbert Baily. London, 1907. In-4. — 7 à 8 francs.

C'est un numéro extra du fameux magazine *The Connoisseur*, dont M. Herbert Baily est l'éditeur.

— And other engravers in stipple. New-York, H. Wunderlich and C°.

C'est une exposition de gravures au pointillé dites *stipple* en anglais.

Bartsch (J.-Adam de). — Catalogue des estampes de... par Frederic de Bartsch. Vienne, 1818. In-8 port. — 5 francs.

Bary (H.). — Par Scheltema. Amsterdam, 1884. In-4.

Barye (A.-L.). — Par Arsène Alexandre, accompagné de 32 gravures.

Bast (Pieter). — De Leidsche graveur... door J.-T. Bodel Nijenhuis. Leid, 1872. In-8.

Baudouin (P.-A.). — Catalogue raisonné... par E. Bocher. Paris, Jouaust et Rapilly, 1875. In-4 avec front en sanguine. — 20 francs ; épuisé.

Quarante-huit pièces y sont mentionnées avec descriptions, dimensions et états. Cette monographie, tirée à 475 ex., se termine par la liste chronologique des dessins, gouaches... du maître ayant passés en vente de 1770 à 1800, et par le catalogue de tableaux, dessins, après son décès. Le frontispice reproduit " Les Plaisirs Réunis ", pièce *rarissime* d'après le maître. Nul n'ignore combien les pièces d'après cet artiste sont recherchées.

Bauer. — By Arthur Tomson " Studio ". February 1900.

Bause (Joh. Fried). — Verzeichniss des Kupferstichwerkes von.... Lepzig, Rudolph Weigel 1786. In-8.

— Catalog der Kupferstichwerkes von... mit einigen biographischen Notizen von Dr Georg Keil. Leipzig, 1849. In-8 Port.

Bavière (Jean de). — Notices historiques sur les gravures de... prince-évêque de Liège, Comte de Hollande. Paris s. d. In-8.

Baxter (G.). — Colour printer ; his life and work manual for collectors, by C.-T. Courtney Lewis. London, Sampson Low, Marston et C°, 1908. In-8, 32 plates. — 5 à 6 francs.

L'auteur donne les prix pratiqués pour toutes les œuvres de l'artiste et de curieuses notes indiquant la manière de reconnaître les pièces vraies de celles qui ne le sont pas.

Beauvarlet. — Et l'école Abbevilloise au XVIIIe siècle, par E. Delignières. Abbeville " Cabinet historique de l'Artois et la Picardie ", 1891.

— Catalogue de l'œuvre de... par l'abbé Dairaine. Abbeville, P. Bricz, 1860. In-8.

Beham (B. et H.-H.). — Les petits maîtres allemands, par E. Aumüller. Munich, Rieger, 1881. In-8.

— Par A. Rosenberg. Leipzig, E.-A. Seemann, 1875. In-8 mit 25 Holzsch. — 5 francs.

— Catalogue of the prints and etchings of... by W.-J. Loftie. London Noseda, 1877. In-12. Tiré à 100 ex. — 15 à 20 francs.

— Dies Kupferstich und Holzschnittwerk des... von W. von Seidlitz (Berlin, 1882). In-8 mit Pl.

— Und seine Zeit, von Leibt. Francfort, 1882. In-8.

— Ein kritisches Verzeichnis seiner Kupferstiche, Radirungen und Holzschnitte, von G. Pauli. Strassburg, Heitz [1], 1901. In-8 mit 36 Tafeln. — 35 à 40 francs.

C'est peut-être la meilleure monographie de l'œuvre du célèbre petit maître de l'école de Nuremberg.

— And a new catalogue of his works by Campbell Dogson. London, 1903.

L'érudit écrivain n'a pas craint — malgré les études précédemment faites sur l'artiste par Bartsch, Passavant, Aumuller, Loftie, Seidlitz et Pauli — d'en reprendre l'œuvre et d'en tirer souvent des conclusions nouvelles. Une analyse remarquable a été faite de cet ouvrage dans *The Burlington Magasine* d'avril 1903.

— Voir : *Burlington Club.*

Béjot (Eug.). — Vingt eaux fortes originales du Ier au XXe arrondissement. Les arrondissements de Paris, avec préface de Jules Claretie. Paris, 1903. In-4. — 35 à 40 francs.

Bellangé (Hip.). — Exposition des œuvres de... à l'Ecole

(1) Nous engageons vivement les amateurs auxquels la connaissance de la langue allemande permet de consulter les travaux écrits sur les maîtres allemands, de s'adresser à la très importante maison J.-H.-Ed. Heitz de Strassburg qui a publié de nombreux ouvrages sur les artistes de cette époque.

Impériale des Beaux-Arts. Etude biographique, par Francis Wey. Paris, 1867.

— Son œuvre, par J. Adeline. Paris 1880, orné de nombreuses gravures. In-8.

Belleroche (Alb.). — Par François Cruchy " L'Art et les Artistes " [1]. Février 1909.

<small>Il y a dans ce numéro des reproductions de lithographies de portraits de femmes pleines d'accent et de saveur, d'une liberté de métier superbe qui fait le plus grand honneur à cet artiste qui est un Maître.</small>

— Par H. Beraldi " Revue de L'Art ancien et moderne ". Juin 1904.

Beltrand (Tony). — La gravure sur bois " L'Image ". Septembre 1897.

Berchem (Nicolas) [2]. — Beredeneerde catalogus van alle de prenten van... beschreeven door Hendrik de Winter. Amsterdam, 1767. In-8.

Berger (Daniel). — Anzeige sämmtlicher Werke von... Rector und Lehrer der Kupferstecherkunst bei der Akademie der Kunste zu Berlin. Leipzig 1792. In-8 Port.

Bervic. — Notice nécrologique sur... lue à la " Société libre d'émulation de Rouen ", le 10 juin 1822. In-8.

Besnard (Alb.). — Par G. Geffroy " Art et Décoration ", tome X, 1901.

— Par G. Mourey. Paris (1904). In-4, orné de 100 planches. 20 à 25 francs.

Bewick (Thomas and John). — A descriptive catalogue of works illustrated by... wood engravers... London 1851. In-8 portr.

Bewick (Th.). — Bewick collector, a supplement to a descriptive catalogue of the works of Thomas and John Bewick, consisting of additions to the various divisions of cuts, wood blocks, etc... by the Rev. T. Hugo. London 1866. In-8, with 180 woodcuts. — 4 à 5 francs.

— Woodcuts. Impressions of upwards of 2000 wood blocks engraved by T. et J. Bewick. London, Longmans, Green et Cº, 1870. — 150 francs ?

— Life and works, by D. C. Thomson. London 1882. In-4 portrait and 100 illustrations. — 20 à 25 francs.

<small>(1) L'Art et les Artistes a publié d'intéressantes notices sur les artistes dont les noms suivent : Belleroche, Carrière, Denis, Fantin-Latour, Fragonard, Helleu, Legrand, Legros, Lepère, Meryon, Raffaëlli, Rivière, Steinlen et Zorn. On trouvera aux noms de ces maîtres, dans notre monographie, l'année et le mois de ce périodique où ils ont été mentionnés.
(2) Le nom francisé est Berghem.</small>

— And his pupils, by Dobson. London 1884. In-4.

Bewick (William). — Life and letters of... Edited by Thomas Landseer. London, Longmans 1871. 2 vol. in-8. — 30 à 40 francs.

Binck (Jacob). — Und seine Kupferstiche von Gustav Pauli " Repertorium für Kunstwissenchaft, XXXII. Band I. Heft. Berlin 1909.

Bizemont (Comte de). — Notice sur le... par C.-F. Vergnaud-Romagnesi. Orléans 1838. In-8 fig.

Blacke (W.). — Voir : *Grolier Club*.

— Etchings from... works, by W. Bell Scott. Reprint 1906. In-8. — 15 à 18 francs.

Blooteling (A.). — Verzeichniss seiner Kupferstiche und Schabkunst blätter, von J.-E. Wessely. Leipzig, Weigel, 1867. In-8.

Bœhle (Fritz). — Par Rudolf Klein. Paris, Librairie artistique et internationale. In-4 illust. — 7 francs 50.

Boilly (Louis). — Peintre, dessinateur et lithographe, par Henry Harrisse. Paris, Cercle de la Librairie, 1898. In-4 ill. — 25 francs.

> Superbe étude très documentée, donnant la description de 1360 tableaux, portraits, dessins et lithographies du maître. L'œuvre, gravée et lithographiée, comporte environ 140 pièces dans lesquelles nous ne comprenons pas *Les Grimaces* qui, à elles seules, n'en comptent pas moins de 96.

Boissieu (J.-J.). — Catalogue des morceaux qui composent l'œuvre à l'eau-forte de... avec les numéros, par l'auteur. Lyon, Maillet, 1801. In-12.

— Eloge historique de... par Dugas-Montbel. Lyon, Cutty, 1810. In-12.

— Catalogue raisonné de son œuvre, orné du portrait du maître par lui-même en phototypie. Paris, Rapilly ; Lyon, Aug. Brun, 1878. In-8. — 12 à 15 francs.

— Notice sur la vie et les œuvres de... Paris, Rapilly, 1880, avec un portrait, un fac-simile et quelques dessins et croquis en phototypie. In-8.

Bol. — Par le Dr P. Scheltema s. d. In-8.

> Traduit de Brou dans la " *Revue universelle des Arts* ".

Bologne (J. de). — La vie et l'œuvre de... par A. Desjardins, d'après les manuscrits inédits recueillis par Foucques de Vagnonville. Paris, Quantin, 1901. In-fol. 80 gravures dont 22 eaux-fortes hors texte. — 30 à 35 francs.

Bolt (J. Fr.) [1]. —... Verzeichniss der Kupferstiche Welche. ...in Berlin seit dem Jahre 1785, verfertight hat. Berlin 1794. In-8.

Bonasoni (J.). — Anecdotes of... with catalogue of his engravings by G. Cumberland. London 1793. In-12.

Bonington. — Catalogue de l'œuvre gravé et lithographié de... par Aglaüs Bouvenne. Paris, Claye 1873. In-8 portr. avec fac-simile.

— Les lithographies de... par Germain Hediard. Le Mans, E. Monnoyer s. d. In-8, portr.

<small>Ce travail avait paru dans " L'Artiste " en mars, avril, juin et août 1890.</small>

Bonnemer (Fr.) [2]. — Peintre et graveur, par R. de Brebisson. Caen, Le Blanc, Hardel, 1878. In-8.

— Notes complémentaires sur... peintre et graveur de Falaise, par R. de Brébisson. Caen, Delesques. In-8.

Bonnet. — Catalogue d'estampes dans le nouveau genre de gravure, tant à la manière du pastel qu'aux deux crayons, par... à Paris, rue Saint-Jacques, 1780. In-12.

<small>Ce catalogue, dont le texte est entouré d'un double filet, comporte 1054 numéros avec les prix de vente pour chaque estampe qui variaient de 12 livres à 6 sous !! Les anglaises valaient plus cher. L'artiste qui avait un commerce de gravures, ne mentionnait presque jamais le nom des artistes d'après lesquels il gravait ses estampes.
Cette petite plaquette est de la *dernière rareté* ; nous ne connaissions à la posséder que feu M. Georges Duplessis qui nous l'avait gracieusement communiquée il y a près de vingt ans ! c'est, croyons-nous, un exemplaire *unique*.</small>

Borel (Ant.). — Dessinateur et graveur, par H. Vienne " Revue Universelle des Arts ", tome XVII, 1863. page 298.

Bosch (Et.). — Exposition de ses eaux-fortes. Paris " Galerie d'art décoratif ", Février 1907.

Bosse (Ab.). — Par A. Valabrègue " L'Art ", tome L et LI, 1891.

— Par G. Duplessis. Extr. de la " Revue Universelle des Arts ". Paris 1859.

<small>Classé par genre, ce catalogue comprend 1506 numéros, plus 31 numéros d'estampes gravées *d'après* l'artiste. C'est un peu trop sommaire, les dimensions des pièces y figurent cependant.</small>

— Sa vie et ses œuvres, par A. Valabrègue. Paris, Librairie de l'Art, 1892. In-4, orné de 42 gr.

<small>(1) Artiste établi à Berlin à la fin du XVIIIe siècle où il travaillait. Ne pas le confondre avec *Bol*, disciple de Rembrandt.
(2) Nous estropions peut-être ce nom qui, mal transcrit sur notre fiche pourrait être aussi celui de Bonnenière ; le temps nous a manqué pour procéder à une vérification ; qu'on nous en excuse.</small>

Boucher (F.), **Lemoyne** et **Natoire**. — Par Paul Mantz. Paris, Quantin 1880. In-fol. avec 40 pl. hors texte et plus de 100 gr. dans le texte. — 25 à 30 francs.

— Par de Goncourt " L'Art du XVIIIe siècle ". Paris, Charpentier, 1881. In-12.

— Par André Michel. Paris, J. Rouam, 1886. In-4, ill.

<small>Contenant 61 héliog. dont 47 hors texte (15 en couleurs,) suivi du catalogue raisonné de l'œuvre, peint et dessiné, établi par L. Soullé avec la collaboration de Ch. Masson.</small>

— Sa vie, son œuvre, son époque, par A. Michel. Paris, Piazza et Cie, 1906. In-4. — 150 à 180 francs.

<small>Ouvrage contenant un frontispice en couleurs et 60 reproductions en photogravure, dont 47 en pleine page. — Tiré à 500 exemplaires.</small>

— Son œuvre reproduite par Emile Wattier. Paris, Morel s. d. In-fol. composé de 64 pl. coloriées. — 7 à 8 francs.

— Et son œuvre par G. Kahn. Paris, Librairie artistique et internationale. In-fol. illustré. — 6 à 7 francs.

<small>Il existe une autre édition in-8 illustré, publiée par H. Laurens, à 2 francs 50.</small>

— Par P. de Nolhac. Paris, Manzi, Joyant et Cie, 1907. In-4, 56 pl. en camaïeu, et 4 en couleurs. — 200 francs.

— By H. Macfall " Connoisseur ", extra number, 1908.

Bouquet (Aug.). — Peintre-graveur Abbevillois (1810-1846), par E. Delignières. Abbeville, C. Paillart, 1894. In-8.

Bourgonnier (C.). — Par Beraldi " Revue de L'Art ancien et moderne ". Mai 1904.

Boutet (Henri). — Son exposition au " Salon des Cent ". Paris, Librairie de " La Plume ". Mai, Juin 1895.

— Graveur et pastelliste, par Léon Maillard. In-4, gravures dans le texte et hors texte. Paris, Chamerot et Renouard, 1895. — 25 à 30 francs ; épuisé.

— Catalogue raisonné, par L. Maillard. Paris, H. Floury. In-4, avec 34 pl., plus une eau-forte de Courtry. — 25 francs ; épuisé.

<small>Tiré à 560 exemplaires dont 60 sur Japon.</small>

— Pointes sèches, 100 fac-simile. Paris, Fortier-Marotte. s. d. (1898). In-4. — 15 à 18 francs.

Boutet de Monvel (Bernard). — Par L. Vauxcelles " Art et Décoration ", tome XXIV, 1908.

Bowen (Abel). — Engraver, by W.-H. Whitmore. Boston, 1884.

Bracquemond. — Catalogue des œuvres exposées de... au Musée du Luxembourg. Paris, Février, Juillet 1897.

C'est la *première* exposition faite au Luxembourg de l'œuvre d'un peintre-graveur vivant. C'est à l'intelligente initiative de L. Benedite, son actif et distingué conservateur, qu'elle est dûe ; ajoutons que M. Benedite est un ardent qui aime passionnément son métier, qualité qui ne court pas les rues aujourd'hui et qu'il est à la hauteur d'une tâche à laquelle il consacre tous ses instants, tout son savoir et toute son expérience.

— By Henri Frantz " Studio ", July 1904.

— L'animalier, par L. Benedite " Art et Décoration ", Février 1905.

Bracquemond et **Sir Seymour Haden**. — Catalogue de l'exposition de gravures exécutées par... Hôtel des Modes, 15, rue de la Ville-L'Evêque, avec préface de G. Geffroy. Paris, Février 1909. In-4.

Bramante. — Les estampes attribuées à... au point de vue iconographique et architectonique. Paris, Rapilly, 1874. In-8. Rare.

M. Courajod a également écrit, croyons-nous, une étude sur cet artiste.

Brangwyn (F.). — Par Kennedy, dans "Magasine of Art", 1903.

— By Selwyn Image " Studio ". February 1903.

— L'œuvre gravé de... par Newbolt. Paris, à la Galerie d'art décoratif, 7, rue Laffite. In-fol. illustré de 4 grandes eaux-fortes *inédites*.

Important catalogue d'un artiste déjà célèbre, accompagné d'une étude d'Henry Marcel, de la Bibliothèque Nationale et d'un avant-propos de Hans W. Singer, conservateur du musée des estampes de Dresde. Tiré à 200 ex. numérotés ; 150 texte anglais, 50 texte français. Les eaux fortes tirées par Goulding. — Prix : 275 francs.

Voici les titres de ces quatre eaux fortes qui, à elles seules, valent haut la main le prix de cette monographie : " Une charette de foin ", " Sancta Maria della salute ", " Champ de blé à Montreuil-sur-Mer ", " Marché aux viandes à Bruges ", toutes signées et planches détruites, tirées à 150 exemplaires et ne pouvant être acquises sans acheter le catalogue.

C'est à *L'Art décoratif*, 7, rue Laffitte, dont M. Jacques Bramson est le très aimable et distingué représentant, qu'on peut se procurer les œuvres de ce superbe artiste dont il est exclusivement le dépositaire. Nous engageons vivement les amateurs délicats à ne pas passer rue Laffitte sans s'y arrêter ; ils verront là une œuvre singulièrement original et prenant qui ne peut manquer de les séduire et qui compte déjà plus de cent quarante pièces gravées à son actif.

— Catalogue of an exhibition of his etchings. New-York, H. Wunderlich et Cº. February, March 1909.

— Par Destève " Art et Décoration ", Mars 1909.

Il faut lire ce numéro où quelques unes des plus célèbres eaux fortes de ce puissant artiste sont reproduites : il y a notamment la *Brasserie à Bruges*, superbe pièce de petit format qui va bientôt devenir absolument *introuvable* ainsi que le *Rialto à Venise*.

Bray (Dirk de). — Description des estampes qui forment l'œuvre gravé de... par Blokuyzen. Rotterdam, Nijgh et van Ditmar, 1870. In-4 avec portr et monogrammes. Non mis dans le commerce. — 5 à 6 francs.

Bresdin (Rodolphe). — L'inextricable graveur, par Robert de Montesquiou. Paris, Richard, imprimeur. Novembre 1908. In-4.

L'œuvre du curieux artiste figurait au salon d'automne de 1908. L'étude est neuve et fort intéressante par son côté absolument *inédit*.

Breus (Jörg.). — Zum Holzschittwerke von... von Henrich Röttinger. " Repertorium für Kunstwissenchaft " XXXI. Band. I. Heft. Berlin, 1908.

Brevière (Henri). — Rapport sur les travaux de... dessinateur et graveur, par Alfred Baudry. Rouen, H. Boissel, 1867. In-8.

— Dessinateur et graveur, rénovateur de la gravure sur bois en France. Notes sur la vie et les œuvres d'un artiste normand, par Adeline. Rouen, E. Augé ; Paris, Aubry, 1876. Petit in-4, avec 2 eaux-fortes et 4 vignettes hors texte, d'après Barrias, Gros et Langlois. — 125 exemplaires numérotés.

Briot (François). — Le graveur... bourgeois de Montbéliard, analyse d'une étude de A. Tuetey ; par Aug. Castan. Besançon, Dodivers. In-8.

— Graveur Lorrain, d'après des documents inédits, par A. Tuetey. Paris, Charavay. In-8, portr.

Brown (John-Lewis). — Etude biographique et critique suivie du catalogue de son œuvre, gravé et lithographié, exposé au musée du Luxembourg, par Léonce Benedite. Paris 1903. In-4 illustré de 2 pl. hors texte et 8 gravures dans le texte.

Brueghel (Les). — Par E. Michel " L'Art ", tome XLV, 1888.

— Par Em. Michel. Paris, Librairie de l'Art. In-4 illustré.

Bruegel (Peter). — L'ancien ; son œuvre et son temps. Etude historique suivie d'un catalogue raisonné de son œuvre dessiné et gravé, par R. van Bastelaer et d'un catalogue de son œuvre peint, par de Loo. Bruxelles, 1905. In-4, en 5 fasc. — 70 à 80 francs.

— Par Ch. Bernard. Bruxelles, 1908. In-4, avec 32 planches.

— Les estampes de... par R. van Bastelaer. Bruxelles, van Dest, 1908. In-8. — 20 francs.

Bugnicourt (M.). — Par A. Girod " Revue de L'Art ancien et moderne ". Juillet 1907.

Buhot (F.)[1] — Catalogue descriptif de son œuvre gravé, avec une préface d'Arsène Alexandre et un portrait de l'artiste, par François Courboin, par G. Bourcard. Paris, H. Floury, 1899. In-8, portr. — 30 à 40 francs.

<small>Tiré à 150 exemplaires depuis longtemps *épuisés*. Ce catalogue est établi par ordre chronologique, il contient l'œuvre complet, — 186 pièces, dont 6 lithographies — leurs descriptions, leurs dimensions et leurs états. Ami personnel du maître, nous ne saurions trop, en dehors de toute préoccupation de camaraderie, attirer l'attention d'une façon très spéciale sur les eaux fortes de ce bel artiste aujourd'hui disparu. C'était un rêveur, un poète, un idéaliste, un tendre, et son œuvre est l'intime reflet de sa mentalité.</small>

— Dessinateur et aquafortiste, par Octave Uzanne. Paris, Quantin, 1888. In-8.

<small>Jolie étude illustrée — extraite du *Livre* du 10 mars 1888 — où d'une plume alerte et pimpante le maître-écrivain qu'est Uzanne, a su donner à la figure de Buhot tout le relief qu'elle comporte.</small>

— Etude biographique et critique suivie du catalogue de l'œuvre gravé exposé au musée du Luxembourg, par Léonce Benedite. Paris, Librairie de l'Art ancien et moderne, 1901. In-4 illustré. — 5 francs.

<small>Très belle étude, très fouillée par l'éminent conservateur du Musée du Luxembourg. Cette brochure contient les eaux fortes *originales* de l'exquise petite pièce " Les Gardiens du logis " ou " Les amis du saltimbanque et du " Petit Enterrement ".</small>

— " Magasin Pittoresque " du 15 janvier 1899, par L. Benedite. In-8.

— " L'Estampe et l'Affiche " des 15 Février et 15 Août 1899, par Raymond Bouyer. In-4.

— Le Bouais-Jan. Revue normande. In-8.

— Exhibition of his etched work. New-York, F. Keppel et C°, 1888.

— Painter and etcher ; " Harper's new monthly magasine " vol. LXXVI, Février 1888, par Ph. Burty, avec illustrations. In-8.

Burt (Ch.). — Catalogue of line engravings etchings and original drawings of... deceased. Edited by his daughter Alice Burt. New-York, 1893. In-8, tiré à 125 exemplaires,

Butavand (L.). — Notice sur... graveur, par Etienne Rey. 1853.

---

(1) Il est mort le 26 avril 1898, à Paris, 19 quai de Bourbon.

Calamatta. — Notice sur... par Alvin. Bruxelles, 1882.

Calame (Alex.). — Sa vie et son œuvre, d'après les sources originales, par E. Rambert. Paris, Fischbacher, s. d. In-8 avec un port. gravé par L. Boisson. — 4 à 6 francs.

Callot (J.). — Son œuvre composée de pièces gravées par lui, soit au burin, soit en plus grand nombre à l'eau-forte, 35 vol. In-fol., 1re édition en Lorraine, 1607-1608.

Les autres éditions sont : Rome 1609-1611 ; Florence, 1612-1621 ; Lorraine, 1622-1627 ; Paris, 1629-1630 ; Lorraine, 1631-1635, la date de sa mort.

— Catalogue raisonné des diverses curiosités du cabinet de Quentin de Lorangère. Paris, chez Barois MDCCXLIV.

Le célèbre collectionneur qu'était Quentin de Lorangère avait décrit en deux volumes marqués A et mentionnés dans son sus-dit catalogue un abrégé de la vie de Callot et la liste de ses œuvres. Il est le *premier* écrivain qui se soit occupé du célèbre maître Lorrain dont il possédait en tout 1543 morceaux. Dans ce catalogue, il y a un chapitre de remarques sur les planches de Callot que le sieur Fagniani a possédées.

La plus grande partie des planches qui composent l'œuvre du maître se trouvaient, avant que Fagniani ne les eut achetées, en la possession d'Israël Sylvestre, tant en qualité d'héritier de Henriette, son oncle peintre et graveur, qui, du temps de Callot en débitait les épreuves, que par l'acquisition qu'Israël fit de ces planches à la Veuve Callot. Après la mort d'Israël, le sieur de Loigny, son neveu, les vendit à l'Italien Fagniani établi à Paris, qui, pour mettre un certain ordre dans les pièces qui formaient des suites les fit *chiffrer*, et graver ensuite par Simoneau des passe-partout en ornements, d'après les dessins de Leclerc et d'Oppenor. Pour les pousser au noir il faisait très encrer ses cuivres et tirait de ce fait des épreuves *boueuses* ce qui dégoûta les curieux ; il alla même jusqu'à truquer des planches avec des *caches* pour en faire des avant-lettres.

— Eloge historique de Calotte (sic), noble Lorrain, célèbre graveur, par F. Husson. Bruxelles, 1766. In-4 porte. — 10 à 12 francs.

Il existe des exemplaires sur grand papier qui valent de 20 à 25 francs. *Très rare.*

— A catalogue and description of the whole of the works of the celebrated... consisting of 1450 pieces attributed to him, by J.-H. Green [1]. London, 1804. In-12. — 6 à 8 francs.

— Eloge historique de... par Desmaretz. Nancy, 1828.

— Par Anne-Elisa Voïart. Paris, Dumont, 1841, 2 vol. In-8. — 8 à 10 francs.

Il existe des exemplaires sur grand papier qui valent 15 à 18 francs.

— Recherches sur la vie et les ouvrages de Jacques Callot, par Edouard Meaume. Paris, Vve Jules Renouard, 1860 ; 2 vol. In-8 avec fac-simile. — 40 à 50 francs ; assez rare.

(1) Green, dit-on, n'était qu'un nom d'emprunt cachant celui de Claussin.

Cet ouvrage très recherché et écrit avec une rare compétence est divisé en trois parties. La première contient la biographie de l'artiste avec notes et pièces justificatives — cette biographie seule était déjà parue en 1853 ; — la seconde, l'œuvre du maître réduit aux pièces authentiques et la troisième la nomenclature des pièces douteuses ou faussement attribuées, ainsi que celles gravées d'après les dessins de l'artiste, les copies et les imitations.

— Sa vie et son œuvre, par Arsène Houssaye. Paris, J. Maury, 1875. In-4 avec 10 eaux-fortes par ou d'après Callot.

Arsène Houssaye avait déjà écrit un article sur l'artiste dans la " Revue des Deux-Mondes ", vol. XXX.

— Par P. Du Mast. Nancy, Berger-Levrault, 1875. In-fol. avec portrait. — 2 à 3 francs.

— Par Marius Vachon. Paris, Librairie de l'Art, 1886. In-8 fig.

— Sa vie, son œuvre et ses continuateurs, par H. Bouchot. Paris, Hachette et Cie, 1889. In-12 illustré. — 6 à 8 francs.

De la " Bibliothèque des Merveilles ", épuisé et assez rare. Indispensable aux collectionneurs qu'intéresse Callot.

— Von Hermann Nasse. Leipzig, Klinkharolt et Biermann, 1909. In-4 mit Titelbild und 98 Abbild, auf 45 Tafeln in Lichtdruche.

Volume fortement documenté sur le maître.

— Par Jules Amic, s. l. n. d., " Le Plutarque Français ". In-8.

Cameron (D.-Y.). — Article anonyme " Studio ", September 1895.

— Exhibition of a complete collection of etchings by... Glasgow, James Connell and sons, 1898.

Quatre-vingt quinze eaux-fortes étaient exposées ; nul n'ignore que Cameron est un des artistes les plus justement célèbres de l'Angleterre. Quelques semaines après leur émission, ses eaux-fortes sont *épuisées* et la valeur en est triplée et souvent même décuplée.

Il y a des pièces hors ligne — nous citons au hasard de nos souvenirs — telles par exemple que Westport, Siena, Chartres, Loches, Stirling Castle, The Gargoyles, John Knox Edinburgh, Canongate Tolbooth, Lowland river, Le Crucifix, Flower Market, et les rarissimes pièces : The Y Amsterdam, Windmill, Palazzo Dario et Dutch Damsel.

— Par G. Bourcard, " Gazette des Beaux-Arts ", Décembre 1899, avec une eau-forte inédite.

— Etchings, a study and a catalogue by Frederick Wedmore. London, R. Gutekunst, 1903. In-8. — 50 à 60 francs, 155 exemplaires ; épuisé.

Cent cinquante-deux pièces y sont mentionnées avec leurs dimensions par ordre chronologique, avec le millésime de l'année où elles ont été gravées. Une description très claire permettrait de reconnaître facilement la pièce si elle vous tombait sous les yeux.

— By Walter Bayes " Studio ", October 1905.

— The recent etchings of... by F. Rutter " Studio ". July, 1908.

— Etchings with an introductory essay by Frank Rinder Edinburg, Otto Schulze and Company 1909. — 15 francs.

C'est un recueil tiré en tout à 650 exemplaires, donnant en reproductions et par ordre chronologique, de 1888 à 1907, soixante des plus belles eaux-fortes du maître. Il y avait eu un tirage de luxe à 150 exemplaires, au prix de deux guinées, croyons-nous, ces reproductions portaient la signature autographe de l'artiste ; ce tirage est épuisé depuis longtemps.

Campagnola (G.). — Peintre-graveur du XVIe siècle, par E. Galichon, Paris, 1862. In-8.

— Kupferstiche und Zeichnungsgen-Herausgeg. von Paul Kristeller. Berlin, B. Cassirer, 1907. In-fol. mit 22 Tafeln in Heliogravure und 5 in Lichtdruck. — 25 à 30 francs.

Canal (A.). — Dit Canalletto, par A. Moureau. Paris, Librairie de l'Art. In-4 illustré.

Canaletto (les deux). — Par O. Uzanne. Paris, H. Laurens, 1906. In-8 illustré.

Capiello. — Par P. Verneuil, " Art et Décoration ", tome XXII, 1907.

Carpi (Ugo da). — Memorie [1] e note di Michel Angelo Gualandi. Bologne, 1854. In-8.

Carrière (Eug.). — By Frances Keyzer " Studio ". August, 1896.

— Par Gustave Geffroy [2]. " L'Art et les Artistes ", Mai 1906.

— Par Charles Morice. Paris, Mercure de France. In-8.

(1) Extrait des : *Memorie originale italiane risguardanti le Belle arti*.
(2) Il faut lire " La Vie artistique " de l'éminent et consciencieux écrivain et critique d'art qu'est G. Geffroy, répartie en huit volumes in-8 comme suit :
1re série 1892 : E. Carrière, Pissarro, Raffaëlli, Meissonnier, Jongking, Whistler ; avec une pointe sèche d'Eug. Carrière.
2e série 1893 : Rembrandt, Holbein, Rodin, Willette, Chéret ; avec une pointe-sèche de Rodin.
3e série 1894 : Monet, Pissarro, Renoir, Manet, Degas, Raffaëlli, Forain, Mary Cassatt ; avec une pointe sèche de Auguste Renoir.
4e série 1895 : ne traite d'aucun artiste ; avec une pointe sèche de Raffaëlli.
5e série 1897 : Eugène Carrière, avec une lithographie de Fantin-Latour.
6e série 1900 : Rembrandt à Londres, Prudhon, Fragonard, les Vernet, Goya, Courbet, Manet, Rops, Legros, Vierge ; avec une eau-forte de Pissarro.
7e série L'art à l'exposition de 1900.
8e série 1904 : Van Dyck, Moreau le jeune, Debucourt, Besnard, avec une lettre de Willette.
Nous n'avons mentionné dans ces séries que les noms d'artistes intéressant notre travail. Les deux premières séries furent publiées chez Dentu, les autres chez Floury. Chaque série vaut de 4 à 5 francs ; la première est épuisée.

— L'homme et l'artiste, par Gabriel Séailles. Paris, Pelletan, 1901. In-4 ill.

— Par Frantz Jourdain. " Le Musée ", Avril 1906.

— Son œuvre, exposée à l'Ecole Nationale des Beaux-Arts, Mai-Juin 1907.

— Peintre et lithographe, par Elie Faure. Paris, Floury, 1908. In-4 avec 36 pl. hors texte en héliotypie et une eau-forte originale de Lequeux, d'après " Le Christ ". — 25 fr.

Superbe étude sur un maître puissant et original, l'auteur immortel du portrait de Verlaine, une lithographie qui est un chef-d'œuvre.

Cassatt (Miss M.). — Son exposition chez Durand-Ruel. Paris, Avril 1891.

Miss Cassatt est une Américaine d'un talent éminemment personnel et primesautier, elle excelle surtout dans les portraits d'enfants à la pointe sèche.

Caylus. — Par S. Rocheblave, " L'Art ", tome XLVIII, 1890.

Chahine (Edgard). — Par Roger Marx, " Gazette des Beaux-Arts ". Paris, Avril 1900.

— An Armenian etcher " Studio ". December 1901.

Chahine est un jeune qui n'a pas attendu l'âge mûr pour avoir du talent et un superbe talent ; nous ne voulons citer de lui, dans une œuvre déjà assez touffu, que ces quatre chefs-d'œuvre: *Louise France, Le Château rouge, un Gueux* et *le Chemineau*. Un portefeuille qui se respecte ne peut pas ne pas avoir de Chahine ; allez chez Edmond Sagot, demandez à les voir, nous vous *défions* d'en sortir les mains vides.

— Par A. Béraldi, " La Revue de l'Art ancien et moderne ". Avril 1905.

— Par Pier Ludovico Occhini. Bianco e nero " Vita d'Arte ", nº 8. Siena, 1908.

Cham. — Sa vie et son œuvre, par Félix Ribeyre... In-18 avec portrait à l'eau-forte... Paris, Plon et Cie, 1884.

Chardin (J.-B.-S.). — Catalogue raisonné... par E. Bocher. Paris, Jouaust et Rapilly, 1876. In-4 avec portr. front. — 20 francs, épuisé.

Catalogue tiré à 475 ex. Cinquante et une pièces y sont mentionnées avec descriptions, dimensions et états, plus dix autres seulement *attribuées*. La liste des tableaux exposés place Dauphine, la liste chronologique de ceux envoyés aux différentes expositions du Louvre, ainsi que ceux qui se trouvent dans les musées de Paris et de province et ceux passés en vente de 1745 à nos jours terminent ce catalogue avec la notice des principaux articles lui appartenant et dont la vente eut lieu le 6 mars 1780.

— Par de Goncourt, " L'Art du XVIIIe siècle ". Paris, Charpentier, 1881. In-12.

— Sa vie, son œuvre, son époque, par Armand Dayot. Paris, Piazza et Cⁱᵉ, 1907. In-4. — 150 à 180 francs.

<small>Ouvrage orné de 10 planches en couleurs et de 53 reproductions en photogravure dont 40 hors texte. Tiré à 500 exemplaires.</small>

— Catalogue de... par J. Guiffrey. Paris, 1908.

— Par Edmond Pilon, " Les Maîtres de l'Art ", 1909 ?

— Par Ch. Normand. Pairs, Librairie de l'Art. In-4 illustré.

Chardin et Fragonard. — L'œuvre de... Introduction d'Armand Dayot et notes de Léandre Vaillat. Paris, Gittler [1908]. In-fol. avec 213 reproductions. — 45 francs.

<small>Ce très bel ouvrage a été publié pour fixer le souvenir de l'exposition des œuvres de ces artistes qui eut lieu en 1907 à Paris, chez Georges Petit.</small>

Charlet (N.-T.). — Sa vie, ses lettres, suivi d'une description raisonnée de son œuvre lithographique par le colonel de la Combe. Paris, Paulin et Chevalier, 1856. In-8 avec portrait. — 12 francs, assez rare.

— Peint par lui-même, étude biographique par H. de Saint-Georges. Nantes, Guéraud, 1862. In-12 avec un portrait de La Combe.

— Par F. Lhomme. Paris, librairie de l'Art, 1892. In-4 illustré.

— Par G. Hédiard, " L'Artiste ", Février à Mai 1894. In-8.

— Son œuvre, par Armand Dayot. Quantin, s. d. In-4 illustré de 88 reproductions hors texte et figures dans le texte.

Charlton (E.-W.). — " Studio ", May 1896.

Charvet (Eug.). — Par H. Béraldi. " La Revue de L'Art ancien et moderne ", Août 1903.

Chasseriau (Th.). — Souvenirs et indiscrétions, par A. Bouvenne. Paris, Detaille. In-8.

— Et son œuvre de graveur, par Roger Marx. " L'Estampe et l'Affiche ", n° 7, 1898.

— Par Léandre Vaillat, " L'Art et les Artistes ", Juillet 1907.

Chauveau (F.). — Mémoire sur la vie de... peintre et graveur et de ses fils, par Jean-Michel Papillon, 1738. Réimprimé par les soins de Arnauld, Chéron et Anatole de Montaiglon. Paris, Guiraudet et Jouaust, 1854. In-8.

Chauvel (Th.). — Exposition de vingt-neuf eaux-fortes de... préface de Roger Milès. Paris, Tooth and sons, 1898. In-4, un portr. et une eau-forte originale.

— Catalogue raisonné de son œuvre gravé et lithographié, avec eaux-fortes originales et reproductions, par Loys Delteil. Paris, Rapilly, 1900. Tiré à 225 ex.

L'artiste peintre-graveur, était aussi un merveilleux graveur d'interprétation, malheureusement suivant nous il multipliait trop ses états. Ce catalogue mentionne avec leurs dimensions et leurs états 143 pièces, eaux-fortes et lithographies, et se termine par une table chronologique.

Chedel (P.-Q.). — Graveur Chalonnais du XVIIIe siècle et son œuvre, par A. Bourgeois. Châlons-sur-Marne, Thouille, 1895. In-8.

Cheney (John and Seth Wells). — Catalogue of the engraved and lithographed works of... compiled by S.-R. Koehler. Boston, 1891. In-8 with a portrait of John Cheney.

Chéret (Jules). — Par Huysmans, dans "Certains". Paris, Tresse et Stock, 1889.

Il faut lire ces lignes écrites dans un style plein d'originalité et de couleur où il dit en parlant de cet admirable artiste : « Il verse une ivresse de vin mousseux, une ivresse qui fume, teintée de rose ; il la personnifie en quelque sorte dans ses femmes délicieuses par leur débraillé qui bégaye et sourit sans cri vulgaire. »

— Exposition de... avec une préface de Roger Marx. Paris, Théâtre d'application. Décembre 1889. In-8 ill.

Cette exposition était un éblouissement ; le maître exquis était représenté là par la fine fleur de son œuvre ; la joie, le rêve, la lumière et la volupté éclataient sur les murailles qu'elles nimbaient comme dans une apothéose.

— Par Henri Lavedan, " Revue Illustrée ", Février 1890. In-4.

— Par Roger Marx, " L'Image ", 1897.

— Par C. Mauclair, " L'Art décoratif ", 1903.

Chessa (Ch.). — Par Noel Gehuzac, " L'Art ", tome LX, 1901.

Chien-Caillou [1]. — Par Champfleury. Paris, Floury 1903. In-8 illustré. — 10 à 12 francs. Il a été tiré en plus 150 ex. sur Hollande.

Chodowiecki. — Catalogue des estampes gravées par... 1790. In-12.

— Verke von... Catalogue von D. Jacoby Senior. Berlin, 1808. In-12 Portr.

— Oder Verzeichnis sämtl. Kupferstiche welche Chodowiecki von 1758 bis zu seinem Tode 1800... von L.-D. Jacobi. Berlin, 1814. — 10 à 12 francs.

— Von L. Kæmerer, 204 Illus. — 5 francs.

(1) Autrement dit de son vrai nom *Rodolphe Bresdin*.

— Sammtliche Kupferstiche beschrieben... von W. Engelmann. Leipzig, 1857 [1]. In-8 Taf. — 10 à 12 francs.

— Nachträge und Berichtigungen zu... sämmtliche Kupferstiche beschrieben von Engelmann... von Dr Robert Hirsch. Leipzig, W. Engelmann, 1860. In-8 mit ein Pl.

— Par Kaemmerer. Bielefeld, 1897. In-8.

— Sämtliche Kupferstiche... von Engelmann. Leipzig, 1857. Nebst Nachträgen. Leipzig, 1906. In-8. — 20 à 25 fr.

— Aus der Kupfertichen... mit einer Einleitung von Severin Ruttgers. Berlin, Fischer und Franke, 1908. In-8 mit 42 Pl.

Choffart [2] (P.-P.). — Notice historique sur l'art de la gravure en France. Paris. Pichard, an IX. In-8 avec une vignette à l'eau-forte par l'auteur. — 20 francs, rare.

Cette notice est souvent précédée du " Discours historique sur la gravure en taille douce et en bois " par Emeric David.

Cochin (Ch.-Nic. fils). — Catalogue de l'œuvre de... par C.-A. Jombert. Paris, Prault, 1770. In-12 avec table chronologique. — 20 francs, très rare.

— Par de Goncourt, " L'Art du XVIIIe siècle ". Paris, Charpentier, 1882. In-12.

Cochin (les). — Par S. Rocheblave. Paris, Librairie de l'Art, 1893. In-4 illustré.

Constable and **Lucas**. — With a descriptive catalogue of the prints they did between them, by Fr. Wedmore. London, P. et D. Colnaghi, MDCCCCIV. In-8. — 20 à 25 francs. Tiré à 250 exemplaires.

Cinquante-deux pièces avec leurs états sont mentionnées dans ce catalogue que précède une forte intéressante introduction.

Constable (John). — By Sturge Henderson. Library of art. In-4 with. 39 illustr. in half tone. — 20 à 25 francs.

Corot and **Millet**. —" Studio " special number, 1902-1903.

Corot (J.-B.-C.). — Par J. Rousseau et Alf. Robaut, illustré d'un portrait et de 34 gravures sur bois et dessins. Paris, 1884. In-4.

— Son œuvre, par M. Hamel. Paris, 1905, 2 vol. In-4 avec 100 pl. — 80 à 90 francs.

— L'œuvre de... par Alfred Robaut. Catalogue raisonné et illustré, précédé de l'histoire de Corot et de ses œuvres,

---

(1) Un supplément, extrait des *Archives* de Naumann, sixième année, a paru à Leipzig en 1860.
(2) Le nom n'est indiqué que par les deux premières lettres Ch...

par Et. Moreau-Nelaton... Paris, H. Floury, 1905, 4 vol. In-4 ill. — 400 francs.

<small>Ouvrage de grand luxe résumant tout ce qui a été dit sur l'immortel maître ; ses eaux-fortes, ses lithographies, ses différentes signatures, tout en un mot s'y trouvent superbement reproduit. Il existe une petite édition à 25 francs.</small>

— Par Roger Milès. Paris, Librairie de l'Art. In-4 illustré.

Cosway (R.). — Catalogue raisonné of the engraved works of... by F.-B. Daniell with a memoir of Cosway, by Sir Philip Currie. London, 1890. In-4 with 1 pl. — 18 à 20 francs.

Courbet. (G.). — Par G. Riat. Paris, Floury, 1906, In-4 ill.— 25 francs.

<small>Nous ne le mentionnons ici que pour mémoire, car le côté graveur est nul chez l'artiste, à part quelques petites pièces absolument insignifiantes, il n'a rien fait.</small>

Cousin (Jean). — Etude sur... suivi de notices sur Jean Leclerc et Pierre Vœiriot, par A. Firmin-Didot, 1872. In-8 ill. — 7 à 8 francs.

— Une gravure de... à la date de 1582, par H. Monceaux. Paris, Champion, 1879. In-8 avec une pl.

— Gravures sur bois portant le monogramme de... par Henri Monceaux, " L'Art ", tome XXIV, 1881.

— Quelques preuves sur... peintre sculpteur, géomètre et graveur avec 30 gr... et 3 portraits, par J. Lobet. Paris, 1881. In-8.

Cousins (L.). — Catalogue of works of... by A. Graves. London, In-4. — 5 francs.

Cousins (Samuel). — Catalogue of the complete works of... (1801-1887). Exhibited at Vicars Bros. London, November 1903. In-12.

— A memoir, catalogue of portraits and subjects engraved by him, and an index to painters and subjects by A. Whitman. London, Bell, 1904. In-4 with, 35 fine collotype plates ; 600 copies. — 25 à 30 francs.

Cranach (Lucas). — Leben und Werke, von J. Heller. Bamberg, Kunz, 1821. In-12.

— Leben und Werke von J. Heller. Nürnberg, 1854. In-8 mit Portr. lith. — 3 ou 4 francs.

— Das Leben und die Werke... von J. Heller. Bamberg, 1844. In-8 portr.

<small>Edition nouvelle revue et augmentée ; la première était parue en 1821.</small>

— Beitrag zu Gesch der Familie von... von Warnecke. Görlitz, 1879. In-4 mit 2 Wappen. — 3 à 4 francs.

— Sammlung von Nachbildungen seiner vorzüglischten Holzschnitte und seiner Stiche, herausgegeben von F. Lippmenn mit Illustr. und Tafeln. Berlin, G. Grote, 1895. In-fol.

— Cranachstudien, von Flechsig. Leipzig, 1900. In-8.

— Aus Cranachs Holzschnitten mit einer Einleitung : Des Kunstlers Persönlichkeit und sein Werk, von Benno Rüttenauer. Berlin, Fisher und Franke, 1907. In-4 mit 17 Pl.

— Von Dr. W. Worringer [1] München und Leipzig, Piper und C°, 1908. In-8 mit 63 Abbildungen.

<small>Les plus beaux bois de l'artiste sont ici reproduits.</small>

— Von Eduard Fleschsig. Leipzig, Hiersemann, 1909. Teil I. mit 20 Abbil. — 20 francs.

— Par Louis Réau. " Revue de L'Art ancien et moderne ", Avril-Mai 1909.

— Der alltern Leben und Werke ; nach urkundlichen Quellen bearbeitet, von Christian Schuchardt. Leipzig, 2 Bde In-8.

Crome and **Cotman**. — By L. Binyon. London, Seeley, 1897. In-8.

Crome. — Etchings : a catalogue and an appreciation with some account of his paintings by H.-S. Theobald. London, Macmillam, 1907. In-8. — 12 francs.

Cruikshrank (G.). — An essay [1] on the genius of... with numerous illustrations and catalogue of his work. London, 1840. In-8.

— A descriptive catalogue of the works of... etchings woodcuts... chiefly compiled from the collections of Th. Morson Maskelyne, Truman... by G.-W. Reid with an essay on his genius and works by Ed. Bell. London, 1871. In-4 with 313 illustrations.

Dabo (Léon). — Von Paul Clemen, " Die Kunst ", Dezember 1909.

<small>Artiste qui ne manque pas d'originalité à en juger par les reproductions des eaux-fortes publiées dans ce numéro.</small>

Danloux (P.). — Essai sur l'œuvre gravé de... par H. Vienne. " Revue Universelle des Arts ". tome XX, 1865, page 23.

Darbour (G.). — Par Béraldi, " Revue de L'Art ancien et moderne ". Juillet 1903.

Daubigny (C.). — Son œuvre gravé, eaux-fortes et bois inédits, par C. Daubigny, Karl Daubigny, Lhermitte ; héliogravures Durand, d'après les pièces rares de l'œuvre,

---

(1) Extrait du n° 66 de *Westminster Review*.

par F. Henriet. Paris, A. Lévy, 1875. In-8, avec 10 pl. — 8 à 10 francs.

Daullé (Jean). — Catalogue raisonné de l'œuvre gravé de... par Delignières. Paris, Rapilly, 1873. In-8. — 5 francs.

Cent soixante-quatorze pièces y sont décrites, mais sans leurs états.

Daumier (H). — Catalogue de l'œuvre lithographié et gravé de Daumier, par Champfleury. Paris, Heymann et Perois, 1878. In-4, fig. dont une eau-forte inédite. — 8 à 10 francs.

— L'homme et l'œuvre, par Arsène Alexandre. Paris, Renouard, 1888. In-4 illustré.

— Notice biographique et critique, par G. Geffroy. Paris " L'Art ancien et moderne ", 1901. In-4 illustré de 23 gravures dans le texte et de 8 pl. hors texte, dont une eau-forte de E. Pennequin. — 6 à 8 francs. Tiré à 300 ex. numérotés à la presse.

— Son exposition à l'Ecole des Beaux-Arts. Préface de G. Geffroy. Paris, Mai 1901.

— Catalogue de l'exposition de son œuvre, Galerie L. et P. Rosenberg fils. Paris, Avril 1907. In-8 illustré.

— Par Henry Marcel. Paris, H. Laurens, 1907. In-8.

— Als Lithograph von Dr. K. Bertels. München, R. Piper et Co 1908. In-8, mit 70 Pl. — 6 à 8 francs.

L'ouvrage envisage l'artiste au point de vue du lithographe et reproduit 70 de ses meilleures pièces.

— Von E. Klossowski. Mit 133 Abbildungen und 4 Lichtdrucktafeln. München, Piper et Co, 1908. In-4. — à 35 40 francs.

— Catalogue raisonné de l'œuvre lithographié de... par Hazard et Loys Delteil. En vente chez Hazard à Orrouy (Oise), 1904. In-8, orné de un portrait à l'eau-forte par Delteil et de 140 reproductions. — 50 francs.

C'est un imposant monument que ce catalogue — tiré à 800 ex. numérotés — et qui ne contient pas moins de 3800 pièces !! décrites avec leurs états et leurs dimensions. Il semble qu'il n'y ait plus rien à dire sur l'artiste après la consciencieuse étude qui vient de lui être consacrée. Ce catalogue est divisé en 6 grandes sections : 1° Portraits ; 2° Œuvres isolées ; 3° Ilustrations de livres, musique ; 4° Journaux, revues ; 5° Pièces faussement attribuées ; 6° Supplément. C'est le bréviaire du collectionneur du maître, il est indispensable de le posséder.

Daumier et Gavarni. — " Studio "; numéro spécial de Novembre 1904, avec une préface de Henri Frantz pour Daumier, et de Octave Uzanne pour Gavarni. In-4.

Les reproductions sont parfaites et tirées avec beaucoup de soin et les meilleures pièces de ces maîtres y figurent.

David (Louis). — Graveur à Avignon, par L. Duhamel. Paris, Picard. In-8.

Debucourt (Ph.). — Par de Goncourt " L'Art du XVIIIe siècle ". Paris, Charpentier, 1882. In-12.

— L'œuvre gravé de... par M. Fenaille. Paris, Morgand, Rahir et Cie, successeurs, 1899. In-4 illustré. — 75 francs.

C'est un modèle du genre et extrêmement fouillé que ce catalogue tiré à 315 ex. numérotés de l'œuvre de notre grand peintre-graveur français. Il fait le plus grand honneur à son auteur; à signaler également la préface de Maurice Vaucaire.

— Par H. Bouchot " L'Art ", tome LXI [1], 1902.

Etude fort remarquable montrant le maître dans toutes les différentes phases de sa vie et de son talent. Le volume paru dans la collection des "Artistes Célèbres" vaut 3 fr. 50.

Decamps. — Sa vie et ses imitateurs, par Marius Chaumelin. Marseille, Camoin, 1861. In-8.

— Et son œuvre, avec des gravures en fac-simile des planches originales les plus rares, par Ad. Moreau. Paris, Jouaust, 1869. In-8, avec portrait. 200 ex. dans le commerce. — 20 francs.

— Par Charles Clément. Paris, Librairie de l'Art, 1886. In-8, portr., fig.

— Les lithographies de... par Germain Hédiard ; Le Mans, Monnoyer, 1892.

Decisy (E.). — Par H. Béraldi. " Revue de l'Art ancien et moderne ". Mars 1902.

Degas (Ed.). — Par Huysmans dans "Certains". Paris, Tresse et Stock, 1889. In-18.

— Par G. Grappe. Paris, Librairie Artistique, rue du Bac, 65. In-fol., 58 ill. — 7 francs 50.

Nous ferons observer que c'est plutôt à titre de mémoire que nous enregistrons cet ouvrage superbement illustré, car Degas y est traité comme peintre et non comme *graveur* et c'est seulement le côté gravure qui nous occupe.

Delacroix (E.). — A l'exposition du Boulevard des Italiens, par H. de la Madeleine. Paris, 1864. In-8 illustré. — 5 à 6 francs.

Amédé Cantaloube a écrit au sujet de cette exposition une intéressante brochure intitulée : *E. Delacroix l'homme et l'artiste, ses amis et ses critiques.*

— Sa vie et son œuvre, par Paul Mantz (1864). Paris. In-8.

(1) Voir " L'Art ", 3e série, 22e année, tome II, pages 307, 376, 461 et 538.

— Sa vie et ses œuvres. Paris, Claye, 1865. In-8. — 20 francs.

L'auteur anonyme n'est autre que feu Piron, l'ancien chef de division à l'administration générale des postes à Paris sous l'Empire. *Très rare* et tiré pour la famille et les amis.

— Son œuvre, par Henri du Cleuziou. Paris, Marpon, 1865. In-18.

— Catalogue raisonné de l'œuvre de... par Adolphe Moreau. Paris, Jouaust. In-8, 1873.

Précieux ouvrage valant 12 à 15 francs, très fidèlement documenté, divisé en 5 parties : 1º Ses propres portraits ; 2º les pièces originales comprenant 23 eaux-fortes, aquatinte et vernis mou, 107 lithographies 17 dessins sur bois et 6 pièces douteuses et enfin les reproductions ; 3º la liste chronologique de ses peintures décoratives et des tableaux qui se trouvent dans les musées ; 4º les portraits peints et dessinés ; 5º le résumé des ventes où figurèrent les œuvres de l'artiste avec les prix, noms des acquéreurs et possesseurs actuels.

— L'œuvre complèt de... peintures, dessins, gravures, lithographies. Catalogué et reproduit par Alf. Robaut, commenté par Chesneau. Paris, Charavay, 1885. In-4, portr., fig. — 10 à 12 francs.

— Par Eugène Véron. Paris, Librairie de l'Art, 1887. In-8, portr., fig.

— Par Hédiard " L'Artiste ". Août, Septembre et Octobre 1889.

— A l'école des Beaux-Arts, par M. Vachon. Paris, Baschet. In-fol. — 12 à 15 francs.

— By Dorothy Bussy. Duckworth. In-8. — 6 francs.

— Par M. Tourneux. Paris, Laurens. In-8.

— Par Camille Mauclair. Paris, Librairie artistique et internationale. In-4 illust. — 7 francs 50.

— Le Peintre-Graveur illustré par L. Delteil. Tome III. Paris, chez l'auteur, 1908. In-4.

Ce tome III du prix de 15 francs, tiré à 445 exemplaires, contenait Ingres et Delacroix. Il y avait 45 exemplaires de luxe avec une eau-forte originale de Delacroix *Tigre couché à l'entrée de son antre* valant 40 francs ; 300 avec l'eau-forte 22 francs, et 100 sans l'eau-forte 15 francs.

Ce catalogue, qui mentionne par ordre chronologique 131 pièces avec dimensions, états et notices, est ainsi divisé : Ire Section : eaux-fortes et aquatintes, 25 pièces ; IIe Section : lithographies, 105 pièces, y compris les 18 pièces de Faust et les 16 d'Hamlet ; IIIe Section : 6 pièces mentionnées par Moreau et Robaut, mais dont il n'est pas connu d'épreuves ; IVe Section : 12 pièces douteuses ou faussement attribuées. Le tout accompagné d'innombrables notes, la plupart *inédites* et de la plus haute saveur.

Nous attirons l'attention des amateurs d'estampes d'une façon très spéciale sur les catalogues illustrés de Loys Delteil, ils sont précieux entre tous et par la fidélité de leur graphique que mille descriptions ne saurait remplacer, et par la précision des états notés avec la plus scrupuleuse exactitude. Ajoutons que de nombreuses notes viennent agrémenter ces volumes et que l'auteur a doublé l'intérêt de son travail en donnant les prix obtenus dans les ventes publiques de ces 25 ou 30 dernières années. Le savant expert-graveur a donc bien mérité des amateurs et nous personnellement nous ne saurions lui marchander nos éloges.

Les reproductions sont faites en *simili-gravures* pour les pièces qui ont un fond gris et au *cliché-trait* pour celles sans fond.

Delasalle (Mlle A.). — Par A.-M. " Revue de l'Art ancien et moderne ". Décembre 1905.

Delâtre (E.). — Par H. Béraldi " Revue de l'Art ancien et moderne ". Juin 1905.

Delff (W.-J.). — L'œuvre de... par Dz. Franken. Amsterdam, van Gogh, 1873 (?) avec port. à l'eau-forte, par Taanman. — 5 francs.

Tiré à très petit nombre, devenu *rare*.

Delpy (C.). — Par H. Béraldi " Revue de l'Art ancien et moderne ". Avril 1904.

Delteil (Loys). — Par Gehuzac " L'Art ", tome LX, 1901.

Demarteau (Gilles). — Catalogue des estampes gravées au crayon d'après différents maîtres, qui se vendent à Paris chez Demarteau, s. d. Cloître Saint-Benoît. In-18. Très rare.

— Graveur et pensionnaire du Roi à Paris (1722-1776) et Gilles-Antoine, son neveu (1750 ?-1803). Notice par J.-E. Demarteau. Liège, L. de Thier, 1879. In-8.

— La vie et l'œuvre de... ; son invention de la gravure crayonnée ; ses élèves Gilles-Antoine Demarteau (1750-1802), Coclers, Le Prince, Redouté, Varin, Demeuse, etc. Catalogue et prix de ses 664 gravures, avec 2 portr. Bruxelles van Tright, 1883. In-8. — 6 à 8 francs.

— Catalogue descriptif précédé d'une notice biographique, par L. de Leymarié. In-8, avec 8 pl. hors texte. Paris, G. Rapilly, 1896. — 10 francs.

— Le graveur liégeois, 1722-1776, par A. Micha. Liège, A. Bénard, 1905.

Demarteau (Gilles et Gilles-Antoine). — Par H. Bouchot, d'après des documents inédits " Revue de l'Art ancien et moderne ". Août 1905.

Très intéressante et copieuse étude qu'il faut lire.

Denis (Maurice). — Par A. Mithouard " Art et Décoration ". Tome XXII, 1907.

— Par Arsène Alexandre " L'Art et les Artistes ". Janvier 1909.

Depollier (aîné). — Deux artistes Savoyards : Jean Bonier peintre et F. Depollier aîné, graveur en taille-douce, par F. Miquet. Annecy, Abry, 1890. In-8.

Deruet (Cl.). — Recherches sur la vie et les ouvrages de... peintre et graveur Lorrain, par E. Meaume. Nancy, Lepage, 1853. In-8.

— Peintre et graveur Lorrain. Notes, par Albert Jacquot. Paris, J. Rouam, 1894.

Desboutin (M.). — Exposition de l'œuvre gravé de... Galerie Durand-Ruel. Juillet, Août 1889.

— Catalogue des œuvres de... peintre et graveur, exposées à l'Ecole Nationale des Beaux-Arts, Décembre 1902. Avec préface de G. Lafenestre. Paris, Librairie de l'Art ancien et moderne. In-4 illustré. — 5 francs.

Desboutin était un superbe artiste doublé d'un *écrivain* délicat.

Diaz. — Par Hédiard " L'Artiste ". Janvier 1895.

Dietrich (C.-W.-E.). — Monographie der... radirten, geschabten und in Holz geschnitten malerischen Vorstellungen, verfasst und herausgegeben von J.-F. Linck. Berlin, 1846. In-8.

Dillon (H.-P.). — Par R.-G. " Revue de l'Art ancien et moderne ". Janvier 1906.

Doré (G.). — Peintre, sculpteur, dessinateur et graveur, par René Delorme. Paris, Baschet, 1879. In-fol., portr. nombreuses figures et 25 pl. sur bois et 21 photos. — 15 à 18 francs.

Paraissait en livraisons à 1 franc 50 le numéro.

— Catalogue des dessins... estampes de... exposés au Cercle de la Librairie avec une notice biographique, par G. Duplessis. Paris, Mars 1885. In-12, portr.

— La vie et les œuvres de... d'après les souvenirs de sa famille, de ses amis et de l'auteur Blanche Rosevelt, traduit de l'anglais par M. du Seigneur. Paris, Librairie illustrée, s. d. In-8, fig., portr.

Drevet (Les). — Catalogue raisonné de leur œuvre, par Firmin-Didot. Paris, Didot, 1878. In-8, portr. — 10 francs.

Les trois Drevet sont : Pierre, Pierre-Imbert et Claude. Il y a des exemplaires sur grand papier.

Ducerceau (Les). — Leur vie, leur œuvre, d'après de nouvelles recherches, par H. de Geymuller. Paris, Rouam,

1888. In-4. Illustré de 137 gravures dans le texte et de 4 pl. hors texte. — 6 à 7 francs.

Dujardin (Karel). — Voir : *Burlington Club*.

Duplessi-Bertaux. — Recueil de sujets de divers genres, dessinés et gravés à l'eau-forte par J. Duplessi-Bertaux, précédé d'une notice historique sur la gravure à l'eau-forte et sur les artistes qui s'y sont distingués. Paris, s. d. In-4, avec 40 pl.

Dupont (P.). — Nieuwe Graveerkunst in Nederland door Jan Veth " Onze Kunst " N^r 8 Augustus 1903. In-4, met pl.

<small>Article sur P. Dupont, très bel artiste hollandais dans la manière de Durer ; des specimens illustrent ce numéro.</small>

Dupré (Jules). — Par Hédiard " L'Artiste ". Juillet 1894.

— Par L. Delteil " Le Peintre-Graveur illustré ". Tome Ier. Paris, chez l'auteur, 1906. In-4.

<small>Ce tome Ier, du prix de 8 francs est *épuisé*, il contient 4 fascicules : Millet, Rousseau, J. Dupré et Jongkind ; il était loisible de ne souscrire qu'à un seul de ces fascicules. Tiré à 325 exemplaires dont 25 de luxe à 25 francs. L'œuvre de Dupré est fort peu nombreux il ne contient que neuf lithographies. — Voir notre note à *Delacroix*.</small>

Durer (Alb.). — Raisonnirendes Verzeichniss aller Kupfer und Eisenstiche, so durch die geschickte Hand Alb. Durer's selbst verfertigt wordem ; von G.-S. Hüssgen. Francfort, 1778. In-18, Portr.

— Eines der grössesten Meister und Künstler seiner Zeit, Leben... und Kunstwerke... von David Gottfried Schöber. Leipzig und Schleiz, 1779. In-8.

— Leben... nebst alphabetischem Verzeichniss der Orte an denen seine Kunstwerke anf bewahrt werden. Leipzig, 1791. — In-8.

— By Chemnitz (?) 1802. In-8.

<small>Une seconde édition a paru en 1823,</small>

— Catalogue de l'œuvre de... par un amateur (Comte de Leppel ?) [1]. Dessau, 1805. In-16 portr. — 10 à 12 francs.

— Und sein Zeitalter, von Adam Weise. Leipzig, 1819. In-4, Portr.

— Das Leben und die Werke... von J. Heller. Bamberg, 1827, tome II [2].

— Seine Kunst ; von Nagler. Munich, 1837. In-8.

— Dagverhaal zijner Nederlandschereize in de jaren

---

[1] Weigel croit y reconnaître plutôt Menge que le comte Leppel.
[2] Le premier volume n'a jamais été publié, bien qu'un supplément à ce tome ait paru en 1831, il va de la page 983 à 1090. Ce tome II vaut 25 à 30 francs.

1520 en 1521 ; met belanghijke aantee Keningen opgehelderd. S'gravenhage, Schinkel 1840. In-8.

C'est son journal.

— In de Nederlanden. Uitgegeven door Frederic Verachter. Antwerpsen 1840. In-8, Portr.

— Von dem Leben und den vorzüglischten Werken des berühmten Meisters A. Durer von Nürnberg. Basle, 1855. In-4.

— Par L. Alvin " Revue Universelle des Arts ", tome II, 1855, p. 360.

— Leben und Wirken, von Dr. A. von Ene. Nördlingen. G.-H. Beck'fchen, 1860. — 7 francs.

— Kupferstiche, Radirungen, Holzschnitte und Zeichnungen, unter besonderer Berücksichtigung der dazu verwandten Papiere und deren Wasserzeichen, von B. Haussmann. Hannover, 1861. In-4, mit Pl. — 12 à 15 francs.

Ouvrage très estimé particulièrement pour les gravures sur bois et également précieux pour les renseignements qu'il contient et sur les papiers et sur les filigranes.

— Œuvre de... photographié par Bisson frères, texte par Galichon. Paris, 1861. In-fol., 108 photos. — 45 à 50 francs.

— Sa vie est ses œuvres, par Emile Galichon. Paris, Aubry, 1861 ; in-4 de 89 p. et 12 gravures. Tiré à 100 exemplaires. — 20 à 25 francs.

— A Venise et dans les Pays-Bas, autobiographie, lettres, journal de voyages... traduits de l'allemand avec notes... par Ch. Narrey. Paris, Renouard, 1866. In-4, portr. et 27 gr. — 20 francs.

— Par Hermann Grimm. Berlin, 1866. In-8.

— Durer's-Kunstlere und sein Verhältniss zur Renaissance, von Zahn. Leipzig, 1866. In-8.

— Par Albert von Zahn, 1866.

— His life and works... with complete catalogues of his engravings on copper and wood, etc... By William B. Scott. London, Longmans, 1869, In-8 with illustrations. — 8 à 10 francs.

— Leben und Wirken von... von, von A. Ene Nordlingen, zw. Ausgabe, 1869.

— The history of the life of... With some accounts of his works by Mrs Ch. Heaton. London, 1870. In-8.

— Und Jacob Heller; von Otto Cornill. Francfort, 1871.

— Kupferstiche und Holzschnitte, ein Kritisches Verzeichnis, von R.-V. Retberg. München. Th. Ackermann, 1871. In-8, 2 Pl. — 10 francs.

Ouvrage très estimé et très recommandé.

— Untersuchungen über... von Dr. Alf. von Sallet. Berlin Weidmannsche Buchhandlung, 1874. In-8.

— La grande passion, en douze gravures sur bois, Nuremberg, anno 1511... d'après les épreuves avant la lettre du Cabinet du Dr Straeter... avec une introduction de G. Duplessis. Utrech et Paris, Rapilly, 1875. In-fol. — 40 à 50 francs.

— La vie de la sainte Vierge Marie en 20 gravures sur bois, par A. Durer, Nuremberg, anno 1511... reproduction par le procédé P.-W. van de Veijer avec une introduction de Ch. Ruelens. Utrecht P.-W. van de Veijer, s. d. In-4. — 20 francs.

— His teachers his rivals and his followers, by Sidney Colvin. London, Portfolio, vol. VIII, 1877.

— Sa vie et ses œuvres, par Moriz Thausing, traduit de l'allemand par G. Gruyer. Paris, Firmin Didot et Cie 1878. In-8, orné de 75 gr. — 15 à 18 francs.

Il y a eu 60 exemplaires tirés sur grand papier vergé, ils sont épuisés et valent 40 à 50 francs. Ouvrage de valeur.

— Kupferstichwerk-Text von Lübke. Nurnberg, 1881. In-fol. mit 104 Taf. in fac-simile. Lichtdruck. — 100 à 110 francs.

— Holzschnittwerk in Auswhal von Lutzov. Nurberg, 1882. In-fol.

— His life and works by Thausing translated and edited by F. A. Eaton. London (?) 1882. 2 vol. In-8, portraits and 56 illustrations. — 25 à 30 francs.

— Geschichte seines Lebens und seiner Kunst von M. Thausing. Leipzig, Seemann, 1884. In-8, 2 Bde mit Ill.

— Von Kaufmann. Freiburg im Breisgau. Herders'che, 1887. In-8 mit Ill. — 10 à 12 francs.

— Exhibition of... engravings, etchings and dry points and of most of the woodcuts executed from his designs. With an introduction by S. R. Kœhler. Boston, 1888. In-18.

C'est une merveilleuse exposition absolument exceptionnelle des œuvres du maître avec des notes inédites et extrêmement intéressantes sur chaque pièce, qui rendent ce catalogue un des plus instructif qui ait encore été présenté sur l'immortel artiste. Les épreuves qui figuraient là avaient été prêtées par M. Henry F. Sewal de New-York et par la collection appartenant au " Harvard College ".

— Von Anton Springer. Berlin, G. Grote, 1892. In-8 mit Ill. — 8 francs.

— Catalogue of the engraved works of... by C. H. Middleton-Wake, Cambridge, 1893. In-8. — 5 francs.

Les pièces sont classées dans leur ordre chronologique.

— Leben und Kunsterische Thätig-Keit, von A. von Ene. In-8, 1893.

Nous trouvons mentionné dans un catalogue : Leben und Wirken... du même auteur, Nordlingen 1860 in-8, avec annonce d'une seconde édition parue en 1869 avec un supplément ; nous enregistrons ces renseignements sans avoir pu les contrôler.

— A study of his life and work by Lionel Cust. London, Seeley and C°, 1894. Portfolio monographs, n° 11 — 12 ou 15 francs.

— A chronological catalogue of the engravings, dry points and etchings of... as exhibited at the " Grolier Club " compiled by S. R. Kœhler. The Grolier Club of New-York, MDCCCXCVII. In-4, with, 7 ill. — 150 francs.

Cette étude — tirée à 400 exemplaires — a paru en 1897 au moment de l'admirable exposition qui fut faite de l'œuvre du maître au " Grolier Club ". C'est le plus précieux catalogue qui ait été fait de l'œuvre gravée sur cuivre de l'artiste. Il est établi par ordre chronologique ; semblable disposition avait déjà été adoptée précédemment par Retberg à Munich en 1871, par le catalogue du musée de Boston lors de son exposition en 1888, et enfin par le Rev. Ch. Middleton Wake au musée Fitzwilliam à Cambridge en 1893.

L'auteur y soulève des questions fort intéressantes telles que : l'influence de l'art antique et de l'art italien sur l'artiste ; Durer s'est-il rendu copiste ? A-t-il inventé l'eau-forte ? etc... Kœhler aborde, pour la première fois, la fameuse question si complexe des *tirages* et il parle de la façon dont Durer obtenait ces sublimes épreuves à reflet, ou plutôt à aspect *argenté* et *nacré* qui, suivant l'auteur, était dû aux encres et surtout à la manière dont les planches étaient *essuyées*, il entre à cet égard dans de curieux et minutieux détails en homme qui possède bien son sujet ; il passe en revue les pièces douteuses ou apocryphes, etc. etc... Cent douze numéros sont mentionnés. La première pièce signalée — n'oublions pas que nous suivons l'ordre chronologique — est : *Le Violent*, sur la date de laquelle on est pas d'accord, tout laisse croire cependant que c'est vers 1490 qu'elle dut être gravée, et la dernière, qui porte le numéro 112 du catalogue est rubriquée : *Etudes pour Adam et Eve*. C'est une *reproduction* en photogravure, car le *seul* original connu est à la Bibliothèque Nationale de Paris ; elle a été publiée dans *La Société Internationale de Chalcographie* sous le n° 10 dans sa série de 1886, accompagnée d'un texte disant " *qu'elle était d'un graveur allemand inconnu du XV° siècle, qui avait une certaine affinité de style avec Martin Schongauer.* " Lehrs et Springer ne sont pas d'accord au sujet de cette dernière pièce ; nous ne pouvons malheureusement pas ici analyser leur discussion et y prendre part, mais une seule chose cependant nous semble bien étrange, c'est de voir que Durer, après avoir gravé son *Adam et Eve* en 1504 — date indiscutable, puisqu'elle est inscrite sur le cuivre, — soit *revenu* faire une étude sur ce sujet déjà traité de la façon magistrale que l'on sait. Nous partagerions bien davantage l'avis de Springer qui lui, au contraire, se croit en présence d'un *tout premier essai* de Durer dans l'art de graver. Mais nous nous laissons entraîner et nous ne nous apercevons pas que nous ne faisons plus de la biographie, mais bien de la critique iconographique ce qui, moins aride et moins sévère, est autrement séduisant. Quoi qu'il en soit, nous recommandons vivement aux amateurs l'achat de ce précieux catalogue — devenu presque *introuvable* — auquel cependant nous nous permettrons de faire une légère critique en constatant qu'on a omis de donner *la description* des pièces signalées.

C'est grâce à l'amabilité inlassable de M. H. C. Levis qui nous a envoyé cet ouvrage en communication, que nous avons pu en donner le compte rendu sommaire ci-dessus ; qu'il reçoive ici nos bien sincères remerciements.

— Sämmtliche Kupferstiche von Leitschwk. Nuremberg, 1900. In-fol.

— Genredarstellungen, von W. Suida. Strassburg, Heitz, 1900. In-8. — 5 francs.

— Beiträge zu Dürers Weltanschauung. Eine Studie über die drei Stiche Ritter, Tod und Teufel, Melancholie und Hieronymus im gehaus, von P. Weber. Strassburg, Heitz, 1900. In-8 mit 4 Lichtdruck. Tafeln und 7 Textbildern. — 6 francs.

— Durer's Kupfertischwerk. Sammtliche 140 Kupferstiche der Meister in Original-Grosse, mit Text von P. F. Leitschvk. Nurnberg. In-fol., 1901.

— Par Auguste Marguillier. Paris, H. Laurens, 1902. In-8 illustré.

— Catalogue of early German and Flemish woodcuts preserved in the Departement of prints and drawings in the British museum by Campbell Dogson. Vol. I. London 1903.

Ce catalogue, est *infiniment supérieur* à tous ceux dressés jusqu'à ce jour sur les *bois* de Durer ; malheureusement il n'est pas absolument complet, la collection du Bristish museum présentant elle-même quelques légères lacunes dans l'œuvre du maître. L'auteur a de plus expurgé un grand nombre de pièces qui étaient *faussement* attribuées à l'artiste.

— By L. Jessie Allen. London, Methuen, 1903. In-8.

— Par L. Gillet " Revue de L'Art ancien et moderne ". Novembre 1904.

— Par Maurice Hamel. Paris, 1904. In-8 illustré de 24 pl.

— By T. Sturge Moore. London, Library of art, 1905. In-12 with 55 illustrations. — 8 à 10 francs.

(1) Professeur au Lycée Carnot.

— Par F. Servaes. Berlin, 1905.

— Des Meisters Gemalde Kupferstiche und Holzschnitte von Valentin Scherer. Verlags-Anstalt, Stuttgart und Leipzig, 1907. In-8. — 12 francs.

— Durer Society's publication, 1898-1905, with introductory notes by Campbell Dogson. In-fol.

Cette publication, tirée à 300 exemplaires, renferme dans 5 portefeuilles 227 reproductions des œuvres de Durer, Schongauer, Vischer, Mantegna, Sringinklee, Altdorfer, etc. ; elle vaut 5 à 600 francs (?)

— Des Meisters Gemalde Kupferstiche und Holzschnitte. Herausgegeben von Valentin Scherer. Stuttgart und Leipzig und Paris Hachette et Cie, 1908. In-8 mit 473 Abbildungen. — 12 francs 50.

C'est la reproduction *complète* de tout l'œuvre du maître qui compte : 122 peintures, 104 cuivres et environ 166 bois, plus une vingtaine de pièces douteuses. Cet ouvrage est donc du *plus haut intérêt*. Une copieuse préface renseigne sur la vie et l'œuvre du célèbre peintre-graveur ; deux tables groupent les œuvres par ordre chronologique et par nature des sujets, et une troisième mentionne les noms des collections et des propriétaires chez qui se trouvent les tableaux. Ajoutons enfin, que la dernière page du volume est consacrée aux numéros établis par Bartsch et Passavant, ce qui facilite singulièrement les recherches. Chaque reproduction porte sa rubrique en anglais, allemand et français. Il existe une édition *française* éditée par Hachette et Cie, également en 1908, elle est ornée de deux portraits supplémentaires d'Albert Durer père en tête de la première page de texte, mais elle ne possède pas la liste des numéros de Bartsch et Passavant.

Durer fait partie de la série publiée sous le titre : *Klassiker der Kunst in Gesamtausgaben* qui a déjà à son actif : Raphaël, Rembrandt, Le Titien, Rubens, Velasquez, Michel-Ange, Schwind, le Correge et Donatel et qui poursuit brillamment son œuvre de vulgarisation à bon marché.

— Von H. Wölflin. München F. Bruckmann, 1908. In-8 mit 144 Abb. — 10 à 12 francs.

Nous croyons, sans l'affirmer, qu'il y avait eu une édition précédente en 1905 avec seulement 132 figures.

— Allegorical engravings of... by Henry F. Holt. n. d. n. p. In-8.

— The life of... by Mrs Charles Heaton. In-8 with a portr. and 16 illustrations. — 18 à 20 francs.

— Sämtliche Kupferstiche in unverganglichen Lichtdruck, in der Grösse der Originale reproduziert mit erläuterndem Vorwort von Fr. Leitschuh, herausg. von A Zemsch, 107 Taf. In-fol. — 35 à 40 francs.

— Von Anton Springer mit Tafeln und Illustrationem im Text. Berlin, G. Grote. In-8.

— Durer-Album... Kunstart Leben und Kunstenwicklung... Berlin. In-4. — 20 à 25 francs.

— By Lina Eckenstein. London, Popular Library of art. In-16 with 37 illustr.

— By R. F. Heath. London. In-8, portr. and illustr. — 5 francs.

— Von H. Knackfuss, 123 Illustr. — 5 francs.

— Voir : *Burlington Club. — Grolier Club.*

Duvet (Jean). — Etude sur la vie et l'œuvre de... dit le " Maître à la Licorne ", par E. Julien de la Boullaye. Paris, Rapilly, 1876. In-8, front. — 5 francs.

Le *premier* maître français qui ait gravé au burin. L'auteur donne une notice biographique, de curieuses notes sur la signature du maître et le catalogue de son œuvre avec description des pièces — qui sont au nombre de 78 — avec remarques sur les états.

Dyck (van). — Le cabinet des plus beaux portraits de plusieurs princes et princesses, etc., par le fameux Antoine van Dyck... que l'auteur a fait graver à ses propres dépens par les meilleurs artistes de son temps. Cette (*sic*) ouvrage peut servir pour supplément au Cabinet de Van Dyck imprimez à Anvers. La Haye, Jean Swart, 1723. In-fol. 80 à 100 francs.

Il y a 49 portraits gravés par Jode, Lommelin, Galle, Clouet, etc...

— Iconographie où vie des hommes illustres du XVIIe siècle, avec les portraits peints par A. Vandyck et gravés sous sa direction. Amsterdam, 1759. 2 vol. in-fol. : 120 portr. gravés par Vosterman, Pontius, de Jode, etc... inclus 13 par le maître. — 250 à 300 francs.

— Pictorial notices consisting of a memoir of Sir Anthony Van Dyck, with a descriptive catalogue of the etchings executed by him and a variety of interesting particular relating to other artists, Rubens, etc... by W. Hookham Carpenter. London, J. Carpenter, 1844. In-4, with 2 portraits. Tiré à 250 exemplaires. — 15 à 20 francs.

Vingt-sept eaux-fortes sont mentionnées comme gravées par le maître et treize comme lui étant attribuées.

— Mémoires et documents inédits sur... par Carpenter, traduits par Hymans. Anvers, Buschmann, 1845. In-8, front.

Ceci est la traduction de l'ouvrage précédent, édition de Londres 1844.

— Portraits gravés par et d'après Bohn, 1852. In-12.

Ces portraits figurent dans le catalogue du marchand d'estampes Hermann Weber qui est fort intéressant à consulter.

— Bildnisse bekannter Personen;... von Ignaz von Szwykowski [1]. Leipzig, R. Weigel, 1859. In-8.

— L'Iconographie de... d'après les recherches de H. Weber, par le D^r Fr. Wibiral, avec six planches représentant les vieux filigranes. Leipzig, Danz, 1877. In-8, avec front. — 12 à 15 francs.

<small>Cent quatre vingt-dix pièces sont mentionnées avec leurs états, mais pas une seule n'est décrite ; c'est là un fait *unique* en iconographie. Nous l'enregistrons pour sa singularité.</small>

— Icones principum virorum doctorum pictorum... numero centum ab. Antonio Van Dyck, pictore ad vivum.... Autverpiæ G. Hendriex excudit anno 1646. Venise, F. Ongania 1878, 100 pl. In-fol. — 120 à 130 francs.

<small>Reproduction à l'encre grasse par l'héliotypie Jacobi.</small>

— Et ses élèves, par A. Michiels. Paris, Renouard, 1882. In-4, orné de 8 eaux-fortes du maître reproduites par l'héliogravure et 16 autres gravures, dont 12 hors texte. — 18 à 20 francs.

— Sa vie et son œuvre, par J. Guiffrey. Paris, 1882. In-fol. ill.

<small>Cet ouvrage a été traduit en anglais par W. Alison et publié à Londres en 1896 à 265 exemplaires, au prix net de £ 4. 4. 0. Il est illustré de 28 grandes eaux-fortes et d'environ 100 reproductions dans le texte. On peut se le procurer aujourd'hui pour 40 à 45 francs.</small>

— [2] Zijn Leven en zijne werken ter gelegenheid der 300 verjaring geboorte 1599-1641. Gand, Vanderpoorten. In-8 met 2 Pl., 1900 ?

— Etchings by... 23 plates reproduced in Rembrandt photogravures the full size of the inestimable first states. Edit. by Walter Sharw Sparrow. With an introduction by H.-W. Singer. London, Hodder and Stoughton, 1905. In-4, 23 pl.

— Etchings of... Notice by F. Newbolt. London, Newnes. In-4, wiht 33 illust full page. — 10 à 12 francs.

— A historical study of his life and works by L. Cust. London, Bell and sons, 1900. Fol. with 54 photogr and 11 collotypes. — 50 à 60 francs.

— Von H. Knackfuss. In-8, 61 Ill. — 4 francs.

— Par Fierens-Gevaert. Paris, H. Laurens. In-8 illustré.

Dyck (van) and **Hals**. — By P. R. Head. In-8, portr. and illustr. — 5 francs.

<small>(1) Extrait des *Archives* de Naumann. Le catalogue de Herm. Weber n° 645 mentionne aussi les estampes gravées du maître.
(2) Le nom est orthographié *Antoon van Dyck*.</small>

Earlom (R.). — Verzeichniss seiner Radirungen und Schabkunstblätter, von J.-E. Wessely. Hamburg 1886. In-8.

East (Alf.). — By Frank Newbolt " Studio ", March 1905.

Edelinck (G.). — Par H. Delaborde " L'Art ", tome XI, 1886.

— Par H. Delaborde. Paris, Librairie de l'Art. In-4 illustré.

Ehrard (J.-Chr.). — Maler und Radirer von A. Appell. Dresden, 1866. In-8, mit Pl. — 7 à 9 francs.

Eisen. — Par de Goncourt " L'Art du XVIIIe siècle ". Paris, Charpentier, 1882. In-12.

Ensor (James). — Peintre et graveur, n° spécial de " La Plume ". Paris, 1899. In-8, avec 111 ill.

Artiste très curieux et de la plus singulière originalité ; c'est quelqu'un.

— Par Emile Verhaeren. Bruxelles, Van Oest et Cie, 1909. In-8 ill. — 10 francs.

Evenepoel (H.). — Par Paul Lambotte. Bruxelles, G. van Oest et Cie, 1908. In-8 ill. — 10 francs.

Everdingen (A. Van). — Catalogue raisonné de toutes les estampes qui forment son œuvre gravé par W. Drugulin. Leipzig, W. Drugulin, 1873. In-8, avec une gravure. — 4 à 5 francs.

Tiré à 250 exemplaires ; épuisé.

Faber (F.-Th.). — Catalogue des estampes qui composent l'œuvre de... peintre flamand, graveur à l'eau-forte, mis en ordre et publié par F. Hillmacher. Paris, Fournier, 1843. In-8.

En 1877 le fils de l'artiste publia à Bruxelles l'œuvre complet de son père.

Faithorne (W.). — A descriptive catalogue of the engraved works of... by L. Fagan. London, Quaritch, 1888. In-4. 15 francs.

— Voir : *Grolier Club*.

Falck (J.). — Sein Leben und seine Werke herausgegeben von J.-C. Block. Danzig, Hinstorff, 1890. In-4. — 12 à 14 francs.

Fantin-Latour. — Par Hédiard " L'Artiste ". Avril, Mai, Juin, 1892.

C'est la première partie jusqu'au n° 105, du catalogue édition nouvelle de 1906, dont en la même année 1892, Ed. Sagot fit un tirage à part avec deux litho originales : *Fantin à 17 ans* et *Vénus et l'amour*. En 1899, Sagot édita un second fascicule : *Lithographies nouvelles*, allant du n° 105 au n° 147 avec une lithographie originale : *La Liseuse*.

— Catalogue des lithographies de... exposées au Musée du Luxembourg. Paris, Juin, 1899.

— The art of... by Antonin Proust " Studio ", January 1902.

Admirable artiste dont les lithographies inimitées et inimitables sont des morceaux de roi.

— Exposition de 105 lithographies. Paris, A. Strölin, Mars 1905.

Il se trouvait réunies là des pièces superbes d'état et de condition et des épreuves d'état *rarissimes*.

— Lithographe. Catalogue de l'œuvre lithographié et gravé par Léonce Benedite. Paris, 1903. In-4, illustré de 24 gravures dans le texte et de 11 pl. hors texte dont 3 lithos originales. Tiré à 250 ex. numérotés à la presse. — 12 à 15 francs.

Il a été tiré 30 ex. sur grand papier velin avec taille douce sur Japon Imperial, valeur 25 francs.

— Catalogue de l'œuvre lithographique du Maître précédé d'une étude par Germain Hédiard et d'une notice sur G. Hédiard, par L. Benedite. Nouvelle édition revue, corrigée et complétée. Paris, Librairie de l'Art ancien et moderne, 1906. In-4. Tiré à 250 ex. numérotés à la presse. 12 francs.

Catalogue très remarquable, digne du grand artiste à l'œuvre duquel il initie ; il est établi en suivant l'ordre *chronologique* et comporte la description de 193 numéros, plus un appendice des deux seules eaux-fortes qu'ait gravées le maître : *Les Deux Sœurs* et *Un Morceau de Schumann*. Déplorons l'absence de table qui oblige — l'ordre *alphabétique* n'étant pas suivi et pour cause — à feuilleter *tout* le catalogue pour trouver la pièce cherchée.

— Recueil de cinquante reproductions... Introduction biographique et critique, par L. Benedite. Paris, Librairie Centrale des Beaux-Arts, 1906. In-fol. tiré à 500 exemplaires.

Superbe publication précédée d'une fort intéressante préface.

— Exposition de l'œuvre. Palais des Beaux-Arts, Juin 1906. In-8 ill.

Il a paru une seconde édition rectifiée.

— Par R. Bouyer. " L'Art et les Artistes ". Juin 1906.

— L'œuvre lithographique de... Collection complète de son œuvre ; 195 planches en portefeuille, reproduites en fac-similé par le procédé héliographique Boyet. Paris, Loys Delteil, 1907. In-fol. — 80 à 100 francs.

Très intéressant recueil accompagné d'une introduction de Léonce Benedite. Sous chaque sujet on a inscrit le titre, les dimensions des planches et le numéro du catalogue d'Hediard. C'est l'indispensable compagnon du collectionneur de l'artiste merveilleux qu'était Fantin-Latour. Tiré à cent vingt-cinq exemplaires, 100 seulement ont été mis dans le commerce, les reproductions obtenues par ce procédé sont parfaites.

— Par R. Bouyer " Revue de L'Art ancien et moderne ". Septembre 1909.

Fantuzzi [1]. — Catalogue de l'œuvre de... par F. Herbet. Fontainebleau, Maurice Bourges, 1897. In-8. *Très rare*.

Ficquet (E.), **Savart** (P.), J.-B. et J.-P.-S. **de Grateloup.** — Catalogue raisonné de toutes les estampes qui forment leurs œuvres, par L.-E. Faucheux. Paris, Veuve J. Renouard, 1864. In-8. — 25 à 30 francs.

Catalogue très bien rédigé et le seul publié sur l'œuvre de ces artistes, tiré à 100 ex. sur vergé et devenu *rare*. Il existe également en extrait de la *Revue Universelle des Arts*, mais la pagination ne se suit pas, il ne vaut alors que 7 à 8 francs.

Finiguerra (Maso). — Untersuchung der Gründe für die Annahme : Das M. Finiguerra der Erfinder der Handgriffs sei, gestochene Metallplatten auf genetztes Papier abzudrucken : von C.-F. von Rumohr. Leipzig, 1841. In-8.

— Materiali per servire alla storia dell'origine e de' progressi dell'incizione in rame, e in legno, e sposizione dell'interessante scoperta d'una stampa originale dal celebre M. Finiguerra fatta nel Gabinetto Nazionale in Parigi. Parma, 1802. In-8.

— Voir : *Courboin*.

Finiguera et Baroceio. — Cenni sulle antiche stampe classiche da... di Neu-Mayer. Venezia, 1832. In-8.

Fischer (Otto). — By H.-W. Singer " Studio " February, 1905.

Flameng (Léopold). — Par Henri Havard. Paris. In-4.

Forain. — Par Huysmans dans " Certains ". Paris, Tresse et Stock, 1889. In-18.

— Exposition d'eaux-fortes, tableaux et dessins, chez Bernheim jeune et Cie. Paris, Juin, Juillet 1909.

— By H.-W. Singer " Studio ", August 1909.

— Lithographe. Catalogue raisonné de l'œuvre lithographié de l'artiste, par Marcel Guérin. Paris, H. Floury 1910. In-4, avec 93 pl. Tiré à 125 exemplaires. — 60 francs.

C'est trop court de tirage ; es admirateurs du maître sont légions

---

(1) Graveur de l'école de Fontainebleau.

et il n'y aura que cent vingt-cinq élus !! et nous nous demandons anxieux si demain même le volume ne sera pas épuisé.

Nous ne saurions trop complimenter l'auteur de son intéressante introduction et l'éditeur H. Floury qui nous a déjà donné tant de beaux ouvrages, du soin très particulier qu'il a apporté au tirage de celui-ci. M. Marcel Guérin nous promet un second volume : les *Eaux fortes* du maître ; remercions-le d'avance, car nous lui réservons le même accueil empressé qu'à celui des lithographies.

Formstecher (H.). — Par Gehuzac "L'Art", tome LXII, 1903.

Fortuny. — Sa vie, son œuvre, sa correspondance, par le baron Davillier. Paris, Aubry, 1875. In-8 avec 2 eaux-fortes originales et 5 dessins inédits en fac-simile. — 5 fr.

— Par Charles Yriarte. Paris, Rouam, 1886. In-4, illustré de 17 gravures.

Forty (J.-Fr.). — L'œuvre de... dessinateur et graveur ; 110 pl. photographiées sur les estampes originales, recueillies et classées par P. Gélis-Didot. Paris, May et Motteroz, 1896. In-4. — 20 à 22 francs.

Fragonard. — Par de Goncourt "L'Art du XVIIIe siècle". Paris, Charpentier, 1882. In-12.

— Sa vie et son œuvre, par le baron Roger Portalis. Paris, J. Rothschild, 1889. In-8 ill. — 90 à 100 francs.

C'est au point de vue documents, l'ouvrage *le plus sérieux* et *le plus fouillé* écrit sur le maître ; l'auteur qui est un érudit et qui connaît à fond son XVIIIe siècle, nous a doté là d'une étude d'ensemble tout à fait hors ligne. Il y a, à la fin de l'ouvrage, un catalogue des portraits, peintures et dessins, avec une iconographie de l'œuvre de l'artiste qui feront la joie des collectionneurs de ce maître au génie si profondément français. Les illustrations abondent, 210 planches sans compter les vignettes. Tirage : 1100 exemplaires sur papiers divers, tous numérotés à la presse.

— Par Félix Naquet. In-4, avec 41 gravures. Paris, Rouam, 1890.

— Par C. Mauclair " L'Art et les Artistes ". Août 1906.

— Par Pierre de Nolhac. Paris, Manzi, Joyant et Cie, 1906. In-4 ill. — 250 à 300 francs.

Admirable publication de haut luxe magistralement illustrée, contenant environ 60 reproductions, la plupart en couleurs. Tiré à 500 exemplaires numérotés, sur papier des manufactures de Rives.

— Et son œuvre, par G. Kahn. Paris, Librairie Artistique et Internationale. In-fol. illustré. — 6 à 7 francs.

— Voir : *Chardin*.

Frey (Pierre de). — Notice sur les ouvrages de... par de Roquefort. N° 9 Annales du Bâtiment. In-8.

Furck (Sebastian). — Kupferstecher und Contrafaiter von

Frankfurt A.-M. von B. Muller. Frankfurt, 1899. In-8 mit einer Taf. In-8. — 7 à 8 francs.

Gaillard (F.). — Par Dargenty " L'Art ", tome XLII, 1887.

— Par H. de la Tour. Paris, Féchoz, 1788. In-8 ill.

— Maître-Graveur (1834-1887), par C. de Beaulieu. Paris, Blond et Barral, 1888. In-8.

— Graveur et peintre... 1834-1887. Notice sur sa vie et son œuvre, par Victor Guillemin. In-8. Besançon, Dodivers et Cie, 1890 ?

— L'Estampe et l'Affiche, n°s 1 et 2, 1898, par Loys Delteil. In-8.

— Par L. Benedite " Chronique des Arts ", 1898. In-8.

— Catalogue des œuvres exposées au musée du Luxembourg. Avril 1898, par Léonce Benedite.

<small>Claude Ferdinand Gaillard est le premier graveur au burin français que nous ayons ; c'est un artiste de la plus haute envergure qui peut être mis en parallèle avec n'importe quel maître passé et présent et nous ajouterons futur. Il a un métier qui lui est absolument personnel et une virtuosité qui en fait un maître qui ne saurait être surpassé. Son exposition était superbe, cinquante pièces gravées y figuraient. Le charmant artiste avait la manie des états, il était si sévère pour lui-même et il recherchait tellement la perfection qu'il en abusait, son " Saint Georges " en comptait trente-deux !!!</small>

— Voir : *Grolier Club.*

Gainsborough (Th.). — His life and works with illustrations... by A. Bell. London, 1897. In-8 ill. — 30 à 35 francs.

— Et sa place dans l'école anglaise, par Armstrong ; traduction de Gausseron. Paris, Hachette, 1899. In-fol., avec 62 héliog. et 10 lithos en couleurs. — 225 francs.

Gainsborough and **Romney**. — Horne's illustrated catalogue of engraved portraits and fancy subjects painted by T. Gainsborough R. A. 1 ; 1730-1820, and by Geo Romney 1770-1830, with the variations of the states of the plates. London, 1891. In-8, with 17 portr. — 30 à 35 francs.

Gainsborough and **Constable**. — By G. Brock-Arnold. In-8 portr. and illustr. — 5 francs.

Galle (Les). — Die familie... plaetsnyders van het laetst der XVIe en de eerste helft der XVIIe eeuw. Antwerp, J.-E. Buschmann, 1863. In-8.

<small>L'auteur de cet ouvrage est J.-J.-P. van den Bemden.</small>

Gardier (Raoul du). — Par R. Bouyer " Revue de l'Art ancien et moderne ". Octobre 1905.

<small>(1) Ces initiales indiquent qu'il faisait partie de la Royale Academie.</small>

Garnier (Ant.). — Peintre et graveur du Roi, par Th. Lhuillier. Paris, s. d. In-8.

Gaucher (Ch.-Et.). — Notice et catalogue par Portalis et Draibel (Béraldi). Paris, Morgand et Fatout, 1879. In-8 avec portraits. — 5 francs.

Gauermann. — Catalogue de son œuvre, par Frinmel, 1888.

Gauvin (J.). — Orfèvre, graveur... à Lyon au XVIe siècle, par Rondot. Lyon, 1892. In-8, avec 1 pl. — 4 francs.

Gavarni. — Lithographies originales et essais d'eau-forte et de procédés nouveaux. Catalogue raisonné, par J. Armelhant et E. Bocher. Paris, Librairie des Bibliophiles, 1873. In-8, avec un portrait de Gavarni dessiné par lui-même, 2 lithographies et une eau-forte de l'artiste également inédites. — 18 à 20 francs.

Quelques ex. sur Hollande et sur Chine. Précieux ouvrage sur un de nos plus beaux artistes français.

— L'homme et l'œuvre, par J. et E. de Goncourt. Paris, Plon, 1873. In-8, avec portrait de Gavarni à l'eau-forte, par Flameng. — 8 francs.

Etude fort belle sur l'artiste qui avait été l'ami des auteurs.

— Etude sur... par G. Duplessis. Paris, Rapilly, 1876. In-8, avec 14 dessins inédits.

— Par Eug. Forgues. Paris, Librairie de l'Art, 1887. In-4 illustré.

— Voir : *Daumier*. " Studio. "

Gayrard (R.). — Graveur et statuaire. Extrait des biographies Aveyronaises. Paris, 1859.

G.-B. del Porto. — Ecole de Modène. Giovanni Battista del Porto, dit le *Maître à l'oiseau*, peintre-graveur du XVIe siècle, par E. Galichon. Paris, Claye, 1859. In-8.

Gellée (Cl.). — Dit le Lorrain, son œuvre par le Comte Guillaume de Leppel. Dresde, C.-G. Gaertner, 1806. In-8 fig.

— Eloge historique de... par J.-P. Voiart. Nancy, 1839. In-8.

— Catalogue des estampes de... dit le Lorrain, par Ed. Meaume et G. Duplessis. Paris, Bouchard-Huzard, 1870.

Extrait tiré à 50 ex. numérotés, du tome XI du *Peintre graveur français* de Robert-Dumesnil. — 5 francs.

— Par Meaume. Nancy " Société d'Archéologie Lorraine " Crépin-Leblond, 1871. In-12.

— Claude Lorrain, sa vie et ses œuvres... par Mme Mark Pattison. Paris, Librairie de l'Art, 1884. In-4, portr., fig.

Gérard (le baron François). — Notice sur l'œuvre du... listes générales de ses ouvrages, renseignements divers. Paris, F. Didot, 1857. In-fol.

Gericault. — Catalogue de l'œuvre de... par Ch. Clément. Paris, Claye, 1866-1867. 2 vol. In-4.

— Etude biographique et critique avec le catalogue raisonné de l'œuvre du maître, par Ch. Clément. Paris, Didier, 1868. In-8. — 4 à 5 francs.

Une seconde édition augmentée d'un supplément et ornés de 30 planches a paru en 1879 ; elle vaut 20 à 25 francs.

— Par Léon Rosenthal. Paris, Librairie de l'Art ancien et moderne, 1906. In-8 ill.

— Par Louis Batissier. Rouen " Revue du XVIIIe siècle ". Brière, s. d.

Gessner (Salomon). — Sammtliche radierte Blätter. Zurich (1800). 2 vol. In-fol.

Gilray (James). — Genuine works designed and engraved by himself, printed from the original plates between 1779 and 1810... London I. Mac Lean, 1830. In-fol. — 350 à 380 francs ; très rare.

— The works of... from the original plates, with the addition of many subjects not before collected. By Th. Wright and R.-H. Evans. London [1849]-1851. — 200 à 225 francs.

Cet ouvrage comprend : un atlas de plus de 600 gravures, 1849 ; un atlas de 45 planches supprimées 1849 and an *Historical and descriptive account of the caricatures of Gilray.*

— His works by Th. Wright. London, 1874. In-8, with 400 ill.

— In " The Connoisseur " vol. III, p. 24.

Gillot (Louis). — By H. Frantz " Studio ". July 1907.

Godard. — Notice sur... graveur sur bois, par L. de la Sicotière. Caen, 1838. In-8.

Godefroy (J.). — Notice sur... graveur, par Miel. Paris, 1841. In-8.

— Peintre et graveur, par P.-L. Jacob, bibliophile. " Revue Universelle des Arts ", tome XVI, pages 22 et 96.

Gœneutte (Norbert). — Son exposition " Ecole des Beaux-Arts ". Paris, Avril 1895.

Goff (Colonel R.). — Studio " November " 1893.

Le colonel Robert Goff, qui habite Florence, a depuis longtemps déjà pris sa retraite pour s'adonner exclusivement aux arts qu'il aime avec passion. C'est un des plus beaux tempérament d'artiste que compte l'Angleterre et il possède une qualité hors ligne, celle d'être *essentiellement personnel*. Nous conseillons fortement aux collectionneurs d'estampes de demander à son dépositaire à Londres, M. Dunthorne, 5 Vigo Street, l'envoi d'un portefeuille en communication et nous leur signalons très particulièrement les eaux-fortes suivantes qui sont de premier ordre : New Castle-on-Tyne ; Summer storm in the Itchen Valley ; Middlebourg, Hollande ; Cannon street station ; Bazaar Cairo ; Sussex fields ; The mouth of the Thames ; one of London highways ; A study on river Test ; The pool Aldrington, Sussex ; Windwest coast, Italy. Nous nous portons *garant* qu'ils auront pleine et entière satisfaction et qu'ils nous en seront reconnaissants. Ces eaux-fortes varient, croyons-nous, de 75 à 200 francs.

Gole (Jacob). — Verzeichniss seiner Kupferstiche und Schabkunstblätter beschrieben von J.-E. Wessely. In-8. Hamburg, Haendcke, 1889 ?

Goltzius (H.). — Par F. van Hulst. Liège, 2e édition, 1846. In-8, portr.

Goncourt (Jules de). — Eaux-fortes de... Notice et catalogue, par Ph. Burty. Paris, Delagrave, 1875, avec 20 eaux-fortes et 11 gravures dans le texte. Tiré à 200 ex. sur vergé, 100 sur Japon et 2 sur peau de velin.

Gourmont (Rémy de). — L'Ymagier. Paris, 9, rue de Varennes, 1894-1896. 2 vol. in-4 ill.

Très *curieuse* et *intéressante* publication où, dit l'auteur « nous ferons la leçon de la vieille imagerie et nous dirons, par des traits, la joie de ceux qui, pour un sou rogné, ornaient leur ruelle d'archangéliques confidences... » C'est illustré avec profusion, on peut dire que ce n'est qu'image. Les deux tomes ne sont pas de même format.

Goya. — Sa biographie... les eaux-fortes et catalogue de l'œuvre avec 50 pl. inédites, d'après les copies de Tabar, etc... par Ch. Yriarte. Paris, Plon, 1857. In-4, fig. sur bois. 20 francs.

— Par Laurent Matheron. Paris, Schulz et Thuillié, 1858. In-12.

— Etude sur... sa vie et ses travaux... par G. Brunet. Bordeaux, Genouilhou. Paris, Aubry, 1865. In-8.

— La biographie, les fresques... les eaux-fortes et le catalogue de l'œuvre, par Ch. Yriarte. Paris, Plon, 1867. In-4, avec 50 pl. inédites, d'après les copies de Tabar, Bocourt et Ch. Yriarte. — 15 à 18 francs.

— Etude biographique et critique, suivi de l'essai d'un catalogue raisonné de son œuvre gravé et lithographié par Paul Lefort. Paris, Loones, 1877. In-8, avec un portrait.

— Par Huysmans dans " Certains ". Paris, Tresse et Stock, 1889. In-18.

— By Rothenstein. London, Unicorn Press, 1899. In-4.

— Etude biographique et critique suivie des catalogues complets, publ. pour la première fois de l'œuvre peint et dessiné, de l'œuvre gravé et lithographié par P. Lafond. Paris, 1902. In-4, orné de 70 gr. dans le texte et de 14 pl. à l'eau-forte et en héliogravure. — 25 à 30 francs.

— Von Valerian von Loga. Berlin, G. Grote'sche, 1903. In-4 mit 126 Abbil. — 25 à 30 francs.

— Goyas Lithographien und seltene Radierungen in getreen Nachbildungen der Originale in Lichtund Kupferdruck hergestellt von der K. Reichsdruckerei herausg. von V. von Loga. Fol. 27 Tafeln und Text. Berlin, 1906. In Mappe. 70 à 75 francs.

— Seltene Radierungen und Lithographien, 44 getreue Nachbildungen in Kupfer und Lichtdruck der Reichsdruckerei heransg. von V., von Loga. Berlin, Grote, 1907. In-fol., avec 45 Pl. — 90 à 100 francs.

— Catalog seines graphischen Werkes, von J. Hofmann. Wien, 1907. In-4, avec 18 Pl. — 20 à 30 francs.

Ce volume n'a été tiré qu'à 110 exemplaires mis dans le commerce ; c'est le supplément indispensable au catalogue Lefort de 1871.

— Cinquante planches d'après les œuvres les plus célèbres ; texte par Paul Lafond. Paris, Manzi, Joyant et Cie, 1909. In-fol. en 5 livraisons de 10 pl. en typogravures. 100 francs.

— Von Dr. Kurt Bertels. München, Piper und C^o. In-4 mit Tafeln. — 30 à 40 francs.

— By Will. Rothenstein. Edited by Lawrence Binyon. In-4 with, 20 plates. — 5 francs.

— Von R. Oertel, 143 ill. — 5 francs.

— By Richard Muther. London. In-16 with, 17 ill.

Grasset. — Sa série des estampes décoratives en couleurs, complète en 10 pièces. Paris, Lévy, 1905 (?)

Gabriel Mourey a consacré un article à l'artiste, le merveilleux illustrateur des "Quatre fils Aymon", dans le numéro de Janvier 1903 de " Art et Décoration ".

Grateloup. — Voir : *Ficquet*.

Gravelot. — Par de Goncourt " L'Art du XVIIIe siècle ". Paris, Charpentier, 1882. In-12.

Green (V.). — British mezzotinter[1], a memoir with catalogue

(1) Une première édition In-4 avait parue en 1902.

of his engravings by A. Whitman. London, Bullen, 1904.
In-8 with, 6 pl. — 25 à 28 francs.

Ce catalogue est le plus complet existant du célèbre graveur anglais en manière noire.

Greuze. — Lettres d'un voyageur à Paris [1] à son ami Sir Ch. Lovers, demeurant à Londres, sur les nouvelles estampes de Greuze... publiées par N***. Paris, 1779. In-8.

— Par de Goncourt " L'Art du XVIIIe siècle ". Paris, Charpentier, 1882. In-12.

— Sa vie, son œuvre, son époque, par Camille Mauclair, avec une introduction de Henry Marcel. Catalogue raisonné, suivi de la liste des gravures exécutées d'après ses ouvrages, par Jean Martin, conservateur du Musée Greuze à Tournus. Paris, Piazza, 1908. In-fol., avec 60 héliogravures, et 40 hors texte dont 10 en couleurs. — 200 francs.

Ce précieux et somptueux ouvrage — tiré à 500 exemplaires — est ainsi divisé : 1° la liste des œuvres peintes et dessinées, se montant à 1813 pièces ; 2° une bibliographie ; 3° la table des graveurs qui sont au nombre de 218 environ ayant reproduit les œuvres de l'artiste, sans compter les anonymes ; 4° la table des lithographies exécutées d'après les œuvres du maître ; 5° les catalogues des ventes des XVIIIe et XIXe siècles où figurèrent les œuvres de Greuze et 6° enfin la table méthodique des œuvres du catalogue. C'est on le voit, un travail *colossal*, mené avec une précision et une méthode qui fait le plus grand honneur à ses éminents auteurs, auxquels tous les amateurs de l'illustre artiste doivent être profondément reconnaissants.

Il a été fait un *extrait* de ce grand ouvrage sans les illustrations, il se vend chez Rapilly ; c'est un grand in-4 de 148 pages. Prix : 15 fr.

— Sa vie et son œuvre, par Thoré, Gautier, Saint-Victor, etc... Paris, s. d. " L'Artiste ". In-8, avec 4 pl. — 5 francs.

— Par Normand. Paris, Allison. In-4, illustré de 58 gr. dans le texte et 11 hors texte en sanguine.

Grün. — Par Gustave Soulier " Art et Décoration ", tome X, 1901.

Quelques-uns des plus jolis morceaux du charmant artiste sont reproduits dans ce numéro ; c'est pétillant d'esprit et de couleur, ça sue la jeunesse, le printemps et la vie.

Guay (J.). — Notice sur... et documents inédits émanant de cet artiste sur les œuvres en taille-douce... de la Marquise de Pompadour. Paris, Baur, 1873. In-8, avec 11 pl. et nombreuses fig. - 5 à 6 francs.

Guérard. — Son exposition. Galerie Bernheim, rue Laffitte. Paris, 1887.

---

(1) Un anonyme a répondu au *Voyageur de Paris* et à l'éditeur des estampes, des lettres qui ont été publiées à Amiens en 1780 sous le format in-8.

— 183 —

Une autre exposition eut lieu chez lui, avenue Frochot, en 1891. Nous connaissions personnellement l'artiste qui est *l'inventeur* de la *pyrogravure* et le plus joli manieur de cuivre qui se puisse rencontrer. Certaines de ses planches en couleurs sont de véritables tours de force de métier.

— Par Roger Marx. Paris, 1897. In-4.

Guesdon. — Architecte, dessinateur et lithographe, par Ch. Marionneau. Nantes, Forest et Grimaud, 1876. In-8.

Guido Reni. — Catalogue raisonné de ses estampes et de celles de ses disciples Simon Cantarini, Jean André et Elisabeth Sirani et Laurent Loli. Vienne, 1795. In-12, planche. — 4 à 5 francs.

Gusman (P.). — Par H. Béraldi " Revue de l'Art ancien et moderne ". Janvier 1905.

Haden (Seymour). — The etched work of... by Sir W.-R. Drake. London, Macmillan et C°, 1880. In-8. — 30 à 40 francs.

Cent quatre vingt-cinq pièces de cet œuvre admirable y sont décrites avec leurs dimensions et leurs états, avec une table d'entrée leur assignant un ordre chronologique.

— Etudes à l'eau-forte de... Notice et descriptions par Ph. Burty. Paris, 1886. In-fol. avec 5 culs-de-lampe et 25 eaux-fortes. — 3500 à 4000 francs.

Tiré à 180 exemplaires, devenu *très rare*. Ce recueil d'un des plus grands artistes contemporains est ardemment recherché, il fut émis à £ 36.15.0, soit 960 francs ; un exemplaire hors ligne était coté en 1904 chez Quaritch £ 360, c'est-à-dire 9.000 francs.

Les 31 planches qui devaient primitivement faire partie de ce recueil n'y figurèrent pas rigoureusement, parce que certains cuivres baissèrent rapidement au tirage et durent être abandonnés ; il n'y en eut exactement que 25. Dans le principe, il devait également y avoir 250 exemplaires de ce recueil, mais de fait il n'y en eut que 180 de tirés.

A l'heure présente, l'œuvre complet du maître est irréconstituable, il faudrait dépenser au moins 35 à 40.000 francs pour essayer d'y arriver et ce, sans grand espoir de succès.

— Catalogue of... private collection of modern etchings. First part : The complete etched work of F.-S. Haden. New-York, 1890. In-8.

— Catalogue of F. Seymour Haden's private collection of modern etchings. Firt part : The complete etched work of... New-York, H. Wunderlich and C°, 1890.

— Catalogue of a collection of etchings, dry-points and mezzotint by... formerly the private property of the artist. Museum of Fine arts Print Departement. Boston, 1896.

— A catalogue of etchings, dry-Points and mezzotint by... Exhibited at the " Grolier Club " [1], April-May 1902.

(1) Rédigé par M. Kennedy qui, avec sa haute compétence y signale des particularités d'états jusqu'alors ignorées.

— Catalogue of an exhibition of etchings, dry-points, mezzotints and drawings by... New-York, Keppel et C°, November-Décember 1904.

— Catalogue of an exhibition of... New-York, Keppel and C°. October 1906.

— A supplement to sir William Drake's catalogue of the etched work of... by H. Nazeby Harrington. London, Macmillan and C°, 1903. In-8. — 30 francs.

C'est une rectification en même temps qu'une augmentation apportée au catalogue de Drake. L'œuvre se compose de 241 pièces suivant Harrington, mais il est réellement de 242, car à Londres, en avril 1904, où nous nous trouvions à ce moment, Keppel nous montra une petite pièce qu'il venait de découvrir et qui était restée jusqu'alors *inconnue* ; au bas, on y lisait tracé à la pointe : *Holmewood July* 1860. *S. Haden.*

Voici quelques détails et un intéressant relevé indiquant par classement de procédés, toutes les pièces de cette œuvre absolument magistrale :

Eaux-fortes pures	144
Eaux fortes additionnées de pointes sèches	37
Pointes sèches pures	46
Mezzotintes pures	7
Eaux-fortes mezzotintées	6
Plus 2 cuivres simplement esquissés et pas mordus	2
Ensemble	242 pièces

Sur ce nombre, une soixantaine de cuivres sont détruits ou perdus. La première pièce fut gravée en 1843 et la dernière en 1901, l'artiste avait alors 84 ans !! La plus belle période est comprise entre 1859 et 1865. Les pièces de cette époque sont extrêmement recherchées entre autres " A Sunset in Ireland ", " Shere Mill Pond ", " By-Road in Tipperary ", Mouth of a Brook ", qui sont de la dernière rareté et atteignent de très gros prix.

— Voir : *Grolier-Club.*

Haig (Axel H.). — Catalogue of his etchings. New-York, H. Wunderlich and C°, November 1903.

Une précédente exposition des eaux-fortes du célèbre artiste suédois avait déjà eu lieu dans ces mêmes galeries en octobre 1885.

— His work... Catalogue of his etched works by E.-A Armstrong. London, " Fine art Society ", 1905. In-8 with portr. and 45 pl. — 30 à 40 francs.

Il existe des exemplaires en grand papier valant 75 à 80 francs.

Hals (Fr.). — Eaux-fortes de... par W. Unger avec une étude par C. Vosmaer. Leyde, A.-W. Sijthoff, MDCCCLXXIII. In-fol. 20 pl.

— Sa vie, son œuvre, par E.-W. Moes. Bruxelles, van Oest et Cie, 1909. In-8 ill.

— Par André Fontainas. Paris, Laurens 1909. In-8.

— By Gerald S. Davies. London, Bell and sons. In-fol. with 12 photogr. and 45 other illustr. — 50 francs.

Harunobu. — Japanese colour prints " Studio ", Septembre 1908.

Heemskerck (Martin). — A catalogue of the prints wich have been engraved after... ; or rather an essay towards such catalogue by Thomas Kerrich. Cambridge, J. Rodwell, 1829. In-8 portr. — 7 à 8 francs,

Hegi (Franz). — Der Kuperfstecher... von Zurich, 1774-1850. Sein Lebe und sein Werke, von Heinr. Appenzeller... Zurich, 1906. In-8 mit Portr. und Reprod. — 12 à 15 francs.

Heins (Armand). — Catalogue sommaire des eaux-fortes de... par Paul Bergmans, 1884-99. Gand, 1900. In-8 avec une eau-forte originale de l'artiste. — 5 francs.

Helleu (P.). — Catalogue des pointes sèches de... Préface d'Edmond de Goncourt. Portrait inédit de Helleu, par Boldini. Paris, Lemercier, 1897. In-4 avec 60 héliogravures.

— Par G. Mourey. " Revue Illustrée ". Paris, Novembre 1900. In-4.

— Par H. Bouchot. " Art et Décoration ", Mars 1903.

— Par O. Uzanne. " L'Art et les Artistes ", Octobre 1906.

Une jolie plume pour présenter une jolie pointe ! quel meilleur éloge peut on faire d'une étude, où toutes les grâces de l'œuvre du féministe qu'est Helleu se trouve encore diézé par la magie du style d'Uzanne.

« Toutes les jeunes filles d'Helleu vous donnent envie de vous marier » a dit spirituellement Raymond Bouyer, nous ne saurions le contredire.

Nous attirons l'attention du collectionneur sur le portrait de la délicieuse Duchesse de Marlborough qui est reproduit ici dans deux poses, c'est une des perles de l'œuvre.

Helman (I.-S.). — Essai sur l'œuvre de... par H. Vienne. " Revue Universelle des arts ", tome XX, 1865, page 263.

Henriet (Cl.), **Henriet** (Israël). — Israël Silvestre et ses descendants par E. Meaume. Nancy, 1852. In-8.

Henriquel-Dupont. — Par Feuillet de Conches. Paris, " L'Artiste ", 1881. In-8.

— Notice sur... par A. Jacquet. Paris, 1893. In-4.

Herkomer (Hubert von). — A study and a biography by A. Baldry. London, Bell and sons. In-fol. ill. — 60 à 70 francs.

L'artiste est surtout et avant tout un grand peintre, mais ayant néanmoins gravé une quarantaine de pièces dont certaines pleines d'accent et d'allure, nous ne pouvions lui refuser ici droit de cité.

Hersent (Louis). — Par Germain Hédiard. Paris, Sagot 1902. In-8 avec 15 pl.

Hervier (Ad.). — Par Roger Marx. " L'Image ", 1896.

<blockquote>Délicieux et charmant artiste qu'on devrait bien commencer à collectionner ; mais quel est l'amateur qui attachera le grelot pour qu'on lui emboîte le pas ?</blockquote>

Hiroshige. — The artist of mist, snow and rain ; an essay... with illustrations and fac-similes of some famous signatures. San-Francisco, 1901. In-8.

Hogarth. — Lettres de M*** à un de ses amis à Paris pour lui expliquer les estampes de Monsieur Hogarth. Londres, Dodsley, 1746. In-8.

— Hogarth moralized, being a complete edition of... works. London, 1768. In-8.

— Biographical anecdotes of... and a catalogue of his works chronologically arranged... by John Nichols. London, J. Nichols, 1781 [1]. In-8.

— A catalogue of the original works of... Sold by J. et J. Boydel. London, 1790. Grand in-fol.

<blockquote>Il y a là 103 gravures dont quelques-unes avant la lettre ; cette collection se vendait à l'époque environ 400 francs. En juin 1791, un texte explicatif de John Ireland fut publié par le même éditeur.</blockquote>

— Erklärungen der... Kupferstiche, mit verkleinerten Copien derselben von Riepenhausen ; von G. Christ. Lichtenberg. Gœttingue 1794-1831. In-8.

— Son œuvre gravé par Th. Cook. Londres, 1795-1801. In-fol. — 250 à 300 francs.

<blockquote>Cet ouvrage se compose de 78 sujets gravés sur 72 planches ; ce sont de violentes satires où sont flagellés avec une cruelle humour les défauts et les vices de la société anglaise de l'époque.</blockquote>

— Explication détaillée des gravures de... traduit de l'allemand Lichtenberger en français par Lamy. Gœttingue, Dietrich, 1797. In-18.

— The works of... from the original plates, restored by Jas. Heath, with the addition of many subjects not before collected, with biographical essay on the genius and productions of Hogarth... by J. Nichols. London, Baldwin, Cradock and Joy, 1822. In-fol., with 119 plates. — 180 à 200 fr.

— Moralized : a complete edition of all the most capital and admired works of... London, John Major, 1831. In-8 portr... fig.

[1] Cet ouvrage a été traduit en allemand en 1783 par A.-W. Crayen et publié à Leipzig en format in-8. Il y eut, en 1785, une troisième édition revue et corrigée.

— The works of... ; in a series of engravings... by J. Hogarth and J. Nichols. London, 1833. 2 vol. In-4, with pl.

— Sammlung seiner Kupferstiche, in verkleinerten, aber voliständ. Copien derselben von E. Riepenhausen, 88 Kupfertuf. Neue Ansgabe. Mit Text von G.-E. Lichtenberg und Fortsetz. von J.-P. Lyser und Le Petit. Gött, 1844-1853. — 35 à 40 francs.

— Par Feuillet de Conches. Paris, Claye, 1868.

— The works of... reproduced from the original engravings in permanent photographs and newly described... by Ch. Lamb. London, 1872. 2 vol. In-4.

— Par Austin Dobson. London, Sampson Low, Marston et C°, 1880. In-18.

— Dobson's memoirs of his life and work. London, 1891. In-8 portr. and plates. — 10 à 12 francs.

— By Austin Dobson, and an introduction on Hogarth's workmanship, by Sir Walter Armstrong. Heinemann. London, Ballantyne Press, 1902. In-fol. with, 77 photogravures. — 80 à 100 francs.

— Par Austin Dobson avec une introduction par W. Armstrong, traduit par Gausseron. Paris, Hachette et Cie, 1904. In-fol. ill. — 300 francs

<small>Superbe et monumentale publication illustrée dans laquelle environ 239 gravures d'après le maître sont signalées avec leur date de publication et environ 55 à dates incertaines.
C'est le plus colossal travail fait sur le célèbre artiste.</small>

— By G. Baldwin Brown. London, 1906. In-12 with illustr. — 5 francs.

— ¹ Par Armand Dayot.' L'Art et les Artistes ", Novembre 1907.

— Von J. Meier-Graefe. Munchen, Piper et C°. In-4 mit, 47 Abbil.

— Par Edward Hulton. Paris, Librairie artistique et Internationale [1908]? In-4 illus. — 7 francs 50.

Hokusai. — By C.-J. Holmes. " The Artists and Library ". with 19 illustrations. — 4 à 5 francs.

— Von F. Perzynski. Bielefeld, Velhagen und Klasing. In-8 mit Port, 104 Ill. mit 10 Plat in Farben 1904. — 5 fr.

— L'art Japonais au XVIIIe siècle, par Ed. de Goncourt.

---

(1) L'œuvre de l'artiste s'élève à environ 200 pièces dont une partie a été gravée par lui.

Paris, Charpentier, 1896. In-12 avec fac-simile du portrait de l'artiste, par sa fille Oyéi.

Holbein (J.). — Œuvre de Jean... ou recueil de gravures d'après ses plus beaux ouvrages, accompagnées d'explications historiques et critiques sur la vie du maître, par Chr. de Mechel. Basle, chez l'auteur, 1780-84-95. In-fol. en 4 parties. 200 à 250 francs.

<small>Les documents sur la vie de l'artiste annoncés sur le titre n'ont jamais paru.</small>

Holbein (H. der Jungere). — Von Ulrich Hegner. Berlin, 1827. In-8 Portr.

— In seinem Verhältniss zum deutschen Formschnittwesen ; von C.-Fr. von Rumohr [1]. Leipzig, 1836. In-8.

Holbein. — Ueber ein Paar Holbein'sche Formschnitte : vom Legations-Rath Detmold in Hannover. Leipzig, 1856. In-8 fig.

— Und seine Zeit, von Woltman, 2 Bde 1866-68. In-8.

— Some accounts of the life and works of... by R.-N. Wornum. London, 1867. In-8 with, 34 illustrations. — 8 à 10 francs.

— Und seine Zeit, von A. Woltmann, 1876.

— Par Paul Mantz. Quantin, 1878. In-fol., 28 grav. hors texte, 49 pl. contenant plus de 300 fig. dans le texte. — 25 à 30 francs.

— Par Burckhardt. Bâle, 1887. In-4.

— Par R. Holmes. Munich, 1896. In-fol.

— Par F. Benoit. Paris, 1905. In-8.

— Par Pierre Gauthiez. Paris, 1907. In-8.

— Von Th. v. Liebenau. Luzern, Prell. In-4.

Hollar (W.). — A description of the works of the ingenious delineator and engraver... disposed into classes of different sorts, with some account of his life : by G. Vertue. London, 1745. In-4 port.

<small>Il y a eu une seconde édition publiée à Londres en 1759 avec notes additionnelles, et la même reparut plus tard en 1818 augmentée du catalogue de l'œuvre d'Hollar possédée par Townley, avec les prix.</small>

— Description of the works of... with account of his life by G. Vertue, London, W. Bathoe, 1759. In-4. — 8 à 10 fr.

<small>(1) Un expert dont le nom est demeuré ignoré, croyons-nous, a répondu à cet ouvrage dans une plaquette intitulée : Auf Verau lassung und in Erwiederung von Einwürfen eines Sachkundigen gegen die Schrifft...</small>

— Beschreibendes Verzeichniss seiner Kupferstiche, von G. Parthey. Berlin, 1853 [1]. In-8. — 15 à 18 francs.

— Ergaenzungen zu G. Parthey's beschreibendem Verzeichniss seiner Kupferstiche. Prag, herausg, vom Landesausschusse des Kœnigreichs. Bœhmen, 1898. In-8.

— Voir : *Burlington Club*.

Holroyd (Ch.). — By A.-L. Baldry. " Studio ", January 1904.

Hooren (Melchisedich van). — Un artiste anversois ignoré (1552-1570), par H. Hymans. Anvers, de Backer, 1898. In-8 ill.

<small>L'artiste est surtout et plus particulièrement un graveur topographe, ses estampes au nombre de 9 sont exclusivement des vues d'Anvers.</small>

Hoppner (John). — The works of... by W. Mc Kay and W. Roberts. London, Bell et sons, 1909. In-4 with 60 photogravures plates. — 130 francs.

Hotin (A.). — Par H. Béraldi, " Revue de l'Art ancien et moderne ", Février 1904

Houbraken (J.). — Son œuvre, par A. Ver Huell. Paris, Loones, 1875. In-8 avec un portrait du maître, d'après lui-même. — 5 à 6 francs.

Huard (Ch.). — Par Edouard André, " Revue de l'Art ancien et moderne ", Décembre 1906.

Huessgen (H.-S.). — Nachrichten von Frankfurter kunstlern und kunstsachen, enthaltend das Leben und die Werke aller hiesigen... Kupferstecher... Frankfurt-am-Main, 1807. In-8.

Huet (J.-B.). — Par Gabillot. " L'Art ", tome LIII, 1892.

Huet (Paul). — Une eau-forte de... par G. Planche. " Revue des Deux-Mondes ", 1838.

— Notice biographique et critique suivie du catalogue de ses œuvres exposées en partie dans les salons de l'Union artistique, par Ph. Burty. Paris, place Vendôme, Décembre 1869. In-8 avec une eau-forte du maître. — 5 francs.

— Par Hediard. " L'Artiste ", Janvier-Février 1891, et au Mans chez Monnoyer, 1891. In-8.

— Par E. Legouvé. Paris, Lahure, s. d. In-8.

Huette (Charles). — Docteur de Montargis, statuaire, peintre et graveur, par le baron de Girardot. Orléans, Jacob ; librairie Herluison. In-8.

---

(1) Un supplément a été publié en 1858 dans la même ville.

Huot (A.-G.). — Notice sur... graveur, par G. Duplessis. Paris, Plon. In-8.

Ingres [1]. — Sa vie et ses œuvres, par Olivier Merson, avec un portrait photographié par Légé et Bergeron et un catalogue des œuvres du maître par E. Bellier de la Chavignerie. Paris, Hetzel, 1867. In-16.

— Sa vie et ses ouvrages, par Ch. Leblanc. Paris, Veuve J. Renouard, 1870. In-8, avec un portrait du maître, 12 gravures sur acier, une gravure sur bois, de la musique et un fac-similé.

— Sa vie, ses travaux... par H. Delaborde. Paris, 1870. In-8, portrait et fac-similé. — 6 à 7 francs.

Ingres et Eug. Delacroix. — Par Loys Delteil. Paris, 1908. In-4 illust. — 20 francs sans l'eau-forte de Delacroix.

C'est le tome III de la série que publie L. Delteil sous la rubrique : *Le Peintre-Graveur illustré* (XIX° et XX° siècles). Ingres n'a gravé qu'une eau-forte en 1816. — le portrait de Gabriel Cortois de Pressigny — et 8 lithographies originales de 1815 à 1825 nous apprend Loys Delteil. Savoir : six portraits dont celui d'une femme, un cul-de-lampe pour l'introduction du " Voyage en Franche-Comté du baron Taylor " et son " Odalisque ". Quatre de ces lithos sont signalées et reproduites pour la *première fois* dans cet ouvrage. Lord Glenbervie, Earl of Guildford et Sylvester Douglas n'existent qu'à l'état *d'unité*, on n'en connaît jusqu'à présent que les seules épreuves qui sont conservées au British Museum.

Isabey (Eugène) et **A. Raffet**. — Centenaire de... Catalogue officiel. Paris, Salon National des Arts lithographiques... 1904.

Il y avait aussi 51 adorables miniatures de Jean-Baptiste Isabey, prêtées par les plus distingués collectionneurs de Paris.

Isabey (Eugène). — Etude suivie du catalogue de son œuvre, par G. Hédiard, ouvrage posthume. Paris, Loys Delteil, 1906.

Lorsque mourut Germain Hédiard le 18 mars 1904, si cette étude était absolument terminée et définitive, il n'en était pas ainsi du catalogue qui subit de la part de Delteil de légères modifications, basées sur de nouveaux éléments et de nouvelles découvertes qui forcément obligèrent à quelques remaniements d'états.

Quatre-vingt-quatre lithographies y sont minutieusement décrites avec leurs dimensions et leurs états.

Isabey (J.-B.). — Sa vie et ses œuvres, par Ed. Taigny. Paris, Panckouche, 1859. In-8. — 5 à 6 francs ; rare.

— Œuvre lithographié de... précédé de quelques réflexions sur la lithographie, par de Villars " Revue Universelle des Arts ", tome XVII, 1863, p. 73.

(1) Ch. Blanc dans la " Gazette des Beaux-Arts " a consacré quelques articles à cet artiste en mai, juillet, septembre, novembre 1867 ; janvier, avril, juin, août et septembre 1868.

— Les lithographies de... par Germain Hédiard. Châteaudun, Société Typographique, avec portrait, 1896.

<small>Extrait de " L'Artiste " qui les avait publiées en août et septembre 1895. Lire dans les " Graveurs du XIXe siècle ", de Béraldi, tome VIII, pages 255 à 264, la copieuse étude qu'il a consacré à ce très intéressant périodique " L'Artiste ".</small>

— Sa vie et son temps (1767-1855), suivi du catalogue de l'œuvre gravé par et d'après lui, par Mme de Basily-Callimaki. Paris, Frazier-Soye, 1909. In-4 ill. de près de 300 reproductions dont 3 pl. en couleurs et 70 à pleine page. Tiré à 500 ex. numérotés. — 225 francs.

Israels (J.). — Essai de catalogue descriptif des eaux-fortes de... par Zilcken, La Haye, 1890. In-8.

<small>Texte hollandais croyons-nous.</small>

— L'homme et l'artiste. Eaux-fortes, par Wm. Steelink. Texte par Fr. Netscher. Traduction de Ph. Zilcken. Amsterdam, Schalekamp. In-fol.

Jackson (F.-E.). — By Ern. Radfort " Studio " March 1904.

Jacque (Ch.). — L'œuvre de... catalogue de ses eaux-fortes et pointes-sèches, dressé par J.-J. Guiffrey. Paris, Mlle Lemaire, 1866. In-8, avec eau-forte inédite. — 6 francs.

<small>Quatre cent vingt pièces y sont décrites avec leurs dimensions et leur état. Un supplément " Nouvelles eaux-fortes et pointes-sèches " a paru chez Jouaust, en 1884, il contenait 35 eaux-fortes nouvelles.</small>

— Exposition. Paris, Galeries Durand-Ruel, Novembre, Décembre 1891.

— Par A. de Latour " L'Art ", tome LIX, 1899 ?

— By Franck L. Emanuel " Studio ", April 1905.

<small>Il y a dans ce numéro douze reproductions très joliment triées des plus charmantes petites pièces du maître.</small>

Jacquemart. — L'œuvre de... par Louis Gonse. Paris, Claye, 1876. In-8 avec 23 eaux-fortes hors texte et de nombreuses gravures dans le texte.

<small>Extrait de la : *Gazette des Beaux-Arts* des numéros de Juin, Juillet, Septembre, Octobre et Décembre 1875, et Mars et Mai 1876.</small>

— Par G. Duplessis " Bulletin du Bibliophile ". Octobre 1880.

Janinet (Fr.).

<small>Le catalogue de ce très intéressant graveur en couleurs n'existe pas ; nous nous permettons de le signaler aux iconographes, il y a là une importante lacune à combler.</small>

Jeanniot (G.). — Son exposition chez Ch. Hessèle. Paris, Décembre 1898.

Johannot (Les). — Par Ch. Lenormant. Paris " La Biographie Universelle " [1858]. In-8.

Jongkind (J.-B.) ¹. — Le Peintre-Graveur, illustré par L. Delteil. Tome Ier. Paris, chez l'auteur, 1906. In-4.

<small>Vingt eaux-fortes, tout l'œuvre du maître, y sont mentionnées aveé avec leurs dimensions et leurs états, plus deux pièces dont on a pu retrouver la trace et une autre faussement attribuée à l'artiste.</small>

Kabel (Van der). — Son œuvre peint et gravé par de Cazanove, 1888.

Kaupertz. — Das Werk der Grazer Stecherfamilie von F. Wibiral. Graz. Moser 1909. In-8 mit Pl. In-8. — 5 francs.

Kiyonaga ². — Japanese colour prints " Studio ". July 1908.

Klein (J.-A.). — Verzeichniss der von... Maler und Kupferstecher, gezeichneten und radirten Blätter (vom Jahr, 1805 bis, 1846). Von L. Ebner. Stuttgart, 1853. In-8.

— Das Werk von... beschrieben durch G. Jahn. München, 1863. In-8.

Klinger (Max). — Von F.-H. Meissner. Berlin, Schuster und Löffler, 1899. In-8. — 5 francs.

— Von Brieger-Wasservogel. Leipzig, Seemann Nachf 1902. In-8. — 5 francs.

— Radierungen vom Schicksal des Weibes von A. Brunnemann. Leipzig, Seemann Nachf, 1903. In-8.

— Sein radiertes Werk. Verzeichniss der graphischen Arbeiten von Max Klinger... Berlin, Amsler et Ruthardt, 1907. In-8, mit Abb und Portr.

— Radierungen. Stiche und Steindrucke-Wissenschaftliches Verzeichnis von Haus Wolfgang Singer. — 80 à 90 francs.

Knopff (F.). — Par Dumont-Wilden " Revue de l'Art ancien et moderne ". Paris, 1905.

Kobel (Ferd.). — Catalogue raisonné des estampes de... par Etienne, baron de Stengel. Nuremberg, Riegel et Wiesner, 1822. In-12, portr.

— Ueber... und seine Radirungen. Nebst 12 Rad. von Ferd. Kobell, aus. seinem Werke. Stuttgart, 1842. In-8.

Kœrttgé (Alb.). — Par H. Béraldi " Revue de l'Art ancien et moderne ". Juillet 1905.

Kuniyasn ³. — Japanese colour prints " Studio ". October moderne ". 1908.

<small>(1) Voir aussi *Dupré*.
(2) Artiste Japonais.
(3) Artiste Japonais.</small>

La Belle (Et.). — Essai d'un catalogue de l'œuvre de... par Ch.-Ant. Jombert, peintre et graveur Florentin. Disposé par ordre historique suivant l'année où chaque pièce a été gravée... traduit de l'italien P. Baldinucci et enrichi de notes. Avec tables. Paris, 1772. In-8. — 15 à 20 francs.

— Graveur Florentin, par Clément Le Comte.

Laboureur (J.-E.). — Nomenclature des gravures sur bois, eaux-fortes et lithographies de... par A. Lotz-Brissonneau. Nantes, Dugas et Cie ; Paris, Edmond Sagot, 1909. In-8 illustré. — 5 francs.

Lacour (P.). — Peintre, graveur et littérateur Bordelais par lui-même. Bordeaux, 1830. In-fol. Tiré à 20 ex. numérotés. 20 à 25 francs.

Lafrensen [1] **(Niclas D.-Y.).** — Och Förbindelserna mellan swensk och Fransk Mälarkonst Pà, 1700. Talet, af Oscar Levertin. In-4 ill. de 12 pl. hors texte et de figures. — 12 francs.

Lafrensen (Nicolas). — Peintre à la gouache, par Henri Vienne [2].

Laing (Franck). — Catalogue de l'œuvre gravé. Paris, chez Hessèle. Novembre 1898.

, Charles Hessèle, l'aimable marchand d'estampes du 54 de la rue Laffite, a eu l'heureuse idée de se mettre en relation directe avec les maîtres étrangers les plus réputés, c'est donc chez lui que les amateurs trouveront toujours un choix considérable d'eaux-fortes de ces artistes, auxquels nos portefeuilles s'honorent de donner la plus large hospitalité.

Lalanne (M.). — Exposition des œuvres de... au Cercle Artistique et Littéraire de la Chaussée-d'Antin. Paris, Richard Berthier, 1874. In-8.

En 1875, une exposition des œuvres de l'artiste avait eu lieu au Cercle Artistique de Marseille. Un joli maître encore peu recherché, mais qu'on se rassure cependant, son heure viendra.

— Peintre, dessinateur, aquafortiste, 1827-1886, par Ch. Marionneau. Bordeaux, Gounouilhou, 1886. In-8.

— Catalogue of an exhibition of the etched work of... New-York, F. Keppel, 1880. In-8.

— Catalogue of etched work of... London, R. Gutekunst, 1905.

Lalleman et J. Le Clerc. — Peintres et graveurs Lorrains,

---

(1) Lavereince. Voir aussi ce nom.
(2) Extrait de la " Gazette des Beaux-Arts " ; le nom francisé est devenu Lavereince.

par E. Meaume. Nancy, Wiener, 1876. In-8. — 20 à 25 francs.

Lancret. — Eloge de... par Ballot de Sovot, accompagné de notes sur ses tableaux et estampes... par J.-J. Guiffrey. Paris, J. Baur, 1874. In-8. Tiré à 100 exemplaires. — 8 fr.

— Catalogue raisonné... par E. Bocher. Paris, Jouaust et Rapilly, 1877. In-4. — 20 francs ; épuisé.

<small>Quatre-vingt-sept pièces y sont mentionnées avec descriptions, dimensions et états. Cette monographie, tirée à 475 ex., se termine par : la liste des tableaux exposés place Dauphine ; la liste chronologique des tableaux envoyés aux différentes expositions du Louvre; les tableaux qui se trouvent dans les musées de Paris, de province, de l'étranger ou dans les collections particulières... ainsi que la liste chronologique des tableaux passés en vente de 1774 à nos jours, et enfin du catalogue des tableaux au décès de Mme Lancret.</small>

Langot [1]. — Catalogue raisonné de... graveur Melunois, par E. Grésy. Melun, 1858 et " Revue Universelle des Arts ", tome V, 1857, page 520.

Larsson (Carl). — Par Edouard André " Gazette des Beaux-Arts ". Mai 1909.

Lasne (J.-E.). — Graveur en taille-douce, illumineur de la ville de Bordeaux au XVIIe siècle, par Ch. Marionneau. Bordeaux 1887. In-8.

Lasne (Michel). — Graveur en taille-douce, de Caen, par Thomas Arnauldet et Georges Duplessis. Caen, Mancel, 1856. In-8.

— Notice sur sa vie, son œuvre et catalogue des gravures que possède de lui la Bibliothèque de Caen ; par A. Decauville-Lachenée. Caen, Delesques 1889. In-4. Tiré à 100 exemplaires.

Laugier (J.-M.). — Notice biographique sur... graveur d'histoire. Paris, Chamerot, 1876. In-8.

Laughlan (D.-S. Mac).— By H. Frantz " Studio ". March 1907.

Laurent (P.-L.-Henri). — Graveur français, par P. Dorange. " Revue Universelle des Arts ", tome XXI, 1865, page 217.

Lavereince (N.). — Catalogue raisonné... par Emmanuel Bocher. Paris, Jouaust et Rapilly, 1875. In-4, avec portrait front. — 20 francs ; épuisé.

<small>Dans ce catalogue tiré à 500 exemplaires, soixante-trois pièces y sont mentionnées avec descriptions, dimensions et états, plus dix pièces provisoirement attribuées au maître. Une liste chronologique des gouaches miniatures... passées en vente de 1778 à 1800</small>

---

(1) Un supplément à ce catalogue a été publié plus tard par l'auteur, nous ignorons en quelle année.

termine cette monographie. Les pièces gravées d'après cet artiste sont *extrêmement recherchées* et atteignent des prix énormes,

— Par O. Leverton. Stockholm, 1899. In-8.

Lawrence (Sir Th.). — Catalogue of the artist's exhibited and engraved works, by Lord R. Gower compiled by Algernon Graves. Paris, Goupil, 1899. In-4. — 80 à 100 fr.

Ouvrage illustré de 52 photogravures hors texte, consistant en : un frontispice en couleurs, 3 pl. de la couleur des originaux et 48 autres noires ou monochromes et quelques plus petites autres illustrations.

L.-D. — Catalogue de L.-D., graveur de l'école de Fontainebleau, par Herbet. Fontainebleau, Bourges, 1896. In-8. 7 à 8 francs. Très rare.

Le graveur qui a signé des initiales L. D. est un des plus féconds de la dite école, le nombre de ses planches dépasse le chiffre de 200. L'auteur en mentionne ici 226. L'artiste étant avant tout le graveur du Primatice, c'est par les compositions de ce peintre que commence la nomenclature des œuvres.

Léandre (Ch.). — Par Félix-Gautier " Revue illustrée ". Mai 1902. In-4.

— Par H. Béraldi " Revue de l'Art ancien et moderne ". Novembre 1905.

Charmant artiste ; nous vous recommandons sa belle affiche pour les " Cantomimes de Privas " représentant Pierrot et Colombine dans une mansarde.

Le Blond (Michel). — L'œuvre de... reproduit par l'héliogravure. Avec un texte descriptif et un catalogue raisonné de son œuvre complèt, par J.-P. van der Kellen. La Haye, Martinus Nijhoff, 1900. In-fol., avec 164 héliogr. et un portrait. — 50 francs.

Le Clerc. — Eloge de... dessinateur et graveur, avec le catalogue de ses ouvrages, par l'abbé Vallemont. Paris, N. Caillou, 1715. In-12, portr.

— Voir dans le catalogue Quentin de Lorangère. Paris, Barois, MDCCXLIV, les deux volumes de ce catalogue, marqués **C**, traitant de l'œuvre du maître.

— Catalogue raisonné de son œuvre... depuis 1650 jusqu'en 1714... par Ch.-Ant. Jombert. Paris, chez l'auteur, 1774. 2 vol. avec table. In-8, front. gravé. — 35 à 40 francs.

— Œuvres choisies de... contenant 239 estampes... Paris, 1784.

— Notice sur une planche gravée par... par F.-M. Chabert, Metz, 1859. In-8.

— Son œuvre par Ed. Meaume, avec une eau-forte rare reproduite par Amand Durand et un fac-simile de l'écriture de l'artiste. Paris, Baure et Rapilly, 1877, In-8. — 8 à 10 francs.

Lefebre (Valentin). — Catalogue raisonné de son œuvre par Villot. Du " Cabinet de l'Amateur et de l'Antiquaire ". In-8.

Legrand (Louis). — Peintre-Graveur. Catalogue de son œuvre, gravé et lithographié par E. Ramiro. Paris, Floury, 1896. In-8 ill. — 40 francs.

<small>Ce catalogue — tiré à 250 exemplaires — d'une œuvre exquise, contient la description de 95 eaux-fortes et de 17 lithographies avec leurs états et leurs dimensions ; il est fort joliment illustré. Un article spécial a été consacré à l'artiste par Roger Marx dans la " Gazette des Beaux-Arts " de Septembre 1896.</small>

— Catalogue des œuvres de... exposée à " L'Art Nouveau ", chez Bing, Paris, Avril 1896. In-8,

<small>La carte d'invitation en était charmante, procurez vous la.</small>

— Exposition des œuvres... galeries Georges Petit, Paris, Gustave Pellet, 1904. In-8, ill.

— Par Camille Mauclair : " L'art et les artistes ". Février 1906.

— Et son œuvre, par G. Kahn. Paris, Librairie Artistique et Internationale 1908. In-fol., illustré. — 7 francs.

<small>Les plus belles œuvres de l'artiste y sont reproduites dans le texte et hors texte en noir et en couleur.</small>

— Peintre et graveur, par Camille Mauclair. Paris, H. Floury, 1910. In-8. — 25 francs.

<small>Volume orné de 22 planches hors texte dont plusieurs eaux-fortes originales et 6 planches en couleurs et environ 150 reproductions en pleine page et dans le texte.
C'est un superbe ouvrage, digne supplément de celui de Ramiro, édité par H. Floury en 1896 et mettant à jour l'œuvre de l'artiste dont les années ont encore accru et le talent et la réputation.
Il a 100 exemplaires sur Japon avec double tirage des planches hors texte en taille-douce. Prix : 100 francs.</small>

Legros (A.). — Catalogue raisonné de l'œuvre gravé et lithographié de... 1855-1877, par A.-P. Malassis et A.-W. Thibaudeau. Paris, Baur, 1877. In-8, avec un portrait à l'eau-forte de Régamey. — 15 à 20 francs.

— Catalogue des œuvres exposées de... au musée du Luxembourg. Paris, Juin 1890.

— Son exposition à "L'Art nouveau". Paris, Mars 1898 [1].

<small>(1) Une autre eut lieu chez Durand-Ruel, mais le catalogue ne porte pas de date.</small>

— Par L. Benedite [1]. Paris, Ollendorf, 1900. In-4, avec fig. — 10 francs.

— By W.-S. Sparrow " Studio ". January 1903.

— Catalogue de son œuvre, gravé et lithographié... préface de G. Soulier. Paris, 1904. In-8, avec portrait. — 4 à 5 francs.

— Catalogue de l'œuvre, gravé et lithographié. Préface par G. Soulier. Paris, Hessèle, 1904. In-12, avec une eau-forte originale et un fac-simile du portrait de l'artiste. Tiré à 280 ex. — 5 francs.

Très intéressant catalogue mentionnant 631 pièces gravées, avec leurs dimensions.

— Peintre, dessinateur, graveur, par M. Dreyfous " L'Art et les Artistes ". Septembre 1908.

Legros (Sauveur). — L'œuvre de... graveur à l'eau-forte, par F. Hillemacher. Bruxelles, 1857 et " Revue Universelle des Arts ", tome VI, 1857, p. 146.

Leheutre (G.). — Par Roger Marx " Gazette des Beaux-Arts ". Juillet 1896.

— Par H. Béraldi " Revue de l'Art ancien et moderne ". Août 1902.

— Par Clément-Janin " Graphischen Künste ", n° 4. Wien, 1906.

— Par Ch. Saunier " Gazette des Beaux-Arts ". Avril 1909.

— Par A. Benedetti " Vita d'Arte ", n° 21. Siena, 1909.

Tous ces articles apprécient à leur juste valeur un talent délicat entre tous. Il faut voir ces eaux-fortes et ces pointes-sèches faites avec une sincérité et une fidélité de vision qui leur donnent un charme étrangement pittoresque. Quelques-unes de ces pièces sont reproduites dans les articles de Saunier et de Benedetti, ce sont : *La rue du Petit-Gars, à Tours* ; *la rue Domat, à Paris* ; *le grand saule, à Saint-Parres* ; *la Ruelle des Chats* et l'étourdissante pointe-sèche *la Rue Corne-de-Cerf, à Troyes*, le chef-d'œuvre de l'artiste. Malheureusement ces épreuves, tirées à très petit nombre, ont été *épuisées* quelques jours à peine après leur apparition, peut être en reste-t-il encore — nous en doutons fort — et il n'y aurait guère que chez Edmond Sagot, 39 *bis*, rue de Châteaudun, que vous auriez chance d'en rencontrer. Allez-y, vous ne regretterez pas votre course, nous nous en portons garant.

Leibl (Wilhem). — Sein Werk und sein Schaffen von J. Mayr. Berlin, Bruno Cassirer, 1908. In-8. — 22 francs.

Le Mire (N.). — Son œuvre, suivi du catalogue raisonné de l'œuvre de son frère Louis Le Mire... par Jules Hédou.

---

(1) L'article était paru dans " La Revue de l'Art ancien et moderne ", en mai 1900

Paris, Baur, 1875. In-8 avec portrait et bois inédits. 350 exemplaires. — 20 francs.

Lemud (A. de). — Catalogue de l'œuvre, lithographié et gravé par A. Bouvenne. Paris, Baur, 1881. In-8.

Lepère (A.). — " Harper's Monthly magasine ". November 1892.

— By Gabriel Mourey " Studio ". December 1897.

— Par L. Benedite, " Art et Décoration ", Janvier 1904.

— L'œuvre gravé de... par A. Lotz-Brissonneau. Catalogue descriptif et analytique orné de cinq planches originales et de quinze reproductions hors texte. Préface de Léonce Benedite. Paris, Edmond Sagot [1905]. In-8 ill. Tiré à 125 ex. — 80 francs.

Ce catalogue rédigé avec un soin tout particulier contient la description, les dimensions et les états de 133 eaux-fortes, 166 bois et 14 lithographies, en tout 313 numéros parce qu'il y a deux numéros bis, plus les livres et les publications diverses.
C'est du reste le catalogue de la collection de l'auteur la plus belle connue et absolument sans rivale. Depuis la publication de cet ouvrage, l'artiste a produit 35 eaux-fortes, 3 bois et 3 lithographies. C'est chez Edmond Sagot, qui s'occupe très spécialement de l'œuvre de Lepère, que le collectionneur pourra s'adresser de préférence.

— Par G. Kahn, " L'Art et les Artistes ", Mars 1908.

— Painter and engraver. Catalogue. London, Robert Dunthorne, 1908. In-12.

— By Henri Frantz. " Studio ", November 1908.

— Peintre et graveur, par Louis Merlet. Paris, Tassel, 1908. In-8 avec illustrations hors texte.

— Catalogue de l'exposition de... au Salon de la Société Nationale des Beaux-Arts, Avril-Juin 1908. Préface de Roger Marx. Paris, André Marty ou Sagot, 1908. In-8 ill.

Tiré à 150 exemplaires : 1 à 50, Japon ancien ; 51 à 100, sur velin, numérotés à la presse. De 101 à 150, numérotés à la main, non destinés au commerce.

— Catalogue des dessins et eaux-fortes de... qu'il rapporte du Marais Vendéen. Exposition chez E. de Sagot, Paris, Décembre 1909. In-12 ill.

Leprince (J.-B.). — Œuvre de... contenant plus de cent soixante pl. gravées à l'eau-forte et à l'imitation des dessins lavés au bistre... Paris, Basan frères, 1782. In-fol.

— Son œuvre et le secret de son procédé de gravure au lavis, par J. Hédou. Paris, Baur et Rapilly, 1879. In-8 avec port. front. par A. Gilbert. Tiré à 350 exemplaires. — 15 fr.

Lequeux (E.). — Par E. Dacier, " Revue de L'Art ancien et moderne ", Avril 1908.

Leutre (de) [1] — Opinion d'un bibliophile sur l'estampe de 1418, conservée à la bibliothèque Royale de Bruxelles. Bruxelles, 1846. In-4 avec fac-simile.

Le Vasseur (J.-Ch.). — Catalogue de l'œuvre gravé de... d'Abbeville, précédé d'une notice sur sa vie et ses ouvrages, par Em. Delignières. Abbeville, Briez, 1865. In-8 avec portrait.

Leveau (J.-J.-A.). — Notice par J. Hédou. Rouen, W. Boissel, 1879.

Lewis Brown (J.). — Par G. Hediard. Châteaudun [2], Société typographique. In-8 1899.

Leyde et Durer. — La vie et l'œuvre... son école, ses gravures... par W. Evrard. Bruxelles, van Tright, 1884. In-8.

Leyde (Lucas de). — Catalogue raisonné de toutes les estampes qui forment l'œuvre de... par A. Bartsch. Vienne, Degen, 1798. In-12.

— Lucas van Leyden. Verzeichniss seiner Kupferstiche, Radirungen und Holzschnitte, von D^r Th. Volbehr. Hamburg, Haendcke und Lehmkuhl, 1888. In-8.

— Dessins, estampes et peintures, 1495-1533 ; édités en 55 planches de phototypies, par Fr. Dülberg. Haarlem, 1904. In-fol. en port. — 50 francs.

Le célèbre graveur, rival de Durer, y figure ici avec les pièces les plus célèbres telles que *Samson et Dalila, Le Repos dans la fuite en Egypte, Saint Jérôme*, etc.

Lhermitte (L.). — Les eaux-fortes de... par F. Henriet. Paris, Lemerre, 1905. In-4 avec vignettes et 11 planches. — 15 à 20 francs.

Liebermann (Max). — Das graphische Werk von... von G. Schiefler. Berlin, Bruno Cassirer, 1907. In-8. — 25 francs.

Linck (J.-F.). — Monographie der von Professor C.-W.-E. Dietrich radirten, geschabten und in Holz geschnittenen malerischen Vorstellungen... Berlin, 1846. In-8.

Liotard (J.-Et.). — Peintre et graveur (1702-1789). Etude biographique et iconographique par Humbert et Revilliod et Tinalus. Amsterdam, Van Gogh et Paris, Rapilly, 1897. In-8 avec 2 héliog. et 73 phototypies. In-8. — 10 francs.

Longhi. — Calcographia. Milano, 1830. In-8.

(1) La plaquette n'est signée que des initiales J. A. L.
(2) Etait paru dans le numéro de " L'Artiste ", décembre 1897.

— Della vita, delle opere ed opinioni del Caval... da G. Beretta. Milano, 1837. In-8.

Longueil (J. de). — Sa vie, son œuvre, 1730-1792, par Panhard. Paris, Morgand et Fatout, 1880. In-8 ill. Tiré à 200 ex. — 30 francs.

<small>Fort beau catalogue admirablement rédigé et orné d'un portrait et de vingt-cinq illustrations ; il est ainsi divisé : 1° Estampes en noirs 32 pièces. — 2° Estampes en couleur, 2 pièces. — 3° Portraits, 5 pièces. — 4° Illustrations, 457 pièces. — 5° Pièces inconnues au nombre de 7. Toutes les gravures mentionnées sont minutieusement décrites avec leurs états.</small>

Lorrain (Claude). — Liber Veritatis or a collection of prints after the original designs of... executed by Richard Earlons in the manner and taste of the drawings... London, Boydell et C°, Cheapside [1777-1819], 3 vol. In-fol.

<small>En tout trois portraits et 300 estampes en 200 planches, en manière de lavis ; bien que cet ouvrage soit un pur recueil, sa grande notoriété et sa technique même nous oblige, croyons-nous, à en faire mention et à lui accorder droit de cité. Ce recueil vaut de 4 à 500 francs en tirage *ancien*.</small>

— Sa vie et ses œuvres par Madame Mark Pattison, suivi d'un catalogue de ses œuvres... In-4 avec 36 gr. dont 4 hors texte. Paris, Rouam, 1884. — 20 francs.

— By G. Grahame. London, Seeley and C°, 1894. In-8.

— Painter and etcher by G. Grahame. London, 1895. In-8 with many illustrations. — 5 à 6 francs.

— Par Raymond Bouyer. Paris, H. Laurens. In-8 illustré.

— Voir : *Burlington Club*.

Lucchese (S.-G.). — Vita di... intagliatore e statuario in legno, da Crespi. Bologna, 1770. In-8.

Lunois (D.). — Par E. Dacier. Paris, 1902. Libr. de l'Art ancien et moderne. In-4 avec 20 gravures dans le texte et 7 pl. hors texte dont 3 litho originales, 200 exemplaires numérotés. — 6 francs.

— Son exposition, Galerie Allard. Paris, Décembre 1909.

<small>Il y avait à cette exposition, indépendamment de la peinture, une réunion de 32 lithographes et gravures donnant une belle idée de la physionomie de l'œuvre de cet intéressant artiste. Nous ne citerons que pour mémoire et comme pièces exceptionnelles : La belle Tulipe ; la Hollandaise de Vollendam ; la Tisseuse de burnous ; l'Adoration nocturne, toutes, lithographies *en noir* que, pour notre part, nous trouvons encore infiniment supérieures à celles en couleurs qui sont néanmoins très bien.</small>

Luyken. — Par Huysmans dans "Certains". Paris, Tresse et Stock, 1889. In-18.

Luyken (Jan et Casper). — Het werk van... ; met medewerking van T.-Ph. v. d. Kellen. Amsterdam, Fr. Muller, 1905. In-8, 2 vol. met 56 Pl.— 35 à 40 francs.

<small>On trouve là, décrit avec soin l'œuvre de ces deux célèbres illustrateurs du XVIIe siècle, et également noté les différences existant entre les *originaux* et les *reproductions* ; ceci particulièrement précieux pour les collectionneurs.</small>

Me Ardell (J.). — With a biographical and descriptive catalogue of the mezzotints graved by him, giving their various states and value, by Gordon Goodwin. Cheswick Press, 1903. In-4 with 6 plates. — 22 à 25 francs.

Mac Ardell and Valentine Green. — Some mezzotints of... by H.-W. Singer, "Burlington Magasine", tome XI, 1907.

<small>Très importante étude consacrée aux deux graveurs en mezzotintes sus-nommés, dans laquelle l'écrivain complète ou redresse certains détails ayant trait aux ouvrages publiés par Goodwin et Whitman sur ces deux artistes.</small>

— Voir : *Burlington Club*.

Mac Laughlan (D. Shaw). — Par H. Béraldi. "Revue de l'Art ancien et moderne", Janvier 1903.

— Catalogue of an exhibition of original etchings by... at Gutekunst's gallery. London, May 1907.

<small>Une autre exposition avait eu lieu précédemment à Paris en mars 1906, rue N.-D.-des-Champs, 17.</small>

— In "The print collector bulletin" catalogue for sale. New-York, F. Keppel and Co. In-8 with 7 illustrations.

Mac Laughlin (Miss M. Louise). — Etching : a pratical manuel for amateurs. Illustrated with original specimens of the art. Cincinnati, 1880 (?)

Maître à l'Oiseau. — Voir : *Porto*.

Maître au Caducée. — Voir : *Barbari*.

Maître E.-.S de 1466. — Kleine beiträge zur Kunstgeschicte. Uber die copie eines Kupferstichs des Meisters... Erlautert durch vier treue Nachbildungen in Kupferstich von H. Loëdel. Koln, Heberle, 1857. In-8 mit Pl.

Maître de 1466 (Le). — Quelques mots sur le... par L. Alvin. 1889.

<small>Charles de Brou dans la *Revue Universelle des Arts*, a également parlé de ce graveur sous la rubrique : *Le Graveur de l'an 1466 et les grandes armoiries de Bourgogne*, tome IX, 1859 page 426.</small>

Maître de 1466. — Quelques mots sur ce maître, par E. Harzen, traduit par Alvin. "Revue Universelle des Arts", tome IX, 1859, page 193

Maître I.-B.. — Dit *Le Maître à l'oiseau*, par F. Lippmann, 1894. In-fol. avec 11 planches. — 20 à 25 francs.

Maître de Pétrarque. — Par Weiditz.

Maître des sujets tirés de Boccace. — Par G. Duplessis. Nogent-le-Rotrou, Gouverneur ; Paris, Rapilly, 1879. In-8.

Maître du Cabinet d'Amsterdam (Le). — Par Max Lehrs. Berlin, Inter-Chalcogr Society, 1893-94. In-8 avec 89 pl. — 180 à 200 francs.

L'œuvre de ce maître — dont le nom est demeuré inconnu jusqu'à ce jour — se compose de 80 pièces conservées au Cabinet des Estampes d'Amsterdam depuis 1806. Ces estampes sont très légèrement gravées, et pour la plupart à la pointe-sèche, dans une gamme grise et tendre ; on suppose que le maître usait d'un métal mou, tel que le zinc ou le plomb.

Manet. — Par Bazire. Paris, Quantin, 1884. In-8. — 5 francs.

— Et son œuvre, par T. Duret. Paris, Floury 1902. In-4 ill. — 25 francs.

Remarquable ouvrage, mais qui n'envisage pas l'artiste au point de vue exclusif du graveur qui nous occupe.

— Recueil de trente eaux-fortes originales de... comprenant la majeure partie de son œuvre gravé. Paris, A. Strölin, 1905. Tiré à cent exemplaires, cuivres détruits. — 450 francs.

— L'histoire de... et de son œuvre, par Th. Duret. Paris, Charpentier et Fasquelle, 1906. In-16 avec 12 ill.

— Graveur et lithographe, par Et. Moreau-Nélaton. Paris, chez Loys Delteil, 1906. In-4 ill. — 40 francs.

Ce très intéressant catalogue — le meilleur suivant nous au point de vue qui nous occupe — signale et reproduit 75 eaux-fortes du maître, 12 lithographies, 8 autographies et 8 bois ; le tout avec indications d'états et nombreuses notices.

Mantegna. — By Maud Cruttwell. London, Bell et sons. Edited by G.-C. Williamson. In-8 illustrated.

— Von H. Thode, 105 ill. — 4 francs.

— By Paul Kristeller, translated by S. Arthur Strong. London, 1901. In-4, with 26 photogravures and 162 other illustrations. — 20 à 25 francs.

Charles Yriarte a publié un ouvrage sur le même artiste en 1901.

Mantegna and **Francia.** — By Julia Cartwright. In-8 portr. and illustr. — 5 francs.

Mantelli (Giralomo). — Catalogue raisonné des planches gravées par... peintre et graveur Milanais, sur les dessins de Léonard de Vinci. Milan, s. d. In-4.

Marcanton. — Ein unbeschriebener Kupferstich von... von Paul Kristeller. Repertorium für Kunstwissenschaft XXXI. Band, I.-Heft. Berlin, 1908.

Marcenay de Ghuy (Ant.). — Peintre et graveur (1724-1811). Catalogue de son œuvre, par Louis Morand. Paris, Rapilly, 1901. In-8 avec une pl.

<blockquote>Graveur-amateur, qui essaya en 1756 de renouveler la manière de Rembrandt. Ce catalogue qui signale 71 planches du maître, fournille d'intéressants détails et notamment de lettres fort curieuses de l'artiste.</blockquote>

— Idée de la gravure et catalogue raisonné de l'œuvre, par de Ghuy, 1864.

Maréchal (Fr.). — Peintre dessinateur et graveur Liégeois, par A. Neuville " Wallonia " n° de Janvier 1906.

Marillier. — Etude biographique suivie d'un essai de catalogue chronologique de son œuvre, par Th. Lhuillier. Paris, Plon, 1886. In-8 ill.

Maris (Matthew). — Unsigned " Studio ", December 1903.

Marot (Daniel). — Catalogue de toutes les estampes qui forment l'œuvre de... architecte et graveur français, par A. Bérard. Bruxelles, Mertens et fils, 1865. In-8 ; et " Revue Universelle des Arts ", tome XX, 1865, pages 289 et 361.

Martial (A.-P.). — Le nouveau traité de la gravure à l'eau-forte à l'usage des peintres et des dessinateurs. Paris, Veuve Cadart, 1876. — 5 francs.

Maso Finiguera. — Untersuchung der Gründe für die Annahme dass Maso Finiguera. Erfinder des Handgriffessei gestochen Metallplatten auf genœsstes Papier abzudrücken, von Rumohr. Leipzig, 1860. In-8.

<blockquote>Plaquette *introuvable* de 60 pages, où l'auteur s'efforce de démontrer que Finiguera n'est point l'inventeur de la gravure.</blockquote>

— Notes critiques sur la " Paix ", attribuée à Maso Finiguera et sur les différentes épreuves, par François Courboin, " Revue de l'Art ancien et moderne " Mars-Avril 1909.

<blockquote>Encore une légende qui s'en va ! *La Paix, n'est pas de Maso Finiguera*, comme on l'avait toujours admis depuis 1797, époque à laquelle l'avait formellement assuré l'abbé Zani.

Il nous est impossible de résumer en quelques lignes les deux longs articles de 28 à 30 pages consacrés à cette réfutation : il y a des reproductions d'états extrêmement *curieux* ; enfin ce numéro " *La Revue de l'Art ancien et moderne* est un numéro *sensationnel* qu'il faut avoir et qu'il faut lire ; la haute compétence de François Courboin qui est Conservateur du Département des Estampes de la Bibliothèque Nationale, donne une saveur singulièrement précise à ce fait nouveau qui est plus qu'une révélation.

Qu'on nous permette en passant, de recommander aux travailleurs et aux curieux d'une manière absolument spéciale cette savante publication : *La Revue de l'Art ancien et moderne* qui tient aujourd'hui vaillamment la tête des périodiques français, en s'y plaçant au premier rang, grâce à l'initiative infatigable de son distingué directeur M. Jules Comte qui s'y dépense sans compter.</blockquote>

Maso Finiguera et Dei. — Les nielles de... par G. Milanesi. " L'Art ", tome XXXII, 1883.

— Le niel du couronnement restitué à son véritable auteur, par Milanesi. " L'Art ", tome XXXVI, 1884.

Masquelier (N.). — Notice sur... artiste Lilois. Lille, Danel, 1809. In-8. — 2 à 3 francs.

Massaux (G.-J.). — Notice sur... sculpteur et graveur à Gand, par Pierre-Joseph Goetghebuer. Gand, 1851. In-8.

Massé (J.-B.). — Un artiste oublié. Peintre de Louis XV, dessinateur et graveur... par E. Campardon. Paris, Charavay, 1880 : In-16, 2 portraits, illustrations dans le texte et un frontispice, par F. Regamey. — 4 à 5 francs.

Il existe des tirages sur Hollande, Chine et Japon, en tout 317 exemplaires.

Masson (Ant.). — Notice sur... graveur orléanais. Loury, 1636. Paris, 1700. suivie du catalogue de l'œuvre de l'artiste et d'un document inédit. Orléans, Herluison, 1866. In-8. Tiré à 100 exemplaires.

— Et les portraits de Louis, duc de Vendôme, par Ch. Bouchet. " Bulletin arch. et littéraire du Vendomois ", 1873. In-8.

Master (E.-S.). — And the Ars moriendi. A chapter in the history of engraving during the XV th century ; by L. Cust. Oxford, Clarendon Press. In-4, 1899. — 15 à 18 francs.

Maufra (M.). — Peintre et graveur, par Victor-Emile Michelet. Paris, H. Floury, 1908. In-4 illustré. — 10 francs.

Le portrait de l'artiste en pointe-sèche, par Osterlind, sert de frontispice à l'ouvrage. Huit gravures hors texte, dont cinq eaux-fortes originales, et environ 47 dans le texte, enrichissent cet ouvrage qui reproduit les plus savoureux morceaux de l'intéressant maître.

Mechel (Chr. de). — Catalogue du propre fond de... Basle, 1778. Supplément Basle, 1791. In-8.

Meckenem (Israhels von). — Verzeichniss der Kupferstiche, von Dr Max Geisberg. Strassburg, Heitz, 1905. In-8 mit 9 Tafeln. — 27 francs.

— Und Meister der Berliner Passion... von Geisberg. Strasburg, Heitz. In-8 mit 15 Lichtdrucktafeln. — 7 francs 50.

Meil (J.-W.). — Verzeichniss sämmtlicher Titelkupfer und Vignetten. Abdrücke von... gesammelt und susammengetragen ; von F.-L. Hoffer. Berlin, 1809. In-8.

Meissonnier (J.-L.-E.). — Catalogue of the complete collection of etchings, engravings etc... by and after the works of... exhibited by Obach and C°. London, February-March, 1891.

— Ses souvenirs, ses entretiens, précédés d'une étude sur sa vie et sur son œuvre, par O. Gréard. Paris, Hachette et Cie, 1897. In-8 illustré. — 20 à 25 francs.

<small>Etude terminée par le catalogue des eaux-fortes originales datées et non datées et des œuvres du maître ; orné de 299 reproductions dont 261 dans le texte et 38 hors texte, y compris le portrait de l'artiste.</small>

— Collection of etchings and engravings by and after the work of... by William Schaus. New-York, circa, 1901. In-8.

Meister des Amsterdamer Cabinet. — Und sein Verhältniss zu A. Durer, von Hachmeister. Berlin, Mayer, 1898, In-8.

<small>L'auteur établit de curieuses comparaisons entre l'œuvre des deux célèbres artistes. *Le Maître du Cabinet d'Amsterdam* était aussi dénommé le *Maître de 1480*.</small>

Meister mit den Bandrollen. — Ein Beitrag zur Geschichte des ältesten Kupferstiches in Deutschland, von Max Lehrs. Dresden, 1886. In-4 mit 20 Darstellgn-auf Lichtdrucktaf. 18 à 20 francs.

Meister der Liebesgärten. — Ein Beitrag zur Geschichte des ältesten Kupferstichs in den Niederlanden, von M. Lehrs. Leipzig, Karl W. Hiersemann, 1893. In-4 mit 10 Lichtdrucktafeln. — 18 à 20 francs.

<small>*Le Maître aux Jardins d'Amour* est un des plus vieux graveurs des Pays-Bas, ses cuivres, généralement mal venus à cause de l'imperfection des moyens d'impression, portaient souvent les dates 1445-1455.</small>

Meister der Berliner Passion und **van Meckenem**. Studien zur Geschnitte der Westfälischen Kupferstecher in fünzehnten Jahrhundert ; von M. Geisberg. Strassburg, Heitz, 1903. In-8 mit 15 Lichtdrucktafeln. — 7 francs 50.

Meister von 1464. — Kupferstiche der... von Dehio. München, 1881. In-4 mit 15 Lichtdrucktaf. — 10 à 12 francs.

Meister der Spielkarten. — Das alteste Gestochene deutsche Kartenspiel vom Meister der Spielkarten 1446, von M. Geisberg. Strassburg, Heitz, 1906. In-8 mit 33 Pl.

Meister der W A — Ein Kupferstecher der Zeit Karls des Kühnen, von M. Lehrs. Leipzig, K.-W. Hiersemann, 1895. In-fol. mit 31 Tafeln in Lichtdruck. — 60 à 80 francs.

<small>Ces trente-et-une planches reproduisent les 76 pièces qui forment tout l'œuvre du maître Hollandais du XVe siècle, décrit par Bartsch, tome VI, page 56.</small>

Mellan (Cl.). — Catalogue raisonné de son œuvre, par A. de

Montaiglon, précédé d'une notice... par P.-J. Mariette. Abbeville, Briez, 1856. In-8. — 15 à 20 francs.

Mellan (Ph.). — Graveur d'Avignon, 1657-1674, par l'abbé Requin. Caen, Delesques, 1896. In-4.

Menzel [1] (Adolf.). — Das Werk von... mit einer Biographie des Künstlers von Jordan. München, 1905. In-8 mit 25 Tafeln und 109 Textabbild. — 12 à 15 francs.

— Par le Dr Hugo von Tchudi. München, F. Bruckmann, 1906. In-8 ill.

— Von H. Knackfuss mit 141 Pl. — 4 francs.

Meryon (Ch.). — Sailor, engraver and etcher, a memoir and complete descriptive catalogue of his works, translated from the french of Ph. Burty by M.-B. Huish. London, The Fine art Society, 1879. In-8. — 35 à 45 francs.

Devenu *très rare* ; bien qu'intéressant, a un peu vieilli et est trouvé incomplet depuis les remarquables travaux de Béraldi, Wedmore et Delteil.

— Meryon and Meryon's Paris, with a descriptive catalogue of the artits work by Fr. Wedmore. London, Thibaudeau, 1879. In-12. Tiré à 113 exemplaires. — 12 à 15 francs.

Dans cette première édition le catalogue ne mentionne que 94 planches.

— A descriptive catalogue of a collection of drawings and etchings by... formed by the Rev J.-J. Heywood. London Ellis and White, 1880. In-4.

— Notes et souvenirs sur... son tombeau au cimetière de Charenton, par Aglaüs Bouvenne. Paris, Charavay, 1883. In-4 avec fac-simile d'autographe, 19 dessins et 6 pl. hors texte en photogravure. — 10 à 12 francs.

— Meryon's Paris with a descriptive catalogue of the artit's work by F. Wedmore. Second edition revised and enlarged. London, Deprez and Gutekunst, 1882. In-8. — 125 francs.

Catalogue tiré à 129 exemplaires et devenu *très rare*. Il décrit avec leurs états et dimensions 95 pièces et signale les trois portraits de Meryon.

— A catalogue of etchings and drawings by... exhibited at R. Gutekunst's gallery London, May 1898.

— Catalogue of his etchings formerly owned by Sir Seymour Haden. New-York, H. Wunderlich and C°. January, 1901.

---

(1) Un des plus grands artistes d'Allemagne, né à Breslau le 8 décembre 1 mort à Berlin le 9 février 1905.

— A catalogue of etchings by... exhibited at Obach's and C°. London, November-December 1902.

— Etchings, with introduction by Hugh Stokes. London, G. Newnes, 1906. In-4 avec 48 pl. — 10 francs.

"La Tourelle de la rue de la Tixeranderie" qui sert de frontispice à l'ouvrage est très joliment reproduite. Il y a là 105 pièces de cataloguées, dont 3 *douteuses*. Le préfacier a donné à chaque eau-forte les numéros de Burty et de Wedmore.

— Par Henry Focillon. "L'Art et les Artistes", Octobre 1907.

— Etchings of... In the "Connoisseur", vol. V, p. 24.

— Le Peintre graveur illustré, par L. Delteil. Tome II. Paris, chez l'auteur, 1907. In-4.

Ce catalogue est le plus précis qui ait été fait sur l'œuvre du maître, il a été tiré à 640 exemplaires : 40 de luxe ; 400 avec l'eau-forte originale : *Le Bain froid Chevrier*, à 20 francs et 200 sans l'eau-forte, à 14 francs. Un portrait de Meryon par Bracquemond sert de frontispice. Cent deux pièces y sont reproduites, sur lesquelles 82 cuivres sont détruits. A la fin du volume sont signalées et également reproduites trois pièces faussement attribuées à l'artiste. Une liste chronologique des eaux-fortes termine cet important travail qui est enrichi de nombreuses notes et des prix atteints dans les ventes publiques depuis ces 25 ou 30 dernières années.

Nous avons eu l'honneur d'écrire à plusieurs reprises au Conseil Municipal de Paris, pour que notre grande Capitale s'honorât, en donnant à une de ses voies le nom de notre glorieux et immortel artiste. On nous a courtoisement répondu ; mais hélas ! comme sœur Anne nous ne voyons rien venir. Si d'aventure ces lignes tombent sous les yeux de nos édiles, nous les supplions humblement, respectueusement, mais aussi très énergiquement de donner suite à notre requête ; un pays se doit à la mémoire de ses gloires et celle-ci est une de nos plus pures et de nos plus incontestées.

C'est notre *Delenda est Carthago* et nous formons les vœux les plus ardents pour être enfin entendu et surtout exaucé.

— Voir : *Burlington Club*, *Grolier Club*.

Michalek (L.). — By A. S. Levetus. "Studio" June 1908.

Michel-Ange. — Les graveurs de... par G. Duplessis. "Revue Universelle des Arts", tome XXIII, 1866, page 141.

Mielatz (Ch.-F.-W.). — Catalogue of etchings, drypoints and monotypes. New-York, H. Wunderlich and C°. February, 1904.

Miger. — Biographie et catalogue de l'œuvre du graveur... par Bellier de la Chavignerie. Paris, Demoulin, 1856. In-8 portr. front et fac-simile d'écriture. — 5 francs.

(1) *Le Quai aux Fleurs*, par exemple, n'est-il pas tout indiqué ; qu'on le débaptise et qu'on l'appelle *Quai Méryon* ; il fait partie de ce coin de Paris que l'artiste a chanté, et il avoisine "Notre-Dame" qu'il a reproduit dans un cuivre, un chef-d'œuvre, à jamais célèbre.

Très intéressant catalogue de 298 numéros décrits avec mention d'états et dimensions. Tiré à 392 exemplaires.

Millet (J.-F.). — Souvenirs de Barbizon, par A. Piedagnel. Paris, Veuve Cadart, 1876. In-8 avec un portrait, 9 eaux-fortes et un fac-simile.

500 ex. vergé, 25 Chine, 15 Whatman et 5 sur parchemin.

— Twenty etchings and woodcuts reproduced in facsimile and a biographical notice, by W.-E. Henley. London, 1881. In-4 with 24 full page on China. — 8 à 10 fr.

— La vie et l'œuvre de... par Alfred Sensier ; manuscrit publié par Paul Mantz. Paris, Quantin, 1881. In-8, 12 hélio-hors texte et 48 fig. — 80 à 100 francs ; rare.

— The etchings and other prints of... by Alfred Lebrun. Translated from the French by Fr. Keppel with additional notes and sketch of the artist's life. New-York, Keppel and C°, 1887. In-18 with, 7 ill. Très rare.

On a reproduit là une pièce *unique*, le titre de la romance " Où donc est-il ", musique de Frédéric Lebel, et on raconte l'histoire de cette lithographie.

— Catalogue descriptif des peintures... eaux-fortes de... réunis à l'Ecole des Beaux-Arts. Paris, Quantin, 1887. In-8 portr. fac-simile.

Millet and **Corot.** — " Studio ", special, Number 1902-1903.

— By Edgumbe Staley. London, 1903. In-12 illustrated.

— ¹ Le Peintre graveur, illustré par L. Delteil. Tome Ier. Paris, chez l'auteur, 1906. In-4.

Catalogue remarquablement rédigé avec les reproductions, dimensions et états de toutes les pièces, prix dans les ventes, notices précieuses et inédites, etc., etc. L'ouvrage est ainsi divisé : Première section : Eaux-fortes et pointes-sèches, 20 pièces. — Deuxième section : lithographies, 6 pièces. — Troisième section : héliographies sur verre, 2 pièces. — Quatrième section : gravures sur bois, 6 pièces. Appendice : copies et pièces faussement attribuées, 3 pièces.

Millet und **Rousseau.** — Von W. Gensel ; 80 Ill. — 5 francs.

— Par H. Marcel. Paris, Laurens. In-8.

— Par Ch. Yriarte. Portrait de Millet et 24 gr. et fac-simile. Paris, Rouam. In-4.

— By Richard Muther. In-16 with 12 illust. — 5 francs.

— And the Barbizon school by A. Tomson. London, Bell and sons. In-4 with photogr. frontispice and 52 illustr. — 7 francs.

— By Romain Rolland. In-16 with 32 illustr.

(1) Voir *Dupré*.

— Par Huysmans dans "Certains" Paris, Tresse et Stock, 1889 In-18.

Minartz (T.). — Par H. Beraldi. " Revue de l'Art ancien et moderne ". Mai 1903.

Mocetto (G.). — Ecole primitive de Venise... par E. Galichon. Paris, Claye, 1859. In-8.

Molitor (Martin de). — Catalogue raisonné de l'œuvre d'estampes de... par de Bartsch. Vienne, 1813. In-8. — 5 à 6 fr.

Mongin (A.). — Par N. Gehuzac. " L'Art ", tome LX, 1901.

Monnier (H.). — Sa vie, son œuvre, avec un catalogue complet de l'œuvre et 100 gravures fac-simile, par Champfleury. Paris, Dentu, 1879. — 20 à 25 francs ; rare.

Moran (Peter). — Catalogue of the etched work of... by F.-W. Morton. New-York, Frederick Keppel et C°, 1888. In-12.

— Painter-etcher by Fr.-W. Morton." Brush and Pencil ", October 1900.

Moreau le jeune. — Notice et catalogue, par Henri Draibel [Béraldi]. Paris, Rouquette, 1874, avec un portrait de l'artiste d'après Cochin. Tiré à 200 exemplaires. — 8 francs.

— Catalogue raisonné et descriptif avec notes iconographiques et bibliographiques... par J.-L. Mahérault. Paris, Labite, 1880. In-8.

Excellent guide, très précis malgré sa concision, vaut 10 à 12 francs.

— Par de Goncourt. " L'Art du XVIIIe siècle ". Paris, Charpentier, 1882. In-12.

— Catalogue raisonné, par E. Bocher. Paris, Morgand et Fatout, 1882. In-4 portr. front. — 20 francs.

C'est ce catalogue monumental — tiré à 525 ex. — qui clôt l'admirable série des six fascicules consacrés à : *Les Gravures du XVIIIe siècle*, par Emmanuel Bocher. Il est ainsi divisé: Ire section: portraits, 152. — IIe section : suites et pendants, 57. — IIIe section : pièces isolées, 64. — IVe section : illustrations d'ouvrages divers, 1543. — V^e section : vignettes dont on n'a pu retrouver l'origine, 40. — VIe section : fleurons, armoiries... 45. — VIIe section : gravures en relief, 60 ; il se termine par la liste des dessins envoyés aux expositions, celle des œuvres dispersées dans les musées et les collections particulières et enfin par la liste chronologique des dessins vendus de 1772 à nos jours.

Moreau (les). — Par Moureau. Paris, Librairie de l'Art et dans " l'Art ", tome LV, 1893. In-4 illustré.

Morgen (R.). — Catalogo delle opere d'intaglio di... da Raph. Morgen e Palmerini. Firenze, 1810. In-8 portr.

— Catalogo delle opere intagliate dal celebre... da Gaetano Poggeali. Livorno, Tommaso Masi 1810. In-4.

— Opere d'intaglio del cav... da nie Palmerini. Firenze, Niccolo Pogni, 1824. In-8 tav. — 4 à 5 francs.

— Engraved works of... being a descriptive catalogue of all the engravings of this master... by F. R. Halsey. London, and London G.-P. Putnam's sons 1885. In-8, portr. — 18 à 20 francs.

Morin (G.). — Son œuvre, par Jules Hédou ; avec un portrait à l'eau-forte, par Gilbert. Rouen, Augé, 1877. In-8.

Morin (Louis). — Par H. Béraldi " Revue de l'Art ancien et moderne ". Mai 1905.

Louis Morin est le délicat illustrateur et graveur de maints charmants ouvrages dont nous ne citerons que pour mémoire " Jeannick " Il a une formule tout à fait personnelle, inimitée et inimitable.

— Par Uzanne. " L'Art et l'Idée ".

Morland (G.). — Memoirs of the life of... with critical and descriptive observations on the whole of his works hitherto before the public, by H. Hassell. London, 1805. In-4, portrait and 7 plates. — 60 à 70 francs. Rare.

— Life of... with remarks on his works, by G. Dawe. London, 1807. In-4, portrait and plates. — 20 à 25 francs.

— Painter, 1763-1804, with critical remarks on his works. Chronological catalogue of engravings... by R. Richardson. London, 1895. In-8 with 6 plates. — 6 à 8 francs.

— By J.-T. Nettleship. London, Seeley, 1898. In-8.

— A biographical essay. With a complete catalogue of his engraved pictures, by J.-T. Herbert Baily. London, Extra Number " Le Connoisseur ", 1906. In-4, with 15 coloured plates and numerous others illustrations. — 8 à 10 francs.

Très intéressante étude d'un peintre anglais dont les toiles reproduites en estampes en couleurs — une centaine environ — sont très recherchées aujourd'hui.

— His life and works. By Sir Walter Gilbey and E. D. Cuming. London, 1907. In-8, with 50 illustrations. — 15 à 20 francs.

— And his influence ou some contemporary painters, by J.-T. Nettleship. London " The Porfolio monograph ". In-8, with 6 copperplates and 30 other illustrations. — 5 francs.

Mouclier (Marc). — Peintre et lithographe, par E. Strauss. Paris " La Critique ", 1895.

Mucha (A.). — L'artiste et son œuvre. Numéro spécial de " La Plume ". Paris, 1897. In-8 ill.

— Par Ch. Masson " Art et Décoration ", tome VII, 1900.

Muirhead Bone. — Etchings and dry-points I. 1898-1907, by C. Dogson. London, Obach and C°, 1909. In-4. — 50 francs.

<small>Muirhead Bone est un des artistes les plus en vue à l'heure actuelle en Angleterre, il est en passe de devenir célèbre et ses œuvres sont extrêmement recherchées.</small>

Müller (J.-G. und J.-F.-W.). — Verzeichnis ihrer Kupferstiche, von Andresen. Leipzig, 1865. In-8.

Muyden (Evert van). — Painter etcher, with nine illustrations in reduced size. New-York, Keppel and C°, 1893.

— Catalogue of the etched work of... by Atherton Curtis, with a portrait of the artist and ten head-pieces etched expressly for the catalogue and one unpublished plate. Lion and Lionen. New-York, Keppel et C°, 1894. In-8. — 80 à 100 francs.

<small>En 1893, Keppel a publié une petite plaquette sur l'artiste avec neuf reproductions de son œuvre. Le maître est un peintre-graveur essentiellement animalier.</small>

— Exposition chez Ch. Hessèle. Paris, Novembre 1898.

— Par Gehuzac " L'Art ", tome LXIII, 1903.

Nanteuil (Célestin). — Graveur et peintre. L'âge du romantisme, par Ph. Burty. Paris, Monnier, 1877. Deux livraisons. In-4.

— Un imagier romantique. Peintre, aquafortiste et lithographe, suivi d'une étude biographique et d'un catalogue, par Aristide Marie. Paris, Carteret, 1910. In-8, avec un portrait gravé à l'eau-forte et 80 reproductions. Tiré à 300 exemplaires. — 30 francs.

<small>Ce joli volume luxueusement illustré, mentionne le catalogue de l'œuvre gravé : Eaux-fortes, vignettes sur bois et sur acier, ainsi que les lithographies. Le maître est de plus magistralement analysé et comme homme et comme artiste ; ce volume se recommande donc hautement aux amoureux de cette belle période qui fut pour nous une nouvelle " Renaissance ".</small>

Nanteuil (Robert de). — Graveur, par Joly fils, 1785 ? In-8.

— Catalogue des portraits de... la plupart du premier état composant la plus grande partie de son œuvre du Cabinet de H***, de Reims. Paris, Renou et Maulde, 1858. In-8.

— Sa vie, son œuvre, discours prononcé à Reims, le 17 Juillet 1884, par Ch. Loriquet. Reims, Michaud, 1886. In-8, portr.

<small>Ce discours ne nous apprend rien au sujet de l'œuvre gravé qui</small>

nous occupe. Cependant — page 78 — il mentionne de curieuses maximes de l'artiste sur la gravure, qui ne laissent pas que d'être intéressantes.

— Sa vie et son œuvre, par l'Abbé Porrée. Rouen, Cagniard, 1890. In-8.

L'auteur, sans toutefois nous donner le catalogue de l'œuvre, nous initie à la vie de l'artiste, à sa manière de graver, à ses portraits de Louis XIV ainsi qu'aux plus beaux morceaux d'un œuvre magistral entre tous, car il ne faut pas oublier que Robert Nanteuil était un peintre-graveur, c'est-à-dire un graveur *original*, car il gravait ses portraits d'après ses propres dessins. C'est dans le genre, le plus grand artiste avec Edelinck que nous ait donné le XVIIe siècle.

Neumont (M.). — Par H. Béraldi " Revue de l'Art ancien et moderne ". Janvier 1904.

Norblin de la Gourdaine (J.-P.). — Catalogue des estampes qui composent l'œuvre de... peintre français, graveur à l'eau-forte, par Fr.-H. Paris, Lacrampe, 1848. In-8, portr.

Cet artiste s'était appliqué dans ses eaux-fortes à rappeler *le faire* de Rembrandt, dont il avait très scrupuleusement étudié les procédés de gravure.

— Catalogue des estampes qui composent l'œuvre de... par F. Hillemacher. Paris, Menu, 1877. In-8, avec portrait.

— Das radirte Werk des... Beschreibendes Verzeichniss einer Sammlung sammtlicher Blœtter dieses Maler-Radirers..... von W. Franke. Leipzig, K.-W. Hiersemann. In-8, 1895. — 4 à 5 francs.

Normand (Louis-Marie). — Notice sur la vie et les ouvrages de... graveur en taille-douce, par le Marquis de Queux de Saint-Hilaire. Paris, Malteste, 1875. In-8, portrait.

Normand (C.-P.-J.). — Notice sur la vie et les ouvrages de... Signé C.-S. Paris, Ducessois s. d. In-8.

Odieuvre. — Catalogue des portraits des princes, des personnes illustres et des scavans, gravés par les soins du sieur... Maître-Peintre, à Paris, rue d'Anjou s. l. n. d. In-4.

Il existe un autre catalogue publié : à *Paris, imp. Thiboust, en 1742*, format in-8.

— Peintre et marchand d'estampes, par C. Guéry. Brionne, Amelot. In-8, avec une gravure.

Olmutz (Wenzels). — Par Max Lehrs. Dresde, 1889. In-8 avec 27 phototypies. — 12 à 15 francs.

Ouvrage très fouillé et du plus haut intérêt. L'auteur reconstitue l'œuvre de ce maître qui, d'après ses recherches, se compose de 91 pièces, sur lesquelles il démontre que 76 ne sont que des *copies*. Une cinquantaine appartiennent à Martin Schöne et neuf à Durer, le célèbre élève d'Olmutz.

Ostade (Van). — Werk, Het van... volgens de manier als teekeningen in koper gebracht en met alle zijn kleuren gedrukt, door het kontgenootschap : *Artium tristis iana*. Amsterdam, 1800. In-4, 51 Pl. en couleurs. — 160 à 180 francs.

<small>*Extrêmement rare*, tiré seulement à 40 exemplaires.</small>

— Catalogue raisonné de toutes les estampes qui forment l'œuvre, gravé par L.-E. Faucheux. Paris, Veuve Renouard, 1862 ; In-8, avec gravures. — 30 francs.

<small>Ouvrage devenu *rare*, car il n'a été tiré qu'à 150 exemplaires, dont 10 sur grand papier de Hollande. C'est le guide le plus complet et le plus sûr de l'œuvre gravé du maître. Disons en passant que les 50 cuivres *originaux* de l'artiste sont la propriété de M. Alvin-Beaumont de Paris.</small>

— Sein Leben und seine Kunst, von Th. Gaedertz. Lubeck, von Rohden, 1869. In-8 mit Litho. — 5 francs.

— Sa vie, son œuvre, par Arsène Houssaye. Saint-Germain, J. Maury, 1875. In-8, avec 20 eaux-fortes, par van Ostade, Ch. Jacque et Subercase. Tiré à 100 exemplaires numérotés. — 15 à 20 francs.

— Par C. Vosmaer " L'Art ", tome XXII, 1880.

— Kritische Verzeichnisse von Werchen hervorragender Kupferstecher... von prof. J.-E. Wessely. Hambourg, 1888. In-8 mit Bild.

— Das radirte Werk des... in Nachbildungen... von J. Springer. Berlin, Fischer und Franke, 1900. In-4, 44 Pl.

— Aus den Radierungen Ausgewahlt und eingeleitet von Severin Ruttgers. Berlin, Fischer et Franke, 1908. In-8 mit, 35 pl.

Ostade (Adriaen et Isack van). — Von A. Rosenberg. Bielsfeld und Leipzig. Verhalgen und Klasing, 1900. In-8 mit 107 Pl. — 4 francs.

— Par Van de Wiele. Paris, Librairie de l'Art. In-4 illustré.

Osterlind (A.). — By H. Frantz " Studio ". September 1903. August 1906.

Outamaro. — Par Edmond de Goncourt. Paris, Charpentier, 1891. In-12.

Outkin (Nicol). — Sa vie, son œuvre, par D. Rovinski. Saint-Pétersbourg, 1884. In-fol. — 180 à 200 francs.

<small>Texte russe avec le portrait de l'artiste et 33 gravures — dont 22 gravées par le maître et 11 par ses élèves — imprimées sur les planches originales et conservées à l'Académie. Outkin naquit à Tver en 1780 et mourut à Saint-Pétersbourg en 1863.</small>

Paillard (H.). — Par H. Béraldi " Revue de l'Art ancien et moderne ". Février 1901.

Papillon. — Par N. Gehuzac " L'Art ", tome LX, 1901.

Parrish (Stephen).— By Hitchcock. New-York "Art Review", December 1886.

Parrocel (Etienne). — Monographie des... notices abrégées sur les quatorze artistes peintres, graveurs... de cette famille. Marseille, 1861. In-8.

Pascal. — Graveur. Toulouse, Caillol et Baylac, 1867. In-18.

Pas (Cr. van de). — Light der Teken en Schilder Konst, daar in een zeer lighte manier om... des lichaesm ghedeelten... te teekenen. Amsterdam, Jan Jansz, 1643-1644. In-fol. frontisp. met 185 Pl. Très rare.

— L'œuvre gravé de... décrit par Franken. Amsterdam, Muller, et Paris, Rapilly, 1883. In-8.

L'œuvre est très considérable 943 portraits, 39 sujets mythologiques 18 paysages, 56 frontispices de livres et nombre d'ouvrages, ce qui donne un total de 1383 numéros enregistrés, dont beaucoup se subdivisent.

— Les planches des heures, gravées par Crispin de Passe, d'après Martin de Vos, précédées d'une notice historique des estampes, par Rooses. Anvers. Libr. Néerlandaise. In-8, avec 46 gr. 1901.

C'est la traduction de l'édition originale qui est en Hollandais.

Patricot (Jean). — Peintre et graveur, par Roger Marx. Paris " Gazette des Beaux-Arts " 1902. In-8, 10 pl. hors texte gravées par l'artiste. Tiré à 50 ex. numérotés. — 50 francs.

Pencz (G.). — Von Kurswelly. Leipzig, 1895. In-8.

Pennell (J.). — By Hans W. Singer " Studio ". January 1907.

— Some new American etchings by H.-W. Singer " Studio ". June 1909.

Le métier de Pennell s'est encore affiné et élargi dans ces derniers temps, et il y a surtout là deux pièces pleines d'accent d'indépendance et de couleur : *Iron and steel, Pittsburgh* et *Standard oil Staten Island, New-York*, que nous ne saurions trop recommander aux collectionneurs.

Péril (Robert). — Graveur du seizième siècle, sa vie et ses ouvrages, par le Chevalier L. de Burbure. Bruxelles, Hayez, 1869. In-8 portrait.

Perret (P.). — Notice sur... graveur belge, par Ed. van der Straeten. Anvers, Buschmann, 1861. In-8.

Perrier (Guil.). — Peintre et graveur Mâconnais du XVIIe siècle, par Lex et Martin. Paris, Plon, 1888.

Persyn (Reynier van). — Par Scheltema. Amsterdam 1884.

Picabia. — Le peintre et l'aquafortiste, par Ed. André. Paris, E. Rey, 1907. In-8, 8 pl.

Picart (B.). — Catalogue d'une belle partie des planches de cuivre, gravées la plupart par ... Amsterdam, 1738. In-4.

— Catalogue des pièces qui composent l'œuvre de... A la tête, le portrait de B. Picart, peint en 1709 par Nattier et gravé en manière noire par N. Verkolje en 1715 s. l. n. d. In-18.

Piguet (R.). — Par J. Dubouloz " L'Art ", tome LXI, 1902.

— Par Henri Cherrier " Revue de l'Art ancien et moderne ". Novembre 1904.

Pilgrim. — Voir : *J. Wechtlin*.

Pinwell (G.-J.). — And his works by Williamson. London, Bell et sons, 1900. In-8.

Piranesi (G.-B. et Fr.). — Lettre de Mariette sur les ouvrages de Piranesi, s. l. n. d. In-18.

— Leur œuvre gravé 13 vol. Roma, 1756-1773.

— Quelques idées sur l'établissement des frères... par Duchesne aîné (Paris), 1802. In-8.

— Antiquités grecques et romaines.

L'édition de Paris, 1835-1837, qui est une *ré-impression* se compose de 29 volumes in-folio, elle contient dans son ensemble plus de 1300 planches. Les autres éditions comprenant des parties de l'œuvre seulement, sont nombreuses, il y en a au moins une vingtaine.

Certaines épreuves des *premières* éditions — très rares — sont des pièces *merveilleuses* que ne soupçonnent même pas la plupart des collectionneurs ; nous mêmes, n'avons eu l'occasion d'en rencontrer qu'il y a quelques années chez M. Atherton Curtis, le distingué collectionneur américain ; elles sont éblouissantes, ce sont des *chefs-d'œuvres*, le mot n'est point exagéré.

— The etchings of... by R. Sturgis. New-York, Keppel et Cº, 1900.

C'est le catalogue de l'exposition qui eut lieu chez Keppel et qui comprenait soixante-huit pièces avec une longue préface de Sturgis.

Pissaro (C.). — By Count de Soissons " Studio ". October 1903.

— Exposition de son œuvre gravé. Paris, Durand-Ruel. Novembre, Décembre 1907.

Platt (Ch. A.). — A descriptive catalogue of the etched work of... by R.-A. Rice.

Ploos van Amstel. — Kunstliebhaber und Kupferstecher,

eine Studie von F. von Alten. Leipizig, Weigel, 1864. In-12.

— Berigten wegens ein Prentwerk volgens de Nieuwe Uitvinding van... In-8.

Poilly (F. de). — Catalogue de l'œuvre de... graveur ordinaire du Roi... où l'on a joint un catalogue des estampes gravées par Jean Wischer et autres graveurs... le tout recueilli par R. Hecquet, graveur. Abbeville, Briez : Paris, Duchesne, 1752. In-12. — 15 francs.

Il existe une *ré-impression* publiée en 1865 chez Briez à Abbeville.

Pompadour (Mme de). — Suite d'estampes gravées par Madame la Marquise de... d'après les pierres gravées de Guay, graveur du Roy, s. l. n. d. In-4.

Suite en somme peu intéressante, qu'a seul mis en lumière le nom de la grande courtisane qui s'est probablement fait très aider par sont illustre maître Boucher.

La première édition sans date — circa 1775 — est incomplète, et ne possède que 52 figures ; la deuxième de 1782 en compte 69, plus la planche de Rodogune, on y ajoute même souvent comme frontispice le portrait de la Pompadour d'après Boucher, gravé en manière noire par James Watson ; dans ces conditions, un bel exemplaire en veau de l'époque se paye de 7 à 800 francs, en maroquin c'est presque le double.

Ponce (Nic.). — Notice sur... par Mirault. Paris, s. d. In-8.

Pontius (P.). — Œuvres de P.-P. Rubens et de A. van Dyck.... gravées par... 1808. In-fol.

Porto (G.-B. del). — Dit le *Maître à l'Oiseau*, par E. Galichon. Paris, 1859. In-8.

Potter (P.). — Sa vie et ses œuvres. Avec notices généalogiques et liste complète de ses œuvres, par van Westrheene. La Haye, Nijhoff, 1867. In-8, avec monog. — 5 à 6 francs.

Très bon ouvrage mentionnant avec leurs dimensions et leurs états les 31 eaux-fortes gravées par le maître.

Prévost (Jacques). — Sculpteur et graveur Franc-Comtois au XVIe siècle, par le Dr. E. Bourdin. Besançon, Dodivers, 1908. In-8.

Artiste généralement peu connu, mais mis ici très en lumière. Il a gravé un très curieux portrait de François Ier dont il existe un exemplaire à la Bibliothèque Nationale.

Prudhon. — Notice historique sur sa vie et ses ouvrages, par Voiart. Paris, Firmin-Didot, 1824. In-8, avec portrait lithographié. — 4 à 5 francs.

— Sa vie, ses œuvres et sa correspondance, par Clément. Paris, Claye, 1870. In-4.

— Sa vie, ses œuvres et sa correspondance, par Ch.

Clément. Paris, Didier, 1872. In-8, orné de 30 gravures. — 35 à 40 francs.

Ouvrage devenu *assez rare*.

— Catalogue raisonné de l'œuvre peint, dessiné et gravé de... par E. de Goncourt. Paris, Rapilly, 1876. In-8, avec portr. — 5 francs.

— Par de Goncourt 'L'Art du XVIIIe siècle". Paris, Charpentier, 1882. In-12.

— Sa vie, ses œuvres et sa correspondance, par Clément. Paris, 1882. In-8, avec 30 gravures. — 25 francs ; rare.

— Par Pierre Gauthiez. Paris, Librairie de l'Art. In-8, fig.

Raffaëlli. — Par Huysmans dans " Certains ". Paris, Tresse et Stock, 1889. In-18.

— Exposition. Pointes sèches et eaux-fortes en couleurs à " L'Art Nouveau ". Paris, Novembre-Décembre, 1898.

— By Gabriel Mourey, " Studio ", June 1901.

— " Les Maîtres Artistes ", Janvier 1903. Paris, rue Lamartine. In-4 illus.

— Exposition rétrospective des gravures originales en couleurs chez G. Pellet, Mars 1906.

— Exposition des nouvelles gravures en couleurs de... chez Devambez, Novembre-Décembre 1907.

— Par Henri Frantz, " Studio ", Novembre 1909.

— Par Arsène Alexandre, " L'Art et les Artistes ", Juin 1909.

— Peintre-graveur et sculpteur, par Arsène Alexandre. Paris, Floury, 1909. In-8 illustré. — 25 francs.

Superbe publication digne de l'artiste éminent et très personnel qu'est Raffaëlli ; elle est ornée de 33 illustrations hors texte en noir et en couleurs et d'environ 146 dans le texte ; à la fin du volume, la liste des 62 eaux-fortes en noir et en couleurs, gravées par le maître. Il a été tiré 50 exemplaires de luxe.

Raffet. — Sa vie et ses œuvres, par Auguste Bry, accompagné de deux portraits de Raffet lithographiés, de deux eaux-fortes inédites et de quatre fac-simile. In-8. Paris, Dentu, 1861. — 8 francs.

Il y a eu une nouvelle édition parue chez Baur, en 1874 ; elle vaut 12 à 15 francs.

— Son œuvre lithographique et ses eaux-fortes... par Giacomelli, orné d'eaux-fortes (3) inédites par Raffet, et de son portrait par Bracquemond. Paris, bureaux de la " Gazette des Beaux-Arts ", 1862. In-8 avec 4 planches. — 25 francs ; rare.

Tiré à 260 ex. sur velin, 20 sur chamois et 20 sur hollande ; ces 40 exemplaires ont 6 eaux-fortes au lieu de 3. Ce catalogue est bien supérieur à celui de Bry ; c'est le meilleur ouvrage sur le maître. Ce catalogue est ainsi divisé : Première section, eaux-fortes : 11 pièces ; Deuxième section : lithographies, 40 portraits ; Troisième section, pièces détachées : 162 ; Quatrième section : pièces parues par suite : 227 : Cinquième section, costumes militaires : 78 pièces ; Sixième section, sièges, retraites, expéditions : 86 pièces ; Septième section, voyages et y ayant trait : 109 pièces ; Huitième section, pièces faites avec le concours d'autres artistes, lithographiées d'après lui, etc...: 80 pièces. Un appendice contenant les pièces lithographiées d'après le maître et parues par suite, 69 pièces, et enfin une bibliographie des ouvrages ornés de vignettes gravées d'après ses compositions. Le tout établi par ordre chronologique. Comme on peut le voir, l'œuvre est considérable.

Inutile d'ajouter que Raffet est une grande et sympathique figure, bien française, bien chauvine, qu'il a été l'immortel chanteur de l'Epopée Impériale dont la traînée lumineuse nimbe encore de son éclatante auréole notre chère et bien-aimée Patrie.

— Par Aug. de Buisseret, " L'Art ", tome LI, 1891.

— Peintre national, 1804-1860, avec de nombreux dessins, par H. Béraldi. Paris (1892). In-fol.

— Et son œuvre, par Armand Dayot. In-4, 100 pages avec 100 compositions lithographiques. Paris, May et Motteroz (1892). — 5 francs.

— Par F. Lhomme. Paris, Librairie de l'Art, 1892. In-4, 155 gravures. — 3 francs.

— Notes et croquis de... mis en ordre, par A. Raffet fils. Paris, Rapilly, 257 pl. gravées par Amand-Durand. In-4. — 20 francs.

Raimondi (M.-A.). — Leben und Werke des... aus Bologna, aus Nagler's Kunstler-Lexicon, besenders abgedruckt, 1842. In-8.

— Notice sur la vie de... graveur Bolonais, accompagnée de reproductions photographiques de quelques unes de ses estampes, par Benjamin Delessert. Paris, Goupil, 1853. In-fol. illustré.

Une deuxième édition a paru en 1855.

— Notice sur les estampes gravées par... d'après les dessins de Jules Romain, accompagnées de sonnets de l'Arétin, par de Murr. Traduite et annotée par un bibliophile. Bruxelles, Mertens et fils, 1865. In-18. — 5 francs.

Très curieuse dissertation sur ces quatorze estampes fort libres dessinées en 1524 par Romain, et improprement rubriquées: *Amorosi Diletti de gli Dei*, quand leur vrai titre est: I. *Modi*, c'est-à-dire *Les manières* ou plutôt *Les Postures*. Le bibliophile annotateur n'est autre que Gustave Brunet.

— Œuvres de... Héliogravure de E. Baldus. Paris, 1867. In-fol., 25 pl.

— Nouveaux documents sur... par Benjamin Fillon. Lettre à M. G. Duplessis. Paris, Quantin, 1880. In-8 fig.

— Etude historique et critique, suivie d'un catalogue raisonné des œuvres du maître, par le Vicomte H. Delaborde. Paris, librairie de l'Art, 1888. In-4 avec nombreuses illustrations. — 10 à 12 francs.

<small>Artiste qui, il y a 50 à 60 ans, remplissait le monde de son nom, mais que des amateurs moins enthousiastes ont heureusement fait rentrer dans le rang. Soyons juste cependant, et confessons que dans son œuvre singulièrement touffu, il y a quelques pièces dignes d'attirer l'attention du collectionneur, notamment son beau portrait de " Pierre Arétin ".</small>

— Voir : *Burlington Club* : *Marcanton*.

Rajon (P.-A.). — Catalogue of his etchings and drawings. November 1886. New-York, 1886. In-12.

Raphaël Sanzio d'Urbin. — Recherches curieuses de la vie de... de ses œuvres, peintures et estampes qui ont esté gravées en taille douce par Marc-Antoine Bolognois et autres graveurs, avec une adresse des lieux où les principaux peintres d'Italie ont travaillé, décrite par George Vasari, et un petit recueil des plus beaux tableaux... le tout recueilli par J. de Bambourg, lyonnais. Lyon, André Olyer, 1765. In-12. Assez rare.

— Catalogue des estampes gravées d'après Raphael, par T. Euboeus. Francfort-sur-le-Mein, 1819. In-8. — 5 francs.

<small>Le nom de Raphaël est écrit ici : *Rafael*.</small>

— Ein Kupferstich von... in der Sammlung der Königlichen Kunst. Akademie zü Dusseldorf, von Andreas Muller. Dusseldorf, 1860. In-8 Abbil.

Rassenfosse (A.). — Dessinateur et graveur Liégeois, par Dr. H. de Winiwarter, " Wallonia ", Février-Mars 1904.

<small>L'artiste graveur et dessinateur impeccable appartient à l'école de Rops.</small>

Redon (Odillon). — L'œuvre lithographique de... par Jules Destrée. Bruxelles, Deman, 1891. In-4, 2 front. Tiré à 75 exemplaires. Epuisé.

<small>Jules Destrée écrit :
« Tout l'œuvre est mélancolique, désolé, douloureux — ah! oui !!! La grandeur, l'effroi, la tristesse, voilà les trois sentiments dominant cet art. » L'auteur est indulgent, mais son étude n'en est pas moins très curieuse et mérite d'être lue. Les pièces cataloguées sont au nombre de quatre-vingt-treize.</small>

— Exposition de l'œuvre de... Paris, Mars-Avril 1894. In-12.

Regnault (Th.-Casimir). — Œuvres de... de Bagneux, par lui-même. Paris, 1861.

Regnesson (Nicolas). — Graveur du XVIIe siècle, par Max Sutaine. Reims [1856]. In-8.

Rembrandt (Harmensz van Rijn) — Catalogue raisonné de toutes les pièces qui forment l'œuvre de... par E.-F. Gersaint. Mis au jour avec les augmentations nécessaires, par Helle et Glomy. Paris, Hochereau, 1751. In-8.

<small>Ces augmentations consistent en un abrégé de la vie du maître, son portrait à l'eau-forte d'après lui-même, en 1636, et la description de pièces antérieurement *non décrites* et marquées d'un astérisque.</small>

— Catalogue raisonné de toutes les pièces qui forment l'œuvre de... composé par feu M. Gersaint et mis au jour par les sieurs Helle et Glomy et supplément par P. Yver. Paris et Amsterdam, 1751-1756, 2 vol. In-12.

— A catalogue and description of the etchings of... with some account of his life. To which is added a list of the best pieces of this master... Written originally by late Gersaint and published by Helle et Glomy with considerable addition and improvements. Translated from the french. London, J. Jefferys, 1752. In-18.

<small>*De toute rareté.*</small>

— Catalogue and description of the etchings of Rembrandt van Rhyn, with some account of his life... translated from the french. London, 1752 [1]. In-8 avec un portrait gravé de l'artiste. — 6 à 8 francs.

— Rymbranesques ou essais de gravures, par C.-H. Watelet. Paris, Prault, 1785.

— A descriptive catalogue of the works of... and of his scholars Bols, Livens and van Vliet... by Daniel Daulby. Liverpool and London, Edwards, Cadell and Davies, 1796. In-8.

<small>Avec une préface intéressante de Roscoe. L'auteur signale 368 pièces classées par genre. Un supplément au catalogue des œuvres de Rembrandt, traduit de Pierre Yver, fait suite à cet ouvrage.</small>

— Catalogue raisonné de toutes les estampes qui formenr l'œuvre de... et ceux de ses principaux imitateurs, par Adam Bartsch. Vienne, A. Blumauer, 1797, 2 vol. In-8, 4 pl. et 2 portr. — 25 à 30 francs.

<small>Nous attirons l'attention du bibliophile sur la *quatrième* planche gravée par Bartsch, qui manque presque toujours</small>

— Beredeneerde catalogus der Werken van... zamengesteld na de origineele Prenten door C. Josi, graveur en Kunsthandelr te Amsterdam. Amsterdam [1810]. In-8.

<small>C'est le cabinet de Ploos van Amstel.</small>

<small>(1) C'est le supplément au catalogue raisonné de Gersaint, Helle et Glomy, par P. Yver.</small>

— Par C. Lecarpentier. Rouen, Baudry, 1814. In-8.

— Catalogue raisonné de toutes les eaux-fortes de... et des principales pièces de ses élèves, composé par Gersaint, Helle, Glomy et P. Yver. Nouvelle édition corrigée... par le Chev. de Claussin, avec une description des pièces qui lui sont faussement attribuées. Paris, Firmin-Didot, 1824-1828, 2 vol. In-8 avec portrait. — 10 à 12 francs.

Le portrait manque souvent.

— Catalogue des estampes de... Bol, Livens, van Vliet, Rodermont et leurs imitateurs, colligées par Robert Dumesnil. Paris, 1835. In-8.

— Descriptive catalogue of... etchings, with his life by Th. Wilson [1]. London, J.-F. Setchel, 1836. In-8. — 20 à 25 francs.

Catalogue très prisé et très recherché ; l'auteur mentionne 369 pièces du maître groupées par genre, avec une table comparative du numérotage donné par les auteurs précédents qui se sont occupés de l'artiste.

— Catalogue raisonné of the works of... and a notice of his scholars, by J. Smith. London, 1836. In-8 avec un portrait de Rembrandt gravé d'après lui par C.-G. Lewis et une pl. représentant la maison du maître à Amsterdam, d'après A. Brondgeest, gravé par Lewis. In-8. — 100 à 120 francs.

Catalogue *extrêmement rare.*

— Lofrede of... door J. Immerzeel junior. Amsterdam, bij den Schrijver, 1841. In-8 portr.

— Waarschuwend woord aan landen stadgenooten, teges het dwausselijk Verspilen van hun Geld aan de opringtic van een standbeeld voor Rembrandt. Amsterdam, J.-D. Sijbrandi, 1841. In-8.

En dépouillant les nombreuses brochures publiées sur le maître — bien que celle-ci soit complètement étrangère au sujet qui nous occupe — nous n'avons pas cru devoir la passer sous silence tant elle peint un curieux état d'esprit chez son auteur. Voici presque textuellement ce que son titre veut dire : *Un mot à tous les compatriotes pour les prier de ne pas dépenser sottement leur argent pour l'érection d'une statue à Rembrandt.*

Qu'eut pensé cet original auteur si, revenu sur la terre et se trouvant par hasard à la salle Drouot le 29 mai 1909, il eut entendu adjuger 71.000 francs !!! à M. Pierpont Morgan la pièce fameuse du Bourgmestre Six. Certes, il eût été forcé d'avouer qu'il n'avait pas été bon prophète et se fut vu conspué.

— Leben und Werke des Malers und Radirers... von Dr G.-K. Nagler. München, 1843. In-8. — 2 à 3 francs.

Tiré à petit nombre du *Künstler-Lexicon.*

---

(1) Il ne porte pas le nom Wilson, mais simplement cette mention : *par un Amateur*

— Sa vie et ses œuvres, par Ars. Houssaye. Paris, Sartorius, 1843. In-fol. avec 20 eaux-fortes.

— His works, comprising account of his life and examinations into his principles... light, shade and colour, by J. Burnet. London, J.-S. Virtue, 1849. In-4 with 14 ill. of his famous etchings. — 18 à 20 francs.

Il a été tiré 50 ex. sur grand papier, figures sur Chine valant 30 à 35 francs.

— Redevoering over het leven en de verdiensten van... met eene menigte geschiedkundige bijlagen door. Pieter Scheltema. Amsterdam, 1853. In-8 met portr.

— Mémoire sur... par Rammelman Elsevier "Messager des Arts et Lettres de Hollande", 1853.

— Leben und Werke, nach neuen Actenstücken und Gesichts-punkten geschildert, von Eduard von Kolloff. Leipzig, 1854. In-12.

— Exhibition d'eaux-fortes de Rembrandt et de Adrien van Ostade, au Cercle artistique et littéraire de Bruxelles, par L. Alvin.

Très intéressant compte rendu, très documenté au point de vue technique, ayant paru dans la "Revue Universelle des Arts", tome I, 1855, p. 215.

— Quelques adjonctions à son œuvre gravé, par H.-A. Klinkhamer, "Revue Universelle des Arts", tome IV, 1856 page 516.

— Etats non décrits. Collection d'Arenberg, par Ch. de Brou, "Revue Universelle des Arts", tome 9, 1859, page 57.

— L'œuvre complet de... décrit et commenté par Ch. Blanc. Catalogue raisonné de toutes les eaux-fortes du maître et de ses peintures. Paris, Gide, 1859-1861, 2 vol. orné de bois gravé et de 40 eaux-fortes. In-4. — 30 à 35 francs.

— His works, comprising a short account of his life : with a critical examination into his principles and pratice of design, light, shade and colour. Illustrated by examples from the etchings of Rembrandt, by J. Burnet. Reedited by H. Murray, second edition. London, 1859. In-4 with 18 pl.

L'auteur mentionne 365 pièces du maître. Nous avons déjà signalé une première édition à son ordre chronologique en 1849.

— Ses précurseurs et ses années d'apprentissage, par C. Vosmaer. La Haye, M. Nijhoff, 1863. In-8. — 5 à 6 francs.

Une très intéressante étude rendant compte de cet ouvrage a été publiée par W. Burger dans le n° de Janvier 1864 de la *Gazette des Beaux-Arts*.

— Sa vie et ses œuvres, par C. Vosmaer. La Haye, Nijhoff, 1868. In-8 avec eau-forte et monogramme.

— The Rembrandt Gallery, containing thirty of the most important of Rembrandt's etchings... with a life of the artist and notes on the etchings, by Noel Humphreys. London, 1870. In-4. — 60 à 80 francs (?)

— Etchings illustrated by a selection of specimens reproduced in fac-simile... and a brief criticism of his works as painter and engraver... by H.-N. Humphreys, London, 1871. In-fol. with, 30 pl.

— Le Rembrandt de l'Ermitage Impérial de Saint-Pétersbourg, par N. Massoloff. Leipzig, 1872. In-fol., 40 pl. gravées à l'eau-forte. — 90 à 100 francs.

Nous n'avons pu voir cet ouvrage et nous croyons que l'artiste n'y est envisagé que comme peintre seulement et non comme graveur, seul point qui nous occupe.

— L'œuvre de... décrit et commenté par Ch. Blanc. Catalogue raisonné de toutes les estampes du maître et de ses peintures. Paris, A. Lévy, 1873, 2 vol. In-4.

Importante publication illustrée de 40 eaux-fortes, gravées a Léopold Flameng et de 35 héliogravures hors texte et dans le texte. Assez rare sur Hollande. — 35 à 40 francs.

— An introduction to the study and collection of ancient prints, by W.-H. Willshire. London, Ellis, 1877. 2 vol. In-8.

Seconde édition revue et corrigée, où l'on s'occupe très particulièrement du Maître.

— Sa vie et ses œuvres, par C. Vosmaer, avec catalogue chronologique et systématique. La Haye, Nijhoff, 1877. In-8 avec frontispice gravé.

Cette seconde édition est entièrement refondue et augmentée ; elle se paye 35 à 40 francs ; celle de 1863 n'en vaut que 5 à 6. Cet ouvrage — nous parlons de celui de 1877 — présente l'œuvre du maître sous sa forme la plus logique, c'est-à-dire dans l'ordre chronologique pour les peintures, dessins, eaux-fortes ; les premières productions du maître virent le jour en 1627 et les dernières en 1668. Un catalogue systématique groupant alors les pièces par genre, clôt ce savant travail qui est remarquablement rédigé et est considéré comme un des plus documenté sur l'artiste.

— L'œuvre complet décrit et commenté par Ch. Blanc... Catalogue raisonné de toutes les estampes du maître et de toutes les peintures connues, en fac-simile et sans retouches de toutes ces estampes et de 34 dessins ou tableaux. Edité par Geoffray fils, Fleury et Cie. Paris, F. Didot, Clément, 1877.

— Catalogue of the etched work of... selected for exhibition at the "Burlington Fine ArtsClub" with introductory remarks, by a member of the Club (London), 1877. Privately printed for the Club. In-4 with 2 plates.

L'introduction très remarquable qui précède ce catalogue est écrite par Seymour Haden ; elle éclaire d'un jour nouveau l'œuvre de l'immortel artiste, et ses critiques sont de la plus haute valeur.

Il y avait là 214 pièces exposées, toutes de qualité exceptionnelle et prêtées par les plus distingués collectionneurs de l'époque, tels que Seymour Haden, Holford, Heywood, Fisher, Webster, Griffiths, Dutuit, etc...

Elles étaient classées par ordre *chronologique* — c'est la première fois que le fait se produisait — et l'on s'était servi des titres et numéros de Wilson et de ceux de Charles Blanc.

L'œuvre du maître y est divisée en trois périodes : la première de 1628 à 1639, eau-forte pure ; la seconde de 1640 à 1650, eau-forte et pointe sèche, et la dernière de 1651 à 1666, la pointe sèche seule ; c'est peut-être la plus belle.

— Notes on the etched work of... with special reference to the recent exhibition in the gallery of the "Burlington Fine Arts Club", by the Rev. Charles Henry Middleton. London, John Wilson, 1877. In-8. — 8 à 10 francs.

— A descriptive catalogue of the etched work of... by Charles Henry Middleton. London, J. Murray, 1878. In-8 with 12 pl. — 180 à 200 francs.

A la fin de cette monographie, il y a 12 planches extrêmement curieuses, reproduisant les variations dans les états de certaines épreuves et signalant les contrefaçons qui ont été faites de plusieurs planches ; on a même ajouté une bibliographie des ouvrages publiés sur l'artiste. L'auteur donne une table chronologique de l'œuvre gravé du maître, puis il reprend cet œuvre qu'il décrit en classant les pièces par genre. Le nombre de pièces cataloguées est de 329. Il donne ensuite une liste de trente paysages qu'il rejette ; tout cela est fort intéressant surtout à cause des réflexions que formule l'auteur pour arriver à démontrer ce qu'il affirme. Ce catalogue — qui est *extrêmement rare* — a provoqué une ardente polémique entre l'auteur et Sir Francis Seymour Haden, l'éminent et sympathique peintre-graveur dont nous nous honorons d'être l'ami.

— Rembrandt, by John W. Mollett. London, Sampson Low, 1879. In-8 with, 16 woodcuts.

— A reply to a letter and a pamphlet published by F. Seymour Haden under the litle : *The etched work of Rembrandt*. London, Spottiswood and C°, 1879. In-8.

Tirage très limité, non mis dans le commerce, plaquette de 10 pages du Rev. Middleton, croyons-nous. C'est la continuation de la polémique dont nous venons de parler plus haut.

— L'œuvre gravé et reproduit par Amand-Durand, Paris (1879), 2 vol. in-fol. avec 350 héliogravures fac-simile d'après les originaux. — 350 à 400 francs.

— Les grandes eaux-fortes de... gravées par Flameng et Charreyre. Paris, Lévy, 1879. In-fol.

Il y a dans "L'Art", tome XIX, 1879, une étude sur ces eaux-fortes, par Véron, fort remarquable.

— The etched work of... a monograph. New edition by Francis Seymour Haden....... London, Macmillan and C°, 1879. In-8 with " an appendix " and 3 plates. — 8 à 10 francs.

Dans l'appendice, Seymour Haden expose l'histoire de ses démêlés avec le Reverend Middleton et formule d'une façon très nette les griefs qu'il a contre lui, mettant le lecteur à même d'en tirer ses conclusions. Une *première* édition était parue en 1867, croyons-nous, tirée personnellement pour l'auteur à 110 exemplaires ; elle avait pour titre : The etched work of Rembrandt critically reconsidered.

— L'œuvre complet de... décrit et commenté par Ch. Blanc. Ouvrage comprenant la reproduction de toutes les estampes du maître. Exécuté sous la direction de Firmin Delangle. Paris, Quantin, 1880. In-fol. avec 2 albums. — 150 à 160 francs.

Ce catalogue raisonné — épuisé depuis longtemps — donne toutes les estampes du maître avec leurs reproductions sans retouche et de grandeur originale. En tout 350 pièces gravées à l'eau-forte.

— L'œuvre gravé de... Etude monographique pour servir d'introduction au catalogue d'une exposition des eaux-fortes du maître, rangées pour la première fois dans l'ordre chronologique dans la Galerie du " Burlington Fine Arts Club " à Londres, en 1877... par Francis Seymour Haden. Paris, Gazette des Beaux-Arts, 1880. In-8. — 8 à 10 francs.

Cet opuscule est la traduction française et intégrale de la brochure précédente de 1879.
Rien n'est intéressant comme cette étude, faite avec l'autorité que donnait à l'auteur son merveilleux talent de graveur qui lui permettait de discuter et de critiquer, au point de vue technique, l'artiste incomparable qui l'avait si profondément ému et dont il s'était fait l'admirateur passionné.

— Catalogue de toutes les estampes qui forment l'œuvre de... et ceux de ses principaux imitateurs, par A. Bartsch. Leipzig, A. Dantz, 1880. 2 vol. in-8 avec 2 portr. et 4 planches. — 12 à 15 francs.

C'est la ré-impression *textuelle* de l'édition originale publiée à Vienne en 1797 chez A. Blumauer.

— Rembrandt's früheste thätigkeit der Künstler in seiner Vaterstadt Leiden, von W. Bode. Wien, 1881. In-fol. mit Plat.

Tirage à part de : *Die Graphischen Kunste.*

— L'œuvre complet décrit, catalogué et reproduit

en fac-similé par l'héliogravure ; par Eug. Dutuit. Paris, Emile Lévy, 2 vol., 1883, avec un album grand in-fol., 1884 et un supplément grand in-4, en 1885. — 5 à 600 francs.

Les tomes I et II contiennent une notice biographique et le catalogue raisonné de l'œuvre, ainsi que la reproduction en héliogravure par Charreyre de toutes les gravures du maître dans leur grandeur originale. Le tome III contient la description et la reproduction des principaux tableaux et dessins de l'artiste, avec l'indication des musées et collections dans lesquels ils se trouvent. Les reproductions — grandeur des originaux — sont *si fidèles*, dit Hymans, l'éminent critique d'art, *qu'il est à craindre que des marchands peu scrupuleux ne les fassent passer pour des pièces originales*. Hélas ! la prophétie devait malheureusement se réaliser, le fait s'est maintes fois présenté ; il faut, du reste, reconnaître que certaines eaux-fortes se prêtent très particulièrement à l'imitation et nous avons vu de nos propres yeux des gens *très experts* et très calés, comme on dit vulgairement, s'y laisser parfaitement prendre.

Les œuvres sont réparties en douze classes ; l'auteur traite avec compétence la question si controversée des pièces attribuées à Rembrandt, des filigranes du papier de quelques épreuves, etc... Des tables de concordance des numéros de ce catalogue avec ceux des auteurs qui ont précédemment traité l'œuvre du maître, terminent le second tome.

Le supplément contient les tableaux et dessins de l'artiste, et l'album, les planches que leur format excluait des deux premiers volumes.

Ce catalogue, qui est un véritable monument, est l'ouvrage le plus fouillé qui ait été consacré à l'artiste et cependant nous devons confesser que dans le monde des estampes on semble généralement lui préférer de beaucoup Rovinsky et Seidlitz. Dans les ventes publiques en Allemagne, on s'en tient presque toujours au numérotage du vieux Bartsch ainsi qu'en France, tandis qu'en Angleterre, c'est Wilson qui a la préférence ; ajoutons cependant que depuis quelques années on fait figurer souvent, à la suite de la pièce, les numéros des différents catalogueurs.

L'ouvrage complet contient environ 360 gravures, y compris les différents états des planches les plus célèbres. Il est tiré à 500 exemplaires numérotés, dont 10 sur Whatman, avec planches sur Hollande, Japon et Whatman ; 100 sur Hollande avec planches sur Japon et Hollande et 390 texte et planches sur Hollande.

— Par Emile Michel. In-4. Paris, Rouam, 1886. Texte et album.

— Exhibition of the etched work of... Museum of fine arts print department. Boston, 1887. In-12.

— Etchings. Fifty of the most notable etchings of... reproduced by photogravure, with a biography of the artist and descriptive and historical notes by Charles B. Curtis, 1888. In-fol.

— Exhibition of... etchings. New-York, H. Wunderlich and C°, April 1888. In-8 portr.

— Etchings a series of 50 large and excellent fac-simile

of his famous etchings in photogravure with biography and descriptions. London, 1889. In-fol. — 25 à 30 francs.

— L'œuvre gravé de... reproduction des planches originales dans tous leurs états successifs. 1000 phototypies sans retouches, avec un catalogue raisonné par Dmitri Rovinsky. Saint-Pétersbourg, Imprimerie de l'Académie Impériale des Sciences, 1890. 3 atlas in-fol. et le catalogue in-4 en russe et en français. — 1.000 à 1.200 fr.

C'est le catalogue le plus complet sur l'œuvre du maître et le plus apprécié; les eaux-fortes y sont reproduites dans leurs formats originaux, quelques-unes cependant parmi les plus grandes (B. 76, 77, 78 et 81) ne le sont qu'une fois de la grandeur des originaux, leurs différents *états* ne l'étant qu'en réduction. Le classement en a été fait par *genre*, mais pour être agréable à certains amateurs que séduit davantage *l'ordre chronologique*, l'auteur a fait préparer quelques exemplaires de l'atlas dans lequel les pièces sont rangées dans l'ordre du catalogue Middleton en ayant eu soin d'inscrire sur ces pièces les numéros correspondants de Bartsch.

Ajoutons que Rovinski qui a adopté les numéros de Bartsch a eu soin de les faire suivre de ceux de Gersaint, Claussin, Wilson, Blanc, Dutuit et Middleton.

— Wer ist Rembrandt ? Grundlagen zu einem Neubau der holländischen Kunstgeschichte, von M. Lautner. Breslau, 1891. In-8, mit 7 Tafeln. — 7 à 8 francs.

L'auteur cherche à prouver que Rembrandt n'a peut être jamais existé ! et que ses tableaux sont de Bol !!! C'est sans doute une gageure ou une fumisterie.

— Radirungen von W. Seidlitz (Zeitchrift für bildende Kunst), 1892.

— Sa vie, son œuvre et son temps, par Emile Michel. Paris, Hachette, 1893. In-8, avec 249 photogravures dans le texte avec teintes, 10 gravures en noir, 42 fac-similé de dessins en typographie polychrôme, 40 héliogravures en taille-douce et 2 pl. en phototypie polychrôme. — 35 à 40 francs.

Superbe publication résumant à peu près tout ce qui a été dit sur le maître et ce avec la manière très personnelle qui caractérise l'éminent écrivain.

— Par A. Bredius. Amsterdam, 1893. In-8.

Le même auteur a publié également à Amsterdam, en 1899, une pittoresque plaquette intitulée : *Nieuwe Rembrandtiana*.

— L'œuvre gravé des élèves de Rembrandt et des maîtres qui ont gravés dans son goût. 478 phototypies sans retouches avec un catalogue raisonné, par Dmitri Rovinski, Saint-Pétersbourg, 1894. 2 atlas in-fol. et un catalogue raisonné en russe et en français. In-4.

Cet ouvrage contient les œuvres de Bol, Livens et van Vliet, ains que les œuvres de différents autres maîtres. C'est le corollaire obligé de l'ouvrage publié par l'auteur en 1890.

— By P.-G. Hamerton. London, Seeley and C°, 1894. In-8.

— His life, his work and his time from the French by Florence Simmonds edited by Fr. Wedmore. London, 1894. 2 vol. In-4. — 30 à 40 francs.

Cet ouvrage n'est autre que la traduction du Rembrandt de E. Michel, publié en 1893, mais avec des reproductions plus nombreuses et un catalogue plus complet de ses peintures, dessins et eaux-fortes. Il contient 67 reproductions hors texte et 250 dans le texte, y compris deux portraits du maître, ainsi que de ses peintures et de ses eaux-fortes.

Il a été tiré deux cents exemplaires sur Japon valant 125 à 130 francs.

— The etched work of... true and false. A lecture delivered at The London Institution... Royal Society of Painter-Etchers... etc... in October, 1895. By Sir F. Seymour Haden. London, Macmillan and C°, 1895. In-8.

Cette petite brochure de 24 pages est du plus *puissant intérêt*, et tous les amoureux de Rembrandt doivent se la procurer ; qu'ils suivent notre conseil, ils n'auront point à le regretter ; elle leur est absolument indispensable, car il y a là des révélations. Personne mieux que l'éminent écrivain, qui est un des plus grands graveurs des temps modernes, n'était plus qualifié pour traiter pareil sujet, il l'a fait avec une autorité et une compétence auxquelles nous sommes heureux ici de rendre un profond hommage.

De curieuses projections venaient encore souligner les assertions du célèbre conférencier. Cette brochure a été traduite en français.

— Kritisches Verzeichnis der Radierungen... sugleich eine Anleitung zu deren Studium von W. V. Seidlitz. Leipzig, E.-A. Seemann, 1895. In-4. — 10 à 12 francs.

Ce catalogue de l'œuvre gravé du maître est considéré par beaucoup comme *le meilleur* et le *plus estimé* à l'heure actuelle ; malheureusement le classement en est fait par *groupements de sujets similaires* et non par *ordre chronologique*, c'est la seule critique que nous puissions lui adresser.

Il faut avoir *les suppléments* de l'auteur qui ont paru dans le *Repertorium für Kunstwissenschaft* 1899, XXII, p. 208 et 1907, XXX, pp. 231, 367 ; la notice de A.-M. Hind dans le même périodique 1905, p. 150, ainsi que celle de Dr. J. Six dans cet autre périodique *Oud-Holland*, 1909, XXVII, p. 65.

— Sa vie et ses œuvres, par C. Vosmaer, La Haye, 1897. In-8 avec 2 eaux-fortes, une carte et des monogrammes. — 20 à 25 francs.

Deuxième édition revue et augmentée, contenant un catalogue chronologique de l'œuvre du maître.

— Zijn leven en werken door C.-L. Balen, 1898. In-8 met pl.

— Exhibition of the works of... at the Royal Academy of Arts. London, winter exhibition, 1899. In-8.

— And his work, by Malcolm Bell. London, 1899. In-4 with illustrations. — 18 à 20 francs.

Ce volume, qui contient 8 photogravures, 41 planches en demi teinte et 30 collotypes est rempli d'intéressants détails sur les dates, dimensions, expositions, etc... des œuvres du maître.

— Guide to an exhibition of drawings and etchings by... and etchings by other masters in the British Museum, by Sidney Colvin, Keeper of the Department of Prints and Drawings (London) 1899.

Cette petite plaquette, épuisée et rare, vendue *vingt centimes* au *British Museum*, est une des choses *les plus précieuses* écrite sur l'œuvre de l'artiste; il y a des particularités et des curiosités qu'on ne trouve signalées que là. Nous attirons donc l'attention des amateurs d'une façon *absolument particulière et spéciale* sur ce travail de la plus haute valeur documentaire, traité par un homme éminent dont la compétence en matière d'estampes est universellement reconnue.

Parmi les artistes cités comme ayant subi l'influence du maître, M. Sidney Colvin mentionne : Jan Livens, van Vliet, Bol, Salomon Coninck, van den Eeckhout, Rottermondt, Renesse, Jacob et Philips de Coninck, P. de With, Benjamin Wilson, R. Byron ; puis parmi les Hollandais et plus vieux contemporains de Rembrandt et s'adonnant particulièrement aux paysages : Jan et Esaias van de Velde, H. Seghers, P. Molyn, R. Roghman, S. de Vlieger, et parmi les plus jeunes, graveurs de figures, de paysages, d'animaux : J. van Ruysdael, A. Cuyp, P. Potter, Adrien van de Velde ; il continue encore par des artistes variés dans les sujets qu'ils créent ou interprètent, tels que : P.-C. Verbeecq, J.-A. Duck, van Ostade. Dans les Flamands il signale : Ad. van Stalbemt, L. van Uden, van Dyck, David Teniers. Il mentionne parmi les Français ayant subi l'influence italienne J. Callot, et parmi les Hollandais P. van Laer, surnommé Bamboccio, N.-P. Berghem, Jan et Adrien Both, Karel du Jardin et termine en citant le graveur italien Giovanni Benedetto Castiglione, de l'école de Gênes qui, lui, subit l'influence hollandaise.

On voit par le nombre des artistes dont les œuvres sont exposées — exactement 820 pièces — l'importance *capitale* de cette exposition, et si nous nous sommes étendu avec un peu plus de complaisance que le sujet ne semble au premier abord le comporter, c'est que nous avons tenu au contraire à en justifier l'intérêt en signalant tout ce que cette petite plaquette contient de précieux et par ses notes sur les œuvres, les états et les artistes eux-mêmes. Les iconophiles et les biographes y puiseront des renseignements utiles et inédits, s'ils peuvent se la procurer, car elle est *épuisée*.

— Par H. Knackfuss. Bielefeld und Leipzig, Welhagen und Klasin. London, Grevel and C°, 1899. In-4 ill. — 5 francs.

— Catalogue of etchings and dry points by... selected for exhibition at the " Grolier Club " of the City of New-York, April-May, 1900.

Tiré à 310 exemplaires avec, comme frontispice, un portrait du maître, en photogravure. Le prix de souscription était de un dollar et demi. Cent quatre vingt-sept pièces de l'artiste étaient exposées.

— Catalogue of etchings and dry points. New-York, H. Wunderlich and C°, November 1901.

— Von Carl. Neumann. Berlin, 1901. In-8, mit Pl. — 20 à 25 francs.

— L'œuvre complet de Rembrandt, par W. Bode avec le concours de C. Hofstede de Groot. Traduction par A. Marguillier. Paris, 1897-1903. 8 vol. In-fol. — 1250 francs.

Ouvrage extrêmement important donnant près de 500 reproductions ; tous les tableaux connus du peintre avec l'indication des galeries où ils ont passé y sont mentionnés ainsi que la liste de ses dessins et eaux-fortes avec le catalogue illustré des tableaux disparus ou connus par d'anciennes gravures seulement.

— Et l'iconographie française au XVIIe siècle, par Scheikewitch. Paris, " Gazette des Beaux-Arts ", 1904. In-8.

— Radierungen. Berlin, E. Meyer, 1905. In-4.

— His etchings by P.-G. Hamerton with fifty fac-similes in photogravure and an annotated catalogue of all Rembrandt's etchings by Campbell Dogson. — London Seeley and C°, 1905. In-fol. with 50 fac-simile in photogravure.

C'est un catalogue chronologique très concis, dans le goût de celui de Seidlitz, mais précieux même du fait de son laconisme.

— Leven en Kunst, door J. Veth. Geschreven in opdracht van de Algemeene Commissie ter herdenking van Rembrandt's. 300 Jarigen Geboortedag. Amsterdam, 1906. In-fol.

Cette publication est complète en 20 livraisons

— Le troisième centenaire de... par Gustave Geffroy. " L'Art et les Artistes ", Juillet 1906.

La valeur qui s'attache à la personnalité de l'éminent critique d'art qu'est M. G. Geffroy, nous dispense de tout éloge au sujet de l'étude très originale qu'il vient de faire du maître Hollandais, il a su encore ajouter un fleuron à la couronne de l'immortel peintre-graveur.

— Radierungen von R. Hamann. Berlin, Bruno Cassirer, 1906. In-8, avec 137 reproductions dans le texte et 2 pl. hors texte. — 15 francs.

— Les cuivres de Rembrandt. Ré-impression des planches *originales*, accompagnée d'un texte descriptif, par Gersaint, Helle et Glomy, auteur du premier catalogue de l'œuvre (1751). Paris, Alvin-Beaumont, 1906. In-folio, avec 80 planches. — 180 à 200 francs.

Voici l'histoire de ces cuivres qui ont tant fait parler d'eux ; nous croyons qu'elle intéressera nos lecteurs.

A notre dernier voyage à Paris nous avons eu le plaisir d'aller saluer M. Alvin-Beaumont, l'heureux possesseur de ces planches, homme charmant, actif et singulièrement enthousiaste qui, avec une bonne grâce sans égale, dont nous ne saurions trop le remercier ici, nous a fait les honneurs de ces précieux cuivres. Ils sont là soixante dix-neuf originaux — car le quatre-vingtième est une *copie* du " Pont de Six " — contenus dans des cadres et classés par séries ; ils ont été encrés et vernis, ce qui leur donne comme un vague aspect d'émaux.

On est presque ému en face de ces reliques qui évoquent le souvenir de l'artiste de haute allure qui les a gravés, et on s'étonne que jusqu'à ce jour ils aient pu échapper à toutes les recherches des contemporains, y compris Charles Blanc et Dutuit.

Ils ne sont point biffés et sont restés tels, ou à peu près, qu'ils étaient du temps de Basan ; quant à leur indiscutable et inattaquable authenticité elle fut certifiée par M. E. Bredius et M. E.-W. Moes, directeur du Rijks-Museum d'Amsterdam. On ne semble pas d'accord sur le possesseur antérieur à Basan — qui lui les détenait en 1802 — les uns opinent pour Watelet qui en avait fait acheter un certain nombre en Hollande, les autres suivant la tradition pour Mariette père. Quoiqu'il en soit — le fait a par lui-même peu d'importance — on sait qu'ils passèrent successivement chez Jean où ils figurent à son catalogue en 1810, puis chez Bernard, rue Séguier, où ils dormirent longtemps oubliés, pour reparaître en 1906, jour où ils devinrent enfin la possession de M. Alvin-Beaumont, chez lequel ils se trouvent actuellement. Malheureusement des " quatre-vingt-cinq " cuivres originaux que possédait Jean [1], il n'en reste plus que " soixante-dix-neuf ", les autres sont disparus, égarés ou détruits, nul ne saurait le dire.

Beaucoup de ces cuivres — qui ne tireront jamais plus — sont encore de conservation parfaite et M. Alvin-Beaumont nous racontait, comme preuve à l'appui, qu'un jour il fit tirer avec un soin tout particulier, sur un Japon ancien de l'époque de Rembrandt, une épreuve de " La petite Résurrection de Lazare ". Il donna cet exemplaire à un ami qui l'emporta en Angleterre et le montra à un marchand qui, absolument ébloui par la beauté de l'épreuve la voulait acheter à tout prix, convaincu qu'il se trouvait en présence d'un original ; ceci se passe de commentaires.

C'est au cours de notre visite que nous eûmes l'honneur d'être présenté à M. Julius Morgan, le neveu du fameux collectionneur américain M. Pierpont Morgan.

C'est un charmant et très galant homme doublé d'un connaisseur délicat et averti que M. Julius Morgan ; l'œil très fin, il avait été chargé par son oncle d'assister à la vente Alfred Hubert, en mai dernier et c'est là qu'absolument séduit par la beauté exceptionnelle de l'épreuve du Bourgmestre Six, il n'hésita pas à s'en rendre acquéreur au prix formidable de 71.000 francs, plus les frais ; c'était un deuxième état provenant de la vente Holford où elle avait été payée 9.500 francs ! à Londres, en 1893, on la considère du reste comme une des plus belles connues.

Voici ci-dessous la liste complète des 80 cuivres de Rembrandt appartenant à M. Alvin-Beaumont. Vingt-deux de ces planches figurèrent à l'exposition des œuvres du maître, qui eut lieu en mai et Juin 1908, à la Bibliothèque Nationale.

(1) Voici le titre exact du recueil de Jean : Recueil de quatre vingt-cinq estampes originales, têtes, paysages et différens sujets dessinées et gravées par Rembrandt, Peintre Hollandais, né en 1606, mort en 1668, et trente-cinq autres Estampes, la plupart gravées d'après différentes pièces de ce célèbre artiste, dont les originaux sont fort rares ; tels que le Portrait du Bourguemestre Six ; une Tête orientale, le Paysage au Carosse et divers Sujets et Paysages très difficiles à trouver : in folio de cent vingt pièces.

TABLE DES 80 ESTAMPES
composant cette collection

		Numéros du Catalogue Gersaint			Numéros du Catalogue Gersaint
1	Portrait de Rembrandt.	12	34	Le baptême de l'eunuque	95
2	Portrait de Rembrandt.	22	35	Le martyre de saint Etienne.	98
3	Portrait de Rembrandt avec sa femme.	24	36	Saint Jérôme en prière.	103
4	Portrait de Rembrandt.	25	37	Saint Jérôme en méditation.	106
5	Portrait de Rembrandt.	27	38	L'étoile des rois.	112
6	Abraham et son fils Isaac.	32	39	Trois figures orientales.	114
7	Joseph et la femme de Putiphar.	36	40	L'aveugle.	115
8	Joseph récite ses songes à son père et à ses frères.	37	41	Le petit orfèvre	119
			42	La faiseuse de koucks...	120
			43	Le jeu de kolef.	121
9	David à genoux.	40	44	La synagogue des Juifs	122
10	L'ange qui disparaît d'avec Tobie.	42	45	Le maître d'école	126
			46	Le dessinateur.	128
11	L'annonciation aux bergers.	43	47	Trois figures de paysans et paysanne.	129
12	Une nativité.	44	48	Vieillard avec enfant	132
13	L'adoration des bergers	45	49	Homme qui joue aux cartes.	135
14	Circoncision.	46	50	Vieillard à courte barbe	144
15	Présentation au temple	49	51	Vieillard à grande barbe (Le Persan).	145
16	Fuite en Egypte.	53			
17	Fuite en Egypte.	55	52	Un gueux.	156
18	Repos en Egypte	57	53	Gueux et gueuse.	157
19	Une sainte famille.	62	54	Une femme mendiante.	161
20	Jésus prêchant dans le temple.	63	55	Vieille mendiante.	164
			56	Mendiants à la porte d'une maison.	170
21	Le tribut de César.	67			
22	Les vendeurs chassés hors du temple.	69	57	Gueux estropié.	172
			58	Le dessinateur d'après le modèle.	184
23	L'enfant prodigue.	70			
24	La Samaritaine.	71	59	Figures académiques et études.	186
25	La Samaritaine.	72			
26	La résurrection de Lazare (petite).	73	60	Les baigneurs	187
			61	Figure académique.	188
27	La résurrection de Lazare (grande).	74	62	Une baigneuse.	192
			63	Femme nue.	197
28	Notre-Seigneur crucifié.	82	64	Paysage à la vache qui s'abreuve.	228
29	La grande descente de croix.	84			
			65	Fautrieus (Le docteur Faustus).	250
30	Une autre descente de croix.	86			
			66	Clément de Jonge	252
31	Jésus et les disciples d'Emmaüs.	90	67	Abraham France	253
			68	Le jeune Haaring (la planche coupée).	255
32	Décolation de saint Jean-Baptiste.	92	69	Jean Lutma.	256
33	Pierre et Jean à la porte du temple.	94	70	Crabbetje ou Asselin	257
			71	Wtenbogardus.	259

	Numéros du Catalogue Gersaint		Numéros du Catalogue Gersaint
72 Portrait de Coppenol écrivain (la planche coupée)	263	75 Homme à barbe à l'escopette et assis	299
73 Vieillard à grande barbe	268	76 Portrait de femme âgée	313 bis
		77 La mère de Rembrandt.	318
		78 Etudes de têtes	331
74 Autre vieillard à grande barbe	272	79 Etudes de têtes	334
		80 Le Pont de Six (copie)..	200

— Imitations of... etchings by B. Wilson " Connoisseur " vol. VII, p. 124.

— Radierungen. Herausg, von H.-W. Singer. Stuttgart, Deutsche Verlags-Anstalt, 1906. In-8 mit 408 Abbildungen. — 10 francs.

Une copieuse et savante préface précède ces reproductions ; elle est de M. Singer, l'éminent attaché au Cabinet des estampes de Dresde. Nous nous étonnons cependant, de n'y pas voir figurer les pièces *libres*, qui par tradition font partie de l'œuvre ; si à tort ou à raison, on les considère comme douteuses ou apocryphes on eut dû, toutefois, les signaler comme telles, mais ne pas les éliminer, d'autant qu'elles sont vraiment loin d'être voluptueuses, et M. Béranger lui-même n'aurait vu aucun inconvénient à les y laisser reproduire. Voici du reste les pièces incriminées, que nous nommerons sans nous voiler le visage : Le lit à la française — Le moine dans le blé — L'espiègle — Le vieillard endormi — L'homme qui pisse — La femme qui pisse. Nous avons dû les signaler aux collectionneurs à cause de leur extrême rareté. Nous devons à la vérité de dire que si elles ne sont pas reproduites dans le volume, elles y figurent à la table.

— Les chefs-d'œuvre de... 1606-1906 par E. Michel. Edition du Tri-Centenaire en 15 livraisons. Paris, Hachette, 1907. In-4. — 50 à 60 francs.

Superbe publication avec 30 gravures dans le texte et 45 hors texte.

— His etchings by A. M. Hind. In Newnes " Masters Etcher's Series ". London, 1907. In-8 with, 65 pl. — 9 francs.

Catalogue des eaux-fortes classées par ordre chronologique, précédé d'une courte introduction et d'une notice bibliographique ; l'autorité de l'écrivain précise la valeur de cette publication.

— Par Auguste Bréal. Paris, 1907. In-8 avec 24 pl. — 1 franc 50.

Nous recommandons cette petite brochure.

— His life his work and his time by professor Baldwin Brown. London, 1908. In-4 with 46 illustrations. — 7 à 8 francs.

— Par André Monod " Foi et Vie ". Juin et Juillet 1908.

Lire ces deux très intéressants articles, dont l'un a particulièrement trait aux cuivres de Rembrandt possédés par M. Alvin-Beaumont.

— Exposition d'œuvres... dessins et gravures. Bibliothèque Nationale, Mai-Juin 1908. Catalogue rédigé par F. Courboin, Guibert et Lemoisne du Cabinet des Estampes. Paris, Emile Lévy, 1908. In-8 illustré.

Ce précieux catalogue est précédé d'une introduction et d'une importante bibliographie. Il est divisé en deux sections : eaux-fortes et dessins, avec un supplément pour ces derniers. Les eaux-fortes sont classées en douze catégories et les dessins en neuf. On avait réuni là 282 eaux-fortes, dont quelqu'unes dépassaient en beauté tout ce que l'imagination la plus *dévergondée* pouvait souhaiter, notamment : le triomphe de Mardochée ; la petite tombe ; la grande descente de croix ; saint François à genoux ; le dessinateur d'après le modèle. etc., etc., et une Pièce aux Cents Florins, incomparable.

Comme on peut le constater par l'importante bibliographie mentionnée ci-dessus, on voit que Rembrandt est de tous les maîtres celui qui, dans le monde des arts, a le plus accaparé l'attention. L'œuvre a été tellement fouillé, tellement *étreint*, si nous pouvons nous exprimer ainsi, qu'on ne rencontre plus dans les catalogues de ventes publiques ces mots hypnotisant pour les curieux, de : *état non décrit* ou *inconnu à*... Bartsch, Dutuit... mots magiques et troublants qui font souvent pousser la pièce à des prix tout à fait hors de proportion avec sa réelle valeur artistique.

— Newly discovered Rembrandt documents, by A.-M. Hind, " Burlington Magasine ", July 1909.

Article très curieux dans lequel, en résumé, l'écrivain raconte une conversation de Titus, fils de Rembrandt, avec l'éditeur Daniel van Gaesbeck, relativement à un portrait que ce dernier voulait faire graver. On sait qu'il est de tradition de considérer la *Femme à la flèche* de 1661 comme la *dernière* planche *datée* par l'artiste; or, dans l'hiver 1664-65, l'éditeur sus-nommé fit mander Titus et lui demanda s'il ne pourrait pas lui recommander un bon graveur, mais un artiste de tout premier ordre, ce à quoi Titus répondit : Mais mon père en est un excellent graveur ! Comment, ajouta Gaesbeck, mais j'avais toujours cru qu'il n'était qu'aqua-fortiste. Pas du tout, répliqua le fils, c'est un aussi bon graveur au burin que vous pouvez le désirer et il vient même de terminer le portrait d'une femme dont les connaisseurs sont absolument enthousiasmés. S'il en est ainsi, dit Gaesbeck, allons chez le Dr. Hendrick van der Linden, il veut avoir un portrait gravé d'après Abraham van den Tempel pour le livre de son illustre père que nous allons publier, mais il tient à un *burin* et non à une *eau-forte*. L'affaire fut promptement arrangée, du 20 au 21 mars 1665 et Rembrandt pris l'engagement de livrer le portrait sous quatorze jours.

On a jamais eu connaissance du livre, une marge au bas de la planche était réservée sans doute pour une inscription, mais il est plus que probable que ni van der Linden, ni l'éditeur ne furent satisfaits de ce cuivre et qu'il fut rejeté comme l'avait été déjà celui de Peter Holsteyn qui l'avait préalablement gravé.

— Als Plaatsnijder door A. Bredius " Oud-Holland ". Tweede Aflevering. Zevenentwintigste Jaargang, 1909.

— En zijne werken Geschetst van Maaskamp. Amsterdam. In-8.

— The etchings of... and Dutch etchers of the 17 th. century by Hamerton and L. Binyon. London, Seeley. In-4.

— Fifty etchings of the most notable etchings of Rembrandt. Reproduced by the photogravure process. By C.-B. Cortis. New-York, Dodd. In-8.

— By Malcolm Bell. London, G. Bell and Sons. Edited by G.-C. Williamson. In-8 illustrated.

— Par E. Michel, Paris, Librairie de l'Art. In-4 illustré.

— By Elisabeth A. Sharp. In-16, with illustr. — 5 francs.

— Par Emile Verhaeren. Paris, H. Laurens. In-8 illustré.

— Von H. Knackfuss, 165 ill. — 4 francs.

— Etchings. In the " Connoisseur ", vol. V, p. 245.

— Voir : *Burlington Club* and *Grolier Club*.

— Gersaints lijst Rembrandts prenten door Dr.-J. Six " Oud-Holland ". Tweede Aflevering zevenentwintigste Jaargang, 1909. In-8.

> Très important article de 46 pages.

Reni (Guido). — Catalogue raisonné des estampes gravées à l'eau-forte de... et de celles de ses disciples Cantarini, Sirani et Loli, par A. Bartsch. Vienne, A. Blumauer, 1795. In-12.

> C'est en allemand que ce catalogue a été publié ; Bartsch le rééedita en français dans son *Peintre-graveur*, mais il change la série des numéros pour les œuvres de l'artiste, ayant apporté certaines modifications et rectifications dans son travail.

Renouard (Paul). — Exposition à la Bodinière. Paris, Mai 1894, et à la Nationale en 1898.

Renouard (Ph.). — Documents sur les imprimeurs, libraires, cartiers, graveurs, etc., ayant exercé à Paris de 1450 à 1600, recueillis... et au Département des Manuscrits de la Bibliothèque Nationale. Paris, Champion. In-8, 1901.

Revere (Paul). — His engravings by William Loring Andrews. New-York, 1901. In-8.

Reynolds' (Sir Joshua) — Catalogue of portraits engraved from picture by... London, 1794. In-8.

— His works with an account of his life and writings by E. Malone. London, 1809, 3 vol. In-8 with a portrait engraved par Caroline Watson.

— Engravings from the pictures and sketches painted by... comprising the whole of his works. By Samuel William Reynolds, engraver to the King. Bayswater

1820. 3 vol. In-fol., illustrated with 430 subjects on 357 plates. — 3800 à 4000 francs.

Extrêmement rare.
Importante publication dont voici la composition :
Tome I. : Portraits d'hommes, 137 planches reproduisant 190 portraits.
Tome II : Portraits de femmes, 116 planches avec 136 portraits.
Tome III : Histoire et fantaisies, 104 planches.
Il y a des exemplaires sur grand papier avec épreuves sur Japon qui valent 7000 à 7500 francs. Dernièrement Quaritch, dans son catalogue 278, juin 1909, en cotait un exemplaire exceptionnel £ 350, c'est-à-dire 8750 francs.

— A descriptive catalogue of all the prints with the engravers names and dates, which have been engraved from original portraits and pictures by... Collected by Ed. Wheatley (London). E. Wheatley, 1825. In-18.

— His works, gleanings from his diary, unpublished **M. S. S.** and other sources by W. Cotton, edited by J. Burnet. London, 1856. In-8 with pl. — 10 francs.

— Catalogue raisonné of the engraved works of... to which is added a short biographical sketch of each engraver by E. Hamilton. London, Colnaghi, 1874. In-8. — 12 à 15 francs.

— Hamilton's catalogue raisonné of his engraved works from 1755 to 1822, description of the different states, dates, names of possessors... London, 1884. In-8. — 100 à 150 francs.

Précieux et très *rare* guide pour les collectionneurs. Cette édition est la meilleure, elle est bien plus complète que la précédente et donne une description précise des différents états de chaque planche.

— Par E. Chesneau. Paris, Librairie de l'Art, 1887. In-4 illustré.

— By Frederick Keppel.

Très intéressant et substantiel article illustré paru dans le *Schribner's Magazine* n° 1, January 1894, New-York.

— Life and works of the celebrated english painter, by sir Walter Armstrong. London, Steinemann, 1900. In-4.

Important ouvrage dont l'auteur n'est autre que le Directeur de la *National Gallery* d'Irlande ; illustré de 70 photogravures et de 6 lithographies en couleurs, première édition ; 120 à 130 francs.

— Par Armstrong, traduit par Gausseron. Paris, Hachette, 1901. In-fol. avec 78 photogr. et 6 fac-similes lithographiques. — 160 à 180 francs.

— His life and art. By Lord Ronald Sutherland Gower. London, G. Bell and sons, 1902. In-8 with 89 ill. full page.

L'ouvrage donnant les noms des *graveurs* qui ont reproduit les œuvres du célèbre peintre doit à ce titre figurer dans notre travail.

— By E. d'Esterre Keeling. In-12, with illustr. — 5 francs.

— History of his works, by Algernon Graves and W.-V. Cronin. London, Graves and C°. 4 vol. in-4.

Reynolds (Samuel W. Senior and Junior). — Memoirs catalogues of portraits and subjects engraved by them... by A. Whitman. London, 1903. In-4, with 29 pl. — 20 à 25 francs.
<small>Tirage limité à 500 exemplaires.</small>

Ribera. — Par A.-L. Mayer, Leipzig, 1908. In-8.

Richter (Ad. Lud.). — Maler und Radirer... catalogue des artistes qui ont travaillé d'après le maître, par J.-F. Hoff. Dresden, J.-H. Richter, 1877. In-8. — 12 à 15 francs.

— Und seine Kunst von Escherich. Stuttgart, Muller, 1908. In-8.

Ridinger (J.-E.). — Leben und Wirken des Thiermalers und Kupferstecher's... mit Verz. seiner Kupferst... von G.-A.-W. Thienemann. Leipzig, R. Weigel, 1856. In-8 mit Portr. und 11 Pl. — 18 à 20 francs.

Rigaud (J.). — Dessinateur et graveur Marseillais, par G. Ginoux. Paris, Plon, Nourrit et Cie, 1899. In-8.

Rivière (H.). — The art of... as expressed in his chromolithograps by Gabriel Mourey " Studio ", March 1896.

— Peintre et imagier, par G. Toudouze. Paris, Floury, 1907. In-4 illustré de 145 reproductions dont 42 pl. hors texte : Un portrait lithographié par Steinlen, 1 héliogravure, 12 planches en trois couleurs, 28 pl. en deux tons et 103 gravures tirées en camaïeu dans le texte. — 25 francs.
<small>Tout le grand art de ce bel artiste, fait de séduction et de charme, y est délicatement analysé. Le tirage est de 1.000 ex. sur velin à 25 fr.; 50 sur Chine et 50 sur Japon à 50 francs. Ce tirage est enrichi d'une eau-forte originale inédite de l'éminent artiste, auteur des séduisantes séries : " La Féerie des heures ", " Aspects de la nature " et " Paysages parisiens ". et de la fameuse " Marche à l'étoile ".</small>

— Par C. Mauclair "L'Art et les Artistes". Octobre 1908.

— Par Edouard Sarradin "Art et Décoration", tome III, 1898.

Robbe (M.). — By Gabriel Mourey "Studio". December 1902.

Rochebrune (O. de). — Etudes sur les eaux-fortes de... par Ch. Marionneau. Nantes, Forest et Grimaud, 1865. In-8. Tiré à 100 exemplaires.

— Son œuvre par A. Bonnin. Vannes, Lafolye, 1888. In-8.

— Catalogue descriptif et raisonné de l'œuvre de... par H. Clouzot. Niort, Clouzot; Paris, Rapilly. In-4, 1901, avec un portrait de l'artiste par Masson et 3 pl. de Rochebrune. — 5 francs sans les illustrations et 15 francs avec.

<small>Quatre cent quatre vingt-douze pièces y sont cataloguées avec indication d'état. L'artiste était un graveur d'architecture.</small>

Rochussen (Ch.). — L'œuvre de... Essai d'un catalogue raisonné de ses tableaux, dessins, lithographies, eaux-fortes, par D. Franken et D.-O. Obreen. Rotterdam, 1894. In-fol. avec 3 pl.

Rodin (A.). — Les pointes-sèches de... par Roger Marx. Paris, Gazette des Beaux-Arts, 1902. In-8 illustré de 10 grav. dans le texte et de 2 pointes-sèches originales du maître : *Printemps* et *Victor Hugo*. Tiré à 100 ex. numérotés à la presse. — 25 francs.

— The man, his ideas, his works, by Camille Mauclair. Translated by Clementino Black. London, 1905. In-4 with forty plates. — 12 à 15 francs.

<small>Il n'y a pas eu d'édition française de cette publication.</small>

— L'œuvre et l'homme, par Judith Cladel. Préface de Camille Lemonnier. Bruxelles, Van Dest et Cº, 1908. In-8.

<small>L'artiste y est merveilleusement analysé dans son admirable envergure et les sept pointes sèches qu'il a gravées sont ici reproduites.
Les plus recherchées de ces pièces sont les deux portraits de " Victor Hugo " de face et de profil, ainsi que le portrait de " Becque ", l'auteur des Corbeaux et de la Parisienne, suivant état et conditions ses pointes sèches varient de 300 à 1200 francs.</small>

— Et son œuvre par G. Kahn. Paris, Librairie Artistique et Internationale. In-fol. illustré. — 7 francs.

— By Rudolf Dircks. In-16 illustré.

Roger (B.). — Œuvre et vie de... par A. Vitalis. Montpellier, 1900. In-8.

— Description de son œuvre.

<small>Elle n'existe qu'à l'état *manuscrit* au *Département des Estampes*, à Paris. Ce graveur était élève de Copia et de Prudhon.</small>

Rops (Félicien). — Œuvre gravé de... Bruxelles, J. Olivier, 1879. " Extrait du Bibliophile Belge ". In-8.

<small>Puisque le nom de Rops se présente sous notre plume, qu'il nous soit permis de signaler aux collectionneurs le fac-similé d'une aquarelle de l'artiste, gravé de la manière la plus extraordinaire qu'il nous ait jamais été donné de rencontrer.
Nous voulons parler de la pièce célèbre " L'Incantation " [1], reproduite en couleurs par le graveur Albert Bertrand. C'est chez Gustave Pellet, le très aimable marchand d'estampes de la rue Le Peletier, éditeur attitré des œuvres de Rops et de Legrand, que nous avons eu l'occasion d'admirer cette reproduction qui, par sa fidélité intégrale et absolue, dépasse tout ce que l'on peut imaginer.
Pour le prouver d'une façon qui est absolument sans réplique,</small>

<small>(1) Gravure illustrant " Son Altesse la Femme " d'Octave Uzanne.</small>

Gustave Pellet vous met sous les yeux deux cadres *absolument identiques* ; dans l'un est l'aquarelle originale, dans l'autre la reproduction, toutes deux sous verre ; puis tranquillement il vous demande où est l'originale, où est la copie ? Eh bien ! nous vous défions de pouvoir distinguer l'une de l'autre. Nous avouons pour notre part avoir été complètement désarçonné en présence de ces deux pièces et nous confessons naïvement qu'après un examen très approfondi, très minutieux et très attentif, si nous sommes tombé juste, c'est au hasard que nous le devons. Nous connaissons des *œils* [1] plus subtils que le nôtre qui s'y sont trompés et d'autres qui, soit par amour-propre, soit par vanité, se sentant vaincus d'avance, se sont dérobés et ont refusé carrément de se prononcer. Il n'y a qu'une seule manière de pouvoir s'en tirer: prendre une loupe, les tailles alors se trahissent et toute hésitation disparaît.

Cette reproduction est faite à l'aide de *quatre* planches de repérage, le graveur a mis six mois à accomplir ce travail en s'y adonnant sans trêve ni repos. Le tirage, très délicat, ne lui permettait pas de donner en moyenne plus de quinze épreuves par jour. A titre de curiosité, Pellet a fait tirer trois jeux de toutes ces planches montrant la genèse et l'exode de la gravure, c'est-à-dire les différentes transformations qu'elle a subies, de la première épreuve à l'épreuve complète et définitive. Avant d'arriver à cette épreuve *définitive*, Bertrand a tiré *treize* états de sa planches, à quatre planches par état, cela fait le joli chiffre de *cinquante-deux* coups de presse !! Deux de ces séries seulement sont dans le commerce, on demande trois mille francs de chaque exemplaire.

Quant à la pièce en couleurs il y a 250 épreuves ; cinquante avec remarques à 300 francs et deux cents sans remarques à 200 francs. Les planches ont été détruites.

On a fait reproduire d'une manière aussi parfaite, sinon supérieure, les couleurs plus brillantes de l'originale y prêtant d'avantage, une autre aquarelle de Rops ''Les deux Amies'', également par Bertrand. Tirée à 130 épreuves, planches détruites ; trente avec remarques, à 150francs, cent sans remarques, à 100 francs.

Ces deux aquarelles originales ont été vendues, la première à Paris, la seconde en Allemagne.

Nous ne saurions terminer ces lignes sans adresser à Albert Bertrand [2] nos plus sincères compliments sur sa stupéfiante habileté, mais quand on atteint une semblable virtuosité, on est plus un simple ouvrier interprète, mais bel et bien un artiste dans la plus pure et plus haute acception du mot, c'est ce qu'il est.

— **Catalogue descriptif et analytique de l'œuvre gravé de... précédé d'une notice biographique et critique, par Erastine Ramiro. Orné d'un frontispice et de gravures... fleurons et culs-de-lampes d'après Rops, Jean La Palette et Louis Legrand. Paris, Conquet, 1887. In-8, tirage 550 exemplaires. — 60 francs.**

Ce catalogue de l'œuvre d'un artiste superbe se recommande encore par la signature de Ramiro qui en a fait une étude aussi

---

(1) Nous disons '' œils '' comme on dit '' *ciels* '' en peinture, « les ciels de cet artiste sont admirables. » Ceci, pour nous mettre à l'abri du jugement que pourraient formuler contre nous, ceux qui, estimant que nous eussions dû écrire *yeux*, en concluraient que nous ne savons pas le français.

(2) Dès 1895 l'habile artiste avait gravé en couleurs '' Le Scandale '' et ''Eritis similes Deo''. Il y a quelques mois à peine '' le Bout du Sillon '' vient d'être édité et déjà il fait prime.

attrayante qu'approfondie. On a malheureusement omis de donner un numéro d'ordre aux planches qui sont au nombre de cinq cent deux. En 1895, le distingué catalogueur a fait paraître un supplément chez Floury, il est également orné d'illustrations de Rops et de fleurons et culs-de-lampes par A. Rassenfosse et tiré à 550 exemplaires. Les pièces sont numérotées de 503 à 678 inclus.

— Par Huysmans dans "Certains". Paris, Tresse et Stock, 1889.

— Et son œuvre, par Huysmans. Peladan, Champsaur, Demolder, Verhaeren, etc... Bruxelles, E. Deman. In-4, avec gravures.

— Par Eugène Demolder. Paris, 1894. In-8. — 15 à 18 francs.

— L'œuvre lithographié de... par E. Ramiro, orné de sept reproductions de lithographies en taille-douce. Paris, Conquet, 1891. In-8, fig. — 40 francs.

Toutes les lithographies de l'artiste sont des œuvres de jeunesse qui datent de 1856 à 1861. Il y a ici 184 pièces décrites. Il existe six exemplaires sur vélin, tirés pour les amis de l'auteur, avec les eaux-fortes marginales *originales* de Rops sur chine — c'est de toute rareté — ils valent 150 à 180 francs.

— Catalogue descriptif et analytique de l'œuvre gravé de F. Rops par Erastène Ramiro. Deuxième édition. Bruxelles, E. Deman, 1893. In-8 illustré. — 50 à 60 francs.

Cette *deuxième* édition est *supérieure* à la première, étant augmentée de diverses tables, d'un errata et de la liste *numérotée* des œuvres décrites, particularité précieuse au point de vue de références à donner sur l'œuvre du maître. L'ouvrage tiré à 200 exemplaires seulement est orné de un frontispice et de 4 planches hors texte d'après les compositions de Rops, de fleurons et culs-de-lampe dans le texte d'après l'artiste, par Jean La Palette et Louis Legrand. La couverture est gravée par François Courboin avec le portrait de Rops et sa devise à la marotte.

— Etude patronymique avec quelques reproductions brutales de devises inédites, par E. Demolder. Paris, René Pincebourde, 1894. In-8. — 20 à 25 francs.

— Et son œuvre. Numéro spécial de La "Plume". Paris, 15 juin 1896. Bruxelles, Deman, 1897. In-8 ill. — 10 francs.

Très intéressante brochure où l'artiste est apprécié et analysé par des écrivains de talent qui se nomment: Huysmans, Peladan, Demolder, Lemonnier, Uzanne, Champsaur, Arsène Alexandre, Pradelles, Henry Detouche, etc... 130 reproductions de l'œuvre du maître et une table iconographique de 834 numéros complètent ce travail.

Nous ne pouvons guère mentionner ce numéro de "la Plume" si curieux, sans donner quelques brefs extraits des lignes que les principaux écrivains ont consacré au grand artiste aujourd'hui disparu. Voici ce qu'en dit :

Huysmans : « ... Contrairement à ses confrères, qui sont presque tous nés dans des étables et des sous-sols, et dont l'instruction s'est faite dans les écoles communales et les beuglants, M. Rops, dispensé d'origines ouvrières ou paysannes, et investi d'une éducation toute

littéraire, est le seul qui, dans la plèbe des crayonnistes, soit apte à formuler les synthèses du frontispice dont il demeure l'unique maître, le seul surtout qui soit de taille à réaliser une œuvre dans laquelle se résume le passif de l'éternel vice..........................
....

« Il a restitué à la Luxure si niaisement confinée dans l'anecdote, si bassement matérialisée par certaines gens, sa mystérieuse omnipotence : il l'a religieusement replacée dans le cadre infernal où elle se meut et, par cela même, il n'a pas créé des œuvres obscènes et positives, mais bien des œuvres catholiques (oh ! oh !) des œuvres enflammées et terribles ....

« Il a, en un mot, célébré ce spiritualisme de la Luxure qu'est le satanisme, peint, en d'imperfectibles pages, le surnaturel de la perversité, l'au delà du Mal. »

Pradelles : « ... Deux qualités maîtresses, la recherche inquiète et profonde de la vie, la poursuite ardente de la perfection et de la forme composent l'originalité et comme la moelle et l'ossature du talent de Félicien Rops.

« Cette double tendance s'affirme parallèlement ou fondue dans chaque page de son œuvre. Dessin, lithographie, eau-forte, aquarelle, quelle qu'en soit l'importance ou le sujet, toute planche porte en elle, plus lisible qu'une signature, cette estampille jumelle de son faire. Le caprice du maître a beau jaillir, invraisemblable et fou dans l'infini de la fantaisie ; son rêve peut s'ouvrir aux chimères les plus scandaleusement sensuelles ; son imagination aux débauches les plus macabres : ces suggestives évocations ne s'en iront point en fumée. Son dessin souple, magnétique, mais sûr, leur donnera le revêtement, la ligne, le corps qui leur est propre..................

« La nature qu'il a aimé d'instinct avec la femme, commence à lever son voile devant lui.

« Le trait — dans l'eau-forte aussi, le trait découvre la complexion et les mœurs — se fait pénétrant, plus vivace ; la pointe se débarrasse de sa gracilité première, elle creuse plus avant dans l'étude de l'être : un Rops nouveau, puissant, beau de sa science et de sa conscience apparaît. Et la pensée s'élargit avec le dessin............

« Résumons-nous... Après les mensonges, les hypocrisies, après les germes morbides semés dans les adulations corrosives dont la littérature et l'art ont, depuis le milieu du siècle dépravé la femme moderne, on voudra aller jusqu'au fond de notre décomposition sociale ; on ouvrira les cartons de Rops, et l'on y découvrira la fleur de chair, la fleur de luxure, dont le parfum aura été la tentation, et, peut-être la perdition de la Société actuelle. On retrouvera-là la fille de Paris, dans son inconsciente perversité, dans sa géniale beauté, amère comme la mort, ensorceleuse comme le plaisir. »

Il nous est malheureusement impossible de multiplier les citations, mais celles-ci sont des morceaux de haute littérature d'où se dégage parfois une profonde et puissante philosophie, et nous eussions trouvé vraiment regrettable d'en priver nos lecteurs.

— Etude bibliographique et critique par Ramiro. Paris, G. Pellet et H. Floury, 1905. In-4, avec 25 planches hors texte et 150 à 200 illustrations dans le texte. — Epuisé.

Les exemplaires sur Japon et sur Chine possèdent en plus une gravure en couleurs : " Eritis similes Deo " par A. Bertrand, et une double suite de toutes les illustrations.

— Das erostiche Werk des... 1905. In-fol. mit 24 Pl. 500 exemplaires. — 70 à 80 francs.

Cet ouvrage édité sous le manteau, a été publié à Berlin, croyons nous, et sans nom d'auteur.

— Par Gustave Kahn, 1er vol. : 3 planches en couleurs, 46 illustrations teintées et une gravure. 2e vol. : texte de Rudolf Klein, 5 planches en couleur et 48 illustrations. Paris, Librairie Artistique Internationale. Prix du volume : 7 francs 50.

Il sera éternellement intéressant de lire les diverses appréciations formulées sur l'œuvre de cet original et très spécial peintre-graveur ; celles des deux écrivains sus-nommés le sont particulièrement.

— L'homme et l'artiste, par Camille Lemonnier. Paris, Floury, 1908. In-4 illustré. — 25 francs.

Ouvrage remarquable et par la qualité de l'artiste et par celle de l'écrivain ; c'est une vue d'ensemble donnant avec clarté et précision la physionomie d'un œuvre originale entre tous.

Voici comment l'auteur dans un style sobre, coloré et tranquille, raconte la mort de ce grand peintre-graveur :

« Le maître raffiné et corrosif, le suprême artiste des perversités de l'amour, le semeur de la graine de péché et de vie aux champs de la folie, eut la fin de l'homme de la nature. Il mourut au cœur de sa maison comme le p ysan qui attend la mort près de la fenêtre. Sentant la vie à bout, il cessa de lutter contre la Camarde qui depuis dix ans le guettait...

« .... Il connut la mort à la fois du petit faune et du patriarche dans la fête des odeurs, des clartés et des musiques de l'août mûrissant. Il eut l'air de mourir comme en songe, d'une âme d'enfant rentrée aux limbes. Un télégramme avait pu toucher Armand Rassenfosse, en voyage. Il accourut, lui retrouva une clarté dans les yeux : leurs mains ne se disjoignirent plus, tandis qu'autour, d'ardentes et douloureuses affections de femmes, d'enfants, d'amis sanglotaient. Un coma l'ayant pris, le grand vivant entra dans le définitif sommeil. Un petit calendrier au mur marquait la date du 23 août 1898. »

Il y a eu 175 exemplaires de luxe tirés sur différents papiers, ceux qui l'ont été pour Deman de Bruxelles sont numérotés de 126 à 175. Ces exemplaires sont avec double état des planches hors texte en taille douce, une suite à part sur chine de toutes les illustrations, et deux planches imprimées en couleurs " Canicule " et " Seule ". Cet ouvrage contient 97 gravures dans le texte et 26 gravures hors texte ; parmi ces dernières figurent celles qui illustrèrent les fameuses nouvelles de Barbey d'Aurevilly " Les Diaboliques " et qui sont : Un dîner d'athées. La mort au bal masqué. Derrière le rideau. Le rideau cramoisi. Le dessous des cartes d'une partie de Whist et Le plus bel amour de Don Juan.

Rops et Willette. — Par Henry Detouche. Paris, Blaizot, 1906. In-4 ill.

Cette jolie plaquette est ornée d'un frontispice en couleurs de Rops et d'une lithographie d'Adolphe Willette. Personne mieux que l'auteur — qui est un délicat et passionné féministe — n'était qualifié pour signer cette étude qui fait le plus grand honneur à sa verve et à son talent d'écrivain.

Roqueplan (C.). — Ses lithographies par Hédiard. Le Mans, 1893. In-4.
Etait avant paru dans " L'Artiste " en octobre et novembre 1893.

Rosapina (Fr.). — Memorie della vita e della opere di... incisor Bolognese, scritte da March. A.-B. Amorini. Bologna, 1842. In-8 portr.

Rose (Anderson). — Catalogue de portraits exposés par Rose à Londres en 1872. London, 1874. In-8.

Rousseau (Th.) [1]. — Le Peintre-Graveur illustré, par F. Delteil. Tome 1er. Paris, chez l'auteur, 1906. In-4.
L'artiste n'a gravé que quatre eaux-fortes : "Lisière de bois à Clairbois ", dont on ne connait que deux épreuves ; "un site du Berry", demeuré inédit ; "vue du plateau de Bellecroix", également demeurée inédite et : " Chênes de roche", toutes pièces de petit format ainsi que deux héliographies: "Le cerisier de la Plante à Biau" et "la plaine de la Plante à Biau", ces dernières, d'un intérêt très secondaire pour nous, bien que faisant encore dans les jeux à trois cents francs aux ventes publiques quand elles y passent.

— Par Burty : eaux-fortes et portrait.

— Voir : *Amand-Durand*.

Rousseaux (Emile). — Graveur Abbevillois, par Delignières. Mein, 1873-76. In-8.

Rowlandson (T.). — Catalogue of an exhibition of drawings and prints of... London, Gutekunst, October-November 1907.

Rubens (P.-P.). — Catalogue d'estampes gravées d'après... auquel on a joint l'œuvre de Joardens et de Visscher, par R. Hecquet. Paris, Briassou et Jombert, 1751. In-8.
On sait que Rubens n'a *jamais* gravé ; on lui attribue cependant quelques fois une *Sainte Catherine*.— Voir Dutuit (15).

— Catalogue des estampes gravées d'après... J. Joardens et de l'œuvre de C. Visscher, par F. Basan. Paris, de Lormel, 1767. Nouvelle édition. In-8. — 20 à 25 francs.
Cette édition contient une méthode pour blanchir les estampes les plus rousses et en ôter les tâches d'huile.

— Œuvres de... et de A. van Dyck, ou recueil des principaux tableaux de ces deux illustres peintres, gravé par Schelte et Boetius de Bolswert, Wosterman... Amsterdam, 1808. In-fol., 96 pl. et portraits de Rubens et Van Dyck.

— Catalogue des estampes gravées d'après P.-P. Rubens, par Woorhelm Schneevoogt. Harlem, les héritiers Loosges, 1873. In-8. — 4 à 5 francs.
Ce catalogue donne l'indication des collections où se trouvent les tableaux et gravures du maître.

---

(1) Voir à *Dupré*.

— Histoire de la gravure dans l'histoire de Rubens, par H. Hymans. Bruxelles, Fr.-J. Olivier, 1879. In-8 avec 5 facsimile en héliogravure. — 8 ou 10 francs.

<small>L'édition in-4 est avec 8 pl. ; c'est un extrait des *Mémoires couronnés de l'Académie Royale de Belgique*.</small>

— L'œuvre de... gravé au burin par les anciens maîtres flamands et reproduit par l'héliotypie. Texte de E. Fétis. Bruxelles, C. Muquardt, 1880. In-fol. 40 pl.

<small>Cet ouvrage ne contient que les sujets de l'ancien et du nouveau testament.</small>

— Et la gravure sur bois par Hymans, " L'Art ", tome XXXVII, 1884.

— Der Kupferstich unter dem Einfluss der Shule des Rubens, von A. Rosenberg. Wien, 1893. In-fol.

— Par E. Michel. Paris, Librairie de l'Art. In-8.

Ruysdael (J.). — Notice et eaux-fortes, par Bronislas Zaleski avec catalogue détaillé des peintures et des estampes du maître. Paris, librairie du Luxembourg [1867]. In-fol oblong de 24 p. et 5 pl.

— Par G. Riat. Paris, Laurens, 1906. In-8 ill.

— Par E. Michel. In-4 illustré.

Sablet (Les). — Peintres, graveurs et dessinateurs, par le Marquis de Granges de Surgères. Paris, Rapilly, 1888. In-4.

Sablon (Vincent). — Et sa famille [1], par Ad. Lecocq. Chartres, 1861. In-8.

Saint-Aubin (Aug. de). — Catalogue raisonné... par E. Bocher. Paris, Morgand et Fatout, 1879. In-4, épuisé. — 10 francs.

<small>Ce catalogue — tiré à 475 ex. — est ainsi divisé : Ire section : Portraits au nombre de 356. — IIe section : Pièces parues par suite ou pendants, 61. — IIIe section : Pièces parues isolément, 41. — IVe section : Illustrations d'ouvrages divers, 866. — V^e section : Médailles et brevets, 6 pièces. — Il se termine par la liste chronologique des dessins ou gravures envoyés aux expositions du Louvre et le catalogue du Cabinet de feu l'artiste, par Regnault-Delalande.</small>

— Le graveur... et la bibliothèque du Roi. Paris, Leclerc, 1902. In-8 et 19 pl.

Saint-Aubin (Les). — Par de Goncourt, " L'Art du XVIIIe siècle ". Paris, Charpentier, 1882. In-12.

— Par Adrien Moureau. Paris, Librairie de l'Art, 1894. In-8 illustré. — 3 fr. 50.

— Renseignements intimes sur les... dessinateurs et

---

(1) L'un d'eux, *Pierre*, était graveur.

graveurs d'après leurs papiers de famille, par Victor Advieille. Paris, L. Soulié, 1896. In-8 avec 2 portr. — 4 francs.

Saint Eve (J.-M.). — Notice sur l'artiste, par J.-J. Bourgeois. Lyon, Perrin, 1860. In-4 portr.

— Notice sur l'artiste, par le D^r Ch. Fraisse. Lyon, Vingtrinier, 1862. In-8.

Saint-Igny (Jean de). — Peintre sculpteur et graveur rouennais par J. Hédou. Rouen, E. Augé, 1887. In-8.

Sambin (Hugues). — Une gravure de... par N. Garnier. Dijon (1892). In-8 fig.

Sambin était un architecte du XVIe siècle. Auguste Castan, de Besançon, croyons-nous, lui a consacré une notice biographique en 1891, dans les " Mémoires de la Société d'émulation du Doubs ".

Sandys (Fr.). — In the winter number of " Artist ", 1896. In-4. — 12 fr. 50.

Sauveur-le-Gros. — L'œuvre de... graveur à l'eau-forte, par T. Hillemacher. In-8.

Savart (P.). — Voyez *Ficquet*.

Ayant omis à Ficquet et à Grateloup de donner les renseignements sur leurs œuvres, nous allons ici reparer notre oubli.

L'œuvre de Ficquet se compose de 176 portraits, plus deux douteux, gravés de 1738 à 1794 ; il y a des pièces merveilleuses de finesse. Nous appellerons l'attention des amateurs sur les portraits suivants, qui existent en épreuves *modernes* : Chennevières, Cicéron, Corneille, Crébillon, Descartes, La Fontaine, Mme de Maintenon, Molière, Montaigne, Regnard, J.-B. Rousseau, J.-J. Rousseau, Vadé et Voltaire.

L'œuvre des Grateloup se compose :

1° De celui de Jean-Baptiste de Grateloup, 9 portraits, savoir : Bossuet en pied, son chef-d'œuvre — Bossuet en buste — Descartes — John Dryden — Fénelon — Adrienne Lecouvreur — Montesquieu — Le cardinal Melchior de Polignac — J.-B. Rousseau. Ce sont autant de petits chefs-d'œuvre qu'on ne peut comparer comme métier à ceux d'aucun artiste français ou étranger, sauf peut-être au portrait de "L'homme à l'œillet" de Ferdinand Gaillard. Du reste, le procédé n'a jamais été divulgué, et en mourant les deux Grateloup ont emporté leur secret.

2° De celui de Jean-Pierre-Sylvestre de Grateloup, son neveu, 16 pièces, dont quatre portraits : celui de John Dryden, qu'il copia sur celui de son oncle qui, très satisfait de l'imitation, lui confia son secret, et ceux de Jean-Joseph Grateloup, Louis XV et Napoléon.

L'œuvre de Pierre Savart se compose de trente portraits gravés de 1765 à 1780, plus deux douteux et la planche de Diane et Endymion.

Toutes les pièces mentionnées ci-dessus de ces trois artistes sont décrites avec leurs dimensions et leurs états par Faucheux, avec une fidélité et une précision remarquable. Ce catalogue est très recherché et *très rare*. Il vaut 25 à 30 francs.

Schall (J.-F.). — Ausführliche Anleitung zur Restauration vergelbter, fleckiger und beschädigter Kupferstiche, u. s. w. Leipzig, 1863. In-8.

Rare manuel traitant de la restauration des estampes.

Schmutzer (F.). — By Levetus, " Studio ", December 1908.
Shannon (C.-H.). — By T.-M. Wood, " Studio ". October 1904.
Schmidt (G.-F.). — Catalogue raisonné de l'œuvre de... graveur du roi de Prusse, par Crayen. Londres, 1789. In-8 avec portr. — 10 francs.

— Schmidts Werke, oder beschreibendes Verzeichniss sämtlicher Kupferstiche und Radirungen welche der berühmte Kunster Schmidt von anno 1729 bis zu seinem Tode 1775 verfertigt hat... Herausgegeben von L.-D. Jacoby. Berlin, 1815. In-8 Port. — 25 à 30 francs.

— Das Werk von... zeichner Kupferstecher und Radirer, von A. Appell. Dresden, 1886. In-8. — 2 à 3 francs.

— Kritische Verzeichnisse von Werken hervorragender Kupferstecher. Erste Band... von J.-E. Wessely. Hamburg, 1887. In-8 mit Portr. — 4 francs.

Schongauer. — Le musée de Colmar. Schongauer et son école, par Ch. Goutzwiller. Colmar, Barth. Paris, Sandoz, 1875. In-8 portr., fig.

— Musée de Colmar. Martin Schongauer et son école (1430-1499). Notes sur l'art ancien en Alsace et sur les œuvres d'artistes alsaciens modernes, 2e édition augmentée de 26 gravures, texte et dessins par Ch. Goutzwiller. Paris, Sandoz et Fischbacher, 1876 et un portrait à l'eau-forte.

— Ein kritische Untersuchung seines Lebens und seiner Werke... von Dr A. von Wurzbach-Mauz. Wien, 1880. In-8. 6 francs.

<small>Ouvrage du plus haut intérêt, dont cependant quelques assertions ont été très discutées. Une analyse copieuse et précise a été donnée de ce gros travail par Ch.-Ephrussi dans le numéro de Janvier 1881, page 95 de la " Gazette des Beaux-Arts ".</small>

— Durer und Rembrandt. Stiche und Radierungen von... von Janitsch und Lichtwark. Berlin, 1885-86. In-8.

— Peintre et graveur du XVe siècle, par Emile Galichon. Paris, Claye. In-8 fig.

— Als Kupferstecher von Hans Wendland. Berlin, 1907. In-8 mit 32 Pl. — 5 à 6 francs.

— Voir : *Burckhardt*.

Schongauer und der Meister Bartholemaüs. — Von Scheibler. Extrait du : *Repertorium für Kunstwissenschaft*, tome VII.

Schwind (Moritz von). — Von Fr. Haack. Bielefeld Velhagen und Klasing, 3 Auflage, 1908. In-8. — 5 francs.

Shannon. — A catalogue of his lithographs with prefatory note by Ch. Ricketts and a portrait engraved, by Ch. Ricketts after a medal by Alph. Legros. In-8. — 25 francs.

<small>Cinquante-quatre pièces y sont mentionnées.</small>

Sharps (W.). — Engraver with a descriptive catalogue of his works, by W.-S. Baker. Philadelphia, Gebbie and Barrye, 1875. In-8 portr.

Short (F.). — Additions of... to the "Liber Studiorum", by Fred, Miller. " Studio ", May 1897.

— By Frederic Wedmore, " Studio ", February 1902.

<small>Frank Short est un des membres de *The Royal Society of Painter-Etchers and Engravers*, il fait des mezzotintes qui — nous le disons haut et clair — peuvent rivaliser avec les plus *belles pièces* de ce genre au XVIIIe siècle.</small>

— By Ed.-F. Strange, " Studio ", June 1906.

— The etched and engraved work of... by Edward-F. Strange. London, 1908. In-8. — 25 francs.

Senefelder (A.). — Und sein Werk von G. Scamoni. Saint-Petersburg, 1896. In-4.

Sergent (A.-F.). — Notice biographique sur... graveur en taille douce, député... par Noël Parfait. Chartres, Garnier, 1848. In-8.

Sergent-Marceau [1]. — Notice sur... peintre et graveur, par Herluison et Leroy. Orléans, Herluison, 1900.

Sickinger (Gregorius). — Maler, Zeichner, Kupferstecher und Formschneider von Solothurn, 1558-1616. Solothurn Jent und C°. In-8.

Silvestre (Israël). — By H. Longueville Jones, " The Gentleman's Magasine ", May and June 1856.

— Catalogue raisonné de toutes les estampes qui forment l'œuvre de... par L.-E. Faucheux. Paris, J. Renouard, 1857. In-8 avec fac-simile. Tiré à 150 exemplaires.

— Renseignements sur quelques peintres et graveurs des XVII et XVIIIe siècles. Israël Silvestre et ses descendants, par E. de Silvestre. 2e édition. Paris, Veuve Bouchard-Huzard, 1869. In-8 portr.

Sirani (André et Elisabeth). — Voir : *Bartsch*.

Singer (H. W.). — Geschicthe des Kuperstichs... Magdeburg, 1895. In-8 mit 108 Abb. — 5 francs.

Smilie (James D.). — Etching and painter-etching, ' Quaterly Illustrator ", July 1894.

<small>(1) C'est le même artiste que A.-F. Sergent.</small>

Smith (J.-Raph.). — Life and works, by Julia Frankau. London, Macmillan, 1902, 2 vol. In-fol., illustrated.

<small>Cette édition de grand luxe tirée strictement à 350 exemplaires et émise à 30 guinées vaut actuellement 4 à 500 francs. Le premier volume, contient la vie et le catalogue raisonné des œuvres de l'artiste, une description des différents états des gravures et une courte biographie des personnages représentés, plus 30 photogravures ; le second, 50 fac-simile des œuvres du maître, en pointillé et mezzotinte, dont 32 regravées par des artistes modernes et en mezzotinte.</small>

Sparre (Louis). — By G. Strengell, " Studio ", June 1905.

Spirinx (les). — Graveurs d'estampes à Lyon au XVIIe siècle par Natalis Rondot. Lyon, Mongin-Rusand, 1893. In-8 fig. 3 francs.

Stauffer-Bern (K.). —Sein Leben, seine Briefe, seine Gedichte, von O. Brahm. Leipzig, Göschew, 6 Auflage, 1907. In-8. — 8 francs.

— Ein Verzeichniss seiner Radierungen... von M. Lehrs. Dresden, In-fol. mit 12 Taf. 1908. — 40 à 50 francs.

Steinlen. — Par H. Fierens-Gevaert, " Art et Décoration ", tome II, 1897.

— By G. Mourey, " Studio ", January 1898.

— " Les Maîtres Artistes ", Octobre 1902. Paris, rue Lamartine. In-4 illus.

<small>Les études faites sur les artistes dans cette revue sont extrêmement intéressantes parce qu'elles émanent de plusieurs écrivains, qui apportent et leur style et leurs personnalités ; ici nous avons Tailhade, Frantz Jourdain, R. Bouyer, Claretie, etc., etc.</small>

— Par C. Mauclair, " L'Art et les Artistes ", Septembre 1907.

Storm van Gravesande. — Algraphy : a substitute for lithography, " Studio ". September 1897.

Strang (William). — Etchings of... Notice by F. Newboldt. London, Newnes, 1907. In-4 with 48 illustrations full page. 9 fr.

— Catalogue of his etched work, with introductory essay, by Laurence Binyon. Glasgow, 1908. In-8 with 471 illustrations. — 45 à 50 francs.

Strange (Sir R.). —Catalogue de l'œuvre de... avec une notice biographique par Ch. Le Blanc. Leipzig, R. Weigel, 1848, In-8.

— Engraved works : a collection of historical prints, engraved from pictures of the most celebrated painters of the Roman, Florentine... and others schools, with descriptive remarks on the same by Sir... In-fol. with text.

a series of 50 engravings after the old masters (1750-1790). 1000 à 1200 francs.

Suavius (L.). — Par Renier. Liège, 1878. In-8.

Suyderoef (J.). — Verzeichniss seiner Kupferstiche beschrieben von J. Wussin. Leipzig, R. Weigel, 1861. In-8.

— Son œuvre gravé, classé et décrit par J. Wussin, traduit de l'allemand, annoté et augmenté par H. Hymans. Bruxelles, Mertens et fils, 1863. In-8. — 3 francs.

_{Cent trente pièces y sont cataloguées et décrites avec mentions d'états. A paru également dans la " Revue Universelle des Arts ", tome XVI, 1862, pages 5, 143 et 215.}

Swanevelt. — Dit " Herman d'Italie ", par C. Lecarpentier Rouen, Guilbert, s. d. In-8.

Tardieu. — Notice sur la vie et les ouvrages de... par Raoul Rochette, 1847. In-4.

Teniers le jeune. — Sa vie et ses œuvres, par J. Vermoelen. Anvers, E. Donné, 1865 et suite.

Thomas (F.). — Grand prix de Rome, architecte, peintre, graveur, sculpteur, par le baron de Girardot. Nantes, Veuve Mellinet, 1875. In-8.

Thomassin (Ph.). — Recherches sur la vie et l'œuvre du graveur troyen... par Edmond Bruwaert. Troyes, Dufour-Bouquot, 1876. In-18.

Tiepolo. — Acque-forti dei... con prefazione di P. Molmenti. Venezia, F. Ongania, 1896. In-8 avec portrait et 168 pl. fac-simile des eaux-fortes originales. — 25 francs.

Tiepolo (Les). — Par H. de Chennevières. Paris, Librairie de l'Art, 1898. In-4, 75 gravures.

Tiepolo. — Von F.-H. Meissner. In-8, 74 Ill. — 4 francs.

— La sua vita e le sue opere dal Pompeo Molmenti. Milano, U. Hoepli, 1909. In-8.

Thurineysen (les). — Graveurs d'estampes lyonnais au XVIIe siècle, par N. Rondot. Lyon, Bernoux et Cumin, 1899. In-8 ill. — 10 francs.

_{Important catalogue de l'œuvre d'artistes complètement oubliés aujourd'hui et que ce travail va remettre en lumière. — Rare.}

Tissot (J.-J.). — An exhibition of modern art by... paintings, etchings... London, Dudley Gallery, 1882. In-12.

— Exposition des œuvres de M. J.-J. Tissot organisée par l'Union centrale des Arts décoratifs. Paris, A Quantin, 1883. In-8.

— Eaux-fortes, manière noire, pointes sèches. Paris, 64, avenue du Bois de Boulogne, 1886. In-8.

— 250 —

C'est le catalogue à prix marqués en monnaie française et anglaise, de l'œuvre gravé de l'artiste, de 1875 à 1886 inclus, mentionnant 90 f pièces ; y compris différents états ; 90 reproductions photographiques très réduites accompagnent cette nomenclature que préface une notice d'Yriarte. L'artiste est mort le 8 août 1902 en son Abbaye de Buillon, dans le Doubs. A noter pour les collectionneurs la pièce la plus recherchée de son œuvre " Mavourneen".

— Par Huysmans dans " Certains ". Paris, Tresse et Stock. 1889. In-18.

Tory (Geofroy). — Les estampes de... par J. Renouvier, " Revue universelle des Arts ", tome V, 1857, page 510.

— Peintre-graveur... par Aug. Bernard. Paris, Tross, 1857. In-8 fig. — 5 à 6 francs.

Première édition de ce livre estimé et devenu *rare*.

— Painter and engraver : First Royal Painter : Reformer of orthography and typography under François Ier. An account of his life and works by August Bernard, translated, by George B. Ives, " The Riverside Press " In-4. Beautifully illustrated.

— Peintre et graveur, premier imprimeur royal... sous François Ier, par Aug. Bernard, 2e éd. entièrement refondue Paris, Tross, 1865. In-8 fig. — 4 à 5 francs.

Tosti. — List of the... Engravings. Portraits in the Public. Library. Boston, 1871. In-8.

Troost (Cornelis). — En zijne werken door A. Ver-Huell. Arnh, 1873. In-8. — 6 à 7 francs.

Toulouse de Lautrec (H.). — Par André Rivoire, " Revue de l'Art ancien et moderne ", Décembre 1901 et Avril 1902.

— Figaro illustré. Numéro spécial. Avril 1902.

Numéro extrêmement intéressant où sont superbement reproduites toutes les plus belles lithographies de l'artiste ainsi que ses toiles et aquarelles les plus remarquables. Dans les lithographies nous citerons notamment au hasard de nos souvenirs : Une redoute au Moulin Rouge, Miss Cecy Loftus, A la Comédie-Française, Les femmes savantes, Miss Ida Heath, Lender saluant, Lender dansant, Lender et Baron, Chap Book, Sarah Bernhardt dans Phèdre, Revue des Variétés, Paris Sport, Idylle princière, Viennoise, Clownesse au Moulin Rouge, La Négresse, etc., etc., qui sont les plus brillantes caractéristiques du curieux et si original artiste. La plupart de ces pièces éditées en 1895-1896, par Gustave Pellet au prix de cinquante — il est vrai qu'on en voulait pas à ce prix — sont aujourd'hui rachetées par lui trois, quatre et cinq cents francs pièce.

En mai 1902, chez Durand-Ruel, il y eut une exposition remarquable de l'œuvre de l'artiste, exposition très complète qui ne comptait pas moins de 201 pièces ; tous les amis et amateurs du maître y avaient envoyé les plus beaux morceaux de leur collection. Arsène Alexandre avait écrit la préface du catalogue, dans laquelle il analyse brillamment et avec conscience l'œuvre de l'artiste et l'artiste lui-même :

« Le don de l'observation, dit-il, est trop développé chez lui pour qu'il s'attarde aux formules académiques et pour qu'il n'aille pas droit à ce qui est le plus vivant et le plus typique dans les spectacles qu'il a sous les yeux et que lui présente Paris avec abondance. Comme il est, ainsi que nous l'avons dit, grand observateur, et qu'à cette observation il se mêle une ironie très exercée et très juste, il verra dans la vie élégante de Paris ce que beaucoup de gens n'ont pas vu avant lui, le côté agité et fatigué, brillant et morne, voluptueux et grimaçant et peu à peu il deviendra par la seule force de son observation et la volonté de peindre, un des historiographes les plus mordants de cet enfer spécial qu'est le monde du plaisir... Aussi est-il assidu dans tous les lieux de fêtes, cirques, music-halls, bals publics, bars, champs de course, théâtres. Tout lui est étude, et comme au fond, de ces deux besoins, celui de peindre, domine encore celui de vivre, il se trouve dans les milieux les plus étranges comme dans autant d'annexes de son atelier. »

On ne saurait mieux dire.

— Von Hermann Esswein. München und Leipzig. Piper und C°. In-4 Ill.

Toyokuni. — Japanese colour prints, " Studio ", April 1909.

Tresca. — Catalogue des planches gravées par Regnault, Delalande. Paris, 1815.

Truchet (A.). — Par H. Béraldi, " Revue de l'Art ancien et moderne ", Octobre 1904. In-4 ill.

Turner. — List of drawings, engravings and etchings, by... and from his designs, shown in connection with M. Charles Eliot Norton's lectures, at the Parker Memorial Hall, Boston, April 1873, May 1874. Cambrige, 1874. In-8.

— A description and a catalogue of... "Liber Studiorum", by W.-G. Rawlinson. London, 1878. In-8. — 90 à 100 francs, très rare.

— Notes on his collections of drawings, by Turner and list of the engraved works of that master, by J. Ruskin, 1878. In-4.

— Notes on " Liber Studiorum ", by Rev. Stopford Brooke. London, Autotype and C°, 1885. In-8.

— Par Huysmans dans "Certains". Paris, Tresse et Stock, 1889. In-18.

— His lithographs by T. Bolt, " The Connoisseur ", June and September 1906.

— Fogg Art Museum. Handbook to exhibition of line engravings after water color drawings, by J.-M.-W. Turner. Harvard University Cambridge, U. S. A., May 1906. In-18.

— The engraved work of... by W.-G. Rawlinson. Vol. I. Line engravings on copper, 1794-1839. London, Macmillan and C°, 1908. In-8. — 20 à 25 francs.

Ce volume contient une liste des gravures au burin, mezzotinte, aquatintes, lithographies de l'artiste... avec un catalogue raisonné des burins sur cuivre. Il sera suivi d'un second volume et peut être mêmed'un troisième terminé par un *index général* embrassant tout l'œuvre gravé du maître.

Rappelons pour mémoire qu'il a paru en 1874 à Cambridge (Massachusetts) un catalogue de toutes les planches du *Liber Studiorum* avec une introduction et des notices par Charles Eliot Norton.

— By Sir W. Armstrong. In-4 illustrated. — 150 à 200 fr.

Important ouvrage orné de 90 reproductions à pleine page et de fac-simile lithographiques.

— Par Ph.-G. Hamerton. Paris, Librairie de l'Art. In-4 illustré. — 3 francs 50.

— By Alfred Whitman. London, Bell and sons. In-8 with 32 collotype plates. — 40 francs.

— Voir : *Burlington Club.*

Tschémessoff. — Graveur russe, élève de G.-F. Schmidt. Son œuvre reproduit par le procédé de G. Scamoni, publié et annoté par D. Rovinski. Saint-Petersbourg. Paris, Rapilly, 1878. In-fol. avec 17 pl. héliographiques. — 150 à 200 francs.

Ouvrage *épuisé* et très remarquable au point de vue de la fidélité et de la beauté de ses reproductions.

Ugo da Carpi. — Par Gualandi. Bologne, 1854. In-8.

Unger (W.). — Eaux-fortes d'après Frans Hals, par... avec étude sur le maître et ses œuvres par C. Vosmaer. Leyde, 1873. In-fol. avec un portr., 20 eaux-fortes et 5 vign. — 50 à 60 francs.

— Les œuvres de... d'après les maîtres anciens, commentés par C. Vosmaer. Leyde, 1876-1878, 2 vol. In-fol. orné de 145 eaux-fortes. — 110 à 120 francs.

Utamaro [1]. — Von Dr Julius Kurth. Leipzig, Brockhaus, 1907. In-4 mit 45 Pl. — 25 à 30 francs.

— Japanese colour prints, "Studio", February 1909.

Vaillant (W.). — Le catalogue de Wessely sur l'œuvre de.. annoté et amplifié, par Verloren van Themaat. Utrecht, Kemink, 1865. In-8.

A paru aussi dans la *Revue Universelle des Arts*, tome XXI, 1865, page 362.

— Verzeichniss seiner Kupferstiche und Schabkunstblatter beschrieben, von Wessely. Wien, W. Braumüller, 1865. In-8 Portr. — 4 ou 5 francs.

Valdor (Jean). — Un graveur liégeois à Nancy, par E. Mellier. Nancy, Crépin-Leblond, 1885. In-8.

(1) Ou Outamaro, le peintre des *Maisons vertes*, admirable artiste japonais sur lequel de Goncourt a écrit une puissante étude.

Valloton (Félix). — Biographie de cet artiste, avec la partie la plus importante de son œuvre... par J. Meir-Graefe. Paris, 1898. In-fol. avec 40 illustr. — 9 à 10 francs.

<small>Voir un article d'Uzanne sur le *Néo-Xylographe* dans *L'Art et l'Idée* de Février 1892.</small>

Varin (A.). — Notice sur la vie et les œuvres du graveur... par F. Henriet. Château-Thierry, 1884. In-8.

Varin (les). — Graveurs châlonnais, par Armand Bourgeois. Châlons-sur-Marne, 1894. In-8.

— Graveurs champenois... par H. Jadart. Paris, Plon-Nourrit, 1903. In-8 portr.

Veber (Jean). — Son exposition chez G. Petit. Paris, Mars 1897.

— Par R. Bouyer, "Art et Décoration", tome VII, 1900.

<small>Artiste inimitable et curieux, dont l'œuvre restera comme un précieux document de notre époque « alliant la féerie à la satire » comme a dit Raymond Bouyer, avec un brio, un esprit et une couleur qui font de ce maître une des plus marquantes originalités de l'heure actuelle, avec ça le plus charmant et le plus galant homme que nous connaissions.
Nous recommandons particulièrement aux collectionneurs deux lithographies en couleurs, exquises, " Les lutteuses " et " La Fortune qui danse ".</small>

Velde (A. van de). — Par D. Franken. Amsterdam, van Gogh, 1878. In-8 avec 2 pl. et portr. — 4 à 5 francs.

— L'œuvre de... par D. Franken et van der Kellen. Amsterdam, Muller et C° et Paris, Rapilly, 1883. In-8.

<small>L'œuvre gravé du maître comprend 489 pièces, plus 38 douteuses.</small>

— Par Em. Michel. Paris, Librairie de l'Art, 1892. In-4 illustré.

Vérard (A.). — Des gravures en bois dans les livres... tailleur sur bois de Paris, 1485-1512, par Renouvier. Paris, Aubry, 1859. In-8 fig.

— Un document inédit sur... par Ed. Sénemaud. Angoulême, Nadaud, 1859. In-8.

— Ses livres en miniatures au XVe siècle, par A. Bernard. Paris, Techener, 1860. In-8.

Vernet (H.). — Catalogue de son œuvre lithographique, par Bruzard. Paris, Gratiot, 1826. In-8. — 4 francs.

<small>Deux cent quatre pièces y sont décrites.</small>

— Par Hédiard. Le Mans, 1893. Et dans " L'Artiste " en Juin et Août 1893. In-4.

Vernier (E.). — Peintre et lithographe, par Ch. Beauquier. Lons-le-Saulnier, Mayet et Cie, 1887. In-8 portr.

— Artiste lithographe et peintre de marine, par Victor Guillemin. Besançon, Jacquin, 1905.

Vierge (D.). — Par Roger Marx dans " L'Image ". Paris, 1897. In-8.

— Sa vie et son œuvre par Jules de Marthold. Paris, H. Floury, 1906. In-4 illustré. — 15 à 20 francs.

<small>Tiré à 1000 exemplaires, dont 50 sur Japon et 950 sur velin, tous numérotés à la presse. Vingt-et-une gravures hors texte et un nombre considérable dans le texte. Fort intéressante étude à posséder.</small>

Vivant-Denon.[1] — Catalogue des estampes gravées par le citoyen... Paris, an XI, 1803. Calcographie du Musée central des Arts. In-4.

<small>Il existe un autre catalogue in-4 des œuvres du maître en italien, sans lieu ni date, rubriqué : *Catalogo di incizioni di M. Denon*.</small>

— Son œuvre originale, par Albert de la Fizelière. Collection de 31 eaux-fortes dessinées et gravées par l'artiste... Ouvrage renfermant 312 pl. gravées à l'eau forte, ainsi que la suite de 27 pièces des Priapées et sujets galants. Paris, Barraud, 1872, 3 vol. In-fol. — 50 à 60 francs.

Visscher (Corn). — Verzeichniss seiner Kupferstiche barbeitet von J. Wussin. Leipzig, R. Weigel, 1865. In-8 Portr.

— [2] Catalogue of the works of... by W. Smith.

<small>C'est une ré-impression de : *The fine arts quaterly Review* non mise dans le commerce, éditée par J. Childs and son, en 1864.</small>

Visscher (J. et L. de). — Verzeichniss ihrer Kupferstiche von J.-E. Wessely. Leipzig, R. Weigel, 1866. In-8. — 7 à 8 francs.

<small>Tirage à part des : *Archiv für die Zeichnenders Künste*.</small>

Visscher und **A. Kraft**. — Von B. Daun, 102 Ill. — 5 francs.

<small>De la série " Künstler Monographien von H. Knackfuss ".</small>

Volkmann (Arthur). — Von Wasielewski. München, 1908. In-8.

Vorsterman (Lucas). — Catalogue raisonné de son œuvre... accompagné de planches et de tables méthodiques par H. Hymans. Bruxelles, Emile Bruylant, 1893. In-4 ill. — 25 à 30 francs.

<small>Catalogue tout à fait *remarquable*, se terminant par de précieuses tables donnant :
1° La liste chronologique des œuvres datées ou appartenant à des publications d'une date connue.
2° La liste des œuvres rangées dans l'ordre méthodique des sujets.
3° La liste alphabétique des maîtres, d'après lesquels l'artiste a gravé des estampes.
4° La liste alphabétique des graveurs ayant copié ses estampes, où dont le nom se rattache à ses œuvres.</small>

<small>(1) Ancien directeur des Musées.
(2) Voir Rubens.</small>

5° La liste alphabétique des éditeurs dont le nom figure sur les estampes ou sur des copies qui en ont été faites.
6° La liste alphabétique des personnages à qui les estampes ont été dédiées.
Tiré à 756 exemplaires numérotés.

Waes (Aert van). — Voir : *Scheltema*.

Walker (Fr.). — His works, by James Dafforne, " Art Journal ", 1876, p. 297.
— By Cl. Philipp. " Portfolio monograph ".
— By J. Comyns Carr, " Portfolio ", 1875, p. 17, — " L'Art " 1876, I. p. 175 ; II, p. 130.

Waltner. — Par H. Béraldi, " Revue de l'Art ancien et moderne ", Février et mars 1905.

Ward (E.-M.). — Life and works of... by J. Dafforne. London, Virtue. In-fol. with plates. — 5 à 6 francs.

Ward (W. and J.). — Their lives and works, by Julia Frankau. London, Macmillan and C°, 1904. In-fol., 2 vol.

Le premier volume, comprend la vie et un catalogue complet et descriptif des gravures et peintures de James et William Ward, avec 30 photogravures de peintures de James qui n'avaient jamais été gravées. Le second 40 planches : gravures, mezzotinte, etc... y compris 17 pièces qui sont *réellement* gravées au pointillé en couleurs et non au procédé mécanique.
Cet ouvrage *strictement* tiré à 350 exemplaires sur beau papier imitant celui du XVIIIᵉ siècle, fut publié à £ 31.10 ; on peut actuellement se le procurer dans les 350 à 375 francs.

Washington. — The engraved portraits of... with notices and brief biographical sketches of painters, by W.-S. Baker. Philadelphia, Lindsay and Baker, 1880. In-4.

Waterloo (Ant.). — Kupferstiche ausführlich beschrieben von A. Bartsch. Wien, Blumauer, 1795. In-12. — 6 à 7 fr.

Watson (Ch.-J.). — " Studio ", November 1893.

Watson (Th. and Jos.) and **Judkins** (Eliz). — Memoirs of... and catalogues of their engraved mezzotints, by G. Goodwin. London, Bullen, 1904. In-4 with 6 plates. — 20 à 25 francs.

Watteau (Antoine). — L'œuvre de... peintre du roy en son académie royale de peinture et sculpture, gravé d'après ses tableaux et dessins originaux tirez du cabinet du roy et des plus curieux de l'Europe, par les soins de M. de Julienne à Paris. Fixé à cent exemplaires des premières épreuves, imprimés sur grand papier : 2 vol. contenant 273 planches imprimées sur 205 feuilles, plus le titre et la bordure avec la fable allégorique " L'Art et la Nature ", et : Figures de différents caractères de paysages et d'études d'après nature par A. Watteau... gravées à l'eau-forte par les plus habiles peintres et graveurs du temps... à Paris, chez Audran et Chéreau, 2 vol. Soit en tout 4 volumes s. d. In-fol., texte et planches. — 8 à 10000 francs.

Pour le second volume des grandes planches, il existe un *rare* titre gravé par Moyreau, d'après Watteau dans lequel se trouve cette inscription dans un cartouche : *Œuvres des estampes gravées d'après les tableaux et dessins de feu Antoine Watteau, peintre flamand de l'Académie royale de peinture et de sculpture, quatrième et dernière partie.*

— Catalogue raisonné de l'œuvre peint, dessiné et gravé de... par Ed. de Goncourt. Paris, Rapilly, 1875. In-8. — 5 francs.

— Par Chazaud. Paris, Quantin, 1877.

— Par de Goncourt " L'Art du XVIIIe siècle ". Paris, Charpentier, 1881. In-12.

— Sa vie, son œuvre et les monuments élevés à sa mémoire, par Guillaume. Lille, 1885. In-4 fig.

— Par Paul Mantz. In-4 avec planches. Evreux, Hérissey. Paris, à la Librairie illustrée, 1892.

— Par G. Dargenty. Paris, Librairie de l'Art. In-4, avec 68 gravures dans le texte et 7 hors texte. Paris Librairie de l'Art, 1892.

— By Phillips. London, Seeley and Co, 1894. In-8. — 3 francs.

— Par Gabriel Séailles. Paris, H. Laurens. In-8 illustré.

— By Edgcumbe Staley. London, Bell and sons. Edited by G.-C. Williamson. In-8 illustrated. — 3 francs 50.

— Sa vie, son œuvre, son époque, par Virgile Jose, avec une introduction de L. Benedite. Paris, Piazza et Cie, 1904. In-4. — 150 à 180 francs.

Ouvrage orné d'un frontispice en couleurs et de 59 reproductions en photogravure dont 38 hors texte. Tiré à 500 exemplaires.

— Von A. Rosenberg. In-8 mit. 92 Ill. — 5 francs.

Wechte (Ant.). — Notice sur... graveur, né à Maison-Dieu (Côte-d'Or). Semur, 1908.

Wechtlin (J.). — Des Strassburger Malers und Formschneiders Johann Wetchlin genannt Pilgrim, Holzschnitte in Clairobscur in Holz Nachgeschnitten von Heinrich Lödel. Leipzig, R. Weigel, 1863. In-fol. mit Pl.

Weiditz der Petrarkameister (H.). — Von H. Rottinger, Strassburg, Heitz, 1904. In-8 mit Plate. — 10 francs.

Rottinger dénomme nettement ici Hans Weiditz celui qui, jusqu'à présent, avait été désigné sous le nom de Pseudo-Burgkman ou du Maître de Trostpiegel. Il raconte son départ d'Augsbourg et son arrivée en Alsace et retrace son œuvre à Strasbourg de 1523 à 1536, démontrant les influences successives qu'il subit de Beck, Schaufelein, Durer et enfin l'impression que fit sur lui Baldung et Holbein pendant un séjour à Strasbourg. C'est un ouvrage de haute érudition et de grande valeur documentaire.

Weirotter (F.-E.). — Œuvre de... Paris, Basan et Poignant (1775). In-fol. illustré. — 90 à 100 francs.

Wenzel von Olmutz. — Mit 11 Pl. Von Max Lehrs. Dresden, 1889. In-8. — 12 à 15 francs.

Weyden (Van der). — Les commencements de la gravure aux Pays-Bas, par Henri Hymans. In-8 fig.

Extrait du *Bulletin des Commissions Royales d' Art et d' Archéologie*, 31 octobre 1881.

Whistler (James Mc Neill). — Catalogue of the etchings and dry-points of... by R. Thomas. London (?) 1874. In-8. — 25 à 28 francs.

Cet ouvrage qui contient un portrait du maître par lui-même, lorsqu'il était jeune, est gravé par P. Thomas. Non mis dans le commerce et tiré seulement à 50 exemplaires ; *très rare*. Il est surtout intéressant parceque c'est un des premiers — si ce n'est le *premier catalogue* — donnant la liste des eaux-fortes du maître.

Whistler and S. Haden. — Catalogue of etchings and dry points by... to be exhibited at the Galleries of the Union League Club (loaned by S. P. Avery). New-York, 1881. In-8.

Très rare, il n'y a eu de tirés que 30 exemplaires.

Whistler. — Etchings and dry points. Venice second series. J.-Mc. Neill. Whistler. Tite street, Chelsea. Mr. Whistler and his critics. (London, circa, 1883). In-8. — 4 à 5 francs.

Dans cette *très curieuse* petite plaquette d'une vingtaine de pages et timbrée du *butterfly*, l'artiste reproduit dans chaque pièce les différentes critiques dont elle a été l'objet et les relève à son tour et en marge d'une façon singulièrement verte et pittoresque, avec cet esprit mordant et sarcastique, si bien connu de ceux qui ont eu l'honneur de l'approcher, et nous sommes heureux d'avoir été de ce nombre.

Il y a vingt-cinq ans de cela ; le maître souvent déprécié d'alors, a disparu et son œuvre brille aujourd'hui d'un incomparable éclat ; quelle revanche pour sa mémoire ! et combien de signataires de ces articles doivent se sentir mal à l'aise devant le prix qu'attache à leurs appréciations un public délicat et affiné.

Whistler a inscrit en manière de piquantes épigrammes à la première et à la seconde page de cette plaquette ces deux courtes phrases : « *Out of their own mou'h shall ye judge them* » et « *Who breaks a butterfly upon a wheel*. C'est le coup de griffe du lion.

La *première* édition est de *toute rareté* ; elle vaut 20 à 25 francs, nous ne possédons que la cinquième.

— Etchings : a study and a catalogue by Frederick Wedmore. London, Thibeaudeau, 1886. In-4. — 25 à 30 francs.

Cette première édition ne mentionne que 214 pièces.

— Guide to the study of... compiled by Walter G. Forsyth and Joseph Harrison, Albany, New-York, 1895. " State Library Bulletin Bibliography ", n° 1. May 1895.

— Catalogue of a collection of lithographs by... with prefatory note by J. Pennell, exhibited at the " Fine Art Society's ". London, December 1895. In-8.

— Catalogue of lithographs of... Compiled by T.-R. Way. London, 1896. In-8, with frontispice. — 18 à 20 francs.

Tiré seulement à 140 exemplaires, cent trente pièces y sont décrites. Une seconde édition, dans laquelle cent soixante pièces sont mentionnées par ordre chronologique, parut en 1905 à Londres chez Bell et sons et à New-York chez H.-Wunderlich et C° ; tirée à 250 exemplaires, elle est devenue *rare* et vaut 25 à 30 francs.

— Etchings, dry points and lithographs [New-York]. H. Wunderlich and Company, 1898.

Il y a là, réunies dans ce catalogue et destinées à la vente 373 pièces classées sous les numéros de F. Wedmore.
Un autre catalogue, dans lequel les lithographies ne figuraient pas, fut publié par cette même honorable maison en mars 1903 ; les pièces qui le composaient provenaient d'une des plus célèbre collection d'Angleterre et toutes étaient de qualité absolument exceptionnelle. Les eaux-fortes du maître sont devenues inabordables ; certaines valent 6, 7 et 8000 francs.
Citons encore le catalogue paru en 1890 : *Catalogue of Francis Seymour Haden's private collection of modern etchings. Second part : Wishtler's etchings and dry points.*

— Whistler's etchings. A study and a catalogue. Second edition revised and enlarged. London, Colnaghi and C°, 1899.

Tiré à 135 exemplaires, ce catalogue est devenu *extrêmement rare* et vaut de 100 à 125 francs ; il fut émis à une guinée. Deux cent soixante-huit pièces y sont mentionnées. Inutile de dire que les lithographies n'y sont pas cataloguées.

— Catalogue of an exhibition of the etchings and lithographs of... exhibited by the Caxton Club in the building of the Art Institute. Chicago, January to February 1900. In-16.

— The man and his work, with bibliography by W.-G. Bowdoin, London 1902. In-8 portr.

— Catalogue of etchings... compiled by an Amateur, supplementary to that compiled by F.-Wedmore. New-York, 1902. In-18. — 20 à 25 francs ?

L'amateur n'est autre que M. E.-G. Kennedy, le distingué associé de la maison H. Wunderlich and C° de New-York, une autorité dans le monde de l'estampe.
Ce catalogue dont les numéros font suite à ceux de Wedmore, commence à 269 pour finir à 372, signalant 98 pièces de plus que ce dernier.

Il a également ajouté à 8 pièces des états inconnus à Wedmore. Cette petite plaquette tirée à 135 exemplaires, est devenue *très rare*.

— By A.-L. Baldry and by Menpes " Studio ". September 1903.

— By T.-R. Way. " Studio ", October 1903.

— By W. Scott " Studio ", November 1903.

— Exhibition of etchings by... London, Obach and C⁰, 1903. In-8 with a portrait.

Exposition très complète de l'œuvre du maître comportant 249 numéros ; beaucoup de pièces — dont certaines non décrites — y figurant, provenaient de la célèbre collection James Cox [1] acquise par MM. Obach and C⁰. Le catalogue est précédé d'une préface de F. Wedmore.

Whistler, Ruskin et l'Impressionisme. — Par Robert de Sizeranne. Paris, " Revue de l'Art ancien et moderne ", Décembre 1903. In-4.

On a reproduit en héliogravure le portrait du maître fait par Helleu, cette pointe sèche qui est un pur chef-d'œuvre de ressemblance et de métier, illumine à elle seule le numéro de cette revue ; il faut donc à tout prix se la procurer.

Nous avons raconté dans " A travers cinq siècles de gravure " l'histoire de ce portrait qui fut fait en 1897, après un déjeuner auquel assistaient le modèle, Forain et Boldini. En une heure et demie Helleu enleva ce portrait, Whistler était dans le ravissement. Cette pointe sèche est d'une sobriété et d'une synthèse merveilleuse. Tirée à 20 épreuves, elle vaut aujourd'hui douze cents francs encore faut-il la rencontrer !

Whistler. — Recollections and impressions of... by A.-J. Eddy. Philadelphia and London 1903. In-16 illustrated with a portrait and 11 plates. — 10 à 12 francs.

Amusante et très personnelle étude de la physionomie si typique et si originale du puissant et excentrique artiste.

— The art of... an appreciation, by T.-R. Way and G.-R. Dennis. London, G. Bell and sons, 1904. In-8 with, 54 ill. — 8 francs.

Ce volume est dédié à Lady Seymour Haden, la sœur de Whistler. L'œuvre du maître est consciencieusement analysé sous tous ses brillants aspects mais non exclusivement au point de vue gravure.

Le nombre des illustrations hors texte en noir et en couleurs est de cinquante-quatre. Les plus remarquables sont : Le portrait de l'artiste par lui-même — Au piano — Symphonie en blanc, une chose absolument exquise — L'écrin d'or — l'admirable portrait de sa mère, qui est actuellement au musée du Luxembourg — la jolie eau-forte " The Traghetto " et la fine lithographie " La toilette ".

Cet ouvrage, dont une *première* édition avait paru en octobre 1903, se termine par la nomenclature des œuvres de Whistler exposées à l'Académie Royale de 1859 à 1879, elles sont au nombre de trente-quatre.

(1) Décédé en juin 1901.

— By Mrs Arthur Bell. London, Bell and sons, 1904. In-18 ill.

— Voir : *Grolier Club*.

— Exhibition of etchings and lithographs by... Glasgow. Jas. Connell and sons. December 1904. In-8 with portr.

— " Whistler as I knew him " by Mortimer Menpes. London, Black, 1904. In-8 ill.

Un chapitre très intéressant étant consacré au *graveur*, nous croirions manquer à notre devoir en ne signalant pas aux amateurs cet ouvrage écrit par un des distingués compagnons du grand disparu, et dont il en fut l'hôte assidu pendant près de quinze années et au moment même de son apogée.

Il y a eu deux éditions ; l'une de luxe, au prix de " cinq guineas net " ornée d'une eau-forte provenant d'un cuivre original de Whistler qui n'avait jamais été publié ; elle a été tirée par Menpes lui-même, signée par lui et détruite après les 500 exemplaires nécessaires à la publication ; l'autre, l'édition ordinaire, semblable à la première, c'est-à-dire également avec les mêmes illustrations qui sont au nombre de 100 environ, mais sans l'eau-forte originale, au prix net de 40 shillings, soit cinquante francs.

— Histoire de... par Th. Duret. Paris, H. Floury, 1904. In-4 ill. de 20 pl. hors texte et le portrait de Whistler, par Boldini. — 30 à 40 francs ; épuisé.

Fort intéressante étude sur le grand artiste, où le savant écrivain nous raconte que Whistler ne pouvant à une certaine époque faire accepter sa peinture, se remit à l'eau-forte et à la pointe et que la *Fine art Society* de Londres lui donna l'importante commande des *Vues de Venise*, s'engageant à lui en prendre " douze " pour 600 livres, soit 15000 francs, avec promesse de lui compter dix shillings par chaque épreuve tirée par lui à son retour ; il était arrivé à Venise fin septembre 1879. Il en rapporta *quarante* sur lesquelles les douze commandées furent choisies ; elles devaient être tirées à *cent épreuves* et la série vendue *cinquante guinées* ; elles furent exposées dans les galeries de la Société en 1880.

Il faut lire les réflexions et les critiques très curieuses de M. Duret, qu'à notre grand regret nous ne pouvons transcrire ici sans trop sortir vraiment de notre programme.

En février 1883, l'artiste fit une autre exposition dans ces mêmes galeries, alors de pièce *inédites* ; il avait alors préparé un catalogue extraordinaire ¹ et mis tout en œuvre pour exciter la curiosité, ce fut un succès retentissant pour le maître.

MM. Dowdeswell éditèrent, en 1886, les dernières vues de Venise ; la série fut tirée à 30 *épreuves* et vendue *cinquante guinées*, elle se composait de 26 pièces dont 21 seulement étaient sujets vénitiens, les 5 autres étaient anglais. En tête de la publication, il avait inscrit en guise de préface et sous le titre : *Propositions*, les *douze règles* ou principes à observer dans l'art de l'eau-forte.

Notons en passant que cette série dite des *Vingt-six* ne comportent ni remarques ni marges, l'artiste ayant eu le soin ou le *tort*, oserions-nous dire, de rogner l'épreuve au *trait carré*.

(1) Voir : *Etchings and dry points. Venice second series.*

Nous sommes en principe l'ennemi des marges ridiculement larges, mais il en faut une absolument et d'au moins deux ou trois centimètres afin d'éviter de maculer la pièce en mettant *le pouce* sur la partie *imprimée*, lorsque l'on prend l'estampe en main pour l'examiner.

Concluons, en engageant fortement l'amateur à se rendre acquéreur de cet ouvrage, où le maître et ses œuvres sont présentés sous leur véritable physionomie par un écrivain de race.

— Paintings, drawings, etchings and lithographs. Memorial exhibition of the works of... organised by the International Society of sculptors, painters and gravers. London, 1905.

Cette admirable exposition de l'œuvre du maître eut lieu dans Regent Street du 22 février au 31 mars 1905. En mai 1905, cette même exposition fut ré-éditée, si nous pouvons nous exprimer ainsi, au Palais de l'Ecole des Beaux-Arts, quai Malaquais à Paris ; le succès y fut aussi grand qu'à Londres.

— The International Society's Whistler exhibition and reminiscenses of the Whistler Academy "Studio". April 1905.

Dans ce numéro on a reproduit deux morceaux tout à fait hors pair ; le portrait du maître, par Helleu et " The doorway", une des pièces les plus remarquables de la suite des *douze* de Venise.

— Catalogue illustrated of the... Memorial exhibition. London, 1905. In-4. — 40 à 50 francs.

— And others. By Fr. Wedmore. London, Pitman and sons, 1906.

Il y a, dans cet ouvrage, un intéressant chapitre sur le collectionneur d'estampes que nous recommandons aux amateurs.

— The works of... a study by Elisabeth Luther Cary with a tentative list of the artist's works. New-York, Moffat, Yard and Company, 1907. In-8 illustrated. — 12 à 15 francs.

Cet ouvrage contient une liste des peintures et des dessins du glorieux artiste, ainsi qu'un catalogue des eaux-fortes et des lithographies.

— By Bernhardt Sickert. London, Duckworth, 1908. In-8. — 3 francs.

— The live of... by E.-R. and J. Pennell. London, Heinemann ; Philadelphia, Lippincote, 1908. In-4. 2 vol. illustrated. — 40 à 50 francs.

C'est l'ouvrage *d'ensemble* le plus complet écrit sur l'immortel artiste ; les auteurs le prennent au berceau et l'accompagnent jusqu'à la tombe, fouillant cette admirable carrière en biographes scrupuleux et en amis sincères ; mais ce n'est point un catalogue à proprement parler de l'œuvre peint et gravé. C'est un livre qu'il faut avoir, lire et méditer.

— By H.-W. Singer. In-8 illustr. — 5 francs.

— A descriptive catalogue of the etchings and dry

points of... by Howard Mansfield. Chicago, The Caxton Club, MCMIX. In-8 with the portrait of the artist in photogravure.

Tiré à 300 exemplaires sur papier français à la cuve et à trois exemplaires sur Japon Impérial. Le prix de souscription minimum était primitivement de 15 dollars, il fut porté, un peu plus tard, à 20. Actuellement on ne pourrait pas se le procurer à moins de 160 à 180 francs. Catalogue parfait.

— L'œuvre de... quarante reproductions de chefs-d'œuvre du maître... Introduction biographique et critique, par L. Bénédite. Paris, Emile Lévy. In-4. — 75 fr.

Tiré à 500 exemplaires ; 25 ex. tirés sur Japon, n° 1 à 25, sont épuisés ; ils valaient 150 francs. Nous ne notons ceci que pour mémoire car *l'œuvre gravé* n'y figure pas.

— Par Huysmans dans "Certains". Paris, Tresse et Stock, 1889. In-18.

— The man and his work by W.-G. Bowdoin. New-York, London, M.-F. Mansfield and C°. In-8 illustr.

— One day with Whistler, by Frederick Keppel. New-York 1904. — In-32.

Bien que cette petite brochure de vingt-trois pages n'ait absolument rien à faire avec la technique de l'œuvre gravé, l'anecdote qu'elle contient est si curieuse et si typique au point de vue de la bizarrerie et de l'originalité du caractère du glorieux artiste, que nous ne croyons pas devoir la passer sous silence, et que nous nous faisons un véritable plaisir de la transcrire ici dans son texte original, craignant par une traduction maladroite d'en enlever la saveur ou d'en amoindrir l'effet.

La voici donc, textuellement et intégralement :

« Another incident of that day was the visit of a foreign artist, an old acquaintance, with whom Whistler had not — as yet — quarrelled. He was received whit genuine cordiality, and, artist-like, he ran round the studio looking at everything. One small picture seemed to charm him especially, and he said, " Now that is one your good ones ". " Don't look at it, dear boy, " said Whistler, airily, " it's not finished." " Finished ! " said the visitor. " Why, it is the most carefully finished picture of yours that I have ever seen." " Don't look at it !" persisted Whistler. " You are doing injustice to yourself, you are doing injustice to my picture — and you are doing injustice to *me* ! " The visitor looked bewildered, when Whistler in a theatrical tone cried out, " Stop, I'll finish it now ! " Then he procured a very small camels'hair brush, fixed it on a long and slender handle, mixed a little speck of paint on his palette, dipped the tip of his brush into it, and then, standing off from his picture, and with the action of a fencer with his rapier he lunged forward and touched the picture in one spot with his pigment. " Now it's finished, " said he." Now you may look at it ! " This was all highly dramatic, and indeed very well acted, but as in the case of some stage plays, the final act of Wihstler's performance proved to be an anti-climax : the foreign artist took his leave, but finding that he had left his umbrella behind him, called for it next day. The servant, recognizing him, told him that Mr. Whistler had gone out for the day, but invited him to go to the studio and seek his umbrella. He went there and found it, but also took the opportunity of having one more look at the picture which had been " finished " for his special benefit the day before ; and then he saw that the little dab of wet paint which Whistler had so dramatically put on he had afterward scrupulously wiped off again ! »

— Etchings, dry-points and lithographs [1]. New-York, H. Wunderlich and C°. October 1903, November 1904 and 1905.

Au commencement du printemps 1906, la maison Wunderlich toujours à l'affût de ce qui peut séduire sa distinguée clientèle et soucieuse avant tout de maintenir sa haute et vieille réputation de bon goût, se rendit acquéreur de la collection des Whistler du château de Windsor ainsi que des autres estampes qui la composaient. Ces gravures qui appartenaient à la Reine Victoria, avaient été récoltées par son bibliothécaire Richard Rivington Holmes. A la mort de la Reine, le roi Edouard en devint possesseur et les céda au grand éditeur que nous venons de nommer. Inutile d'ajouter que ces épreuves étaient de qualité et de beauté absolument exceptionnelles et qu'elles avaient été choisies avec un goût et un raffinement tout particulier. Notons en passant que presque mensuellement MM. H. Wunderlich and C° ont coutume de faire dans leurs galeries des expositions qui deviennent le rendez-vous des plus fins amateurs New-Yorkais.

C'est une manière intelligente et sûre d'entretenir toujours le feu sacré chez les collectionneurs, qui trouvent ainsi à augmenter leur portefeuille en donnant un aliment à la plus exquise des passions.

— The etched work of... illustrated by reproductions in collotype of the different states of the plates, compiled arranged and described by Mr Edward G. Kennedy. With an introduction by Mr Royal Cortissoz. The Grolier Club of the City of New-York, 1910.

Ce catalogue établi à la manière du Rembrandt de Rovinsky est un modèle du genre, c'est jusqu'à ce jour le plus beau monument élevé à la gloire du merveilleux artiste qu'était Whistler. L'auteur, M. Edward G. Kennedy s'y est surpassé, tant par le soin qu'il y a apporté, que par la connaissance approfondie de l'œuvre du maître qu'il a su si glorieusement mettre en relief.

Le chiffre des reproductions qu'accompagne un volume de texte dépasse mille. Ces reproductions sont contenues dans trois portefeuilles. Le prix de souscription est de cent dollars, soit cinq cents francs.

Nous croyons savoir que les quelques exemplaires qui resteront disponibles pourront être obtenus à Londres, 168 New Bond Street, chez MM. Obach and C° qui en sont les dépositaires pour l'Europe.

Wierix (Les). — Catalogue raisonné de l'œuvre des trois frères Jean, Jérôme et Antoine, par L. Alvin. Bruxelles, Arnold, 1866-1873, avec 3 suppl. In-8, 2 photos. — 20 fr.

Wilder (G.-Ch. junior). — Das Werk von... Maler und Küpferätzer, von G. Arnold. Nürnberg, 1871. In-12 mit Radirung. — 2 à 3 francs.

---

(1) En février 1905 avait eu lieu une exposition exclusivement composée de lithographies.

Wille (J.-G.). — Catalogue raisonné de l'œuvre de... graveur ; avec notice biographique par Ch. Le Blanc. Leipzig, Weigel, 1847. In-8.

<small>Ce très bon catalogue donne la nomenclature avec leurs descriptions, dimensions et états de 170 pièces. Trois tables, l'une par ordre alphabétique, l'autre par ordre chronologique, et la troisième par ordre des numéros de planches complètent ce travail.</small>

— Mémoires et journal de J.-G. Wille publiés d'après les manuscrits et autographes de la Bibliothèque Impériale, par G. Duplessis. Paris, Veuve Jules Renouard [1857], 2 vol. — 10 francs.

— Autobiography of his early years, translated by A. Roffe. London, 1872. In-4 with portrait. — 4 à 5 francs.

<small>Tiré à 15 exemplaires non mis dans le commerce.</small>

Willette (Ad.). — Les affiches de... par A. Lods. Le " Livre et l'Image ", tome III, 1894.

— Causerie sur... peintre-dessinateur et lithographe, par A. Bourgeois. Paris, 1900. In-12.

— Iconographie de... de 1861-1909, par Paul Beuve. Paris, Ch. Bosse, 1909. In-4, préface illustrée et 21 compositions et croquis inédits. — 40 francs.

<small>C'est un exquis petit volume délicieusement illustré où le charmant artiste apparaît sous toutes ses plus séduisantes physionomies, de l'enfance à l'âge mur ; c'est, dit en parlant de lui le professeur A. Debessé: « Un sujet d'élite. Il n'est affligé d'aucun vice. Nous ne lui voyons pas même un défaut, ce qui est beau et rare. C'est un caractère. Il a du cœur et beaucoup de talent. »
Tiré à 200 exemplaires sur papier d'Arches : 25 avec la double suite des gravures hors texte; 60 francs.</small>

Wiriot Woeiriot (Les). — Orfèvres graveurs lorrains, par Albert Jacquot. Paris, Rouam, 1892. In-8.

Woensam von Worms (Ant.). — Maler und Xylograph zu Köln. Sein Liebe und seine Werke von J.-J. Merlo. Leipzig, 1864-1884. Mit Nachtrag, 2 Theile. In-8. — 5 francs.

Wolfgang Huber. — An undescribed woodcut of... by Campbell Dogson. Burlington Magasine, tome X, 1906.

Wolgemut. — Some rare woodcuts... by Campbell Dogson Burlington Magasine. March 1904.

Woollett (W.). — A catalogue raisonné of the engraved works of... by Louis Fagan. London, 1885. In-4, with a portrait of Woollett by the author. — 10 à 15 francs.

Wright (Tho ?) [1]. — Life and works of... by W. Bemrose. London, 1885. In-8 with 7 plates, including 2 etchings by Seymour Haden. — 8 à 10 francs.

<small>Il y a été tiré 100 exemplaires sur Chine, valant 30 à 40 francs.</small>

(1) De Derby.

Zeeman. — Voir : *Burlington Club*.

Zeeman and **K. Dujardin**. — Exhibition of etchings by... by J.-L. Roget. London, 1883. In-4. — 4 à 5 francs.

Zilcken. — Catalogue descriptif des eaux-fortes originales de... par A. Pit. Paris, 1890. La Haye, Mouton, 1891. In-4.

<small>Deux cent une pièces sont mentionnées ; à l'heure actuelle l'œuvre de l'artiste dépasse cinq cents.</small>

— Voir : *Grolier Club*.

Zorn (A.). — A Swedish etcher by M. G. van Rensselaer.

<small>Article illustré paru dans *The Century illustrated monthly Magasine*, n° 4, August 1893. New-York, 33 East 17 th Street.</small>

— Par Tor Hedgerb. Stockholm, 1903. In-8 illustré.

<small>Cette petite plaquette de 44 pages a été éditée dans les monographies des artistes suédois, publiées par la Société *Ljus* de Stockholm.</small>

— Das radierte Werk des... bearbeitet von Fortunat von Schubert-Soldern. Dresden Ernst Arnold, 1905. In-8 mit einer original Radierung und zwanzig Lichtdruck-Tafeln. — 40 à 50 francs.

<small>Catalogue chronologique de 155 pièces luxueusement édité.</small>

— By Henri Frantz " Studio ". September, 1906.

— Exposition de l'œuvre de... Galeries Durand-Ruel. Paris, Mai-Juin 1906.

— Par Armand Dayot. " L'Art et les Artistes ". Mai 1906.

— Sa vie, son œuvre, par Edouard André. Paris, Rapilly, 1907. In-8 ill. — 10 francs.

<small>Tiré à 100 exemplaires numérotés et signés, *cinquante* seulement mis dans le commerce. Cette étude est ornée d'une eau-forte originale du peintre graveur suédois et de nombreuses reproductions de ses œuvres ; c'est extrait de la *Gazette des Beaux-Arts*.</small>

— Par Loys Delteil. Paris, chez l'auteur, 2, rue des Beaux-Arts, 1909. In-4 illustré.

<small>Cette importante monographie — la meilleure existant actuellement — et donnant tous les états, contient l'œuvre complet de l'admirable maître, soit 217 planches reproduites en simili-gravure et par ordre chronologique. Il y a là des pièces superbes parmi lesquelles nous ne pouvons résister au désir de citer et de recommander très particulièrement : La Valse, Renan, en Omnibus, Antonin Proust, Rosita Mauri, Zorn et sa femme, Madame Dayot, Madame Simon, la Lecture, Henri Marquand, Madame Wallenberg, Effet de nuit, Mademoiselle Mayer, Nanette, D'Estournelles de Constant, le Réveil, etc...</small>

<small>Le catalogue est dédié à M. Alfred Beurdeley, le grand collectionneur qui fit, il y a quelques années, don au *Département des Estampes* de la collection qu'il possédait des eaux-fortes du maître.</small>

<small>Tiré à 500 exemplaires aux prix de souscription suivants : 50 Japon avec l'eau-forte originale, du portrait du sénateur Américain</small>

Masson avant la lettre, 60 francs ; 350 sur vergé avec l'eau-forte avec la lettre, 35 francs ; 150 sans l'eau-forte, 25 francs.

Ces eaux-fortes qui valaient, il y a huit ou dix ans de 80 à 100 fr., se cotent actuellement 5, 6, 7 et 800 francs et mieux. A la vente Gerbeau un premier état de " Renan " fut adjugé 1100 francs ; "la Valse " 820 ; " Madame Dayot " 820 ; " Rosita Mauri " atteignit 1250 francs.

Beaucoup de planches sont *épuisées* et devenues *introuvables* ; l'artiste a biffé 130 cuivres.

C'est chez Alfred Strölin, 27, rue Laffitte, que les amoureux du maître trouveront les plus rares et les plus belles pièces de Zorn, le très aimable et avisé marchand d'estampes s'étant fait une spécialité de l'œuvre de l'artiste.

Alfred Strölin est un jeune, distingué, actif et intelligent ; la sûreté de son œil, la connaissance approfondie de son métier, dans la pratique duquel il apporte et sa droiture et son expérience consommée, lui valent d'être l'ami de ses nombreux clients.

Sa maison est le rendez-vous de tout ce que Paris compte d'amateurs délicats dans l'estampe, parmi ceux que nous avons eu l'honneur d'y rencontrer citons au hasard du souvenir : MM. Jacques Doucet, Moreau-Nélaton, Jacquin, Béraldi, Petitdidier, Rouart, Beurdeley, Bermond, M. et Mme Atherton Curtis, etc., etc. Pas un de ses grands confrères étrangers ne viendraient à Paris sans passer lui serrer la main et s'entretenir avec lui, c'est un défilé incessant de ces gros négociants de la gravure qui se nomment : E.-G. Kennedy, de la maison H. Wunderlich and C°, Artaria, W.-A. Gaiser de la maison H.-G. Gutekunst, Frederick Keppel, Gus Meyer de la maison Obach and C°, Richard Gutekunst, Dunthorne, Meder, Mensing, Otto Gutekunst de la maison Colnaghi, etc., etc.

C'est le 15 octobre 1904, si notre mémoire est fidèle, que Strölin a succédé à Laurent Dumont. Il a une supériorité sur certains de ses collègues, c'est de ne pas s'être cantonné dans une époque, mais bien de faire indistinctement les estampes anciennes et modernes. Son bras droit est Paul Thomas, que nous vous demandons la permission de vous présenter, Paul — tout court, comme les familiers l'appellent dans l'intimité — est l'amabilité faite homme, il possède toutes les qualités de son patron, et en cas d'absence de celui-ci, on peut trouver à qui parler, et lui accorder toute confiance, car lui aussi aime passionnément la gravure.

Nous devions à Strölin — étant donné la cordialité de nos rapports — ces quelques lignes, expression publique de la très grande sympathie que nous ressentons et pour l'homme et pour le marchand.

SUPPLÉMENT
et
CONCLUSION

◆◆◆◆

En cours d'impression de cet ouvrage, nous avions retranché " les catalogues des cuivres ou planches gravées " qui y figuraient, les considérant comme étrangers aux sujets qui nous intéressent ; nous nous sommes ravisé, et estimant au contraire qu'ils pourraient servir de filière et permettre certaines reconstitutions, nous n'avons pas hésité à les y replacer. Les voici donc, la plupart empruntés à la Bibliographie de 1862 de Georges Duplessis :

Catalogue des volumes d'estampes dont les planches sont à la Bibliothèque du Roy. Paris, 1743. In fol.

Catalogue des planches gravées provenant du fonds de Jean de Poilly, graveur du Roy, par Fr. Basan. Vente à Paris le 15 mai 1766. In-8.

Catalogue de planches gravées, dessins, estampes et tableaux, après le décès de M. Michel Audran... par P. Remy. Vente à Paris le 16 juillet 1771. In-12.

Vente après le décès du sieur Flipart le jeune, graveur en taille-douce, à Paris... le 16 mars 1774. Elle consiste en plusieurs planches gravées par cet artiste... In-8.

Notice des principaux articles d'estampes en feuilles et en

recueils... fonds du sieur feu Joullain... dont la vente se fera... le 27 septembre 1779[1], par D. C. Buldet. Paris. In-8.

Vente après le décès de M. Jean-Jacques Flipart, graveur du roi, consistant en planches gravées et estampes de différents Maîtres... Vente à Paris, le 21 novembre 1782. In-8.

Catalogue de quelques tableaux et dessins... d'un précieux fonds de planches gravées et ustensiles de graveur provenant de la succession de feu M. Claude Drevet... Vente à Paris, le 18 mars 1792. In-8.

Notice de tableaux... estampes en feuilles et planches gravées, après le décès de Marcenay de Ghuy... par Regnault-Delalande. Vente à Paris, le 26 juin 1811. In-8.

Catalogue de planches gravées, impression de planches et de textes qui composent le fonds de l'ouvrage... Galerie des peintres flamands, hollandais et allemands. Texte par Lebrun... par F.-L. Regnault-Delalande... Vente à Paris, le 30 septembre 1814. In-8.

Catalogue des planches gravées par différents Maîtres et estampes du Cabinet J.-Ch. Levasseur, graveur du roi... Vente le 24 avril 1817. In-8.

Catalogue d'estampes et de planches gravées... provenant du Cabinet et du fonds de feu M. Maurice Blot, graveur. Vente à Paris, le 24 mai 1824. In-8.

Notice des ouvrages de Chalcographie du fonds C.-P. Landon. Vente à Paris, le 15 novembre 1826. In-8.

Vente du fonds de planches gravées, impressions... après le décès de feu M. Pierre Baquoy, graveur d'histoire. Vente à Paris, le 9 novembre 1829. In-8.

Catalogue de planches gravées, tableaux... dont la vente aura lieu après le décès de Alex. Morel, graveur d'histoire. Le 16 avril 1830. In-8.

Vente de planches gravées, impressions... provenant du fonds et du Cabinet de feu M. J.-J. Avril, graveur d'histoire... Vente à Paris, le 15 décembre 1831. In-8.

Notice de planches d'architecture par feu Kraft, architecte... Vente aux enchères, le 21 avril 1836. In-8.

---

(1) La vente des planches gravées et outils..., du dit Joullain s'est continuée le 25 Octobre de la même année.

Catalogue du fonds des planches gravées de l'ouvrage complet, ayant pour titre : " *Galerie du Palais-Royal* ", en 354 cuivres... provenant du fonds de feu M. J. Couché. Paris, 1836. In-8.

Catalogue des planches gravées en tous genres, fonds veuve Jean. Vente à Paris, 1846-1847. 3 parties. In-8.

Et maintenant, qu'il nous soit permis de dire en manière de conclusion, que tout n'est point à retenir dans l'inventaire considérable que nous venons de présenter au lecteur ; à moins que celui-ci ne se livre exclusivement à la collection complète et intégrale de tout ce qui se publie sur les graveurs et les gravures, une quantité très notable devra en être complètement éliminée.

Nous signalerons donc, comme fond à peu près indispensable, les ouvrages suivants, dont nous donnons le titre sommaire, en priant l'amateur de vouloir bien se reporter au nom d'auteur inscrit dans le présent volume à l'article *Généralités* afin d'avoir le renseignement complet.

Le peintre-graveur de Bartsch avec le supplément de Weigel.

Le peintre-graveur de Passavant.

Le peintre-graveur français de Robert Dumesnil, Prosper de Baudicourt et Duplessis.

Le peintre-graveur Hollandais et Flamand, par van der Kellen.

Le peintre-graveur Hollandais et Belge, par Hippert et Linning.

Le peintre-graveur Italien, par de Vesme.

Les graveurs du dix-huitième siècle, par Portalis et Béraldi.

Les graveurs du dix-neuvième siècle, par H. Béraldi.

Der deutsche peintre-graveur, par Andresen.

Manuel de l'amateur d'estampes, par Ch. Le Blanc.

Manuel des curieux et des amateurs de l'art, par Huber, Rost et Martini.

Engravings and woodcuts by old masters, by Lippmann

Dictionnaire des monogrammes de Brulliot.

Die Monogrammisten, von Nagler.

Essai sur l'origine de la gravure de Jansen.

Künstler-Lexicon, von Nagler.

Bryan's dictionary.

British mezzotints portraits, by J. Chaloner Smith.

Les graveurs de portraits en France, par Firmin Didot.

Essai sur les nielles, par Duchesne aîné.

The history and art of wood engraving, by A.-W. Chatto.

Traité historique et pratique de la gravure sur bois, par Papillon.

Histoire de la gravure en manière noire, par L. Delaborde.

The Masters of mezzotints, by A.-Whitman.

Mezzotints, by Cyril Davenport.

Traité des manières de graver en taille douce sur l'airain, par A. Bosse.

Der Italienische Holzschnitte im XV Jahrhundert, von Lipmann.

Eau-forte, pointe sèche et vernis mou, par Delâtre.

Des types et manières des maîtres-graveurs, par J. Renouvier.

Histoire de l'origine et des progrès de la gravure dans les Pays-Bas et en Allemagne jusqu'à la fin du quinzième siècle, par J. Renouvier.

Eighteenth century colour prints, by Julia Frankau.

Histoire de la gravure, par Georges Duplessis.

An inquiry into the origin and earley history of engraving upon copper and in wood, by W. Y. Ottley.

Treatise on wood engraving historical and practical, by J. Jackson.

Memorie spettanti alla storia della calcografia, da Cicognara.

An introduction to the study and collection of ancient prints, by W. H. Willshire.

La gravure, ses origines, ses procédés, par le Vicomte Henri Delaborde.

Idée générale d'une collection complète d'estampes, par Heinecken.

Notices de quelques copies trompeuses, par Ch. Le Blanc.

French prints of the eighteenth century, by R. Nevil.

Le Cabinet des estampes de la Bibliothèque Nationale, par H. Bouchot.

Catalogue sommaire des gravures et lithographies composant la réserve du Cabinet des estampes de la Bibliothèque Nationale, par François Courboin.

Manuel de bibliographie biographique et d'iconographie des femmes célèbres, par un vieux bibliophile.

A short history of engraving and etching, by A.-M. Hind.

La gravure, par Léon Rosenthal.

Les filigranes, par C.-M. Briquet.

Kupferstiche und Holzschnitt in vier Jahrhunderten, von P. Kristeller.

Manuel de l'amateur de la gravure sur bois et sur métal au quinzième siècle, par W.-L. Schreiber.

Et si nous ne semblions pas trop indiscret, ou plutôt trop prétentieux, nous demanderions à faire figurer nos deux ouvrages :

Dessins, gouaches, estampes et tableaux du dix-huitième siècle.

A travers cinq siècles de gravures ; les estampes célèbres, rares ou curieuses.

Quant aux monographies, elles constituent autant d'unités, nous ne pouvons donc les mentionner ici ; disons cependant que pour "Durer" nous recommandons particulièrement pour les bois B. Haussmann et surtout Campbell Dogson, et pour les cuivres Bartsch, Retberg, et par dessus tout Koehler, l'édition du "Grolier Club". Quant à Rembrandt, nous mentionnerons Bartsch, Wilson, Dutuit, Rovinsky et von Seidlitz, ces deux derniers surtout étant, de l'avis général, les plus estimés et de beaucoup.

Pour en terminer, attirons l'attention d'une manière absolument spéciale et soulignée sur " Le Peintre-graveur illustré " de Loys Delteil ; c'est le modèle du genre, rien de supérieur ni même d'équivalent, n'a encore été publié jusqu'à ce jour, exception faite, toutefois, pour le Rembrandt de Rovinsky et le Whistler de Kennedy.

On voit donc qu'avec ce bagage, qui ne comporte pour ainsi dire aucun excédent, on pourra se lancer résolument dans l'étude de la gravure et y acquérir les connaissances indispensables, mais lentes, qui avec le maniement des estampes, vous permettront de former des portefeuilles qui seront le charme et la joie de vos vieux jours.

♦♦♦♦

Au moment de mettre sous presse et trop tard pour pouvoir modifier nos dispositions typographiques, nous recevons dans notre courrier d'Amérique deux intéressants documents relatifs au catalogue Whistler-Kennedy : le prospectus du " Grolier Club " et un substantiel et très remarquable article du grand quotidien de New-York " The Sun ", du 18 février 1910.

L'apparition de ce catalogue prenant les proportions d'un événement dans le monde de la gravure, nous croyons être agréable aux collectionneurs en reproduisant cet article *in-extenso*. Pour les lecteurs auxquels la langue anglaise n'est pas familière, nous en donnons la traduction.

29 EAST THIRTY-SECOND STREET
NEW YORK

January 25, 1910

The Committee on Publications of The Grolier Club announces with pleasure the completion of the Catalogue of the Etched Work of James McNeill Whistler, with illustrations in facsimile of each plate in its various states; the whole compiled, arranged, and described by Mr. Edward G. Kennedy, and prefaced by a brief analysis of Whistler's Work by Mr. Royal Cortissoz.

When this work was proposed in a circular issued to members in 1904, it was with the intention of supplying collectors and other lovers of prints not only with a record of Whistler's etchings but with a ready means of identifying the different plates and states, and it was thought that only about six hundred variations of his work existed. As the undertaking has been carried on, however, this number has been far exceeded. It has been felt, of course, that in the preparation of so monumental a publication, no detail could be neglected, and so the reproductions have increased until now more than a thousand of them are included in the three portfolios of which the work—with a volume of text—consists. It was stated in the original circular that this work was projected to serve the same purpose with regard to Whistler's etchings as is served by the now classical photographic catalogue of Rovinski as regards the etchings of Rembrandt, and the Committee on Publications feels that the plan has been executed in a manner well calculated to sustain the reputation of the Club.

The work is now ready for delivery.

Kindly remit by check for $............... drawn tho the order of Arthur H. Scribner, Treasurer, and send with accompanying blank to J. L. Morton, Curator, 29 East Thirty-second Street.

You have subscribed for...............cop.

THE GROLIER WHISTLER

Mr. Kennecy's Catalogue

Under the auspices of the Grolier Club of the city of New-York there was published the other day a monumental collection of the etched work of Whistler, illustrated by reproductions in collotype of the different states of the plates, compiled, arranged and described by Edward G. Kennedy. We hold no brief for reproductions of black and white or color, but the results in this particular case far surpass expectation, and any one of the 400 persons lucky enough to possess the three large portfolios may justly feel happy. It is as close to Whistler as can be accomplished by mechanical means. Mr. Kennedy's catalogue in treasure trove for lovers of the Whistler etchings. So vast an undertaking cost him years of research and travel and had to te backed by enthusiasm and by his profound erudition on the subject. The catalogue is preceded by a brilliant introduction written by Royal Cortissoz in which he lays emphasis on Whistler's extraordinary mastery of line. The slippery, subtle color harmonies of his portraits, his nocturnes and fireworks are apt to deceive the unknowing. His genius was eminently linear, though it was a line that found little favor with the devotee of the firm classic line. The aloofness of his temperament betrayed itself in his contempt for the subject. His scheme, as he once said, was to bring about a certain harmony of color ; but, as Mr. Cortissoz points out, that credo does not altogether explain the touching emotional quality in the portrait of his mother. In his black and white he was still more personal, though his appeal may appear to be less universal.

Mr. Kennedy briefly relates the history of the collection. He refers to the first catalogue, prepared by Ralph Thomas : " A catalogue of the etchings and dry points of James Abbott McNeill Whistler, London, 1874 ". In this eighty-five subjects were enumerated. In 1886 A. W. Thibaudeau of London published " Whistler's Etchings ; a Study and a Catalogue ", by Frederick Wedmore. It describes 214 plates, the arrangement fairly chronological. A second edition was printed about 1899 with fifty-four additional subjects. Mr. Kennedy put forth in 1902, with the imprint of H. Wunderlich et Co., a catalogue " compiled by an amateur, supplementary to that compiled by F. Wedmore ". This brought the number of etchings up to 367. But Whistler had been a rapid worker, keeping no record and not even dating his plates, except in the first years of his career (not after 1870). Mr. Kennedy, true sportsman in the field of art that he is, did not feel satisfied. The Caxton Club printed in 1909 a descriptive catalogue compiled by Howard Mansfield, and this almost exhausted the list, containing 440 numbers described. But Mr. Kennedy had years before, in 1901, made the skeleton of his plan, and his work tops Mr. Mansfield's valuable contribution.

In 1890 Rovinski's masterly catalogue and facsimiles of the work of Rembrandt appeared in St. Petersburg and greatly stirred Mr. Kennedy. It also confirmed him in his notion that a catalogue could be made of the etchings. Filled with this idea he had many discussions with the late E. B. Holden, president of the Grolier Club in 1906, as to the possibilities of the scheme. If they had foreseen, he dryly remarks, that the contemplated catalogue with its plates in various states reproduced would mount up to over 1.000 then the affair would have been dropped ; but, this number not even guessed at, Mr. Kennedy visited Whistler at his studio in Fitzroy Square in 1901. To the question of a catalogue gentle James crisply replied " Certainly not ". He had a horror of what he called " commercial catalogues ". When Rovinski's work, and with it for the sake of comparison some original etchings of Rembrandt, was shown to him he saw the proposition in another light. Then, too, the fact that the projected catalogue was intended for a club of 375 members, was to be subscribed for and only a limited edition of 400 copies to be issued, must have influenced Whistler. He praised the Rembrandts and the reproductions. " This is very swell ", he cried, and consented. He was a worshipper of the wonderful Dutchman, and beneath Mr. Kennedy's example—original—of the " Clement de Jonghe " head he wrote : " Without flaw ! Beautiful as a Greek marble or a canvas by Tintoret. A masterpiece in all its elements, beyond which there is nothing ". James among the prophets !

He died in 1903. A year later the scheme began to take shape. After many journeyings plates were gathered from the four quarters of the globe. In 1901 Mr. Kennedy had acquired the famous Mac-George of Glasgow collection of Whistler etchings and dry points, and he photographed them before their ultimate dispersal. What is called the photogelatine process was employed—the fascimile cannot be retouched —which has its drawbacks, to be sure, yet the average quality of the one thousand odd reproductions is amazingly good. The etchings are arranged chronologically. Whistler's hatred of plates, wide margins and " remarque " led him to the opposite extreme ; beginning with the Venetian series he trimmed his impressions to the plate mark. Sometimes the etched part of a print was cut into. Every variation of the plates is reproduced, including the cancelled. The editorial labor involved must have been exhaustive.

Mr. Kennedy says that " as a matter of record it may be noted that few of Whistler's etchings were issued in sets ". This may surprise those who only think of the French set, the Venice, etc. The first was the so-called " Brittany set ", in reality the French set. This was 1871, though a number of the plates had been made ten years previously. In 1880 appeared " Venice, Whistler ; Twelve Etchings ". This was known as " The First Venice Set ". Some wonderful pieces are in it ; it is hardly necessary nowadays to quote the titles. In 1886 appeared the set known as " The Twenty-six Etchings ". The list Mr. Kennedy gives. He also says that the " Naval Review " plates were not issued distinctively as a set, nor were the Amsterdam subjects. He adds a long list of names, the owners of the original plates. It is in the notes to the catalogue that his work was cut out for him. Every plate, every variant, no matter how slight, is noted with fulness. Any change in inking, any scratch, so it have significance, is set before us by the conscientious editor. If on the fith variation of an etching entitled " Annie " (No. 10 in the Grolier catalogue) Whistler wrote " Legs not by me ; the impertinent work of another ", it is recorded. (This particular impression is in the Lenox Library). This is the procedure of the editor, taking No. 23, " The Rag Gatherers ", as a specimen : There are five different states. " First, the pot at lower corner is white ; second, there is more work on the wall over the bed, including a few lines, almost vertical, at upper right ; third, there is closer and more intricate work all over the plate ; the pot is shaded with cross lines ; fourth, a series of cross lines has been added to the shadow at lower right, between the waste basket and the doorway ; fifth, two figures are now in the background, a girl sitting up in bed, a boy standing near her. Under " Whistler ", at right, there is an indistinct date, "1851" which should be, doubtless, 1857". And so on through the 144 large pages.

It is positively fascinating to follow the mental processes of the artist as exemplified in the various states of his plates. The additions, suppressions, emendations, burnishings and variations were the outcome not of a capricious temper but of a fastidious devotion to an ideal of beauty. You feel as if you were assisting at the birth of a picture as you note the growth from a nebulous mass in an early state to the efflorescence of a charming girl or youth or an old hag in the completed state. London and the Thames, Paris, Venice, Amsterdam—and the superb Zaandam plate also ; the nudes, the portraits, all are in this truly remarkable publication. What a pity it is not for the world at large ! As it is, the Grolier Club is to be congratulated. Mr. Kennedy is to be complimented. Such things of beauty are joys for a lifetime (why drag in eternity ?).

Voici la traduction française presque littérale :

CATALOGUE DE M. KENNEDY

Sous les auspices du *Grolier Club* de la cité de New-York, on vient de publier une monumentale collection de l'œuvre gravé de Whistler, illustrée par des reproductions en collotype des différents états des planches, compilées, arrangées et décrites par Edward G. Kennedy. Nous n'avons point à nous prononcer sur des reproductions en blanc et noir ou en couleur, mais dans l'espèce et dans ce cas particulier, les résultats surpassent de beaucoup ce que l'on était en droit de supposer, et tout possesseur, parmi les 400 personnes qui auront la chance d'avoir les trois grands portefeuilles, peut à juste titre s'estimer particulièrement heureux. Cela se rapproche autant de Whistler que peut le permettre un travail accompli mécaniquement.

Le catalogue de M. Kennedy est un trésor pour ceux qui aiment les gravures de Whistler. Une entreprise aussi gigantesque lui a coûté des années de recherches et de voyages, et il lui a fallu être soutenu par un grand enthousiasme et par sa profonde connaissance du sujet pour mener à bien semblable tâche. Le catalogue est précédé d'une brillante préface écrite par Royal Cortissoz, dans laquelle il parle avec emphase de l'extraordinaire maîtrise de la ligne que possédait Whistler.

Les harmonies glissantes, la couleur subtile de ses portraits, ses effets de nuit et ses feux d'artifice sont susceptibles de décevoir les ignorants. Son génie était éminemment linéaire, quoique ce fut une ligne qui trouva peu de faveur vis-à-vis des admirateurs de la ligne ferme et classique.

La fierté de son tempérament se révélait dans son mépris pour le sujet. Son plan — comme il le dit un jour — était d'amener une certaine harmonie de couleur ; mais, ainsi que M. Cortissoz le fait remarquer, ce Credo n'explique pas complètement la qualité émouvante et touchante dans le portrait de sa mère. — Dans son blanc et noir il fut encore plus personnel quoique son appel puisse paraître moins universel. M. Kennedy relate brièvement l'histoire de la collection. Il se réfère au premier catalogue préparé par Ralph Thomas — un catalogue des eaux-fortes et pointes sèches de James Abbott Mc Neill Whistler, Londres 1874. Dans ce catalogue, quatre-vingt-cinq pièces étaient énumérées. En 1886, A. W. Thibaudeau de Londres publia — les eaux-fortes de Whistler, une étude et un catalogue par Frédéric Wedmore. Il décrivait 214 planches dont l'ordre chronologique était à peu près exact.

Une seconde édition fut publiée vers 1899, avec 54 sujets supplémentaires. M. Kennedy produisit en 1902, avec le nom comme éditeur de H. Wunderlich and Co, un catalogue compilé par un amateur, supplémentaire à celui compilé par F. Wedmore. Celui-ci porta le nombre des eaux-fortes à 367. Mais Whistler avait été un travailleur rapide ne conservant aucune trace de ses planches et ne les datant même pas, sauf pendant les premières années de sa carrière (pas après 1870). M. Kennedy, vrai sportsman de l'art comme il l'est, ne fut pas satisfait. Le Caxton Club imprima en 1909 un catalogue descriptif compilé par Howard Mansfield, et celui-ci épuisa presque la liste ; il contenait la description de 440 pièces. Mais M. Kennedy avait, bien des années auparavant, en 1901, fait le squelette de son plan, et son œuvre est supérieur, et surpasse de beaucoup le cependant très remarquable travail de M. Mansfield.

En 1890, le catalogue plein de maîtrise de Rovinski comprenant les facsimiles de l'œuvre de Rembrandt parut à Saint-Pétersbourg et impressionna profondément M. Kennedy. Il le confirma dans son idée qu'un catalogue pourrait être fait des eaux-fortes. Imbu de cette idée, il eut bien des discussions avec feu M. E. B. Holden du *Grolier Club* en 1906, en ce qui concernait la possibilité de ce projet. S'ils avaient pu prévoir, remarque-t-il sèchement, que le catalogue projeté avec la reproduction des planches en plusieurs états s'éleverait à plus de 1.000, l'affaire aurait été certainement abandonnée — mais on n'avait même pas soupçonné ce nombre. M. Kennedy fit une visite à Whistler dans son atelier à Fitzroy Square en 1901. — Lorsqu'il fut question d'un catalogue, le doux James répondit brièvement — certes non.— Il avait l'horreur de ce qu'il appelait des catalogues commerciaux. Lorsque l'œuvre de Rovinski, et avec cet œuvre quelques gravures originales de Rembrandt lui furent montrées, il vit la proposition sous un autre jour. A ce moment aussi, le catalogue projeté était destiné pour un club de 375 membres, et devait être souscrit pour seulement une édition limitée à 400 exemplaires, et ce fait avait dû influencer Whistler, qui loua les Rembrandt et les reproductions.— Ceci est vraiment très chic, dit-il, et il consentit. C'était un adorateur du merveilleux Hollandais et en dessous de la copie dont l'original " Clément de Jonghe " appartenait à M. Kennedy, il écrivit « sans un défaut ; aussi beau qu'un marbre grec ou qu'une toile du Tintoret. Une maîtresse pièce dans toutes ses parties, au delà de ceci, il n'y a rien. — James parmi les prophètes ! »

Il mourut en 1903. Une année plus tard le projet commença à prendre corps — après bien des voyages, des planches furent récoltées aux quatre points cardinaux.— En 1901, M. Kennedy avait acheté la fameuse collection des eaux-fortes et pointes sèches de Whistler appartenant à Mac George de Glasgow, et il les photographia avant leur dispersion définitive. Ce fut le procédé " photogélatine " qui fut employé — le fac-similé ne pouvant être retouché — ceci a évidemment ses inconvénients — cependant la qualité moyenne des mille et quelques reproductions est étonnamment bonne. Les eaux fortes sont arrangées par ordre chronologique. La répulsion de Whistler pour les planches, avec les marges larges et pour les remarques, le conduisit à l'extrême opposé ; commençant avec la série Vénitienne, il limite la partie gravée à la dimension exacte de la planche.

Quelquefois même une partie de l'épreuve était entamée. — Toutes les variations des planches sont reproduites, même, celles détruites. — La mise à jour occasionnée par ce travail a dû être tuante.

M. Kennedy dit que « à titre de mémoire, on peut noter que peu des eaux-fortes de Whistler furent émises « par séries. » — Ceci peut surprendre ceux qui croient seulement à « la série française », " à la série vénitienne". La première fut appelée série Bretonne — mais est réellement la « série française ».

C'était en 1871 — quoique un certain nombre de planches aient été faites dix ans auparavant. En 1880 « Venise Whistler — douze eaux-fortes — parurent. Ceci fut noté comme étant le première série de Venise. — Il s'y trouve des pièces admirables — il est à peine nécessaire aujourd'hui d'en donner les titres. En 1886, parut la série connue sous le nom des vingt-six eaux-fortes. M. Kennedy en donne la liste. Il dit aussi que la série « *Revue navale* » ne parut pas comme une série distincte — pas plus que la série *Amsterdam*. Il ajoute une longue liste des noms des propriétaires des planches originales. C'est grâce aux notes qui lui furent données par les possesseurs qu'il put établir son catalogue. Chaque planche, chaque variante, si petite soit-elle, est notée dans tous ses détails. Tout changement dans l'encrage, toute retouche, si elle présente une signification quelconque, nous sont mis sous les yeux par le consciencieux catalogueur. Ainsi il a noté que sur le 5me état de l'eau-forte intitulée " *Annie* " (n° 10 du catalogue Grolier) Whistler a écrit : " Jambes pas par moi, le travail impertinent est d'un autre " — Cette épreuve spéciale est à la bibliothèque Lenox. Voici la manière de procéder de l'auteur prenant pour exemple le n° 23 " *Les Ramasseurs de chiffons* " Il mentionne cinq états différents.

Premier. — Le pot dans un coin en bas est blanc.

Second. — Il y a plus de travail sur le mur au dessus du lit, y compris quelques lignes, presque verticales, en haut à droite.

Troisième. — Il y a un travail plus soigné et plus compliqué partout sur la planche. Le pot est ombré avec des lignes croisées.

Quatrième. — Une série de lignes croisées a été ajoutée à l'ombre à droite et en bas, entre le panier à papier et la porte.

Cinquième. — Deux personnages sont maintenant dans le fond. Une fille assise sur son lit, un garçon se tenant à côté d'elle. Sous « Whistler » à droite il y a une date qui ressemble à 1851, mais qui doit être sans doute 1857. Et ainsi de suite pendant cent quarante-quatre grandes pages.

Il est véritablement curieux de suivre le procédé mental de l'artiste et la façon dont il se révèle dans les divers états de ses planches. Les additions, les suppressions, les changements et les variations sont la résultante, non d'un tempérament capricieux, mais d'un dévouement sans bornes à l'idéale beauté. Vous êtes impressionné comme si vous assistiez à la naissance d'un tableau, en notant la croissance de la masse nébuleuse à son état primitif jusqu'à l'efflorescence d'une délicieuse fille, d'un charmant garçon, ou d'une vieille sorcière dans son état complet.

Londres et la Tamise, Paris, Venise, Amsterdam, ainsi que les superbes planches de Zaandam ; les nudités, les portraits, tout cela vous le trouverez dans cette publication vraiment remarquable. Quel dommage qu'elle ne soit pas pour tout le monde ! Quoiqu'il en soit, le *Grolier Club* doit être félicité — et M. Kennedy complimenté. De telles choses de beauté sont des joies pour toute une existence (pourquoi songer à l'éternité).

Ces lignes seront comme un suprême hommage rendu à la mémoire de l'artiste que nous avons eu l'honneur d'approcher et de qui nous gardons un impérissable souvenir ; elles seront aussi un salut au Maître immortel, à cette silhouette qui se profile hautaine et superbe, toute nimbée d'une auréole, dont le temps se chargera encore de dièser et d'accentuer l'éclat.

TABLE DES NOMS D'AUTEURS

mentionnés dans les Monographies

Nous avons simplifié autant que possible cette table au point de vue typographique, et pour ne pas la charger, nous nous sommes abstenu de faire figurer aux noms d'auteurs leurs prénoms et particules — de, van, von — nous contentant de mettre, en regard de leur nom, celui du ou des artistes dont il est traité dans leurs ouvrages.

Adeline	*Bellangé*
Adeline	*Brevière*
Advieille	*Saint-Aubin*
Allen	*Durer*
Alten	*Ploos van Amstel*
Alvin	*Calamatta*
Alvin	*Durer*
Alvin	*Maître de 1466*
Alvin	*Rembrandt*
Alvin	*Wierix*
Alvin Beaumont	*Rembrandt*
Amic	*Callot*
Amorini	*Rosapina*
André	*Huard*
André	*Larsson*
André	*Picabia*

André	*Zorn*
Andresen	*Amman*
Andresen	*Müller*
Appel	*Ehrard*
Appel	*Schmidt*
Appenzeller	*Hegi*
Armelhaut	*Gavarni*
Armstrong	*Gainsborough*
Armstrong	*Haig*
Armstrong	*Hogarth*
Armstrong	*Reynolds*
Armstrong	*Turner*
Arnauldet	*Lasne*
Arnold	*Wilder*
Arsène Alexandre	*Barye*
Arsène Alexandre	*Daumier*
Arsène Alexandre	*Denis*
Arsène Alexandre	*Raffaëlli*
Baily	*Bartolozzi*
Baily	*Morland*
Baker	*Sharp*
Baker	*Washington*
Baldwin Brown	*Hogarth*
Baldwin Brown	*Rembrandt*
Baldry	*Holroyd*
Baldry	*Whistler*
Balen	*Rembrandt*
Ballot de Sovot	*Lancret*
Bartsch	*Leyde*
Bartsch	*Loli*
Bartsch	*Molitor*
Bartsch	*Rembrandt*
Bartsch	*Reni*

Bartsch	*Waterloo*
Basan	*Rubens*
Basily-Callimaki	*Isabey*
Bastelaer	*Bruegel l'ancien*
Batissier	*Géricault*
Baudry	*Brevière*
Bayes	*Cameron*
Bazire	*Manet*
Beaulieu	*Gaillard*
Beauquier	*Vernier*
Beauvarlet	*Dairaine*
Becker	*Amman*
Bell	*Gainsborough*
Bell	*Whistler*
Bellendy	*Balechou*
Bell Scott	*Blacke*
Bellier de la Chavignerie	*Miger*
Bemden	*Galle*
Bemrose	*Wright*
Benedite	*Bracquemond*
Benedite	*Buhot*
Benedite	*Gaillard*
Benedite	*Fantin-Latour*
Benedite	*Legros*
Benedite	*Lepère*
Benedite	*Lewis Brown*
Benedite	*Whistler*
Benedetti	*Leheutre*
Benjamin	*Anthony*
Benoît	*Holbein*
Béraldi [1]	*Alleaume*

(1) Ces renvois ne s'appliquent point aux artistes cités dans "les Graveurs du XIXᵉ siècle", mais bien à ceux mentionnés dans

Béraldi	*Belleroche*
Béraldi	*Bourgonnier*
Béraldi	*Chahine*
Béraldi	*Charvet*
Béraldi	*Darbour*
Béraldi	*Decisy*
Béraldi	*Delâtre*
Béraldi	*Delpy*
Béraldi	*Gusman*
Béraldi	*Hotin*
Béraldi	*Kœrttgé*
Béraldi	*Léandre*
Béraldi	*Leheutre*
Béraldi	*Mac Laughlan*
Béraldi	*Minartz*
Béraldi	*Morin*
Béraldi	*Neumont*
Béraldi	*Paillard*
Béraldi	*Raffet*
Béraldi	*Truchet*
Béraldi	*Waltner*
Berard	*Marot*
Beretta	*Longhi*
Bergmans	*Heins*
Bernard	*Bruegel*
Bernard	*Tory*
Bernheim	*Forain*
Bertels	*Daumier*
Bertels	*Goya*
Berty	*Du Cerceau*
Beuve	*Willette*

cette monographie et ayant fait l'objet d'articles détachés ou de brochures spéciales.

Binyon	*Crome and Cotman*
Binyon	*Rembrandt*
Binyon	*Strang*
Blanc.......................	*Rembrandt*
Block.......................	*Falck*
Block.......................	*Rodin*
Blokuyzen...................	*Dirck de Bray*
Bocher [1]	*Baudoin*
Bocher......................	*Chardin*
Bocher......................	*Gavarni*
Bocher......................	*Lancret*
Bocher......................	*Lavereince*
Bocher......................	*Moreau le jeune*
Bocher......................	*Saint Aubin*
Bode	*Rembrandt*
Boissieu....................	*Boissieu*
Bolt	*Turner*
Bonnin	*Rochebrune*
Bouchet.....................	*Masson*
Bouchot	*Callot*
Bouchot	*Debucourt*
Bouchot	*Demarteau*
Bouchot	*Helleu*
Bourcard....................	*Buhot*
Bourcard....................	*Cameron*
Bourdin.....................	*Prévost*
Bourgeois...................	*Chedel*
Bourgeois...................	*Saint-Eve*
Bourgeois...................	*Varin*
Bourgeois...................	*Willette*

(1) Ces catalogues se recommandent hautement aux amateurs ; à l'exception de celui de Gavarni, tous les autres se trouvent chez Foulard, quai Malaquais.

Bouvenne....................	*Bonington*
Bouvenne....................	*Chasseriau*
Bouvenne....................	*Lemud*
Bouvenne....................	*Meryon*
Bouyer	*Buhot*
Bouyer	*Dugardier*
Bouyer	*Fantin Latour*
Bouyer	*Lorrain*
Bouyer	*Veber*
Bowdoin....................	*Whistler*
Boydel	*Hogarth*
Brahm......................	*Stauffer-Bern*
Bréal	*Rembrandt*
Brebisson	*Bonnemer*
Bredius.....................	*Rembrandt*
Brieger-Wasservogel	*Klinger*
Brinton	*Bartolozzi*
Brock-Arnold...............	*Gainsborough*
Brooke.....................	*Turner*
Brou	*Rembrandt*
Brunemann	*Klinger*
Brunet......................	*Goya*
Bruwaert...................	*Thomassin*
Bruzard....................	*Vernet*
Bry	*Raffet*
Buisseret...................	*Raffet*
Burr........................	*Anderson*
Burbure....................	*Peril*
Burckhardt.................	*Holbein*
Burnet......................	*Rembrandt*
Burt........................	*Ch. Burt*
Burty.......................	*Nanteuil*
Burty.......................	*De Goncourt*

Burty.	*Huet*
Burty.	*Haden*
Burty.	*Meryon*
Burty.	*Rousseau*
Bussy.	*Delacroix.*
Campardon.	*Massé*
Candilto	*Barbari et Durer*
Carpenter	*Van Dyck*
Carturight.	*Francia*
Carturight.	*Mantegna*
Casanove.	*Kabel*
Castan.	*Briot*
Chabert.	*Le Clerc*
Champfleury.	*Daumier*
Champfleury.	*Chien-Caillou*
Champfleury.	*Monnier*
Champsaur.	*Rops*
Chaumelin	*Decamps*
Chazand	*Watteau*
Chennevières	*Tiepolo*
Chemnitz.	*Durer*
Cherrier.	*Piguet*
Chesneau	*Reynolds*
Cladel	*Rodin*
Claretie	*Bejot*
Claussin	*Rembrandt*
Clemen	*Dabo*
Clément.	*Decamps*
Clément.	*Géricault*
Clément.	*Prudhon*
Clément-Janin.	*Leheutre*
Cleuziou	*Delacroix*
Clouzot	*Rochebrune*

Colvin	*Durer*
Colvin	*Rembrandt*
Comyns Carr	*Walker*
Cook	*Hogarth*
Cornill	*Durer*
Cortis	*Rembrandt*
Cotton	*Reynolds*
Courboin	*Maso Finiguera*
Courboin	*Rembrandt*
Courtney Lewis	*Baxter*
Crayen	*Schmidt*
Crespi	*Luechese*
Cronin	*Reynolds*
Cruchy	*Belleroche*
Cruttwell	*Mantegna*
Cumberland	*Bonasoni*
Cuming	*Morland*
Curtis	*Muyden*
Curtis	*Rembrandt*
Cust	*Durer*
Cust	*Van Dyck*
Cust	*Master* E. S.
Dacier	*Lequeux*
Dacier	*Lunois*
Dafforne	*Walker*
Dafforne	*Ward*
Dairaine	*Beauvarlet*
Daniell	*Cosway*
Dargenty	*Gaillard*
Dargenty	*Watteau*
Daulby	*Rembrandt*
Daun	*Kraft*
Daun	*Wisscher*

Davies.	*Hals*
Davillier.	*Fortuny*
Dawe.	*Morland*
Dayot	*Chardin*
Dayot	*Charlet*
Dayot	*Hogarth*
Dayot	*Raffet*
Dayot	*Zorn*
Decauville-Lachenée.	*Lasne*
Dehio	*Meister von 1464*
Delaborde.	*Edelinck*
Delaborde.	*Ingres*
Delaborde.	*Raimondi*
Delalande	*Tresca*
Delessert.	*Raimondi*
Delignières.	*Aliamet*
Delignières.	*Beauvarlet*
Delignières.	*Bouquet*
Delignières.	*Daullé*
Delignières.	*Le Vasseur*
Delignières.	*Rousseaux*
Delorme	*Doré*
Delteil.	*Chauvel*
Delteil.	*Corot* [1]
Delteil.	*Daumier*
Delteil.	*Delacroix*
Delteil.	*Dupré*
Delteil.	*Gaillard*
Delteil.	*Ingres*
Delteil.	*Jongkind*
Delteil.	*Meryon*
Delteil.	*Millet*

(1) Voir aux *Errata et Addenda*.

Delteil..................	*Rousseau*
Delteil..................	*Zorn*
Demolder...............	*Rops*
Dennis..................	*Whistler*
Desjardins..............	*Bologne*
Desmaretz...............	*Callot*
Destève.................	*Brangwyn*
Destrée.................	*Redon*
Detouche...............	*Rops et Willette*
Dietrich................	*Linck*
Dircks..................	*Rodin*
Dobson.................	*Bewick*
Dobson.................	*Hogarth*
Dogson.................	*Beham*
Dogson.................	*Durer*
Dogson.................	*Muirhead Bone*
Dogson.................	*Rembrandt*
Dogson.................	*Wolfang Huber*
Dogson.................	*Wolgemut*
Dorange................	*Laurent*
Draibel [1]...............	*Gaucher*
Draibel.................	*Moreau le jeune*
Drake..................	*Haden*
Dreyfous................	*Legros*
Drugulin................	*Everdingen*
Dubouloz...............	*Piguet*
Duchesne...............	*Piranesi*
Dugas-Montbel...........	*Boissieu*
Duhamel................	*David*
Dülberg................	*Leyden*
Du Mast................	*Callot*
Dumont-Wilden...........	*Knopff*

(1) Anagramme de Béraldi.

Duplessis	*Audran*
Duplessis	*Bosse*
Duplessis	*Doré*
Duplessis	*Durer*
Duplessis	*Gavarni*
Duplessis	*Gellée*
Duplessis	*Huot*
Duplessis	*Jacquemart*
Duplessis	*Lasne*
Duplessis	*Maître des sujets tirés de Boccace*
Duplessis	*Marolles*
Duplessis	*Michel Ange*
Duplessis	*Wille*
Duret	*Manet*
Duret	*Whistler*
Dutuit	*Rembrandt*
Eaton	*Durer*
Ebner	*Klein*
Eckeinstein	*Durer*
Eddy	*Whistler*
Eliot	*Turner*
Emanuel	*Jacque*
Ene	*Durer*
Engelmann	*Chodowiecki*
Ephrussi	*Barbarj*
Escherich	*Richter*
Esswein	*Toulouse de Lautrec*
Esterre Keeling	*Reynolds*
Eubœus	*Raphaël*
Evans	*Gilray*
Evrard	*Leyde*

Evrard	*Durer*
Fagan	*Faithorne*
Fagan	*Woollett*
Faucheux	*Ficquet*
Faucheux	*Grateloup*
Faucheux	*Ostade*
Faucheux	*Savart*
Faucheux	*Silvestre*
Faure	*Carrière*
Favier	*Appier*
Fenaille	*Debucourt*
Fetis	*Rubens*
Feuillet de Conches	*Henriquel-Dupont*
Feuillet de Conches	*Hogarth*
Fierens-Gevaert	*Baertsoen*
Fierens-Gevaert	*Steinlen*
Fierens-Gevaert	*Van Dyck*
Fillon	*Raimondi*
Firmin-Didot	*Cousin*
Firmin-Didot	*Drevet*
Firmin-Didot	*Leclerc*
Firmin-Didot	*Vœriot*
Fizelière	*Vivant-Denon*
Flechsig	*Cranach*
Focillon	*Meryon*
Fontamas	*Hals*
Forgues	*Gavarni*
Forsyth	*Whistler*
François	*Barbari et Durer*
Frankau	*Smith*
Frankau	*Ward*
Franke	*Norblin de la Gourdaine*

Franken	*Delff*
Franken	*Passe*
Franken	*Rochussen*
Franken	*Velde*
Frantz.	*Baertsoen*
Frantz.	*Bracquemond*
Frantz.	*Daumier*
Frantz.	*Gillot*
Frantz.	*Lepère*
Frantz.	*Mac Laughlan*
Frantz.	*Osterlind*
Frantz.	*Raffaëlli*
Frantz.	*Zorn*
Frantz Jourdain	*Carrière*
Friedlander.	*Altdorfer*
Frinmel.	*Gauermann*
Gabillot.	*Huet*
Gaedertz.	*Ostade*
Galichon.	*Barbari*
Galichon.	*Campagnola*
Galichon.	*Durer*
Galichon.	*Mocetto*
Galichon.	*Porto*
Galichon.	*Schongauer*
Galimard	*Aubry-Lecomte*
Garnier	*Sambin*
Gatteaux.	*Audran*
Gausseron.	*Reynolds*
Gauthier	*Holbein*
Gauthier.	*Léandre*
Gauthiez	*Prudhon*
Geffroy [1]	*Besnard*

(1) Voir la note au bas de la page 153.

Geffroy..........................	*Bracquemond*
Geffroy..........................	*Carrière*
Geffroy..........................	*Cassatt*
Geffroy..........................	*Chéret*
Geffroy..........................	*Courbet*
Geffroy..........................	*Daumier*
Geffroy..........................	*Debucourt*
Geffroy..........................	*Moreau le jeune*
Geffroy..........................	*Pissaro*
Geffroy..........................	*Prudhon*
Geffroy..........................	*Raffaëlli*
Geffroy..........................	*Rembrandt*
Geffroy..........................	*Rodin*
Geffroy..........................	*Rops*
Geffroy..........................	*Vernet*
Geffroy..........................	*Degas*
Geffroy..........................	*Forain*
Geffroy..........................	*Fragonard*
Geffroy..........................	*Goya*
Geffroy..........................	*Haden*
Geffroy..........................	*Holbein*
Geffroy..........................	*Jongkind*
Geffroy..........................	*Legros*
Geffroy..........................	*Manet*
Geffroy..........................	*Meissonnier*
Geffroy..........................	*Monet*
Geffroy..........................	*Van Dyck*
Geffroy..........................	*Vierge*
Geffroy..........................	*Whistler*
Geffroy..........................	*Willette*
Gehrken	*Aldegrever*
Gehuzac	*Chessa*
Gehuzac	*Delteil*

Gehuzac	*Formstecher*
Gehuzac	*Mongin*
Gehuzac	*Muyden*
Gehuzac	*Papillon*
Geisberg	*Meister der Berliner Passion*
Geisberg	*Meister der Spielkarten*
Geisberg	*Meckenen*
Gelis-Didot	*Forty*
Gensel	*Millet*
Gersaint	*Rembrandt*
Geymuller	*Ducerceau*
Giacomelli	*Raffet*
Gilbet	*Morland*
Gillet	*Durer*
Ginoux	*Rigaud*
Girardot	*Huet*
Girardot	*Thomas*
Girod	*Bugnicourt*
Glomy	*Rembrandt*
Goetghebuer	*Aubertin*
Goetghebuer	*Massaux*
Goncourt [1]	*Boucher*
Goncourt	*Chardin*
Goncourt	*Cochin*
Goncourt	*Debucourt*
Goncourt	*Eisen*
Goncourt	*Fragonard*
Goncourt	*Gavarni*
Goncourt	*Gravelot*

(1) Lire "L'art du XVIIIe siècle" et "La maison d'un artiste", c'est un régal pour le lettré et le collectionneur.

Goncourt	*Greuze*
Goncourt	*Hokusai*
Goncourt	*Helleu*
Goncourt	*Moreau*
Goncourt	*Prudhon*
Goncourt	*Saint-Aubin*
Goncourt	*Watteau*
Gonse	*Jacquemart*
Goodwin	*Mac Ardell*
Goodwin	*Watson*
Goutzwiler	*Schongauer*
Gower	*Reynolds*
Grahame	*Lorrain*
Granges de Surgères	*Sablet*
Grappe	*Degas*
Graves	*Cousin*
Graves	*Lawrence*
Graves	*Reynolds*
Gréard	*Meissonnier*
Green	*Callot*
Greiner	*Singer*
Grezy	*Langot*
Grimm	*Durer*
Gruyer	*Durer*
Gualandi	*Ugo da Carpi*
Guérin	*Forain*
Guibert	*Rembrandt*
Guiffrey	*Chardin*
Guiffrey	*Jacque*
Guiffrey	*Lancret*
Guiffrey	*Van Dyck*
Guillaume	*Watteau*
Guillemin	*Gaillard*

Guillemin	*Vernier*
Haack	*Schwind*
Hachmeister	*Meister des Amsterdamer Kabinet*
Haden	*Rembrandt*
Halsey	*Morghen*
Hamann	*Rembrandt*
Hamel	*Corot*
Hamel	*Durer*
Hamerton	*Rembrandt*
Hamerton	*Turner*
Hamilton	*Reynolds*
Hans	*Pennell*
Harrington	*Haden*
Harrisse	*Boilly*
Harrisson	*Whistler*
Harzen	*Maître de 1466*
Hasley	*Morghen*
Hassell	*Morland*
Haussmann	*Durer*
Havard	*Flameng*
Hazard	*Daumier*
Head	*Hals*
Head	*Van Dyck*
Heath	*Durer*
Heaton	*Durer*
Hecquet	*Poilly*
Hecquet	*Rubens*
Hedou	*Le Mire*
Hedou	*Le Prince*
Hedou	*Le Veau*
Hedou	*Morin*
Hedou	*Saint-Igny*

Hediard.	*Bonington*
Hediard.	*Charlet*
Hediard.	*Decamps*
Hediard.	*Delacroix*
Hediard.	*Diaz*
Hediard.	*Dupré*
Hediard.	*Fantin-Latour*
Hediard.	*Hersent*
Hediard.	*Huet*
Hediard.	*Isabey*
Hediard.	*Lewis-Brown*
Hediard.	*Roqueplan*
Hediard.	*Vernet*
Heemskerck.	*Kerrich*
Hegner.	*Holbein*
Helle.	*Rembrandt*
Heller.	*Cranach*
Heller.	*Durer*
Henderson	*Constable*
Henley	*Millet*
Henriet	*Daubigny*
Henriet	*Lhermitte*
Henriet	*Varin*
Herbet.	*Fantuzzi*
Herbet.	*L. D.*
Herbet.	*Morland*
Herluison	*Sergent-Marceau*
Heywood.	*Meryon*
Hildeburn.	*Edwin*
Hillmacher.	*Faber*
Hillmacher.	*Norblin*
Hillmacher.	*Sauveur-le-Gros*
Hind	*Rembrandt*

Hirsch．．．．．．．．．．．．．．．．．．．．．．	*Chodowiecki*
Hitchcock．．．．．．．．．．．．．．．．．．	*Parrish*
Hoff．．．．．．．．．．．．．．．．．．．．．．．．	*Richter*
Hoffer．．．．．．．．．．．．．．．．．．．．．．	*Meil*
Hofmann．．．．．．．．．．．．．．．．．．．．	*Goya*
Holmès．．．．．．．．．．．．．．．．．．．．．．	*Hokusai*
Holmès．．．．．．．．．．．．．．．．．．．．．．	*Holbein*
Holt．．．．．．．．．．．．．．．．．．．．．．．．	*Durer*
Horne．．．．．．．．．．．．．．．．．．．．．．．	*Gainsborough*
Horne．．．．．．．．．．．．．．．．．．．．．．．	*Romney*
Houssaye．．．．．．．．．．．．．．．．．．．．	*Callot*
Houssaye．．．．．．．．．．．．．．．．．．．．	*Ostade*
Houssaye．．．．．．．．．．．．．．．．．．．．	*Rembrandt*
Hubert．．．．．．．．．．．．．．．．．．．．．．	*Herkomer*
Huell．．．．．．．．．．．．．．．．．．．．．．．．	*Houbraken*
Huell．．．．．．．．．．．．．．．．．．．．．．．．	*Troost*
Huish．．．．．．．．．．．．．．．．．．．．．．．	*Meryon*
Hugo．．．．．．．．．．．．．．．．．．．．．．．．	*Bewick*
Hulst．．．．．．．．．．．．．．．．．．．．．．．．	*Goltzius*
Humbert．．．．．．．．．．．．．．．．．．．．．	*Liotard*
Humphreys．．．．．．．．．．．．．．．．．．	*Rembrandt*
Hüssgen．．．．．．．．．．．．．．．．．．．．．	*Durer*
Husson．．．．．．．．．．．．．．．．．．．．．．	*Callot*
Hutton．．．．．．．．．．．．．．．．．．．．．．	*Hogarth*
Huysmans．．．．．．．．．．．．．．．．．．．	*Chéret*
Huysmans．．．．．．．．．．．．．．．．．．．	*Degas*
Huysmans．．．．．．．．．．．．．．．．．．．	*Forain*
Huysmans．．．．．．．．．．．．．．．．．．．	*Goya*
Huysmans．．．．．．．．．．．．．．．．．．．	*Hooren*
Huysmans．．．．．．．．．．．．．．．．．．．	*Luyken*
Huysmans．．．．．．．．．．．．．．．．．．．	*Millet*
Huysmans．．．．．．．．．．．．．．．．．．．	*Raffaëlli*
Huysmans．．．．．．．．．．．．．．．．．．．	*Rops*

Huysmans	*Rubens*
Huysmans	*Tissot*
Huysmans	*Turner*
Huysmans	*Weyden*
Huysmans	*Whistler*
Huysmans	*Worstermann*
Immerzel	*Rembrandt*
Jacob	*Godefroy*
Jacoby	*Chodowiecki*
Jacoby	*Schmidt*
Jacquet	*Henriquel-Dupont*
Jacquot	*Deruet*
Jacquot	*Wiriot-Woireiot*
Jadar	*Varin*
Jahn	*Klein*
Janitsch und Lichwark	*Schongauer*
Joly	*Nanteuil*
Jombert	*Cochin*
Jombert	*La Belle*
Jombert	*Le Clerc*
Jordan	*Menzel*
Jose	*Watteau*
Josi	*Rembrandt*
Josz	*Watteau*
Julienne	*Watteau*
Kaemerer	*Chodowiecki*
Kahn	*Boucher*
Kahn	*Fragonard*
Kahn	*Legrand*
Kahn	*Lepère*
Kahn	*Rodin*
Kahn	*Rops*
Kaufmann	*Durer*

Keil	*Bause*
Kellen	*Le Blond*
Kellen	*Luyken*
Kellen	*Velde*
Kennedy	*Brangwyn*
Kennedy	*Whistler*
Keppel	*Reynolds*
Keppel	*Millet*
Kerrich	*Heemskerck*
Keyser	*Carrière*
Kimstler	*Raimondi*
Klein	*Bœhle*
Klein	*Rops*
Klinkhamer	*Rembrandt*
Klossowski	*Daumier*
Knackfuss	*Durer*
Knackfuss	*Menzel*
Knackfuss	*Rembrandt*
Knackfuss	*Van Dyck*
Koehler	*Durer*
Koehler	*Cheney*
Kolloff	*Rembrandt*
Kristeller	*Barbari*
Kristeller	*Campagnola*
Kristeller	*Mantegna*
Kristeller	*Marcanton*
Kurswelly	*Pencz*
Kurt	*Utamaro*
Kurt Bertels	*Goya*
La Combe	*Charlet*
Lafenestre	*Desboutin*
Lafond	*Goya*
La Madeleine	*Delacroix*

Lambotte	*Evenepoel*
Lamy	*Hogarth*
Landseer	*Bewick*
La Sicotière	*Godard*
La Tour	*Gaillard*
La Tour	*Jacque*
Lautner	*Rembrandt*
Lavedan	*Chéret*
Le Blanc	*Ingres*
Le Blanc	*Strange*
Le Blanc	*Wille*
Lebrun	*Millet*
Lecarpentier	*Rembrandt*
Lecarpentier	*Swanevelt*
Le Comte	*La Belle*
Lecoq	*Sablon*
Lefort	*Goya*
Legouvé	*Huet*
Lehrs	*Maître du Cabinet d'Amsterdam*
Lehrs	*Meister der Liebesgärten*
Lehrs	*Meister mit Bandrollen*
Lehrs	*Meister* W ◇
Lehrs	*Stauffer-Bern*
Lehrs	*Wenzel von Olmütz*
Leibt	*Beham*
Leitschvk	*Durer*
Lemoisne	*Rembrandt*
Lemonnier	*Rops*
Lemperly	*French*
Lenormand	*Johannot*

Leppel	*Durer*
Leppel	*Gellée*
Lepic	*Saint-Arroman*
Leroy	*Sergent-Marceau*
Levetus	*Michalek*
Levetus	*Schmutzer*
Levertin	*Lafrensen*
Leverton	*Lavereince*
Lex	*Perrier*
Leymarié	*Demarteau*
L'homme	*Charlet*
L'homme	*Raffet*
Lhuillier	*Garnier*
Lhuillier	*Marillier*
Lichtemberg	*Hogarth*
Liebenau	*Holbein*
Lichtwork	*Schongauer*
Linck	*Dietrich*
Lippmann	*Cranach*
Lippmann	*Maître I.B.*
Lobet	*Cousin*
Lödel	*Wechtlin*
Lödel	*Maître E.S.*
Löds	*Willette*
Loftie	*Beham*
Loga	*Goya*
Longueville Jones	*Silvestre*
Loriquet	*Nanteuil*
Lossing	*Anderson*
Lotz-Brissonneau	*Laboureur*
Lotz-Brissonneau	*Lepère*
Luther Cary	*Whistler*
Lutzov	*Durer*

Maaskamp	*Rembrandt*
Macfall	*Boucher*
Mahérault	*Moreau le Jeune*
Maillard	*Boutet*
Malassis	*Legros*
Malcom Bell	*Rembrandt*
Malone	*Reynolds*
Mansfield	*Whistler*
Mantz	*Boucher*
Mantz	*Delacroix*
Mantz	*Holbein*
Mantz	*Watteau*
Marcel	*Daumier*
Marcel	*Millet*
Marguiller	*Durer*
Mark Patisson	*Gellée*
Marie	*Nanteuil*
Mariette	*Piranesi*
Marionneau	*Guesdon*
Marionneau	*Lasne*
Marionneau	*Lalanne*
Marionneau	*Rochebrune*
Marthold	*Vierge*
Martin	*Greuze*
Martin	*Perrier*
Masson	*Mucha*
Matheron	*Goya*
Mauclair	*Chéret*
Mauclair	*Delacroix*
Mauclair	*Fragonard*
Mauclair	*Greuze*
Mauclair	*Legrand*
Mauclair	*Rivière*

Mauclair	*Rodin*
Mauclair	*Steinlen*
Mayr	*Leibl*
Mayr	*Ribera*
Mc Kay	*Hoppner*
Meaume	*Callot*
Meaume	*Deruet*
Meaume	*Gellée*
Meaume	*Henriet*
Meaume	*Lalleman*
Meaume	*Leclerc*
Mechel	*Holbein*
Meier-Graefe	*Hogarth*
Meier-Graefe	*Valloton*
Meissner	*Klinger*
Meissner	*Tiepolo*
Mellier	*Valdor*
Menpes	*Whistler*
Merlet	*Lepère*
Merlo	*Woensam*
Merson	*Ingres*
Micha	*Demarteau*
Michel	*Audran*
Michel	*Boucher*
Michel	*Brueghel*
Michel	*Rembrandt*
Michel	*Rubens*
Michel	*Ruysdael*
Michel	*Velde*
Michelet	*Maufra*
Michiels	*Van Dyck*
Middleton	*Durer*
Middleton	*Rembrandt*

Miel	*Godefroy*
Milanesi	*Finiguerra et Dei*
Milès	*Chauvel*
Milès	*Corot*
Miller	*Short*
Miquet	*Depollier*
Mirault	*Ponce*
Mithouard	*Denis*
Moes	*Hals*
Mollette	*Rembrandt*
Molmenti	*Tiepolo*
Monceaux	*Jean Cousin*
Monod	*Rembrandt*
Montaiglon	*Mellan*
Montesquiou	*Bresdin*
Moore	*Altdorfer*
Moore	*Durer*
Morand	*Marcenay de Ghuy*
Moreau	*Anderson*
Moreau	*Decamps*
Moreau	*Delacroix*
Moreau-Nélaton	*Manet*
Morice	*Carrière*
Morton	*Moran*
Mossoloff	*Rembrandt*
Moureau	*Canalette*
Moureau	*Moreau*
Moureau	*Saint-Aubin*
Mourey	*Besnard*
Mourey	*Chahine*
Mourey	*Helleu*
Mourey	*Lepère*
Mourey	*Raffaëlli*

Mourey	*Rivière*
Mourey	*Robbe*
Mourey	*Steinlen*
Muller	*Furck*
Muller	*Raphaël*
Murr	*Raimondi*
Muther	*Goya*
Muther	*Millet*
Nagler	*Durer*
Nagler	*Rembrandt*
Naquet	*Fragonard*
Narrey	*Durer*
Nasse	*Callot*
Nettleship	*Morland*
Neumann	*Rembrandt*
Neu-Mayr	*Finiguera*
Neuville	*Maréchal*
Newbolt	*Brangwyn*
Newbolt	*East*
Newbolt	*Strang*
Newbolt	*Van Dyck*
Nichols	*Hogarth*
Nijenhuis	*Bast*
Nolhac	*Boucher*
Nolhac	*Fragonard*
Normand	*Chardin*
Normand	*Greuze*
Obreen	*Rochussen*
Occhini	*Chahine*
Oertel	*Goya*
Palmerini	*Morgen*
Panhard	*Longueil*
Papillon	*Chauveau*

Parfait	*Sergent*
Parthey	*Hollar*
Pauli	*Beham*
Pauli	*Binck*
Peladan	*Rops*
Pennell	*Whistler*
Perzynski	*Hokusai*
Philippe	*Walker*
Phillips	*Watteau*
Pica	*Baertsoen*
Piedagnel	*Millet*
Pilon	*Chardin*
Pit	*Zilcken*
Planche	*Huet*
Poggeali	*Morghen*
Porrée	*Nanteuil*
Portalis	*Fragonard*
Portalis	*Gaucher*
Proust	*Fantin-Latour*
Quentin de Lorangère	*Le Clerc*
Queux de Saint-Hilaire	*Normand*
Radfort	*Jackson*
Raffet	*Raffet*
Rambert	*Calame*
Ramiro	*Legrand*
Ramiro	*Rops*
Rawlinson	*Turner*
Réau	*Cranach*
Renier	*Suavius*
Rensselaer	*Zorn*
Renouvier	*Tory*
Renouvier	*Verard*
Reid	*Cruiskshand*

Requin	*Mellan*
Retberg	*Durer*
Revilliod	*Liotard*
Rey	*Butavand*
Riat [1]	*Courbet*
Riat	*Ruysdael*
Ribeyre	*Cham*
Richardson	*Morland*
Ricketts	*Shannon*
Rinder	*Cameron*
Rivoire	*Toulouse de Lautrec.*
Robaut	*Corot*
Robaut	*Delacroix*
Robert-Dumesnil	*Rembrandt*
Rocheblave	*Caylus*
Rocheblave	*Cochin*
Rochette	*Tardieu*
Roffe	*Wille*
Roger Marx	*Chahine*
Roger Marx	*Chasseriau*
Roger Marx	*Chéret*
Roger Marx	*Guérard*
Roger Marx	*Hervier*
Roger Marx	*Leheutre*
Roger Marx	*Lepère*
Roger Marx	*Patricot*
Roger Marx	*Rodin*
Roger Marx	*Vierge*
Roger-Milès	*Chauvel*
Roget	*Dujardin*

(1) M. Georges Riat est le distingué sous-conservateur du Département des Estampes de la Bibliothèque Nationale.

Roget	*Zeeman*
Roiland	*Millet*
Romain	*Raimondi*
Rondot	*Gauvin*
Rondot	*Spirink*
Rondot	*Thurneysen*
Rooses	*Passe*
Roquefort	*Frey*
Rosenberg	*Beham*
Rosenberg	*Ostade*
Rosenberg	*Rubens*
Rosenberg	*Watteau*
Rosenthal	*Géricault*
Rothenstein	*Goya*
Rottinger	*Breus*
Rottinger	*Weiditz*
Rousseau	*Corot*
Rovinski	*Outkin*
Rovinski	*Rembrandt*
Rovinski	*Tschémessoff*
Ruelens	*Durer*
Rumohr	*Holbein*
Rumohr	*Finiguera*
Ruskin	*Turner*
Ruttenauer	*Cranach*
Rutter	*Affleck*
Rutter	*Cameron*
Ruttgers	*Chodoviecki*
Ruttgers	*Ostade*
Saint-Georges	*Charlet*
Sallet	*Durer*
Sarradin	*Rivière*
Saunier	*Leheutre*

Scamoni	*Senefelder*
Scham	*Meissonnier*
Scheikevitch	*Rembrandt*
Scheltema	*Bary*
Scheltema	*Bol*
Scheltema	*Persyn*
Scheltema	*Rembrandt*
Scherer	*Durer*
Schiefler	*Liebermann*
Schleiber	*Schongaüer*
Schöber	*Durer*
Schneevoogt	*Rubens*
Schuchardt	*Cranach*
Schubert-Soldern	*Zorn*
Scott	*Durer*
Scott	*Whistler*
Séailles	*Carrière*
Séailles	*Watteau*
Seidlitz	*Beham*
Seidlitz	*Rembrandt*
Seigneur	*Doré*
Selwyn Image	*Brangwyn*
Sensier	*Millet*
Sewaes	*Durer*
Sharp	*Rembrandt*
Sickert	*Whistler*
Simmonds	*Rembrandt*
Singer	*Fischer*
Singer	*Forain*
Singer	*Green*
Singer	*Klinger*
Singer	*Mac Ardell*
Singer	*Pennell*

Singer	*Rembrandt*
Singer	*Whistler*
Six	*Rembrandt*
Sizeranne	*Whistler*
Smilie	*Weitenkampf*
Smith	*Rembrandt*
Smith	*Wisscher*
Soissons	*Pissaro*
Solothurn	*Sickinger*
Soulier	*Grün*
Soulier	*Legros*
Sparrow	*Legros*
Sparrow	*Van Dyck*
Springer	*Durer*
Springer	*Ostade*
Staley	*Millet*
Staley	*Watteau*
Steelink	*Israëls*
Stengel	*Kobel*
Stokes	*Meryon*
Stopford Brooke	*Turner*
Straeten	*Perret*
Strong	*Mantegna*
Strange	*Short*
Strauss	*Mouclier*
Strengell	*Sparre*
Strölin	*Manet*
Sturgis	*Piranesi*
Suida	*Durer*
Sutaine	*Regnesson*
Szwykowski	*Van Dyck*
Taigny	*Isabey*
Tchudi	*Menzel*

Terey....................	*Baldung*
Theobald................	*Crome*
Thausing................	*Durer*
Thibaudeau	*Legros*
Thienemann	*Ridinger*
Thode	*Auguste le Vénitien.*
Thode	*Mantegna*
Thode	*Marco Dente*
Thomas..................	*Whistler*
Thomson................	*Bewick*
Thoré	*Greuze*
Tinalus..................	*Liotard*
Tomson.................	*Bauer*
Tomson.................	*Millet*
Tor Hedgerb	*Zorn*
Toudouze	*Rivière*
Tourneux	*Delacroix*
Tright...................	*Demarteau*
Tuer	*Bartolozzi*
Tuetey..................	*Briot*
Unger...................	*Hals*
Uzanne	*Buhot*
Uzanne	*Canaletto*
Uzanne	*Gavarni*
Uzanne	*Helleu*
Uzanne	*Rops*
Vachon..................	*Callot*
Vachon..................	*Delacroix*
Vaillat	*Chardin*
Vaillat	*Chasseriau*
Valabrègue	*Bosse*
Vallemont	*Le Clerc.*

Vasari............................	*Raphaël Sanzio d'Urbin*
Vauxcelles.......................	*Boutet de Monvel*
Verachter........................	*Durer*
Verhaeren........................	*Ensor*
Verhaeren........................	*Rembrandt*
Verhaeren........................	*Rops*
Vergnaud.........................	*Bizemont*
Ver Huell........................	*Houbraken*
Verloren van Themaat............	*Vaillant*
Vermoelen........................	*Teniers*
Verneuil.........................	*Capiello*
Véron............................	*Delacroix*
Véron............................	*Rembrandt*
Vertue...........................	*Hollar*
Veth.............................	*Dupont*
Veth.............................	*Rembrandt*
Vienne...........................	*Borel*
Vienne...........................	*Danloux*
Vienne...........................	*Helman*
Vienne...........................	*Lafrensen*
Villars..........................	*Isabey*
Villot...........................	*Lefebre*
Vitalis..........................	*Roger*
Vivant-Denon.....................	*Audran*
Voïart...........................	*Callot*
Voïart...........................	*Gelée*
Voïart...........................	*Prudhon*
Volbehr..........................	*Leyde*
Vosmaer..........................	*Hals*
Vosmaer..........................	*Ostade*
Vosmaer..........................	*Rembrandt*
Vosmaer..........................	*Unger*

Warnecke	*Cranach*
Wasielewski	*Volkmann*
Wattier	*Boucher*
Way	*Whistler*
Weber	*Durer*
Wedmore	*Cameron*
Wedmore	*Constable*
Wedmore	*Short*
Wedmore	*Meryon*
Wedmore	*Whistler*
Weigel	*Amman*
Weise	*Durer*
Wendland	*Schongauer*
Wessely	*Blooteling*
Wessely	*Earlom*
Wessely	*Gole*
Wessely	*Ostade*
Wessely	*Schmidt*
Wessely	*Vaillant*
Wessely	*Wisscher*
Westrheene	*Potter*
Wey	*Bellangé*
Wheatley	*Reynolds*
Whitman	*Cousins*
Whitman	*Green*
Whitman	*Reynolds*
Whitman	*Turner*
Whitmore	*Browen*
Wibiral	*Van Dyck*
Wibiral	*Kaupertz*
Wiele	*Ostade*
Williamson	*Pinwell*
Wilson	*Rembrandt*

Willshire...............	*Rembrandt*
Winiwarter............	*Rassenfosse*
Winter	*Berchem*
Wolfflin	*Durer*
Wood	*Shannon*
Woltmann	*Holbein*
Wornum	*Holbein*
Worringer.............	*Cranach*
Wright	*Gillray*
Wussin................	*Suyderhof*
Wussin................	*Visscher*
Wurzbach	*Schongauer*
Yriarte	*Fortuny*
Yriarte	*Goya*
Yriarte	*Millet*
Zahn..................	*Durer*
Zaleski	*Ruysdaël*
Zilken.................	*Israëls*

CE LIVRE

a été achevé d'imprimer

SUR LES PRESSES TYPOGRAPHIQUES

DE LA MAISON **A. DUGAS** & Cie

à Nantes

Le quinze Avril

1910

PAR LES SOINS DE L'AUTEUR

pour

H. FLOURY, Libraire-Editeur

PARIS

DU MÊME AUTEUR

* * * * *

LES ESTAMPES DU XVIIIe SIÈCLE, ÉCOLE FRANÇAISE, AVEC PRÉFACE DE PAUL EUDEL. — PARIS, E. DENTU, 1885. IN-8.
Épuisé.

LES FRANÇAISES DU XVIIIe SIÈCLE. PORTRAITS GRAVÉS, EN COLLABORATION DU MARQUIS DE GRANGES DE SURGÈRES ET PRÉFACE DU BARON ROGER PORTALIS, ORNÉ DE DOUZE REPRODUCTIONS. — PARIS, E. DENTU, 1887. IN-8.

DESSINS, GOUACHES, ESTAMPES ET TABLEAUX DU XVIIIe SIÈCLE. — PARIS, MORGAND, 1893. IN-8.
Épuisé.

FÉLIX BUHOT, PEINTRE-GRAVEUR, AVEC UNE PRÉFACE D'ARSÈNE ALEXANDRE ET LE PORTRAIT DE L'ARTISTE, PAR F. COURBOIN. — PARIS, H. FLOURY, 1899. IN-8.
Épuisé.

A TRAVERS CINQ SIÈCLES DE GRAVURES. PARIS, RAPILLY, 1903. IN-8.
Épuisé.

* * * * * *

www.ingramcontent.com/pod-product-compliance
Lightning Source LLC
Chambersburg PA
CBHW050801170426
43202CB00013B/2514